I0826651

NOUVEAU
VOYAGE EN ORIENT

CALMANN LÉVY, ÉDITEUR

OUVRAGES

DE

A. DE LAMARTINE

Format in-8°

ANTONIELLA	1 vol
GENEVIÈVE, histoire d'une servante	1 —
NOUVELLES CONFIDENCES	1 —
TOUSSAINT-LOUVERTURE	1 —
VIE DE CÉSAR	1 —

Format grand in-18

ANTAR	1 —
ANTONIELLA	1 —
BALZAC ET SES ŒUVRES	1 —
BENVENUTO CELLINI	1 —
BOSSUET	1 —
CHRISTOPHE COLOMB	1 —
CICÉRON	1 —
LES CONFIDENCES	1 —
LE CONSEILLER DU PEUPLE	6 —
CROMWELL	1 —
FÉNÉLON	1 —
LES FOYERS DU PEUPLE	2 —
GENEVIÈVE, histoire d'une servante	1 —
GUILLAUME TELL — BERNARD PALISSY	1 —
HÉLOISE ET ABÉLARD	1 —
HOMÈRE ET SOCRATE	1 —
JACQUARD — GUTENBERG	1 —
JEAN-JACQUES ROUSSEAU	1 —
JEANNE D'ARC	1 —
MADAME DE SÉVIGNÉ	1 —
NELSON	1 —
NOUVEAU VOYAGE EN ORIENT	1 —
RÉGINA	1 —
RUSTEM	1 —
TOUSSAINT-LOUVERTURE	1 —
VIE DU TASSE	1 —

Format in-32

LES VISIONS	1 —

BROCHURES

Du droit au travail.
Lettre aux dix départements.
La Présidence.
Du projet de constitution.
Une seule Chambre.

Tours. — Ernest Mazereau, imprimeur breveté.

NOUVEAU VOYAGE
EN ORIENT

PAR

A. DE LAMARTINE

PARIS

CALMANN LÉVY, ÉDITEUR

ANCIENNE MAISON MICHEL LÉVY FRÈRES

RUE AUBER, 3, ET BOULEVARD DES ITALIENS, 15

A LA LIBRAIRIE NOUVELLE

1877

NOUVEAU VOYAGE EN ORIENT.

LIVRE PREMIER

21 juin 1850.

Adieu, terre livrée à plus de vents et d'onde
Que le frêle navire où flotte mon destin !
Terre qui porte en toi la fortune du monde,
Ton rivage s'abaisse à l'horizon lointain !

(Adieux à Marseille. Juin 1833.)

Ces vers, que j'adressais comme adieu à la France en partant pour mes longs voyages d'Orient en 1832 et 1833, me reviennent à la mémoire maintenant en naviguant sur ces mêmes mers et sous ces mêmes vents auxquels je faisais allusion jadis. Ils seraient encore vrais aujourd'hui, et l'on pourrait dire à la France de 1850, avec autant de justesse :

« ..... Terre livrée à plus de vents et d'onde
Que le frêle navire qui porte mon destin ! »

Mais il serait faux de dire que les circonstances actuelles, quelque graves qu'elles puissent être, soient aussi sinistres que les circonstances de 1832 dans lesquelles je laissais alors la France. Les journées de Juillet, bien plus sanglantes que les journées de Février, venaient de consterner les esprits. Le principe de la légitimité, beau de prestige, faible de foi, auquel l'Europe s'était rattachée après trente ans d'éclipse, d'orages et d'invasions réciproques des peuples, venait de s'écrouler de nouveau. On s'était jeté étourdiment à une monarchie d'occasion et de rechange qui n'avait ni la légitimité nationale et populaire de la république, ni la légitimité traditionnelle et sentimentale du droit divin. Cette royauté de Juillet, acclamée à huis clos par une centaine de députés affidés dans la chambre et par cinq ou six journalistes dans la rue, ne pouvait avoir la solidité d'une forme de gouvernement se soumettant, comme la république, au jugement du suffrage universel, et sortant à l'unanimité de la délibération de quatre mois d'une assemblée nationale constituante. Si on lui demandait son titre et sa source, elle ne pouvait que balbutier des prétextes, des excuses, des ambiguïtés. « Je suis la meilleure des républiques. Je suis une monarchie entourée d'institutions républicaines! » Mais, pour être une monarchie entourée d'institutions républicaines, il faut d'abord avoir le droit d'être une monarchie; de quel droit l'étiez-vous?... Mais, pour être la meilleure des républiques, il faut d'abord être république; de quel droit ne l'étiez-vous pas?

De plus, cette monarchie sans titre héréditaire, et cette république sans suffrage et sans ratification nationale, avait aux yeux des hommes de cœur (et les peuples sont hommes de cœur) l'apparence et l'odieux d'une usurpation. Elle chassait quelqu'un, quelqu'un qu'elle aurait dû défendre ou suivre dans l'exil; des parents, une famille, un vieillard, une fille de Louis XVI, sacrée dans les cachots par les larmes de sa mère et par le sang de son père; une veuve dont le mari venait d'être assassiné par un fanatique d'illégitimité; un enfant innocent par son âge, couronné par ses droits! Elle remplaçait tout cela dans des palais tout chauds de leur récente présence, tout lugubres de leur absence, tout retentissants encore de serments prêtés et oubliés! Elle ne pouvait faire un pas dans ces salons et dans ces jardins sans y voir la place du trône de Louis XVIII et de Charles X, du berceau du duc de Bordeaux! Cette idée soulevait le cœur de ceux qui ne comprennent pas la royauté, mais qui comprennent la nature! Les plus justes et les plus indulgents, comme moi, n'accusaient pas la royauté de Juillet de crime, mais ils la plaignaient de sa situation. Quel exil n'eût été préférable à ce couronnement dans la maison de l'exilé? Être proscrit pour sa fidélité à sa famille, ce n'est rien! mais proscrire pour régner, même malgré soi, à la place du proscrit, c'est le pilori de l'ambition, ou c'est la vertu au-dessus de la compréhension du cœur humain!

Je crois que c'était de la vertu, mais c'était une douloureuse et affreuse vertu! On n'en savait pas gré au prince nouveau, parce qu'on ne comprenait pas ce stoïcisme. Au lieu de rendre la dynastie nouvelle intéressante, il la rendait antipathique au cœur de la France et de l'Europe. Cette désaffection de l'univers affaiblissait cette royauté. On pouvait l'estimer, impossible de l'aimer; triste condition d'une race. Les races royales ne s'enracinent que dans le sentiment. Le sentiment était avec la pitié et les larmes du parti des vaincus et des exilés.

Les républicains, déçus et irrités, se retiraient pour épier l'heure des faiblesses. Tous leurs beaux rêves de jeunesse avaient été étouffés sur le balcon de l'Hôtel de ville, dans l'embrassement fameux de La Fayette et du candidat à la couronne. Ils n'étaient pas seulement déçus, ils étaient humiliés; on leur avait soufflé leur révolution. Ils étaient venus pour proclamer un peuple, on leur ramenait un roi au Palais-Royal. La *Marseillaise*, qu'on leur chantait, avait l'accent d'une dérision. La monarchie entourée d'institutions républicaines devait être, quelques années plus tard, une royauté entourée des fortifications de Paris.

Les séditions succédaient incessamment aux séditions dans la capitale et dans les provinces. Les ministres de Charles X étaient assiégés de menaces et de cris de mort à Vincennes, et la chambre des pairs n'échappait à l'oppression de l'émeute qu'en les condamnant à une éternelle captivité. Lyon, la capitale de l'industrie et du prolétariat, tombait deux fois en deux ans au pouvoir de l'insurrection. La garnison en était chassée après trois jours de combats. Le maréchal Soult n'y rentrait, comme dans une ville conquise, qu'à la tête de trente mille hommes et à la suite d'une capitulation. La guerre civile courait, éclatait, incendiait la Bretagne. La légitimité, représentée par une princesse aventureuse et héroïque, s'attachait en désespérée au sol de la Vendée. Trahie à prix d'argent, et traînée dans les prisons d'État, elle livrait ses mystères de femme pour rançon de sa liberté. L'Europe, indécise et exigeante, reconnaissait lentement la royauté de Juillet, mais lui faisait marchander ces reconnaissances, et ne les accordait tout haut qu'en protestant tout bas contre une usurpation colorée de nécessité. Rien n'était franc, rien n'était net, rien n'était logique dans ce gouvernement d'expédient et dans cette situation de l'Europe. Le peuple n'était pas le peuple, c'était une étroite oligarchie électorale, méprisée d'en haut, enviée d'en bas. Le roi n'était pas le roi, c'était un dépositaire du trône désavoué par le véritable héritier. Homme d'habileté bourgeoise et de bon sens, terre à terre, mais qui n'avait pas su avoir la souveraine habileté des situations difficiles, la magnanimité et l'héroïsme du désintéressement, le génie du cœur. Le ciel était bas, l'air était lourd, la lumière était fausse sur l'horizon de la France. Le cœur pesait dans la poitrine de tout le monde. Voilà ce qu'était mon pays en juillet 1832.

22 juin 1850.

La mer est belle, mais elle n'est pas morte comme les mers d'été. Une brise légère d'ouest joue avec les petites vagues du matin. Elle les couronne de distance en distance de flocons d'écume, qui se teignent en petillant de l'or, de la pourpre et du lilas des rayons rasants du soleil. On n'entend, sur le pont du bâtiment, que le balancier régulier de la machine à vapeur. Le mouvement du piston nous mesure l'espace que nous parcourons, comme le balancier de la pendule nous mesure le temps. Le ronflement des deux roues qui plongent la moitié de leurs palettes dans l'eau ressemble au hennissement continu du cheval de mer, dont les flancs suent sous le poids qu'il porte. Une voile, à peine gonflée par les bouffées intermittentes de la brise, palpite au moindre roulis du navire. Madame de Lamartine, M. de Chamborand, M. de Champeaux et moi, nous sommes les seuls étrangers de cette maison flottante. Elle nous appartient ainsi tout entière, comme une maison des champs que nous aurions louée pour une saison, au bord de la Méditerranée. Mais c'est une maison mobile qui change d'horizon et de ciel pendant chaque nuit, et qui aura pour perspective, tantôt la côte dentelée de Toulon, d'Hyères, de Nice et de Gênes, tantôt les plages de la Toscane, de Livourne et de ses Maremmes, tantôt les longues falaises de la Sicile, tantôt les blanches taches du rocher de Malte, tantôt les dômes de la Thessalie, les profils variés des îles disséminées ou groupées de l'Archipel, la verte Scio, la grise Mitylène, le golfe serpentant de Smyrne, s'enfonçant jusqu'au cœur de l'Asie Mineure, pour aller caresser la douce et pastorale Ionie; tantôt les deux rives des Dardanelles bordées d'embouchures de canon pour garder la porte entre deux mondes; tantôt la mer de Marmara, où se réfléchissent les neiges du mont Olympe; tantôt la pointe du sérail, la Corne-d'Or, le fleuve salé du Bosphore, ces Champs-Élysées maritimes de l'Europe et de l'Asie, qui semblent ne se tenir à distance que pour s'admirer mutuellement; tantôt enfin Constantinople, ce dernier mot de la beauté du globe, cette capitale révélée par Dieu lui-même à tous les peuples qui rêveront la monarchie universelle.

23 Juin 1850.

Pendant que je faisais ces réflexions sur les différents aspects que j'allais parcourir de nouveau, l'île de la Meloria et le phare de Livourne, isolé sur un écueil, sortaient de la mer devant la proue du vaisseau, et nous jetions l'ancre dans le port de cette capitale maritime de la Toscane où j'ai passé, à plusieurs reprises, les mois et les années les plus calmes de ma vie.

Alors Florence était le salon de l'Europe. Un prince jeune et éclairé s'efforçait d'y continuer le gouvernement à la fois libéral et paternel de Léopold, ce premier prince qui tenta d'appliquer la philosophie à la législation, ce disciple et cet émule de Turgot. Il avait fait de la Toscane l'oasis de la liberté, avant que la liberté comprimée eût fait explosion partout sous les trônes. Il avait eu le pressentiment de l'inconnu. Il avait devancé ce que les peuples allaient demander aux révolutions, en leur donnant tout ce qu'ils pouvaient souhaiter de droits, d'égalité, de liberté de penser et de liberté de commerce, de bonheur enfin. Le souverain actuel était revenu en Toscane en 1815, avec les mêmes instincts. La Toscane l'adorait dans ses espérances. Il les réalisait lentement, une à une, par la main d'un ministre de quatre-vingts ans, Fossombroni, homme consommé de prudence et de tact dans le maniement de l'esprit d'un peuple italien. Le grand-duc de Toscane actuel me traitait, à cette époque, plus en ami qu'en représentant d'une puissance étrangère accrédité près de lui. J'avais l'accès de sa bibliothèque particulière au palais Pitti. Il s'y rendait de ses appartements pour causer de politique, de philosophie, de littérature, de poésie avec moi. Je lisais sans voile dans cette âme brûlante du désir de rendre ses peuples heureux. Je sortais de ces entretiens secrets pénétré de respect pour ce jeune homme. Je lui aurais souhaité un empire plus vaste et plus indépendant : c'était la passion du bien de l'infortuné Louis XVI, avec plus de lumière, plus de grâce et plus de politesse dans l'esprit. Quelque chose de mélancolique et d'affaissé planait dès cette époque (1826) sur son front, comme s'il avait eu d'avance la révélation de l'inutilité de ses efforts et de sa fausse situation en 1848. Il n'était pas Italien. Voilà sa mauvaise étoile. En 1848, il n'avait qu'un parti à prendre, se faire entièrement et à tout prix Italien, confondre son sort avec le sort, quel qu'il fût, de l'Italie. Quand une question de nationalité se soulève, on ne peut pas rester le chef de la nation qu'on gouverne en gardant dans ses veines le sang de la race qui dispute son indépendance à cette nation. Il faut choisir entre son peuple et sa maison. Si le grand-duc de Toscane voulait rester prince de la maison d'Autriche, il fallait abdiquer dès le premier jour où le cri d'affranchissement de l'Autriche s'éleva en Toscane; s'il voulait rester souverain du centre de l'Italie, il fallait se naturaliser Toscan par le patriotisme. L'un ou l'autre de ces deux partis était plausible et honorable. Le parti intermédiaire compromettait à la fois l'homme, le prince et la nation. Les malheurs et les tristesses du grand-duc en ce moment viennent de n'avoir pas eu ces conseils énergiques. Que n'étais-je encore là pour les lui donner ! il serait aujourd'hui dans une situation forte et simple, ou regretté de ses sujets et retiré dans un digne exil, ou souverain restauré et clément à la tête d'une armée de son sang, dans ses États, ou souverain italien à la tête du centre indépendant de l'Italie, pour lequel il aurait combattu. Ces conseils, je n'ai pas pu et je n'ai pas dû les lui donner pendant que j'étais ministre de la révolution française de Février. Ils lui auraient paru suspects, et, de plus, nous ne devions pas susciter l'Italie à la guerre par les insinuations de la France ; nous ne devions pas la lancer dans une lutte dont il lui appartenait seule d'apprécier le droit, l'heure et les éventualités. Le sang de l'Italie ne nous appartenait pas. C'était à elle de mesurer son courage et ses forces. La lancer et la suivre, c'était allumer l'incendie du monde. La lancer et l'abandonner, c'était la lâcheté du crime. Nous ne l'avons pas fait ; j'en atteste les mânes de Charles-Albert et la conscience du grand-duc de Toscane.

Je passe la journée dans le port de Livourne, plongé dans ces pensées d'affection et de regrets pour le prince et pour le peuple. Je cherche à reconnaître de loin les toits et les jardins des belles *villas* sur la route de Montenero, où je venais passer, au bord de la mer, les mois brûlants et calmes de l'été. C'est là que j'ai écrit les deux volumes d'*Harmonies poétiques*. Ils respirent les odeurs et reflètent les lueurs de cette partie de l'Italie. Quelquefois le soir, quand l'ombre du crépuscule couvrait les routes et servait de voile à ces infractions de l'étiquette des cours, une modeste calèche à deux chevaux s'arrêtait à la porte de la villa que j'habitais. Il en sortait deux jeunes femmes aux blonds cheveux, presque du même âge, et également charmantes de visage et d'esprit. C'étaient la grande-duchesse de Toscane régnante et sa sœur, princesse de Saxe. Elles daignaient s'asseoir dans notre jardin, sous un oranger, au bord d'un bassin, au clair de lune. Elles écoutaient les vers que j'avais écrits dans la journée. Je ne pouvais avoir des esprits plus indulgents, des cœurs plus religieux et plus poétiques pour leur confier mes strophes. Elles étaient de la patrie de Schiller et de Gœthe ; elles me rappelaient l'Éléonore de Ferrare. Elles en avaient la grâce, les charmes, l'enthousiasme, la familiarité. Mais je n'avais ni le génie ni la démence du Tasse.

L'une de ces princesses dort dans le sépulcre de marbre de San-Lorenzo, sous les statues du Jour et de la Nuit, de Michel-Ange. L'autre console les disgrâces et les angoisses du grand-duc, et moi, je passe inconnu, oublié, devant ces demeures où je fus honoré, puissant et heureux à Livourne. O jours! vous êtes plus mobiles que ces flots, plus indécis que cette immensité, plus obscurs que ce passé et cet avenir !

Nous ne sommes sûrs que de deux choses, c'est que la mort et Dieu y sont. Allons donc à tâtons, mais allons toujours avec confiance.

24 juin 1850.

J'ai eu la visite d'une nièce charmante, qui habite Livourne, et qui a reçu mon nom à son baptême. Charmante apparition de la famille, de la maison paternelle et de la patrie dans une barque, sur l'onde agitée, au pied de l'escalier extérieur du bâtiment. Les lois de la quarantaine empêchaient de monter à bord, et m'empêchaient de descendre. Le vent emportait ses paroles et ses cheveux, mais non ses gestes de tendresse et son sourire. Alphonsine ressemblait au touchant adieu de la patrie à celui qui part avant de perdre la terre de vue et de se lancer dans l'immensité de l'Océan. Mais la patrie, pour moi, ce n'est pas une terre, c'est un cœur. Tant que j'aurai un cœur habité quelque part par un souvenir, là j'aurai une patrie!

Ubi memoria, ibi patria !

Mais la fumée s'élève en colonne élastique et tournoyante au-dessus de la cheminée de bronze du navire ; le soir tombe comme une pluie de ténèbres et de rosée sur la côte d'Italie. Nous labourons de nouveau les lames gonflées par la brise du jour. Les flancs du bâtiment gémissent comme s'ils allaient s'entr'ouvrir. On dirait que le bois souffre du poids de métal, de chaudières, de charbon, de feu et de voiles dont il est chargé. On dirait qu'il prend d'avance la voix du cercueil dont il doit nous envelopper un jour. Le regard rentre dans l'âme, l'esprit s'assombrit, le cœur devient pesant, le silence général indique les retours que chacun fait sur ses destinées. On pense aux attachements qu'on a autour de soi et qui courent par dévouement les mêmes fortunes, aux amis, aux tendresses qu'on a laissés à terre, à l'inconnu, à l'espace dans lequel on se précipite à travers ces ténèbres. Tout à coup la cloche du vaisseau tinte, à demi évaporée dans l'ouragan, une des heures de la nuit. Si on sait par cœur un des psaumes de son enfance, que notre mère nous faisait réciter le soir, au coin du foyer, au bruit du vent et de la pluie d'automne, on en retrouve les lambeaux dans sa mémoire, et on le redit tout bas, au roulis de la mer sans fond !

25 juin 1850.

Ce matin, au réveil, la mer est moins lourde. Le bâtiment reprend peu à peu son aplomb sur les vagues. Les lames ne viennent plus qu'à lents intervalles frapper leurs coups secs, et rejaillir en poussière sur ses flancs. D'ailleurs, la lumière du matin porte avec elle une sérénité qui se répand jusque sur les tempêtes. On ne peut pas croire que ce flambeau de vie, qui se lève entre le ciel et l'eau, sous cette brume de vapeurs qui s'entr'ouvre, rosée visible et colorée de l'Orient, puisse assister à un naufrage, et permettre à la mort de s'emparer d'un seul être, même d'un insecte, devant lui. On a confiance dans ce Dieu, dont on croit contempler le regard universel sur l'Océan. On se dit : « Il me voit, donc il m'aime, donc il me surveille, donc il me garde. » La foi qu'on a, pendant les ténèbres, dans l'esprit seulement, on l'a maintenant dans les sens. Dieu vous pénètre de sa transparence comme ces rayons pénètrent ces vagues. On flotte gaiement comme elles, sans savoir où l'on va ; mais on sait qu'il le sait, lui, et on se fie à ce pilote invisible comme ces lames se fient au vent.

Assis sur le beaupré, au-dessous duquel jouent les dauphins, je ne puis m'empêcher de me dire à moi-même : « Où Dieu me mène-t-il ? Comment suis-je ici ? Par quelles séries de circonstances étranges, improbables, ai-je changé ma maison de pierre, sur le rocher de Milly, contre cette maison flottante sur l'abîme de la mer ? Pourquoi suis-je ici et non ailleurs ? Que vais-je chercher au-delà de l'Océan ? Une patrie ? mais j'en avais une ; un toit ? mais je possédais celui de mon père ; un champ ? mais je cultivais celui de mes aïeux ; des amis ? mais j'en laisse de tendrement attachés à moi de ce côté de la mer, et j'aurai à en quêter de l'autre côté ; une famille ? mais j'en ai une que j'aime en France comme le cœur aime et rappelle à lui les gouttes de sang qu'il a élaborées et qu'il a répandues dans les rameaux de ses propres veines.

» Est-ce bien moi ? Et comment suis-je ici ? Voyons si je dors ou si je veille ? si je rêve ou si je vis ? Expliquons-nous nous-même à nous-même, et repassons ce songe ou cette période réelle de mon existence qui s'est écoulée depuis ces trois dernières années, et dont le résultat est de me jeter sur le pont de ce bâtiment, et de me jeter de là sur une côte hospitalière de l'Asie Mineure, parmi le peuple où je ne suis pas né, qui ne me connaît pas, dont je ne parle pas la langue, et qui lira un jour sur mon tombeau le nom d'un *giaour* qu'il ne pourra pas même épeler. »

D'abord, j'ai eu, presque en naissant, le pressentiment de l'Orient. Ma nature est primitive et solaire, je crois. Le soleil m'attire comme le tournesol. Les sites, les mers, les montagnes, les mœurs, les poésies, les religions, les aventures, les sagesses, les philosophies, les héroïsmes, les déserts, les oasis, les loisirs, les choses, les trônes, les langues, les histoires de l'Orient, m'entrainent involontairement vers ce berceau de soleil du jeune genre humain. Il faut qu'il y ait, je ne sais comment, quelques gouttes de sang oriental, arabe, persan, syrien, biblique, patriarcal, pastoral dans mes veines, gouttes que je retrouve pures encore après ces générations et ces générations où rien ne se perd dans la transmission de la vie à travers les siècles. Peut-être une migration comme celle des Phocéens sur la côte de Provence ; peut-être une mère ramenée, à l'époque des croisades, d'Antioche ou de Ptolémaïs dans les Gaules pour enfanter une race mixte de Francs teints du ciel maternel ; peut-être une alliance avec ces tribus sarrasines qui se sont implantées, et qui subsistent encore, en villages aujourd'hui chrétiens, dans nos montagnes du Mâconnais. Qui sait? Nous le saurons un jour, quand nous saurons la filiation des gouttes de rosée qui composent les lacs de la Suisse, ou la filiation des grains de sable qui composent le granit du Liban.

Ensuite ma nature, active et philosophique avant tout, a cependant été mêlée aussi de poésie dans une certaine proportion. L'Orient est la terre des images. J'aime cette terre comme le peintre aime sa palette. Notre âme a ses couleurs comme l'arc-en-ciel, c'est sous ce ciel et sur ces eaux que ces couleurs flottent le mieux. Où voit-on de plus innombrables étoiles monter comme des échelles aux clous de feu dans les profondeurs du firmament? ou des montagnes plus hautes et plus dentelées écrire sur le fond de saphir du ciel les éruptions des volcans, les rongements des déluges, les déchirures du globe, les écroulements des pans de rocher, les hiéroglyphes de Dieu sur la face du globe? Où la mer entoure-t-elle d'une ceinture plus serrée et plus bleue les continents, les caps et les iles? Où ces iles sortent-elles tous les matins du sein des flots avec plus d'oliviers, d'orangers, de myrtes, de lauriers-roses et de villages, ces blanches ruches d'hommes qui vont bourdonner tous les jours? Où les barques et les caïques de toutes formes et de toutes voilures glissent-ils en plus grand nombre sur les côtes et entre les archipels? Où les golfes s'ouvrent-ils plus larges et plus profonds au tournant des caps? Où s'ombragent-ils de plus vertes ombres des montagnes et vont-ils porter au fond des anses, où dorment les grandes villes, plus de murmure, de fraicheur, d'écume et de vaisseaux de la haute mer? Où les ruines des cités, des temples, des citadelles reposent-elles avec plus de majesté sur les flancs des collines ou sur les pointes des écueils, vastes lits de coquillages pétrifiés dont les habitants ont disparu? Où de jeunes et merveilleuses capitales comme Stamboul, Scutari, Ismir, Alexandrie, Beyrouth, s'élèvent-elles plus rapidement, comme des végétations d'une nuit? Où les religions se succèdent-elles avec plus de vicissitudes du ciel lui-même, et se surmontent-elles les unes les autres d'étages en étages : temples mystérieux de Balbek; synagogues de Jérusalem, colonnades du Parthénon, de Thèbes ou d'Éphèse, basiliques des croisades, Sainte-Sophie de Constantin, changeant de dieu sans changer de piliers ni de dômes, lits du torrent des âges qui n'a laissé que du sable dans sa course et des ruines sur ses bords! Puis les végétations rares, mais gracieuses comme les couronnes de fleurs et de feuillages des jeunes femmes fanées par les fêtes, ou sombres et immobiles et se dessinant en noir sur le bleu foncé du ciel, comme les draperies funèbres des empires autour de leurs mausolées, *agnus castus*, orangers, lauriers-roses ou cyprès! Puis le chameau, le cheval arabe de Job, la chèvre qui se confond de loin avec le rocher bruni des caps, puis les costumes à grandes lignes et à vastes plis, des cavaliers, des pasteurs, des voyageurs rencontrés sur les routes, leurs attitudes, dont on ne retrouve le modèle que dans les marbres antiques, leur salut sérieux et mystique, qui appelle toujours Dieu en tiers entre deux hommes qui se rencontrent ; enfin, les figures célestes de femmes entrevues à travers les grillages de bois odorant, et les roses aux fenêtres des harems, comme les mystères de beauté de la terre! De toutes ces choses réunies, lues dès l'enfance, rêvées par les beaux jours des soleils d'été dans le jardin, savourées dans les poëtes et dans les conteurs arabes, écoutées et retenues au coin du foyer de famille dans les récits merveilleux des voyageurs et des navigateurs de ces mers et de ces déserts, une grande image générale, confuse, diaprée, un arc-en-ciel intérieur d'imagination s'était formé en moi ; c'était l'Orient! Depuis, je l'avais vu aux plus heureuses années de ma vie, de mon cœur et de ma fortune. J'y avais répandu une partie de mon être, et j'aimais à y revenir sur mes traces pour m'y retrouver dans mon passé.

26 juin 1850.

Je m'éveille à la hauteur de l'île de Maritimo, espèce de borne gigantesque détachée de la côte de Sicile, et jetée en avant par la nature, comme ces colonnes de bronze que les édiles placent à l'angle des grandes rues, au tournant des places publiques, pour empêcher les roues des chars d'effleurer et d'écorner les édifices. Il y a ainsi des écueils protecteurs des continents et des îles à l'approche de presque toutes les terres sortant des eaux. L'île de Maritimo, à cette heure du matin, une partie de ses flancs encore noyée dans l'ombre, son sommet et ses arêtes déjà dorés par la lumière horizontale du sol..., a toutes les teintes d'un bronze florentin légèrement vernissé d'or. C'est un cube immense sculpté à grands coups de ciseau et à angles droits, une table, comme on dit en termes de marin. Cette masse ne porte rien que quelques maisons de pêcheurs à peine distinctes du rocher à sa base, et une prison d'État qui semble se confondre avec le roc lui-même sur un cap élevé et avancé. A une de ses extrémités on aperçoit, à l'aide des lunettes d'approche, quelques soupiraux grillés au-dessus des murs gris qui surmontent les inaccessibles précipices. Ces cachots sont pleins des derniers combattants pour l'indépendance de la Sicile : prisonniers d'État qui se chauffent au soleil de leur berceau, qui respirent l'air de leur patrie, et qui, s'ils meurent dans ces casemates, auront du moins pour leur cendre un coin du rocher natal! Le voyageur libre et entouré des siens qui passe ainsi sous une prison en vue de la mer ne peut détacher ses yeux ni son imagination de ces murs et de ces donjons qui renferment les mystères de la captivité, de la vengeance, du crime quelquefois, souvent aussi de l'innocence et du patriotisme puni pour des actes que la postérité transforme ensuite en martyres et en vertus! Il se demande lui, heureux, assis, rêvant à l'ombre de sa voile, au bruit de l'écume joyeuse qui lave les flancs de sa proue en le portant aux rivages qu'il aime, ce que pensent, ce que rêvent, ce que souffrent ces pauvres captifs, enviant du regard son espace, son air, son soleil, sa route, sa liberté! Il prie tout bas que Dieu visite d'un rayon de sa bonté ces cachots, et pour qu'il inspire aux vainqueurs cette magnanimité et cette miséricorde qui seules transforment la victoire en droit et soumettent les cœurs des vaincus!

Nous voguons entre Maritimo et la pointe de Sicile. Une autre prison d'État se découpe sur un autre ilot élevé qui tient par une langue de terre basse au continent. Tous les alentours sont plats, bruns, déserts, couleur de haillons. On ne voit ni toits, ni fumée, ni murs blanchissants sur la côte, des lagunes ou des flancs de collines, parcours des chevriers de Théocrite, l'Homère des pasteurs. Derrière ces lagunes et ces vallées qui s'élargissent, et ces coteaux gris qui s'étagent, des traînées de lumière matinale sur les brouillards de la rosée conduisent l'œil jusqu'à des sommets alpestres, qui s'élèvent comme des dômes au centre de la Sicile, vagues solidifiées de cette terre de feu qui a produit l'Etna. Pendant la journée entière, nous suivons de très-près toutes les sinuosités de cette longue côte. Elle n'a rien d'accentué ni de pittoresque de ce côté de l'île. Ce sont des collines presque sans dentelure, qui viennent mourir en pentes douces sur la plage, ne laissant, entre la ligne bleue de la mer et elles, qu'un espace rétréci, et richement cultivé, où s'élèvent, çà et là, les clochers d'une cathédrale, les dômes espagnols d'une chapelle, les murailles hautes d'un couvent, puis quelques maisons de campagne aux murs blancs et aux treilles vertes, groupées autour de quelques petites villes, des ports animés par le petit cabotage d'une côte fertile, une frange d'écume sur un sable étincelant, des voiles de pêcheurs rasant le rivage, des enfants jouant avec des ânes sur la marge de l'eau, quelques beaux vignobles à mi-côte, donnant ce vin de Marsalla ambré comme la séve des ceps du Midi.

L'équipage du bâtiment (*l'Oronte*) ressemble à une famille autour d'un foyer. La mer inspire aux hommes qui l'habitent le même caractère que le drapeau inspire à l'homme des camps, la règle, la discipline, le commandement ferme, l'obéissance ponctuelle, la sévérité subordonnée des rapports d'homme à homme, la cordialité sans abaissement des chefs aux subordonnés. Seulement la vie des vaisseaux n'a pas la monotonie, l'indolence et l'oisiveté de la vie de garnison. Le marin est toujours en campagne, en guerre avec les éléments. Son arme n'est pas seulement sa parure ou sa défense, comme le sabre ou le fusil; son arme, c'est son bâtiment; son bâtiment, c'est sa vie même, et la vie et la fortune de ceux qui se sont confiés à son mât. Il ne lui est pas permis de l'oublier ou de le négliger un moment. Il n'y a ni jour ni nuit sur un navire pour le marin, c'est le *quart* qui dure sans fin, et que chaque officier, chaque matelot vient prendre, en se succédant, à l'appel régulier de la cloche ou du sifflet de bord. Le vent qui change ou qui peut changer, le baromètre qui monte ou qui descend, le nuage qui se forme et qui contient le *grain* à l'horizon, la lame qui se gonfle ou qui s'aplanit, la route qu'il faut se tracer dans le vague espace par le calcul, l'écueil marqué sur la carte qu'il faut surveiller, l'approche de la terre qu'il faut craindre, l'île perdue au milieu de l'Océan qu'il faut rencontrer et reconnaitre pour s'assurer qu'on est bien en route, la manœuvre à commander ou à exécuter, le timon à tenir sans distraction, sans faiblesse comme sans violence envers la lame, les mille accidents atmosphériques du jour, de la nuit, les aspects et les couleurs des eaux, les oiseaux qui présagent le calme ou le vent; les dauphins ou les bonites qui suivent le sillage, ou qui contournent, en bondissant, le bâtiment, de la poupe à la proue, semblables à des coursiers de mer qui se défient à la course, et qui raillent l'homme de sa lenteur, et le vaisseau de sa pesanteur sur les vagues : voilà la vie et le spectacle éternel et varié du marin. Cette vie rend à la fois actif et rêveur. Je me suis toujours étonné que, toutes les professions de l'homme ayant eu leur poésie et leurs grands poëtes, la profession de marin n'ait pas encore produit son Théocrite, son Homère, son Shakspeare, son Dante, son Racine! J'ai pensé quelquefois que cela tenait à la prodigieuse poésie de la mer elle-même, et que le peintre ou le chantre avaient reculé par le sentiment de leur faiblesse devant la grandeur, la sublimité, la grâce et la vanité des vagues. Une fois j'avais essayé moi-même; j'avais ébauché et commencé quelques chants d'un poëme maritime intitulé *les Pêcheurs*, inspiré par mes longs séjours dans les îles et par ma fréquentation avec les familles de matelots. Ce poëme, qui ne consistait encore qu'en trois chants, a été égaré par moi dans un de mes voyages. Je l'ai toujours regretté, sans avoir le courage de le recommencer. On ne recommence pas l'enthousiasme. Quand le charbon est éteint, on jette en vain de l'encens sur le foyer de l'encensoir, rien ne fume plus. Lord Byron, seul, a eu quelques souffles de vent de mer et quelques palpitations de voiles sur les cordes jeunes de sa lyre dans le *Corsaire* et dans la *Fiancée d'Abydos*. Mais ce n'étaient que des gerbes d'écume sur un écueil, ou des anses à l'ombre de la côte; ce n'était pas l'Océan tout entier. Je me trompe, il y a dans le *Pèlerinage d'Harold* quelques strophes qui valent un poëme :

« Roule bleu, sombre, profond Océan !... »

Mais le monde roule avec lui ! Le ciel, le soleil, la lune, les étoiles, les cimes neigeuses de l'Olympe, de l'Œta, du Liban, du Taurus, flottent avec ses vagues. Ce sont les pans brisés du miroir de l'univers, les lueurs liquéfiées, les splendeurs mouvantes, les ondulations éternelles, les repos majestueux, les couleurs changeantes, les contrecoups sourds, les plaintes tristes, les bruits lointains, les murmures, les sifflements, les tonnerres, les voix de tous les éléments, l'eau, les cavernes, la terre, les vents et le feu réunis et répercutés par le seul Océan !

27 juin 1850.

A peine a-t-on quitté la Sicile et vogué quelques heures d'une nuit dans la grande mer dont les lames viennent de la côte d'Afrique, qu'au réveil on aperçoit sous la brume comme une longue muraille sur la mer blanche et dorée. C'est Malte. C'est ce dernier asile de l'institution barbare de la guerre éternelle de religion, bientôt, je l'espère, disparue du monde. Malte, et Rhodes avant Malte, et Smyrne avant Rhodes, et les croisades avant Smyrne, c'étaient les avant-postes de l'antipathie de culte, bâtis par les chrétiens sur la terre des Ottomans ou des Arabes, dans ces temps de fanatisme mutuel, où l'on se disait, d'un bout de la terre à l'autre : « Crois comme moi, ou je te tue ! » C'est ce qu'on appelait la loi forte, l'intolérance sacrée, Dieu pour soi seul, la mort et l'enfer aux autres. Malte n'était qu'une croisade pétrifiée. Cette île devait tomber avec l'intolérance. Pour protéger la navigation contre quelques pirates barbaresques, il n'y avait pas besoin d'une déclaration de guerre perpétuelle à l'islamisme : il suffisait d'une expédition d'Alger et d'une bonne police européenne sur les côtes de la Méditerranée. Nous l'avons faite, et la paix est redescendue sur mer comme sur terre. Malte n'était qu'un brandon éteint de guerre barbare entre l'Europe et l'Asie. Les hommes qui rêvent la reconstitution de cet ordre monastique et militaire ne sont pas plus fous que ceux qui rêvent le renouvellement des croisades. Il y a des utopies qui tournent leur visage vers l'avenir, et qui ne voient que des nuages et des mirages, c'est vrai ; mais il y en a qui tournent leur visage vers le passé, et qui ne voient que des non-sens et des barbaries sacrées à imiter. Nous sommes dans le temps des chimères, aussi bien en arrière qu'en avant. En vain la raison est là qui nous dit : « Soyez de votre siècle, éclairez-vous de sa lumière, encadrez-vous dans des institutions contemporaines de vos idées ; » non, c'est trop commun, c'est trop simple : soyons du temps de Pierre l'Ermite ou du temps qui n'est pas encore né !

Malte, 27 juin 1850.

Je ne décrirai pas Malte, je l'ai décrite à une autre époque de mes voyages ; rien n'a changé. Ce sont toujours ces mêmes murailles d'un blanc jaune percées d'embouchures pour les milliers de canons qui la gardent, ces mêmes arcades de travertin dorées et comme incrustées de rayons de ce soleil africain qui les chauffe depuis des siècles, ces mêmes rangées de petits palais à balcons mauresques, séjours de dévotion et de plaisir où la jeunesse chevaleresque de l'Europe catholique confondait l'héroïsme et la piété, l'orgueil du noble et l'humilité du moine, les observances de la règle monastique et les nonchalants loisirs d'une garnison. Aujourd'hui ce sont les Anglais qui habitent ces palais et qui les revêtent de la propreté, de l'élégance, de la végétation et des fleurs dont ils ont pris le goût dans leurs îles vertes. Ils tapissent de lierre et de plantes grimpantes les flancs des bastions ; ils se construisent, comme à Gibraltar, de délicieuses petites oasis de verdures et des jardins suspendus sur les glacis de leurs forteresses ; des vaisseaux leur apportent un peu de terre végétale de Sicile, qui leur donne les fleurs et les fruits de l'Europe. L'île s'embellit et s'enrichit sous leurs mains. Les Anglais s'acclimatent, les Français campent : voilà la différence des deux races. Cependant un grand appareil de guerre protége partout cette acclimatation britannique. Une escadre composée de sept ou huit vaisseaux à trois ponts et de plusieurs frégates repose à l'ancre au fond du port de La Valette ; à chaque instant une partie de cette escadre appareille et va faire des évolutions navales en pleine mer, en vue de l'île. Elle rentre le soir au coup de canon du coucher de soleil. La garnison se compose de plusieurs régiments de ligne et d'un régiment de Maltais habillés, armés et soldés pour la parade, mais à la condition de ne jamais sortir de l'île. Les sentinelles se promènent d'une guérite à l'autre ; semblables à des créneaux ambulants, elles dessinent leurs profils rouges et leurs baïonnettes resplendissantes au sommet de toutes les fortifications sur le fond bleu de la mer ou du ciel. La quarantaine imposée par réciprocité de peur aux vaisseaux qui ont touché à la côte d'Italie nous interdit l'entrée de la ville. Nous voyons ses quais et ses rues, nous assistons à ses trafics, nous entendons ses voix, mais des chaloupes au pavillon jaune demeurent en station au pied de notre échelle et nous défendent de serrer la main à nos amis. Nous prenons du charbon pour la traversée de Malte à l'Archipel, et nous repartons à la chute du jour.

Les feux de Malte s'allument peu à peu derrière nous, puis semblent se replonger dans la mer.

29 juin 1850

Deux jours et deux nuits de pleine mer, mer à larges lames comme son bassin, qui s'étend ici du fond de l'Adriatique jusqu'aux pieds du Liban et jusqu'aux palmiers d'Afrique. Vie monotone et rêveuse, passée à l'ombre d'une tente sur le pont, aux ronflements de la fournaise, au bruit cadencé du balancier et à la fraîcheur des deux cascades d'écume que les roues font bouillonner à la surface de la mer sur les deux flancs du vaisseau. Nous lisons, nous causons, nous nous promenons entre la dunette et le grand mât. Nous nous lions d'amitié avec les trois officiers qui composent l'état-major de l'*Oronte* : le capitaine Chausse, le second Bouché, le lieutenant Capoufigue, trois hommes d'élite dans leur profession. Le premier, fait pour le commandement, parce qu'il se commande à lui-même, est un de ces caractères impressionnables, sensibles, tendres d'âme, réservés d'aspect, qui craignent de se révéler trop au dehors par des épanchements dont l'autorité souffrirait, et qui glacent leur surface, pour concentrer et cacher leur sensibilité. Cette lutte de la nature contre la profession est intéressante et pittoresque dans un homme, comme la lutte de la neige et du soleil sur la terre attiédie aux mois indécis de printemps ou d'automne ; on ne sait qui l'emportera des deux éléments et des deux saisons. Il aime ses collègues et ses marins, mais il ne veut pas trop se familiariser avec eux, par respect pour le grade et par prudence pour l'autorité. Je me plais particulièrement avec lui. Il a épousé récemment une jeune femme du haut Jura, qu'il a connue, étudiée et admirée à son bord pendant une de ses traversées ; la figure, le caractère, la piété de cette jeune personne, lui ont présagé une vie heureuse avec elle ; il est allé quelques mois après la demander à sa famille bien loin de la mer, dans les montagnes de sapins de la Franche-Comté. Elle l'a suivi à Marseille ; il la quitte avec tristesse tous les deux mois, pour remonter sur son navire ; il a peuplé sa cabine de son image, de ses vestiges, de son souvenir visible et palpable partout ; il est religieux comme elle, et ses opinions politiques tiennent de la tradition plus que du temps, comme celles des hommes du Midi en général. Ces hommes raisonnent peu, mais ils sentent fortement. Or, le sentiment est toujours du côté des traditions, parce qu'on les a reçues de sa mère et qu'elles se confondent avec la piété du berceau. Ses deux officiers sont des mêmes opinions que lui. Ces trois hommes, au premier moment, éprouvent bien quelque léger froissement intérieur, je n'en doute pas, à se trouver en société si immédiate avec un des hommes politiques dont le nom est attaché sinon à la veille, du moins au jour et au lendemain d'une révolution qu'ils ne sont pas obligés d'aimer. Cependant, comme mes deux amis et compagnons de voyage sont l'un légitimiste de cœur, l'autre très-religieux de sentiment et de raison; comme madame de Lamartine les attire et les attendrit par sa piété de femme et par l'intérêt qui s'attache toujours, dans les nobles natures, à ce qui souffre et à ce qui se dévoue; comme moi-même je plane assez naturellement de haut dans les entretiens à cœur ouvert et sur les opinions politiques, mobiles de leur nature comme les événements humains; comme je suis de l'œil intérieur mon étoile intellectuelle sans jamais froisser ni éteindre l'étoile intérieure ou la lueur d'autrui, ces trois officiers finissent par s'étonner de ne trouver en moi ni ce fanatisme qui vient de l'indigence d'idées, ni cette intolérance qui vient de la tyrannie du caractère, ni surtout cette férocité *romaine* ou *conventionnelle* qu'on est accoutumé à présumer dans l'âme d'un sectateur de république; ils s'apprivoisent, ils se rapprochent, ils comprennent que la république à laquelle je me suis associé pour clore une anarchie et pour apaiser les partis en guerre civile par le droit et par la liberté n'a rien de commun avec ces institutions farouches qui avaient prétendu sacrer avec du sang la royauté du peuple. Ils reconnaissent même que le plus beau comme le plus légitime des gouvernements serait cette république dont j'ai proféré les dogmes de magnanimité et l'évangile de concorde à l'Hôtel de ville en 1848. Seulement ils se rejettent sur la prétendue infirmité du peuple français, incapable, disent-ils, par sa corruption, de supporter ces institutions libres et fortes, comme si la servitude était plus aisée à supporter que la liberté!

Nous discutons sans chaleur et sans aigreur sur ces grands sujets de la pensée et du temps à l'ombre de la voile et sur les vagues sans horizon qui nous emportent vers une autre terre où l'on n'entend plus les bruits de la noire. Je leur explique mon vrai rôle dans les événements de Février, rôle de hasard et de dévouement, soudain et irréfléchi, commandé par la circonstance et inspiré sous le feu de l'événement ; je leur raconte comment, tout en pressentant de grands orages dans l'air, j'ignorais complètement le matin les événements du jour ; pourquoi la royauté en fuite, l'armée immobile, le peuple armé, la Chambre envahie, les ministres disparus, la constitution révolutionnaire de 1830 en débris, j'ai demandé à la tribune, au lieu d'un second expédient révolutionnaire de 1830 dans un régime illégitime, sans principes, sans droit et sans force, le jugement souverain du suffrage universel de la nation, principe au moins à la place d'un autre ; pourquoi je me suis hâté de former un gouvernement provisoire et d'y entrer avec des hommes populaires pour suspendre par l'énergie et par la promptitude de décision et d'initiative une anarchie qui allait incendier le pays et égarer plus loin le peuple ; pourquoi, malgré les dissentiments qui le divisaient, ce gouvernement, faisant taire ou ajournant ses tendances opposées, a, par des sacrifices méritoires de tous les côtés, transigé tous les jours avec lui-même pour recréer de concert des éléments d'ordre, et arriver enfin, sans guerre extérieure, sans guerre intérieure, sans violence et sans effusion de sang, à la reconstitution du pays par l'Assemblée constituante ; pourquoi à cette époque, où le pays sauvé d'un naufrage de sang se précipitait à moi par tant de suffrages, je me suis refusé à cette tentation de pouvoir concentré facilement dans mes mains, pour le laisser flotter dans l'Assemblée et pour conserver des gages au parti républicain dans une république ; pourquoi, en agissant autrement et en cédant aux amorces de mon ambition, j'aurais déchiré le parti républicain, et j'aurais livré la république à peine née aux ressentiments et bientôt à l'étouffement de ses ennemis naturels, dont j'aurais été obligé de devenir l'homme lige; pourquoi je n'ai voulu être ainsi ni le Phaéton ni le Robespierre de mon pays : Phaéton, si j'avais cru dominer les partis par de vaines paroles, Robespierre, si, pour les dominer en effet et consolider mon pouvoir, je les avais contenus par la hache et par la terreur; pourquoi enfin, en agissant ainsi, j'ai adouci les chocs, habitué l'Assemblée à l'élasticité du pouvoir, et conservé quelques années une république qui grandira plus sûrement en liberté qu'en dictature. Ils me comprennent, ils m'interrogent, ils discutent mes réponses, ils s'étonnent de les approuver, ils commencent à croire que je ne suis pas tout a fait un si vaniteux étourdi, un si froid ambitieux et un si grand coupable que leurs journaux le leur disent. La vérité entendue de près a un accent qui manque rarement de convaincre l'esprit et de toucher le cœur; nous sommes d'opinions différentes, mais nous devenons amis.

Mais ils s'entendent bien mieux encore avec mes deux compagnons de voyage, M. de Chamborand et M. de Champeaux. Ceux-là n'ont rien à justifier ou à expliquer dans leurs actes ou dans leurs sentiments politiques, ils partagent presque tous ceux de ces cœurs méridionaux. Le premier, jeune encore, chevaleresque de cœur, gentilhomme de souche, fils de père royaliste et de mère pieuse, élevé dans les principes de ce libéralisme royal par lequel la Restauration de 1815 à 1830 avait essayé de rattacher le passé à l'avenir, la tradition au progrès, le trône à la liberté, la dynastie des Bourbons au droit national, aime de la république la liberté, et de la royauté légitime le titre, sinon le droit. Il y a quelque chose d'honnête dans ce titre de la royauté légitime au pouvoir qui la fait confondre avec une sorte de droit. Son idéal serait l'association du droit républicain avec le droit légitime; son intelligence est à la nation libre, son cœur est aux Bourbons nationalisés. La monarchie ambiguë de Juillet, usurpation pour sa famille, révolution pour la nation, n'a jamais été pour lui qu'un poids sur son cœur, poids que la logique et le sentiment ne pouvaient pas porter longtemps. Comme moi, il a refusé de la servir, pour ne pas contrister ses souvenirs de fidélité d'honneur aux dogmes de sa jeunesse. Ainsi que moi, il a accueilli la république comme un dénoûment franc et entier qui finissait un contre-sens. Homme de premier mouvement et d'énergie, il a assisté volontiers de loin à plusieurs de ces grandes scènes, il y a pris le rôle que le courage d'esprit, la force corporelle, l'attitude imposante, la forte voix, le geste résolu, donnent toujours dans les agitations indécises des multitudes rassemblées. Au 15 mai il s'élança de la salle, après l'invasion des factieux, et courut armer et entraîner sa légion pour revenir délivrer et venger la représentation nationale. Je le vis encourager de la parole et du geste la colonne qui se formait autour de mon cheval, et qui s'armait quand nous marchâmes contre l'hôtel de ville pour y étouffer l'insurrection déjà maîtresse de cette citadelle des révolutions. C'est une de ces mains qui s'ouvrent ou se lèvent aussi vite que bat le cœur.

M. de Champeaux, qui fut douze ans mon commensal, mon conseil et mon secrétaire officieux, est resté simplement mon ami. Il m'accompagne par dévouement dans ce long voyage. Il n'y a ni fortune, ni infortune, ni fatigues, ni dangers qu'il ne veuille partager avec nous depuis que nous le connaissons. C'est un gentilhomme breton, ancien officier de la garde royale de Charles X, ayant, quoique sans fortune, brisé son épée, en 1830, plutôt que de servir la nouvelle royauté. Il ne s'est pas demandé où était le pain, mais où était l'honneur ! Il l'a trouvé dans une inviolable fidélité aux princes et aux princesses exilés par la révolution de Juillet. Il en avait éprouvé des bontés et des familiarités qui lui faisaient un devoir particulier de cette conduite. S'il n'eût été que soldat, il eût continué à servir, mais il était ami, il devait porter un deuil plus personnel de cette famille royale à laquelle il était dévoué; sa foi dans la légitimité n'était pas une religion, c'était un sentiment. Il avait beaucoup lu l'histoire, il savait parfaitement que le monde appartient aux idées, et non aux dynasties. Mais il avait, indépendamment de ses lumières, une religion de Breton : l'honneur; il était obstiné, d'autant plus obstiné dans sa fidélité à des princes qu'il croyait moins à leur droit; c'était eux, ce n'était pas leurs principes qu'il servait par le sacrifice de sa carrière militaire. La république l'avait soulagé aussi du poids que la royauté illégitime faisait peser sur son cœur. Il comprenait le droit d'un grand peuple sur lui-même, il ne comprenait pas le droit d'une usurpation de famille sur le droit de l'héritier légitime du trône : point de trône, ou le trône à qui il appartient, c'était son dilemme à lui. On comprend combien les opinions de mes deux amis devaient concorder avec celles des officiers du bord. L'homme du Midi et le Breton se comprennent par la religion commune du passé. Nos conversations sur cette belle mer flottent comme ses flots, avec un doux et perpétuel murmure, sans colère, et au cours du vent.

Le second du bâtiment, jeune homme de Paris, de manières et d'éducation distinguées, nommé Bouché, joignait à ces qualités d'esprit plus de sérieux et plus de mélancolie pensive dans le caractère qu'on ne s'attend à en rencontrer dans ces natures légères et ventilées des grandes villes. Sa conversation rare et sobre ne paraissait que l'écoulement du trop-plein de son âme; sa famille était sans cesse présente à sa mémoire, la mer et ses scènes mobiles et grandioses n'évaporaient pas ses pensées. Elle les recueillait, elle les attendrissait, elle les reportait de loin au foyer de sa mère et plus haut au foyer commun des âmes que l'absence sépare, à Dieu. Il ne rougissait pas plus que ses deux collègues de ses instincts religieux. La mer, comme tout ce qui est grand et fort, porte l'esprit à la suprême grandeur et à la suprême force, l'Infini. Partout où l'homme se sent faible et isolé, il cherche une société à ses pensées, un appui à sa faiblesse dans l'idée et dans la présence de Dieu.

Le lieutenant Capoufigue, type pittoresque du marin de nos côtes de Provence, avait, sous une écorce un peu plus alpestre, la même sève de nobles sentiments, de grâce naturelle et de bonté. C'était l'homme d'instincts à côté de deux hommes de civilisation : moins poli de surface, aussi pur d'argile.

DARDANELLES

Nous nous réveillâmes en face de la côte de Troie au moment où le bâtiment entrait déjà dans le courant du canal des Dardanelles. J'ai décrit ces lieux éclairés par la lune dans mon premier voyage, je ne les décrirai pas éclairés aujourd'hui par le soleil; le grand jour chasse les ombres de la poésie comme celles de la nature. La lampe est le véritable jour du poète, comme l'astre fantastique de la nuit est le véritable jour des lieux qu'Homère, Virgile, Dante ou Ossian ont décrits : la côte de Troie, vue en plein soleil, n'est qu'une vaste plaine basse, inclinant à pente douce vers la mer, tachetée de bouquets d'oliviers grisâtres et accidentée de quelques monticules couverts de ruines qui furent les tombeaux des Troyens et des Grecs.

Une fois dans le canal, les bords se relèvent à droite et à gauche, et les châteaux forts qui ferment l'entrée aux vaisseaux de guerre montrent leurs embrasures et leurs canons. La mer resserrée dans ce défilé d'eau n'a guère que la largeur d'un beau fleuve ; elle semble couler et murmurer comme un grand courant. Le contraste entre les bords grisâtres et les flots fait paraître les vagues plus bleues qu'en pleine mer. Le Rhône, en sortant du lac de Genève, où il s'est purifié sans se mêler au lac, n'a pas plus d'azur foncé dans ses eaux. De nombreux navires sont à l'ancre des deux côtés du canal, et quelques villes turques s'étagent gracieusement sur la rive d'Europe. Les minarets, ces cyprès de pierre légers, élancés, fantastiques comme la prière qui s'élève au-dessus des tombeaux, donnent aux villes turques, entrevues à travers les arbres des paysages, un caractère aérien qui semble les soulever du sol et les faire planer sur l'horizon. Cette côte, du reste, jusqu'à Gallipoli, est peu pittoresque et ne se prête nullement à la description. Les lignes sont droites et monotones comme les berges qu'une rivière s'est creusées pour traverser une plaine de terre labourée ; à l'exception de quelques châteaux et de quelques batteries basses aux murs blancs, il n'y a rien à regarder. Deux souvenirs seuls y rappellent l'imagination rêveuse, l'un vieux comme ces ondes, l'autre récent comme nos jours : les traversées nocturnes d'Héro et de Léandre, et la traversée à la nage de lord Byron : cette traversée était l'orgueil de ses souvenirs. Il y revient dix fois dans ses vers, dans ses notes, dans ses conversations, dans ses mémoires. C'est là qu'il conçut ou qu'il écrivit un de ses plus beaux poëmes, la *Fiancée d'Abydos*. Laquelle de ces deux légendes d'Héro et de Léandre, ou de la fille de Giaffir, sera plus célèbre et plus éternelle sur ces flots, dans la postérité ? Ces vers le savent ; je ne pouvais m'empêcher de me les réciter à moi-même en contemplant les cyprès d'Abydos se dressant en noir sur les turbans du champ des morts !

A midi nous passâmes la mer devant la jolie petite ville basse des Dardanelles, toute bariolée des pavillons et des flammes des consulats européens ou des agences consulaires flottant au vent devant les jolies maisons des agents ou des consuls. Le bâtiment débarqua et embarqua pendant quelques heures les nombreuses marchandises qu'on envoie d'Europe à cette échelle de l'Asie Mineure et qu'on envoie des Dardanelles à Constantinople. Impatient d'entrer dans la Propontide, autrement nommée la mer de Marmara, et de cingler vers les minarets de Stamboul, nous maudissions cette activité commerciale sans laquelle cependant nous n'aurions pas eu sous les pieds ce pont rapide et ce ressort de feu qui nous fait dévorer cent lieues en vingt-quatre heures. Enfin les bateaux qui entouraient les flancs du navire se retirèrent l'un après l'autre, et nous fîmes quelques tours de roues dans l'eau comme pour reprendre notre course. Mais ce n'était qu'une manœuvre pour nous rapprocher de la rive d'Asie sur un point un peu plus éloigné des quais des Dardanelles. Nous y jetâmes l'ancre de nouveau. Un nombreux cortége de voitures, de chevaux, de femmes et d'enfants assis sur la plage, se groupait isolé du reste de la population tout près de nous au bord de la mer. C'était la suite, les équipages et la famille du pacha des Dardanelles, qui attendait le navire à l'écart pour s'y embarquer.

On embarqua d'abord huit chevaux arabes et turcs, puis d'immenses ballots de tapis de Smyrne, de coussins, de divans, de châles, de couvertures, de harnais, etc. Le pont du navire était encombré de cet attirail ; il nous annonçait la famille elle-même. En effet elle ne tarda pas de s'embarquer dans cinq caïques, et quelques coups de rames l'amenèrent au pied de l'échelle du bâtiment. C'était le harem entier du pacha des Dardanelles.

Trois eunuques noirs montèrent les premiers sur le pont et firent passer, avec une physionomie et des gestes sévères, sept ou huit jeunes filles esclaves sur l'arrière du bâtiment, que nous occupions déjà nous-mêmes à l'ombre d'une large tente qui nous garantissait du soleil. Ces esclaves se rangèrent, après avoir passé devant nous, tout au fond de la tente, à la poupe du bateau. Elles étendirent des tapis sur le pont et y déposèrent les paquets de hardes, les jarres d'eau et les paniers de provisions. Ces femmes, toutes très-jeunes, proprement vêtues, le visage à peine ombragé d'un demi-voile de mousseline aussi transparent qu'une ombre légère, étaient agréables de visage, quelques-unes belles et d'une expression fière qui indiquait des favorites du harem. Les eunuques néanmoins leur parlaient avec rudesse et leur faisaient des gestes impérieux aussitôt qu'elles s'approchaient trop près de nous et qu'elles découvraient trop leur visage.

Après les femmes esclaves, les eunuques firent monter, mais avec les marques d'un grand respect, la femme du pacha et la femme d'un de ses fils, jeune homme d'environ vingt ans, qui s'embarqua avec la famille de son père. Ces deux femmes, l'une d'environ trente ans, la seconde de dix-huit ans, n'avaient rien de remarquable, si ce n'est la richesse de leurs vêtements et l'extrême dignité de leur attitude. Honteuses et humiliées de se voir exposées sur le pont du bâtiment au regard d'Européens comme nous, elles me firent demander par le capitaine et par le fils du pacha la permission de s'abriter dans ma chambre. Je m'empressai de consentir à leur désir, et elles s'y établirent avec quelques suivantes jusqu'à la chute du jour ; un eunuque se plaça en sentinelle sur l'escalier qui conduisait du pont à la porte de ma chambre. Les autres eunuques apportèrent ensuite aux esclaves et aux femmes de second ordre une petite fille de sept à huit ans, d'une beauté véritablement circassienne et du plus splendide costume de jeune sultane qu'il soit possible à un peintre d'imaginer. C'était la fille du fils du pacha assis à côté de nous. Cette enfant n'avait pas de voile ; ses cheveux blond cendré étaient entrelacés dans les plis d'un riche turban de gaze d'argent ; ses yeux bleus, d'une eau limpide et scintillante, étaient cernés d'un léger cercle de henné qui en relevait l'éclat ; ses joues de lait où l'on aurait effeuillé des roses n'avaient rien de cette pâleur maladive que la longue réclusion du harem, l'ombre éternelle du voile et les bains chauds prolongés pendant des journées entières donnent aux odalisques de l'Orient. Elle s'épanouissait dans toute la liberté et dans tout le rayonnement d'une enfance en plein air, adorée de son père, qui la tenait sur ses genoux, et caressée tour à tour, comme l'idole enjouée de la famille, par toutes les femmes qui étaient sur le pont.

Une autre jeune fille, d'environ quinze ans, qu'on nous dit être fille aînée de la femme principale du pacha, passa l'avant-dernière devant nous. Le vent de mer écarta son voile, que ses mains, embarrassées par un coffret, ne purent retenir. Nous retînmes mal une exclamation d'admiration à voix basse dont elle s'aperçut en rougissant. C'était une des figures anglaises des plus délicates, des plus suaves et des plus pudiques qu'on pût rencontrer dans un parc de Londres, à côté de sa mère, une matinée de printemps. Le marbre n'a pas des contours plus fins que ses traits, la feuille d'églantine des nuances plus transparentes que ses joues ; ses cils baissés et longs y jetaient une ombre qu'on voyait flotter au souffle de la mer. Sa taille, à peine formée, avait une mollesse et une flexibilité que relevait encore l'hésitation de ses pieds entravés dans ses pantoufles de maroquin jaune. Une longue pelisse de cachemire bleu de ciel, ouverte sur le devant et descendant sur ses pantalons de soie blanche à larges plis noués sur la cheville, glissait de ses épaules resserrées par la crainte. Les femmes et les esclaves la reçurent avec une respectueuse affabilité; elles rattachèrent son voile de mousseline sur ses cheveux noirs; la petite fille alla jouer avec elle au fond de la tente, près du gouvernail. Elle se tint toujours éloignée de nous de quelques pas; mais la transparence et les ondoiements continuels de la mousseline nous laissèrent contempler librement son visage pendant toute la soirée. Deux petits garçons, frères de la petite fille, s'étaient embarqués aussi; ils ne montèrent point sur l'arrière avec le harem, ils restèrent, avec les esclaves et les officiers du pacha, sur le pont, jouant avec les armes et les chevaux.

Le vaisseau leva l'ancre. Une de mes anciennes relations de Constantinople, M. ***, aujourd'hui consul de Sardaigne aux Dardanelles, s'était embarqué avec nous. Il me reconnut; il se groupa avec nous pour parler du passé et de l'Europe; il connaissait le pays, la langue, les usages, les mœurs; il était lié avec le pacha et ses fils, sa femme avait visité souvent son harem, il me servit obligeamment d'intermédiaire ou d'interprète entre cette famille et nous. Il prononça le nom de ma femme au fils aîné du gouverneur; celui-ci alla le répéter tout bas à sa femme et à ses sœurs; je fus surpris de voir que ce nom, dont je n'aurais certes pas soupçonné le retentissement jusqu'au fond d'un harem d'Asie, produisait un mouvement d'étonnement et de curiosité parmi toutes les femmes libres ou esclaves de cette famille. Elles se levèrent, s'approchèrent, passèrent et repassèrent comme par hasard devant nous, sans affectation, et se parlèrent à voix basse en se tournant de notre côté. De quel commentaire le fils du pacha avait-il accompagné mon nom en m'indiquant à l'attention de sa famille? Avait-il parlé d'un poète d'Occident qui était venu jadis chanter à leur soleil? d'un voyageur qui avait écrit ses impressions et ses aventures parmi les musulmans et les Arabes? ou leur avait-il désigné un hôte du sultan venant avec sa femme et ses amis chercher sur leur terre une autre patrie après avoir perdu ses amis dans la sienne? Je l'ignore, mais je ne pus me dissimuler qu'un nom d'Europe éveillait une certaine émotion de curiosité dans l'intérieur le plus muré d'un harem des Dardanelles, et que, par conséquent, la conversation de ces femmes voilées se portait de temps en temps sur les choses lointaines d'un autre monde. Le jeune homme me parla avec obligeance et avec à-propos des événements politiques des dernières années et de l'alliance de l'empire avec la république. Il y a maintenant des journaux très-bien informés et rédigés par des hommes d'un remarquable talent à Constantinople et à Smyrne. Ces journaux glissent des sérails dans les harems, et avec leurs feuilles doivent pénétrer les idées, les choses, les noms, pour distraire l'oisiveté des sultanes.

Nous pûmes entrevoir, sans percer les mystères de la vie intérieure des musulmans, les divers degrés d'intimité et d'influence dans le harem auquel les habitudes de la polygamie élevaient les femmes esclaves et les femmes libres. Trente-deux femmes de toute condition et de tout âge composaient le harem que nous avions sous les yeux; quatre ou cinq étaient évidemment des femmes légales d'un rang supérieur aux autres, et obtenant d'elles tous les égards, tous les respects et tous les services qu'une mère de famille chez nous reçoit des femmes de sa domesticité ou de ses dames de compagnie, si sa fortune et son rang lui permettent ce luxe dans sa maison. Parmi les autres, il y avait une nuance, également caractérisée par le costume et par la dignité des manières, entre les esclaves admises à la familiarité du maître et celles qui sont uniquement destinées au service domestique des femmes. Trois ou quatre, quoique séparées par une grande distance des femmes légales, étaient au moins aussi séparées des simples filles de service; elles en recevaient des déférences, les eunuques leur parlaient avec plus d'égards, elles causaient et riaient même avec le chef des eunuques noirs, ayant plutôt l'air de le mépriser que de le craindre. L'une d'entre elles surtout, grande et belle personne aux yeux noirs, d'une physionomie altière, quoique mélancolique, ne déguisait pas sa supériorité sur toutes ses compagnes, regardait avec dédain le gardien du harem, avec fierté ses rivales, avec autorité ses inférieures ; elle sentait sa beauté et la faisait sentir. Presque constamment dévoilée, elle levait les épaules quand l'eunuque venait la prier de replier son voile sur sa bouche. Un dédaigneux sourire faisait en quelque sorte partie de sa beauté.

A peine ce groupe de jeunes femmes, de jeunes filles et d'enfants fut-il installé à quelques pas de nous, sur le pont, que les esclaves et les noirs apportèrent au milieu d'elles la mère du pacha, femme âgée et infirme, dont l'âge même et les infirmités laissaient entrevoir une merveilleuse beauté jusque sous l'ombre de la décrépitude. On nous dit qu'elle approchait de cent ans. On la portait sur un brancard en forme d'ottomane recouvert des plus riches tapis et des plus soyeux cachemires du Levant. Son costume était aussi riche et aussi élégant que celui des plus jeunes odalisques ; ses traits décharnés par l'âge n'étaient plus que des lignes majestueuses et pures comme les profils d'un temple grec qui n'a plus ni autel ni toit, mais qui brille au loin de toute son architecture au soleil couchant.

Sa présence et les respects qu'on lui rendait de toutes parts nous convainquirent que la destinée des femmes et des mères n'est pas, à beaucoup près, aussi ingrate et aussi négligée que nous nous le figurons en Europe. Elle ressemblait à la statue d'une Agrippine de l'Orient ; elle était la reine de ce sérail. Tous les serviteurs, hommes, femmes, esclaves, eunuques, s'empressaient autour de son divan portatif, retournaient ses coussins, éventaient son front, lui ménageaient l'ombre, lui présentaient des sorbets ou des boissons glacées; elle recevait ces soins avec une affabilité digne, des remerciements et des sourires qui attestaient en elle l'habitude de les recevoir sans les exiger. Quand elle parut sur le pont, tout le groupe, tous les enfants et les petits-enfants, hommes et femmes, sans exception, défilèrent devant elle en s'inclinant jusqu'à terre, en baisant ses mains ou en portant à leurs lèvres le bout du châle qui recouvrait ses pieds. La petite fille, que l'on paraissait adorer entre toutes, et dont les traits enfantins rappelaient ceux de sa grand'mère, comme un crépuscule du matin rappelle celui du soir, accourut aussitôt vers elle, et, s'asseyant sur ses pieds dans le divan, reçut ses caresses, qu'elle lui rendait en jouant. C'était un ravissant spectacle que cette tête d'enfant parée par les mains de cette vieille femme, se voyant renaitre, briller et aimer dans cette image d'elle-même, rajeunie d'un siècle! Nous passâmes plusieurs heures ainsi mêlés à toutes ces scènes et à toutes ces confidences du harem. Le vent ayant fraîchi, et la manœuvre exigeant sur l'arrière la présence des hommes de quart, les eunuques tendirent une toile transversalement sur le pont et firent passer toutes les femmes dans cette espèce d'enceinte préparée pour la nuit. Mais les intervalles laissés entre les toiles, souvent élargis par les coups de vent, nous laissaient voir ces groupes d'odalisques assises ou couchées sur leur tapis, à la lueur de leur lampe, à peu près aussi librement que nous les avions admirées le jour. Elles s'entretenaient à voix basse et s'endormaient dans les charmantes attitudes que lord Byron a si poétiquement décrites dans les portraits de Zuleika.

Le hasard nous avait fourni ainsi dans un jour de navigation une occasion de voir l'intérieur mystérieux d'un harem que vingt ans de séjour en Turquie ne nous auraient peut-être pas donnée.

Nous traversâmes la nuit la Propontide par une mer

douce et par une brise souple. Les premières lueurs du jour se réfléchirent comme la première fois pour moi sur les murailles du château des Sept-Tours et sur les soixante minarets de Stamboul. Ce spectacle, bien qu'il fût gravé depuis seize ans dans ma mémoire, n'avait rien perdu de son impression sur mes yeux; peut-être même avait-il gagné, car je savais, avant de tourner la pointe du sérail, ce que j'allais découvrir de merveilles de la mer, de la terre et des monuments. Le tableau de Constantinople extérieur que j'avais en ce moment sous les yeux se complétait, dans mon imagination, du tableau de Constantinople intérieur que j'avais dans le souvenir.

Je ne le décrirai pas deux fois, bien qu'on pût le décrire mille sans jamais l'achever. A gauche, les collines qui portent la ville de Constantin et de Mahomet II, et qui semblent la pencher vers la mer comme pour l'exposer au soleil ou la rafraîchir du souffle de l'eau; les vieilles murailles déchirées encore des brèches de la conquête, mal recouvertes par les jardins de roses et par les manteaux de jasmin, ce lierre d'Orient; les tours du château pleines de meurtres historiques; les dômes des mosquées, montagnes de lumière, où le plomb et l'or renvoient au soleil ses rejaillissements; la forêt des minarets rivalisant de nombre avec la forêt des cyprès; les fenêtres grillées et entrelacées de fleurs à travers lesquelles passent les regards, les soupirs et les doigts distraits des odalisques; les légers caïques fendant l'écume de toutes les vagues pour porter d'un quartier à l'autre, et de l'Asie à l'Europe, les femmes voilées, les oulémas au turban sans tache, les Arméniens à la longue robe brune, les soldats à la calotte rouge, les Persans au bonnet de poil d'agneau noir, les bateliers grecs à la chemise flottante de soie jaune, bateaux que cette diversité de couleurs fait ressembler de loin à des chargements de pots de fleurs apportés au marché d'Europe par les jardiniers d'Asie; puis à droite les îles des Princes, endormies au soleil sur la Propontide; puis en face de vous les collines d'Asie, noires de cyprès au-dessus des mosquées blanches de Scutari; puis à votre gauche les cimes verdoyantes des grands arbres, des jardins du sérail, et les kiosques du sultan répandus sur leurs pelouses, au bord de leurs bassins murmurants, en laissant entrevoir par-dessus leurs dômes les murs de ce palais mystérieux qui fut le Versailles et le Vatican de deux nations et de deux cultes : voilà ce qu'on aperçoit pendant que le navire longe les terrasses du sérail : mais à peine a-t-on doublé la pointe, que la parole s'arrête sur les lèvres, que le regard, appelé de trois côtés à fois, ne sait plus où s'arrêter, où se reposer, où se recueillir, et qu'il n'y a plus qu'un mot et une sensation pour exprimer en silence ce qu'on éprouve : l'éblouissement.

Vous suivez de vague en vague un quai de granit servant d'enceinte au sérail et laissant entrevoir par-dessus les parapets des pentes de prairies semées de groupes de futaies, et entrecoupées de palais de toutes les formes et de toutes les grâces, qui ne sont eux-mêmes que des dépendances du véritable sérail, des caprices de la toute-puissance jouant avec la nature, avec l'eau, avec la pierre et avec le bois. Ces palais, dont quelques-uns avancent leurs balcons jusque sur la vague toujours courante à ce tournant d'un cap, semblent avoir suivi comme une molle et docile argile tous les rêves et toutes les inflexions de la pensée; ils aspirent l'ombre du côté des jardins, ils aspirent le vent du côté de la mer, ils aspirent l'eau à leurs pieds par des souterrains grillés qui laissent entrer la vague jusque dans leurs cours intérieures pour le bain des sultanes.

Au tournant de ces jardins et de ces palais, vous voyez un golfe sans fond, qu'on appelle le port de Constantinople, où plutôt vous ne le voyez plus ; il est voilé par l'innombrable forêt de mâts et de voiles de navires à l'ancre ou voguant sur ses eaux. Vous voyez seulement, par-dessus les mâts et les voiles, surgir à l'infini, sur les deux rives de cette rade sans fond, des tours comme celles des Génois à Galata, celles du séraskier à Stamboul ; des dômes comme ceux de Sainte-Sophie, de Bajazet, de la Sultanhié ; des minarets, ces paratonnerres de la terre de Mahomet, par lesquels le musulman semble plonger les flèches de la prière dans le fond de son ciel, pour y lancer ses contemplations pieuses et pour en soutirer l'éternelle bénédiction d'Allah ; entre ces monuments, des quais, des fontaines, des kiosques dont les murailles sont peintes de saphir et d'or ; des arsenaux, des douanes, des bazars, vastes cités souterraines où les Orientaux bravent leur ciel de feu ; des arpents de cyprès en pente vers la mer couvrant les champs des morts de ces feuillages et de ces colombes, au bruit desquelles le musulman aime à dormir comme il a vécu ; des quartiers de ville de différentes couleurs, pour désigner à l'œil la diversité des races qui les habitent ; et enfin, tout à l'extrémité, une vapeur chaude, semblable à l'haleine d'une grande ville, s'élevant entre la terre et le ciel, voilant Stamboul comme Stamboul voile le visage de ses femmes, pour ajouter le mystère à tous les prestiges de la beauté.

Et si vous vous retournez à droite, vous avez en face les collines de Tophana, de Galata et de Péra portant sur leurs croupes arrondies les palais des ambassades européennes, les maisons des Francs, bâties en gradins de cirque, les vomitoires regorgeant de foule et de bruit par lesquels ces quartiers de l'activité et du commerce européen versent à toute heure leur plénitude de richesses et de population sur leurs quais et dans leurs vaisseaux.

Nous voyez enfin ce qu'aucune plume n'a jamais décrit, l'ouverture du Bosphore entre ce cap de l'Europe qui finit et ces dunes verdoyantes de l'Asie qui commence, un fleuve salé entre deux mers courant dans un lit d'une demi-lieue de largeur pour se précipiter, comme une cascade de l'Océan, du Caucase au Liban ; des châteaux antiques, des palais modernes, des jardins, des anses, des villages, des demeures isolées au bord de toutes ses vagues, sur la pointe de tous ses caps, au tournant de tous ses contours, sur les plateaux de tous ses étages, au sommet de toutes ses montagnes, et conduisant à perte de vue l'œil et la pensée par une avenue d'eau, de rochers, de cyprès et de kiosques, depuis la splendeur de la mer éclatante de Marmara jusqu'à l'embouchure ténébreuse et sinistre de la mer Noire. C'est la grande rue du globe, c'est le canal de Dieu ! c'est le vomitoire maritime et terrestre de deux continents où passent tout le jour les vaisseaux des dix nations.

Et Constantinople est aux fenêtres regardant passer ces mers, ces vaisseaux et ces peuples à ses pieds.

Mais j'ai dit autrefois ce spectacle. Je dois me borner à ajouter au tableau ce que le temps lui-même y a ajouté depuis.

Ce que le temps y a ajouté, c'est dix-huit ans de paix, c'est le mouvement européen multiplié dans ces eaux, c'est la marine à vapeur, c'est le sillage et la fumée de quarante bâtiments à feu de l'Autriche, de vingt-quatre bâtiments à feu de la Russie, de dix à douze français, de cinq ou six sardes, de trois ou quatre turcs, d'une vingtaine d'égyptiens ou de la côte d'Afrique, de trente ou quarante anglais; la rade de Constantinople, pleine de leurs évolutions, de leur fumée, de leur écume, du sillage des caïques qui les abordent pleins de passagers embarqués ou débarqués, les voit à toute heure arriver, s'éteindre, allumer, partir, échanger leurs cargaisons et leurs voyageurs comme une place de grande ville où les voitures publiques de cent quartiers divers se rencontrent et s'arrêtent pour prendre et verser leur population. Ce carrefour de trois mers est la place publique des trois continents. Quand on voit déboucher du Bosphore un immense bateau à vapeur russe, le pont couvert de Persans, de Circassiens, d'enfants de la Crimée, de Grecs de Trébisonde, coiffés, vêtus, armés de mille coiffures, de mille armures, de mille couleurs asiatiques, que ce navire jette l'ancre à côté d'un navire de Trieste, de Southampton, de Marseille, de Gênes, d'Alexandrie, de Tripoli, et que les passagers de tous ces navires, descendant à flots pressés par les échelles des bâtiments, se précipitent dans les caïques, se dirigent en se séparant les uns vers un bord, les uns vers un autre, et tourbillonnent ainsi sur la rade teinte des différentes couleurs de leurs turbans, pour chercher un autre pont qui les emporte chacun à sa destination, on dirait des flots de teintes diverses se réunissant dans un bassin comme pour se confondre, se déteindre et se décolorer par le mélange. La rade actuelle à Constantinople est le foyer de fusion de l'Orient et de l'Occident, du Nord et du Midi, le creuset où se fondent rapidement les divergences pour constituer l'unité de civilisation.

Nous jetâmes l'ancre à la pointe du sérail, presque à l'ombre des kiosques et des cyprès du jardin impérial. Je passai plusieurs heures à contempler ce ciel, ces montagnes, ces îles, ce port, ces cinq ou six villes qui entourent ce bassin. Je retrouvais de l'œil tous les sites que j'avais parcourus à une autre époque, les maisons que j'avais habitées, les horizons que j'avais décrits, la mémoire des hommes que j'avais connus, aimés et perdus depuis ! tout, jusqu'aux impressions que j'avais ressenties en voyant pour la première fois et en habitant pendant toute une saison cette oasis du monde. L'âme est immortelle, elle en a pour témoin et pour garant le souvenir. Entre l'image d'une chose vue ou d'une personne aimée il y a seize ans, et son image revue aujourd'hui dans la mémoire, il n'y a qu'une heure ou plutôt il n'y a pas une heure, il n'y a pas de temps. Hier et aujourd'hui c'est tout un pour la pensée, tout un pour le cœur. Chaque fois qu'à Constantinople ou ailleurs je repasse sur mes traces, je me sens éternel, car je me sens immuable comme l'éternité. Le temps existe pour mes sens, il n'existe pas pour ma pensée.

Bien loin d'avoir vieilli, Constantinople, avec son soleil, ses eaux, son mouvement maritime, ses édifices reconstruits à neuf après ses incendies, ses palais s'élevant à profusion sur toutes ses langues de terre, aux deux bords du Bosphore, me parut une ville d'hier, un défrichement asiatique, une Amérique au soleil; une nouvelle séve de vie semblait l'avoir fait germer de terre plus vaste et plus brillante sous un nouveau règne. Le sultan Mahmoud avait brisé héroïquement le vieux moule, et un autre empire renaissait du tombeau de son sultan.

Seulement une idée m'attristait, c'est que lui, Mahmoud, n'était plus là pour voir son ouvrage. Il avait péri à la peine, il était mort de tristesse dans l'enfantement de l'ordre nouveau, il avait eu le sort des réformateurs d'empire, écrasés par les difficultés qu'ils remuent, et ne triomphant jamais qu'après avoir donné leur vie au siècle qui sortira d'eux. Je l'avais vu et j'oserai dire aimé sans qu'il le sût, encore jeune, énergique, résolu, intrépide au bien, luttant à la fois contre son peuple routinier et contre l'Europe et l'Égypte liguées pour sa perte! J'avais vu son caïque à seize rames l'emporter sombre et humilié à travers les vaisseaux russes, à l'ancre dans ses propres eaux. Je m'étais trouvé sur son passage, au seuil de ses mosquées, où il venait se montrer à ses sujets alors ingrats; je m'étais rangé souvent sur le bord du chemin pour laisser passer son cheval dans la forêt de Belgrade, où il venait évaporer ses ennuis; j'avais admiré la douce et mâle énergie de ses traits, la rapidité et la pénétration de son regard, le caractère arrêté quoique gracieux de sa bouche, la coloration de ses joues, l'arc circassien de ses sourcils, l'ovale aplati de son front contenant l'imagination et la volonté comme pondérées à ses deux pôles, sa stature souple et ferme, les bonds de son coursier suivant à son insu les bonds de sa pensée dans sa tête! Je m'étais intéressé de loin à cet homme qui avait fait à lui seul la plus grande révolution du dix-neuvième siècle, l'affranchissement d'un trône de la tyrannie d'une aristocratie militaire! Je lui souhaitais, je lui espérais de longs jours! je ne me doutais pas que je ne retrouverais que son tombeau prématuré dans le *turbé* de sa mosquée, et son image adoucie et rajeunie dans son fils. Cette disparition du sultan Mahmoud attristait pour moi tout le paysage. Dans un pays despotique un homme de moins est un pays de moins. Mais *Dieu sait le meilleur*, comme disent les Turcs. Peut-être que Mahmoud avait fini sa tâche, que le sang quoique héroïquement versé des janissaires déteignait sur ses œuvres mêmes, et qu'après un effort surnaturel et sinistre il fallait à l'empire un rayon d'innocence, d'affection et de paix! Que Mahmoud repose dans sa gloire et dans son malheur à côté de son sabre dans son *turbé!* L'histoire viendra l'y réveiller plus tard du bruit de sa justice et de ses louanges! Il s'est sacrifié pour son peuple, son fils n'a qu'à vivre pour lui.

Je n'avais qu'une chose à faire à Constantinople, voir le sultan et le grand vizir, et repartir pour visiter mes terres de Smyrne. L'amitié de quelques hôtes affectueux m'avait préparé un logement à la ville et à la campagne. Je ne crus devoir accepter ni l'un ni l'autre. Je voulais repartir sous peu de jours sur le même bateau qui m'avait apporté. Je résolus de ne pas avoir d'autre habitation à Constantinople que le navire. Le lendemain de mon arrivée, je pris un caïque à mes ordres pour les courses de mer, des chevaux de selle pour les courses de terre ; une tente sur le pont au milieu de la rade fut mon salon. Je pouvais y recevoir de rares visites, y lire, y écrire, y contempler jour et nuit l'admirable scène dont j'étais entouré. Des motifs personnels et politiques me firent prendre ce parti. Je ne vou[illegible]s communiquer à personne l'espèce de contagion d'impopularité européenne dont j'étais entouré. Il y a des temps dans la vie où il faut se sevrer même de ses amitiés pour ne pas porter malheur à ses amis.

Je commençai dès le lendemain de mon arrivée mes courses d'affaires et de politesses dans le Bosphore. A cette époque de l'année, tout Constantinoqle, palais, souverain, ministres, ambassadeurs, descend sur le rivage du Bosphore pour respirer la fraicheur de ses eaux et le parfum de ses jardins. Un caïque à quatre rames me porta d'anse en anse et de crique en crique jusqu'à la porte du palais d'été du grand vizir. Je passai devant le nouveau sérail que le Grand Seigneur fait construire sur la côte européenne en face de celui que chérissait son père. Nos palais d'Occident ne peuvent donner nulle idée de ces constructions semi-indiennes, à la fois gigantesques et fantastiques comme l'imagination des Orientaux ; légères aussi et instables comme des tentes du désert que le vent renverse et dont la trace disparait avec le souverain ou la dynastie. Des bases de granit lavées par le rapide courant du Bosphore qui murmure sans cesse devant le seuil, des colonnettes de marbre, des ogives remplies d'arabesques capricieux ; des terrasses de grillages, de vitraux, de balustrades de fleurs ; des balcons s'élançant de chaque étage pour ouvrir leurs fenêtres au souffle des vagues ; des portiques à perte de vue ouvrant d'un côté sur la mer, de l'autre côté sur des bosquets de roses ou sur des avenues de cyprès ; des bassins à pleines coupes distillant ou jaillissant au milieu des appartements ; des plafonds sculptés comme des dentelles de pierre ou coloriés des plus riches teintes de la palette ; des harems enveloppés de mystères éternellement fermés à l'œil des passants, mais laissant entrevoir l'ombre immobile des odalisques captives dans ces voluptueuses prisons ; des bois et des rochers ; derrière, au fond des jardins, des vestibules remplis d'esclaves attentifs préparant les narguilés ou portant les sorbets au sultan ; des chevaux de selle piaffant sous leurs housses d'or dans les cours ; des rameurs accoudés sur leurs longues rames ou assoupis sur les bancs de vastes caïques tapissés de cachemires ; des fleurs débordant de toutes les fenêtres, de toutes les terrasses, de tous les murs, comme pour remplacer les femmes invisibles : voilà ces palais ; ils donnent l'impression du silence, du parfum, de l'amour, de la mélancolie heureuse par de vagues sensations ; ils donnent aussi l'impression de l'instabilité de ce bonheur, né d'un rêve de la fortune pour un esclave et disparaissant comme un rêve aussi. Palais des songes bâtis en une saison par les génies des bois et des eaux, emportés par eux quand la faveur fugitive du maître se retire ! Voilà ces demeures de l'aristocratie viagère des grands sur le Bosphore. Les deux rives en sont couvertes. C'est une rue de quatorze lieues de *villas*, plus merveilleuses les unes que les autres ; il n'y en a pas une où l'on ne désirât arrêter pour jamais le caïque de sa vie, si le hasard vous en rendait l'heureux possesseur. On passe, on passe en laissant un regret à chacune ; on conçoit une grande idée d'un peuple qui peut accumuler de telles constructions et de telles richesses sur le courant de ces eaux moins fugitives que ces grandeurs.

On s'aperçoit depuis le règne de Mahmoud et d'Abd-ul-Medjid que la fortune ottomane a perdu de son instabilité et que ses grandeurs, produit des services et non du caprice, ont pris la solidité des propriétés en Europe. On bâtissait ces palais en bois, on les bâtit en pierre de taille. On se fie au sol et à l'avenir ; le sabre et le cordon ne troublent plus le sommeil des ministres et des favoris du sultan. Une disgrâce n'est plus une mort, un exil, une ruine ; tout s'adoucit de la douceur du maître. En retirant sa confiance ou sa faveur, il laisse son estime et sa protection à ses serviteurs. L'empire n'en est que mieux défendu et mieux servi. On aime mieux une patrie qu'on sert avec confiance, qu'on craint seulement d'affliger.

Je faisais ces réflexions en passant devant les palais de la sultane Validé, de Kosrew-Pacha, ce Nestor de l'empire, le Talleyrand énergique de cinq règnes qui bâtit, à l'âge de cent ans, un palais et des jardins pleins d'avenir, de voluptés et de splendeurs ; vieillard qui construit en pierre et en marbre, avant de les quitter et comme pour les revoir en masse, les songes de sa jeunesse ; devant les palais de Méhémet Féthy-Pacha, de Fuad-Effendi, des riches et hospitaliers Arméniens, les Duzoglou, ces Laffitte et ces Rothschild de la Turquie ; devant l'élégante villa des princes Callimachi et de cent autres.

J'approchais de celui du grand vizir Reschid-Pacha, construit sur une des langues de terre les plus boisées et les plus pittoresques de cette côte. C'est un promontoire d'où l'on peut apercevoir à la fois l'entrée des deux mers. Trois ou quatre cents ouvriers, tailleurs de pierre et de marbre, peintres, décorateurs, jardiniers, travaillaient à cette magnifique réunion d'édifices enfermés pour les délices d'un homme d'État dans un seul enclos ; un kiosque, uniquement destiné à recevoir le jeune sultan quand il honorait son vizir de sa présence, s'élevait au bord de l'eau dans une des parties du jardin. C'était l'*ex voto* du serviteur reconnaissant et dévoué à son maître, un temple à la jeunesse et à l'espérance, sur le seuil où le ministre fatigué se retirerait un jour.

L'ambassade de France, ou du moins son palais d'été, est à quelques coups de rames de là, sur la même rive. Ses jardins en terrasses plantés d'arbres séculaires longent à pic sur le détroit; ils ont, en face, la montagne du Géant, les bois et les villages de la côte d'Asie, et un promontoire sur lequel le pacha d'Égypte bâtit un palais digne de Badgad au sultan, pour lui rappeler sa vassalité et pour effacer les traces du sang de Nézib et de Konya en 1840.

Au delà, le détroit s'élargit, s'arrondit et s'étend dans le bassin de Buyukdéré. Le Bosphore présente l'aspect du lac de Genève entre Lausanne et Villeneuve.

Le palais de bois, sombre, vieux et délabré qu'occupe le grand vizir Reschid-Pacha, en attendant que le sien soit terminé, ne nous sépare de l'eau du Bosphore que par un quai de trois pas de largeur auquel sont amarrées les barques des visiteurs. Toute cette rive n'est qu'une Venise champêtre ; un grand canal bordé de balcons. Seulement Venise est en marbre, et Constantinople est en bois.

Je retrouvai avec bonheur dans Reschid-Pacha l'homme d'État au génie élevé, au coup d'œil sûr, à l'âme calme, à la physionomie à la fois réfléchie et souriante indiquant la bienveillance dans la pensée. Les soucis du pouvoir avaient légèrement assombri son visage ; mais c'était toujours le philosophe aux affaires, l'homme des sympathies entre les deux continents, le ministre de l'harmonie des idées et des races. Je lui rappelai combien de fois à Paris, en 1840 et avant, je lui avais présagé sa future grandeur. Les destinées des hommes d'État sont décrites dans leur caractère et dans leurs facultés. Reschid, dès sa jeunesse, comprenait merveilleusement son pays ; celui qui comprend le mieux son pays le gouverne un jour : c'est la loi des choses. Il n'y a point de prophétie, il n'y a que du bon sens à dire à un tel homme le mot de Shakspeare : « Tu seras roi ou tu seras grand vizir. » La Turquie dans ses mains se sent en sûreté et en progrès, en sûreté parce qu'il est modéré dans le bien, en progrès parce qu'il est progressif et persistant dans sa modération. La Providence, quand elle veut sauver et grandir un peuple, donne de tels ministres à ses conseils.

Nous causâmes longtemps de l'Europe, des grands événements qui l'avaient remuée, des oscillations probables qui ramèneraient la France à l'ordre et à la force dans la république ; de l'alliance triple entre l'Angleterre, la France et l'empire, enfin de nos destinées si diverses qui l'avaient élevé, lui, dans une révolution lente, organique, préparée et dirigée de haut, au premier poste de son pays, et de la révolution soudaine, inattendue, convulsive, quoique sublime de modération, qui m'avait soulevé un moment au-dessus de terre pour me lancer ensuite hors de ma patrie. Reschid était assez philosophe et assez religieux de pensée pour ne s'étonner de rien, ni de son élévation ni de mon précipice. Dieu ramasse une paille, en fait un instrument et la rejette sous les pieds d'un peuple ; c'est la loi. Cela s'appelle fatalité sur le Bosphore, providence à Paris, fortune partout. Ceux qui s'étonnent de cette loi sont des insensés, ceux qui adorent en elle les volontés de Dieu sont des sages. Reschid est un sage qui regarde sa propre fortune comme le navigateur regarde le flot qui le porte, sans s'étonner qu'elle le fasse échouer un jour et en se préparant au naufrage par l'impassibilité.

Je le priai de demander au sultan une audience pour moi. Je l'entretins de quelques détails relatifs à mes terres incultes de Smyrne, et je pris congé de mon ancien ami.

J'allai de là chez le ministre des affaires étrangères, Ali-Pacha, jeune homme élevé en Europe, parlant français aussi couramment que moi, esprit lumineux, étendu, pensif, éminemment apte à voir, à saisir et à dévider sans les brouiller et sans les rompre les fils de la diplomatie ottomane tendus depuis Saint-Pétersbourg, Londres, Vienne et Paris, jusqu'à la Perse et à l'Égypte. Je fus charmé de cette physionomie asiatique où la grâce plane sur l'intelligence, et dans laquelle on pressent, sous la jeunesse, la maturité.

Je rendis d'autres visites, pendant le reste de la journée, aux ministres et aux hommes principaux de l'empire. Quelques coups de rames suffisaient pour me porter du jardin de l'un au jardin de l'autre. Je retrouvai dans quelques-uns d'anciens amis, dans quelques autres des hommes de haute espérance. Une conversation d'une heure ou deux dans le kiosque de fleurs de Fuad-Effendi me fit comprendre jusqu'à quel degré de connaissances générales, de raffinement européen, de politique, de littérature, de politesse et d'agrément attique pouvait s'élever un Oriental par les affaires, les voyages, l'étude et le séjour dans les cours étrangères. L'Europe n'a pas d'hommes supérieurs à ce groupe d'hommes d'État du Bosphore. C'est Londres et Paris colonisés aux confins de l'Europe et aux bords de l'Asie. Ces hommes ont gardé la solidité du caractère ottoman, et leurs mères grecques leur ont donné dans les traits et dans l'intelligence cette aptitude sans effort qui fut le caractère de l'Athénien.

Je rentrai dans ma cabine charmé et ébloui de ma journée.

J'avais plusieurs jours d'oisiveté à consumer au milieu de la rade de Constantinople et à l'ombre des murs et des arches du vieux sérail. Ce palais, qui contient dans ses murs aujourd'hui déserts tous les mystères, toutes les annales et toutes les révolutions de l'empire, reportait involontairement et sans cesse ma pensée sur la destinée des sultans. Je connaissais quelques-uns des fonctionnaires du sérail qui habitaient cette sombre enceinte. Je leur demandai pourquoi les sultans d'hier et d'aujourd'hui, Mahmoud et Abd-ul-Medjid, n'habitaient plus ce séjour, le plus majestueux et le plus délicieux séjour qu'aucun souverain puisse rêver, et qui, depuis Constantin et les empereurs du Bas-

Empire jusqu'à Mahomet II et à Mahmoud, avait été le siége de la souveraineté d'Europe et d'Asie. Ils me dirent que le palais portait malheur ; que des flots de sang y avaient coulé ; que des monceaux de têtes y avaient roulé sous le cimeterre ; que les cadavres mêmes de sultans étranglés y avaient été jetés en proie aux séditions des janissaires, ou sacrifiés à la rivalité du trône ; qu'enfin la sédition était venue une dernière fois mourir aux pieds de Mahmoud, père d'Abd-ul-Medjid, dans ces cours où elle avait tant de fois triomphé ; que ces murs avaient vu, à la suite de cette dernière révolte, les corps de cinq ou six mille janissaires jetés dans les flots et rejetés par la mer aux pieds de ces jardins ; que depuis ce jour le sultan Mahmoud avait pris ce palais, ces jardins, ces eaux en dégoût, qu'il s'était bâti en Europe et en Asie des palais vierges de sang et purs de souvenirs ; que son fils Abd-ul-Medjid avait été entretenu par lui dans ces idées, et que le palais était abandonné pour jamais à sa solitude. Je compris cette répugnance pour un séjour où les arbres suent le sang des révolutions. Je compris aussi que les portes du sérail ouvrant sur les quartiers les plus resserrés, les plus populeux et les plus séditieux de la ville turque, tout près des bazars, des casernes, de l'Atméidan, des palais adossés à la campagne, isolés de la multitude et défendus par la mer, avaient dû sembler des séjours plus sûrs à la prévoyance des sultans.

Ces conversations avec ces hommes versés dans les annales et dans les souvenirs récents de l'empire, les livres qu'ils me prêtèrent, les renseignements qu'ils me communiquèrent, et l'émotion que m'avaient inspirée de vieille date les deux dernières pages sanglantes de l'histoire de l'empire ottoman, m'entraînèrent à les traduire pour occuper mon oisiveté de huit jours, en attendant l'audience d'Abd-ul-Medjid.

Ces documents ont trouvé leur place naturelle dans mon *Histoire de la Turquie.*

LIVRE II

LE SULTAN ABD-UL-MEDJID

Le principal et je pourrais dire l'unique objet de mon voyage à Constantinople était de voir le jeune sultan Abd-ul-Medjid et de le remercier de la magnifique hospitalité qu'il donnait à mes foyers dans son empire. J'avais prié, en arrivant à Constantinople, le grand vizir, Reschid-Pacha, homme aussi européen qu'oriental, avec lequel j'étais lié d'ancienne date, de me présenter à son souverain aussitôt que les usages de la cour ottomane le permettraient. Les usages de la cour entourent ces présentations d'étrangers même diplomates du cérémonial le plus imposant. Une si longue attente et de si solennelles formalités ne pouvaient convenir ni à la rapidité de ma course en Orient, ni à ma qualité d'étranger ne voulant pas employer l'intervention de l'ambassadeur de son pays et se présentant simplement, lui-même, comme voyageur et comme hôte du sultan. Il fallait pour cela une dérogation aux usages. Le grand vizir eut la bonté de la solliciter, le sultan eut la grâce d'y consentir. Il me fit dire par Reschid-Pacha qu'il me recevrait trois jours après, dans un de ses kiosques impériaux, nommé le kiosque de Flannour ou du Tilleul, dans la délicieuse et sauvage vallée de ce nom, sur la côte d'Europe, derrière le village d'Arnautkeni.

Le jour de la réception arrivé, je me rendis avec M. de Chamboran et M. de Champeaux, mes deux compagnons de voyage, au palais de l'ambassadeur de France, à Péra, où des voitures de la cour impériale nous attendaient pour nous conduire, par la route des collines, à l'audience du Grand Seigneur. Une escorte d'honneur de quelques cavaliers et un introducteur du palais nous suivaient et nous précédaient à cheval. Un drogman de la légation française, M. D..., jeune homme versé dans toutes les langues et dans tous les usages de l'Orient, nous guidait et nous interprétait les mots, les lieux, les choses et les hommes. Ces diplomates inamovibles de l'Orient, les drogmans d'ambassade, sont l'Orient lui-même personnifié dans des Européens qui se font de deux pays pour mieux servir leur nation. Sans eux, toute diplomatie serait impossible ou livrée à l'infidélité des interprètes ordinaires. Les drogmans sont nos ambassades permanentes. L'ambassadeur inspire et négocie, le drogman exécute. Ils sont aussi indispensables à la diplomatie que la parole est indispensable à la pensée. Notre ambassade de Constantinople a la bonne fortune de posséder dans M. Cor le modèle de ces hommes, qui voilent sous un titre modeste les immenses services rendus à leur pays, et dans MM. D... et N... deux jeunes diplomates dignes de son exemple et de ses leçons. Les drogmans de ce mérite sont maintenant connus en France, ils sont à nos ambassades ce que nos pilotes sont à nos flottes.

Nous montâmes en voiture dans la cour du palais de France. En sortant de l'enceinte de ce palais, nous trouvâmes la longue rue de Péra et de son faubourg obstruée d'une foule de Francs, de Turcs, de Grecs, d'Arméniens, que le désir de voir passer les pachas, les officiers et les troupes qui se rendaient au kiosque et à la revue du sultan avait rassemblés.

Cette foule ne paraissait pas moins curieuse de voir en nous des Européens, hôtes du sultan, et qui venaient planter leurs foyers sur ce sol autrefois réputé barbare, aujourd'hui hospitalier et civilisé de l'Asie. Mon nom y était aussi pour quelque chose, je dois l'avouer, dans cette curiosité. Lors de mon premier voyage, fait à une époque de jeunesse, de bonheur et d'éclat de ma vie, j'avais laissé une trace de poésie et de prestige dans l'imagination des peuples orientaux. Je les avais peints dans mes pages ou dans mes discours en proie à une décadence qui menaçait alors l'empire d'un écroulement, mais dignes par leurs vertus natales et par leur génie poétique, religieux et militaire, d'un meilleur sort, et d'une renaissance par un contact vivifiant avec l'Europe. Mes voyages, mes discours, mes poésies, avaient été mille fois traduits en grec moderne, en arménien, en arabe, même en turc et en persan, par les jeunes poëtes et par les jeunes écrivains dont le génie naturel fait écho à l'Europe, jusque sur les cimes du Rhodope et du Liban, et sur le dernier rocher de l'Archipel. On verra tout à l'heure que j'avais des amis dans les bourgades même les plus reculées du mont Taurus. De plus, mon nom avait retenti d'un autre son pendant les orages de la révolution de 1848. Le hasard m'avait mis dans la main la paix ou la guerre, la combustion ou l'apaisement de l'Orient et de l'Occident. D'un mot je pouvais perdre la Turquie, en allumant la guerre européenne, dont elle aurait été un sinistre épisode. D'un mot je l'avais préservée de ce fléau en lui déclarant l'inaliénable amitié de la République. Cet empire nécessairement effrayé depuis la révolution de 1848, par la France républicaine et par l'Angleterre, pouvait désormais se livrer, sans craindre les marchés de la diplomatie, aux soins pacifiques de sa régénération. L'envoi d'un général français d'un mérite éclatant et d'une loyauté militaire, choisi par le gouvernement provisoire, le général Aupick; la composition d'une ambassade qui rappelait celle du général Sébastiani, en 1807, avaient été pour la Turquie le gage de mes prévoyances envers elle. Un autre intérêt, pour les uns hostile, pour les autres attractif, s'attachait à mon nom : aux yeux des uns, j'étais un des conspirateurs de la révolution de 1848; aux yeux des autres, j'étais un des modérateurs d'une révolution que je n'avais point tramée, mais sous les débris de laquelle je m'étais jeté avec un dévouement civique pour la conserver pure et pacifique et pour tirer au moins la république de ses débris. En me voyant de loin parler et lutter au milieu des flammes de cette révolution, ceux-là m'avaient pris pour un incendiaire, ceux-ci pour un homme téméraire qui se livrait lui-même aux hasards pour préserver le monde d'un universel incendie. De là, affection ici, répulsion là, mais foule partout. C'est le sort des hommes malheureusement mêlés à des événements encore confus, et que chacun interprète suivant sa prévention avant que l'histoire les interprète suivant la vérité des faits.

Quoi qu'il en soit, la rue était pleine, et nos chevaux arabes, bondissant pour la première fois peut-être sous les harnais d'une calèche française, avaient peine à fendre les flots de cette multitude de tous les costumes et de toutes les langues.

Le seuil de toutes les portes ouvertes était couvert des habitants des maisons descendus pour voir passer le cortége. Aux fenêtres et sur les balcons, les femmes et les jeunes filles franques, grecques, arméniennes, penchaient leurs têtes chargées d'ornements, de chaines, de perles, de chapelets de pièces d'or, et de fleurs naturelles et artificielles, comme autant d'écrins ouverts, étalés sur le rebord des grillages, pour séduire l'œil des passants. Elles se montraient du doigt les étrangers, elles prenaient les plus pittoresques attitudes des cariatides pour plonger un regard au fond de la calèche, et j'entendais bourdonner mon nom défiguré dans cinq ou six langues orientales à ces balcons, à ces portes, à ces fenêtres et sur cette foule avide de spectacle et de nouveauté.

Nous arrivâmes ainsi à l'extrémité du faubourg de Péra. Là, un autre spectacle attira nos yeux. Nous passions sans transition d'une ville presque européenne dans un campement de Tartares; des tentes de poil de chèvres noires étaient dressées çà et là, sur une grande place montueuse, comme une colline du désert. A côté des tentes, des chameaux, des ânes chargés de toutes espèces de légumes, de fruits, d'outres pleines d'eau, étaient debout ou couchés sur leurs genoux repliés comme dans une halte de caravane. Des hommes et des femmes faisaient cuire le riz à des feux allumés sous leurs toiles; des porteurs d'eau circulaient dans la foule offrant à boire aux passants; des groupes de soldats de toutes armes et de tous uniformes, arnautes, circassiens, nubiens noirs, olivâtres, blancs, stationnaient à travers les tentes. Les ânes, chargés de briques, de pierres, de chaux, de bois de charpente, se pressaient sous le bâton de conducteurs demi-nus pour porter les objets de construction aux nombreux chantiers en activité, où l'on rebâtit tout le quartier franc de Péra. Des pelotons de cavaliers, des officiers supérieurs, des ministres, des pachas à cheval accompagnés de leur *says* se faisaient jour à travers ce tumulte. Tout rappelait le mouvement autour d'un quartier général dans un camp. Un soleil éclatant sous un ciel plus bleu que les vagues plombées du Bosphore aspirait l'inépuisable sueur qui ruisselait du front des cavaliers et des flancs des chevaux. Cette clarté, en tombant à plomb sur les maisons, sur les arbres, sur les groupes pittoresques des vivandiers et des chameaux, sur les harnais et sur les uniformes de couleurs tranchées, jetait la vapeur et les reflets d'une fournaise sur toute cette scène d'une capitale d'Orient.

Après avoir traversé cette place qui termine le long faubourg Péra, nous passâmes devant d'immenses casernes entourées d'une forêt d'immobiles cyprès, ces sentinelles végétales qui semblent en faction dans les pays du soleil; puis devant le magnifique palais isolé de l'école d'état-major, où se pressait un grand mouvement d'ordonnances, d'officiers, de voitures étranges, d'Arabes et de chevaux caparaçonnés. Un piquet se faisait remarquer sur les collines aux environs de ce palais. Nous apprimes qu'après l'audience et une revue, le sultan devait y venir assister à l'examen des jeunes gens de son empire qu'il destine au recrutement de ses officiers de toutes armes. Aucune capitale d'Europe ne peut offrir à l'œil un plus somptueux établissement d'instruction militaire.

La route descend, après ce palais, par une pente rapide dans le creux d'un ravin profond. Ce ravin mène, à gauche, à la fraiche et verte vallée des eaux douces d'Europe, espèce de Trianon des anciens empereurs, aujourd'hui abandonné aux promeneurs solitaires et aux paysans bulgares, joueurs de musette qui gardent dans ces prairies les chevaux du sultan. La route ensuite remonte en inclinant à droite sur d'autres collines et sur un large plateau d'où l'on revoit à ses pieds le lit profond et verdoyant du Bosphore, la côte d'Asie de l'autre côté de ses eaux, la mer de Marmara, les iles des Princes, les neiges lointaines du mont Olympe ; le tout entrecoupé çà et là par les voiles des navires et par les coupoles et les minarets de Stamboul qui se détachent en blanc sur le lapis de ce firmament.

Mais ce paysage nous apparut tout à coup animé et complété par une scène militaire incomparable. A droite et à gauche de la route montueuse que nous suivions, des pelotons de lanciers avec leurs petits étendards flottants à la brise, des batteries d'artillerie à cheval, des régiments d'infanterie en carré et en ligne, des escadrons de cavalerie arabe montés sur des chevaux à l'œil de feu et à la longue crinière de lion, des groupes de pachas, de généraux, d'officiers supérieurs devant les troupes; d'autres groupes assis ou debout d'hommes et de femmes aux costumes les plus variés, étaient disposés peut-être par le hasard, mais en apparence comme par l'art d'un décorateur d'opéra. L'Orient a le génie de l'œil, tout s'y compose en tableaux sur le fond d'une nature qui semble avoir été préparée par Dieu pour être la toile de l'imagination et la lumière du peintre. Les ruines qui parsemaient ces collines nues et sur lesquelles les hommes et les femmes étaient assis entre les bataillons et les escadrons, les aqueducs lointains, ces ponts qui semblent jetés sur les paysages comme pour laisser passer la lumière sous leurs arches, les cèdres et les cyprès noirs de l'Asie; en face, le flottement des étendards au vent du matin, le cliquetis métallique des armes mêlé par moments de ces bruits de vagues, de feuilles et de vent, un coup de canon de cinq minutes en cinq minutes, salves d'honneur pour le sultan, jetant leurs légères fumées sur le bronze, puis se perdant en légers panaches sur les arbres : tout donnait à ce chemin sauvage, à travers les collines ainsi décorées, l'apparence d'une avenue mystérieuse bordée d'une armée en silence et conduisant à quelque merveilleux palais d'un calife ou d'un despote de l'Orient.

A mesure que nous montions et que nous descendions de nouvelles collines, le spectacle se variait d'armes, de groupes, d'uniformes, de chevaux, sans cesser. Au fond des ravins rayés d'ombre sous les sycomores, des généraux descendus de cheval fumaient en attendant l'arrivée de l'empereur. Des cavaliers faisaient boire ou baignaient leurs chevaux. Les oiseaux, accoutumés dans l'Orient à la douceur de l'homme, ne s'enfuyaient pas et mêlaient paisiblement leurs chants sur les ruisseaux aux hennissements des chevaux.

Ces troupes regardaient avec étonnement passer cette voiture remplie d'Européens, sans savoir à quels hôtes le sultan permettait ainsi l'accès de sa solitude accessible à ses seuls confidents.

Le déploiement des régiments sur les collines et les groupes de cavaliers s'arrêtèrent à un dernier ravin, sous des platanes. Nous marchâmes entre des haies et des prairies, au bord d'un bois, sans apercevoir aucune trace de gardes, d'armes, ni de surveillance. Nous nous serions crus dans une vallée de Savoie ou de Suisse, au bord d'un domaine champêtre de quelque cultivateur, qui aurait défriché un pan de forêt. On n'entendait aucun bruit que le murmure d'un filet d'eau sur des cailloux, et des oiseaux chantant dans les feuilles. On n'apercevait aucun mur, aucun toit, aucune barrière, aucune trace d'habitation, encore moins de palais.

La voiture s'arrêta dans un petit carrefour de trois chemins rustiques, sur un sol de sable humide. Nous descendîmes ; notre guide nous conduisit à gauche par le chemin le plus ombragé, jusqu'à une clairière au fond de laquelle nous commencions à apercevoir une maisonnette carrée à toit plat, à une seule fenêtre, à peu près semblable à un presbytère de pauvre curé de campagne, dans un de nos villages du Midi ; un escalier de trois marches, surmonté d'une simple barrière à claire-voie peinte en vert, montait du sentier sur la terrasse de la maisonnette. D'immenses arbres fruitiers ombrageaient cette terrasse basse, et cinq ou six vieux tilleuls jetaient leurs branches et leurs feuilles sur le toit tout noyé de leur ombre. Un petit bassin carré, qu'alimentait un jet d'eau imperceptible, murmurait mélancoliquement devant la porte du pavillon ; au-dessous du bassin, un autre escalier rustique descendait par cinq ou six marches dans un jardin potager d'environ un demi-arpent. Ce jardin était ombragé sur le bord des allées par quelques arbres fruitiers d'Europe et cultivé, comme le jardin d'un pauvre ménage, des plantes qui servent à la nourriture la plus frugale de l'homme. Un jardinier turc et sa famille y habitaient à vingt pas du kiosque une maison toute rustique ; il allait et venait dans ses carrés, à ses arbres, à son puits, comme s'il eût été entièrement chez lui dans son enclos ; il ne fit aucune attention à nous : c'était cependant là le kiosque favori du sultan, le palais de loisir et d'étude de ce maître de l'Asie, de l'Afrique et de l'Europe, depuis Babylone jusqu'à Belgrade, depuis Thèbes jusqu'à Stamboul.

Nous étions à sa porte, et nous nous croyions à la porte d'un humble et pauvre solitaire vivant retiré sur un arpent du sol paternel au fond de la vallée et de la forêt. Le sultan n'y était pas encore arrivé.

Un seul introducteur, gardien du kiosque, nous ouvrit la barrière et nous fit passer devant la porte de ce palais de l'ombre, du silence et de la simplicité ; la porte était ouverte pour laisser entrer le vent, la fraîcheur et le bruit de l'eau du bassin. Nous jetâmes en passant un coup d'œil furtif dans l'intérieur ; ce n'était qu'une seule salle carrée entre les quatre murs peints à la détrempe, d'une teinte verdâtre, un pavé en stuc, un divan recouvert d'une toile de coton blanche autour de la salle, une fenêtre ouvrant sur le grand tilleul, un petit bassin à jet d'eau murmurant goutte à goutte en tintant tristement au milieu de la chambre ; aucun autre meuble, aucun autre ornement ; il était orné de son isolement, meublé de son ombre : nous passâmes.

L'esclave du sultan nous fit descendre dans le jardin potager que nous avions entrevu, et nous conduisit, par une petite allée sablée des cailloux gris du ruisseau voisin, sur un banc de bois au pied et à l'ombre d'un autre vaste tilleul à quelque distance de la maison impériale ; les feuilles nous la cachaient. « Sa Majesté va arriver bientôt, nous dit-il ; j'ai ordre de vous recevoir ici et de vous offrir les rafraîchissements et les pipes. »

Nous restâmes à les attendre, causant entre nous à voix

basse de notre étonnement de tant de simplicité, au lieu de tant de luxe que nous attendions, et admirant ce beau site où il n'y avait à admirer que la nature. Les musulmans nés dans les montagnes et dans les vallées, fils de pasteurs, ont emporté jusque dans leurs palais la mémoire et la passion de la nature. Ils l'aiment trop pour la farder : une femme, un cheval, une arme, une source et un arbre, voilà les cinq paradis d'un fils d'Othman.

On nous apporta des pipes, des glaces, des sorbets. Nous attendîmes environ une demi-heure dans ce silence complet du milieu du jour du fond des bois, qui laisse entendre la chute d'une feuille sur l'herbe ou le vol d'un moucheron dans le rayon.

Enfin nous aperçûmes à travers les branches, sur une colline très-élevée à gauche, quelques cavaliers descendant au galop la pente rapide qui menait vers la vallée de Flannour, puis de longs intervalles de silence, puis de nouveaux cavaliers de minute en minute, puis enfin un immense cortége d'état-major et d'escorte se dessina sur le ciel bleu, au sommet et sur les flancs de la colline, et descendit lentement vers nous ; un cavalier seul très en avant des autres s'avançait sur un cheval gris dont la soie brillait au soleil comme une moire d'argent.

Le jardinier nous dit : « C'est le sultan. » Il descendait de loin à petits pas ; les branches bientôt nous le cachèrent.

Quelques pachas qui le précédaient vinrent nous complimenter en son nom et nous dire qu'il ne tarderait pas à arriver.

Bientôt le grand vizir Reschid-Pacha lui-même vint me prendre par la main sous le tilleul et me conduire avec mes deux amis devant l'empereur. « Sa Majesté, me dit en entrant le grand vizir, entend parfaitement et lit couramment le français ; néanmoins, d'après nos usages, elle ne doit parler que par ses interprètes, mais elle ne veut pas cette fois d'autre interprète que son vizir entre elle et vous. C'est donc moi qui traduirai vos paroles pour la forme, et qui vous traduirai ce que Sa Majesté vous aura dit. »

Cela fut convenu ainsi, et nous entrâmes sans autre introducteur et sans autre interprète que le grand vizir lui seul dans le kiosque où le sultan m'attendait.

Aucune garde ne veillait à la porte ni dedans; il était seul dans le kiosque.

En entrant, je le cherchais des yeux, il s'effaçait presque dans l'ombre entre la fenêtre et le mur à l'angle le moins éclairé de la salle nue. Je saluai respectueusement le sultan, et j'eus le temps, en m'approchant et en me plaçant entre lui et le grand vizir, de résumer en moi ce premier regard aussi rapide que l'électricité, et qui grave comme elle tout un homme dans l'œil et dans l'esprit de celui qui voit pour la première fois un visage à retenir. Cette première impression est à la fois imposante et agréable.

Le sultan Abd-ul-Medjid est un jeune homme de vingt-six à vingt-sept ans, d'une expression un peu plus mûre que son âge; sa taille est élevée, souple, élégante, gracieuse; il porte sa tête avec cette noblesse et cette flexibilité de pose qu'on admire dans les statues grecques et que donnent la longueur du cou et la proportion ovale de la figure. Ses traits sont réguliers et doux, son front élevé, ses yeux bleus, ses sourcils arqués comme dans les races caucasiennes, son nez droit sans roideur, ses lèvres relevées et entr'ouvertes, son menton, cette base de caractère dans la figure humaine, ferme et bien attaché : l'ensemble noble, fier, mais adouci par le sentiment d'une supériorité calme, qui a plus le désir d'être aimé que d'être imposant; un peu de timidité juvénile dans le regard, un peu de mélancolie répandue en nuage sur les traits; un peu de lassitude dans la pose, comme un homme qui a souffert ou pensé avant le temps. Mais ce qui domine, c'est une espèce de gravité profondément sensitive, pensive ; et l'expression d'un homme qui porte quelque chose de saint comme un peuple, qui le porte devant Dieu et qui sent la sainteté de son fardeau ; une absence totale de légèreté et de jeunesse dans la physionomie ; la statue d'un jeune pontife plus que d'un jeune souverain. Voilà absolument le portrait d'Abdul-Medjid, tel qu'un Van Dyck, s'il y en avait un de nos jours, le reporterait sur la toile ; tel qu'il aurait sans doute peint don Carlos dominé par l'ombre sinistre de Philippe II, et attristé par le pressentiment. Ce visage inspire un certain attendrissement doux ; on se dit : « Voilà un homme dévoué au pouvoir suprême, qui est jeune, beau, tout-puissant, qui sera grand sans doute, jamais libre, jamais insouciant, jamais heureux. » On se sent porté à l'aimer et à le plaindre, car dans sa grandeur il sent visiblement sa responsabilité. Il est permis à tout homme, dans son empire, d'être jeune, excepté à lui ; le trône l'a pris au berceau.

Son costume était simple, modeste, grave, et cependant imposant comme sa personne : une tunique de drap brun tombant sans plis jusqu'à ses genoux, le cou découvert, un pantalon de toile à larges plis sur des bottines noires, un sabre sans ornement à la poignée. Son front seul l'aurait révélé dans une foule.

Cette impression, que j'analyse aujourd'hui à loisir, fut rapide et complète, irréfléchie en moi, dans ce moment, comme un éclair dans le regard. Je me sentis rassuré, altéré, attendri, j'oserais presque dire compatissant à cette mélancolie dans la majesté.

Il me salua avec grâce et sourire à son tour et pencha la tête tout près de la mienne comme pour m'inviter à parler. J'avais préparé quelques paroles bien méditées et bien pesées dans mon esprit, parce que ma situation vis-à-vis de lui était si complexe et si délicate, que je ne voulais rien livrer au hasard d'une expression qui resterait en deçà ou qui irait au delà de ce que j'avais à lui dire. Il était souverain, je venais de participer à la face du monde à la fondation d'une république ; il était conservateur par essence et par devoir, j'apportais faussement, mais enfin je traînais la renommée d'un conspirateur révolutionnaire et d'un insurgé contre le trône de mon pays ; il était maître d'un empire, et j'étais un étranger reconnaissant à qui il donnait une large hospitalité sur sa terre. A tous ces titres mes premiers mots devaient être calculés comme mon attitude. Je devais me tenir aussi loin du désaveu de ma vie publique que du rôle d'agitateur européen, aussi loin de l'ingratitude que de la servilité. Je regardai Reschid-Pacha pour lui faire signe de me traduire, et, m'inclinant de nouveau à demi devant le sultan, je lui parlai en ces termes :

« J'ai traversé la mer et j'ai fait cinq cents lieues pour rendre, avant de descendre à Smyrne, à Votre Majesté impériale le tribut de reconnaissance que je lui dois ; je n'avais aucun titre à l'hospitalité magnifique de votre empire que ma prédilection pour l'Orient et pour le caractère magnanime et généreux de ses habitants. Mais Votre Majesté s'est souvenue que, dans les temps antiques, cette hospitalité exercée par ses ancêtres avait suffi quelquefois pour illustrer un règne. L'année actuelle dans l'histoire a été marquée par de grands actes de protection envers les étrangers, elle s'appellera l'année de l'hospitalité et de la munificence d'Abd-ul-Medjid !

» J'ai déjà visité une fois ce beau pays où Dieu donne le soleil et où le sultan donne la terre, j'ai salué votre glorieux père et je vous vis alors enfant à ses côtés ; il a eu ce rare bonheur d'avoir un fils qui perpétue après lui le génie à la fois prudent et hardi de ces réformes qui préviennent les révolutions et qui rajeunissent les empires.

» Je dois dire en finissant, à Votre Majesté, pourquoi je ne séjournerai que peu de temps cette année dans la propriété où je veux m'établir dans vos États d'Asie. Une révolution a éclaté dans mon pays, j'y étais complétement étranger la veille, malgré les bruits mensongers qui arrivent jusqu'ici sur des feuilles rédigées par mes ennemis ; mais quand l'anarchie a menacé de dévorer mon pays, je me suis jeté un des premiers à la tête des événements pour établir l'ordre nouveau. Peut-être ai-je été de quelque utilité alors à la France et à l'Europe en modérant la révolution et en prévenant la guerre universelle. J'ai dû encourir naturellement ainsi le ressentiment et la colère des partis mêmes que j'avais séparés.

» C'est le sort commun à tous les hommes qui se dévouent et qui s'interposent, je ne m'en plains pas, mais cette situation me force à ne pas quitter encore pour toujours la France. Je suis retenu à la fois par mes amis et par mes ennemis : par mes amis pour les servir, par mes ennemis pour leur faire face.

» Une grande responsabilité pèse sur moi dans le passé ; je ne dois pas paraître la fuir, je dois la subir avec toutes ses conséquences, quelles qu'elles soient ; autrement je manquerais à mon pays et à moi-même ; ces sentiments seront compris par l'âme élevée de Votre Majesté, ils s'appellent dignité chez les Ottomans, ils s'appellent honneur en Europe.

» Mais aussitôt que la crise sera terminée (et j'espère que ce sera avant deux ans), je viendrai habiter définitivement la possession que je dois à la munificence d'un prince civilisateur dont toutes les nations bénissent la bonté, et je ne cesserai de demander au Dieu de tous les hommes et de toutes les civilisations de prolonger ses jours et de protéger ses frontières et ses améliorations. »

Je prononçai ce petit discours lentement, à voix basse

et grave, mais le plus distinctement accentuée qu'il me fut possible, afin qu'Abd-ul-Medjid, qui me prêtait une oreille attentive, pût bien en saisir le sens à travers ma voix, à travers ma physionomie et à travers les obscurités d'une langue qu'il comprenait, mais qui n'était pas celle de ses pères. Ainsi qu'il avait été convenu entre le grand vizir et moi dans l'entrevue du jardin, je m'arrêtais à chaque période de l'allocution, et Reschid, reprenant ma phrase, la traduisait au sultan. Puis Reschid s'inclinait profondément devant son maître, faisant le geste de prendre le bas de sa tunique pour la porter à ses lèvres et de se précipiter à ses genoux, et je reprenais la période suivante de l'entretien. J'observai tout en parlant le visage et les yeux d'Abd-ul-Medjid pour voir si j'étais compris, et quelle impression lui faisaient mes paroles. Il était évident, à sa manière d'écouter, de regarder, d'incliner mélancoliquement la tête en geste d'assentiment, ou de sourire à propos, qu'il me comprenait avec autant de facilité que de justesse.

Son visage prenait toutes les impressions de mon discours, ses yeux calquaient mes paroles : fier lorsque j'étais fier, résigné quand j'étais résigné, triste quand j'étais triste, homme à l'unisson d'un autre homme.

Au moment où je lui disais que, malgré ma ferme résolution de venir finir mes jours dans ses États, le devoir et l'honneur me commandaient de faire face à ma responsabilité dans mon pays, quelle qu'elle fût, et de ne pas paraître fuir de ma patrie tant qu'elle aurait des dangers à courir, et surtout tant que j'y aurais encore moi-même ou des amis à servir, où des ennemis à affronter, il releva sa belle tête avec fierté, et la fléchit ensuite deux ou trois fois en signes répétés d'approbation. En parlant d'honneur j'avais parl ture, car cette race et ce mot sont du même pays. C'est l'Orient qui a inventé cette chevalerie du devoir qu'on a appelée honneur en Occident. Je fus heureux de voir qu'il comprenait si bien et qu'il admettait si noblement ma double situation : hôte chez lui, otage dans mon pays.

Il eut la même expression de mâle fierté et les mêmes gestes, mais plus modestes d'assentiment, quand je lui parlai de l'asile qu'il avait donné aux Hongrois, ces anciens ennemis de l'empire ; et quand je lui dis que cette année s'appellerait dans l'histoire l'année de l'hospitalité d'Abd-ul-Medjid, il tourna et retourna plusieurs fois la poignée de son sabre, sur laquelle il s'appuyait, dans ses mains, il rougit, et il regarda à terre comme s'il avait eu la pudeur de sa vertu.

Mon discours terminé, je m'inclinai légèrement encore pour montrer que j'avais tout dit et pour lui laisser respectueusement la parole. Le sultan me comprit, il releva sa tête, il couvrit un instant ses yeux de sa paupière pour se recueillir, et il me répondit dans la même forme que j'avais employée pour lui parler ; il s'arrêtait à la fin de chaque période, et son grand vizir, s'inclinant jusqu'à terre devant lui et se tournant ensuite de mon côté, me traduisait les paroles d'Abd-ul-Medjid. Son discours fut à peu près de la même étendue que le mien. Je ne me permettrai pas de le rétablir ici de mémoire et de mettre dans la bouche du souverain d'un grand empire des paroles qui n'auraient pas sa sanction et son aveu ; il me suffit de dire que ces paroles, prononcées à voix basse, avec une dignité grave qui n'enlevait rien à la facilité, à la grâce et à la bienveillance, furent pleines à la fois de bonté, de sagesse et d'hospitalité. Il me dit qu'il comprenait mes motifs, qu'il les approuvait, qu'il me louait d'avoir fait mes efforts pour conserver la paix aux hommes dans la crise d'une révolution à laquelle il savait que j'étais resté étranger jusqu'au jour où elle avait éclaté sur l'Europe ; que sa pensée à lui comme souverain était la pensée que j'avais moi-même comme citoyen ; qu'il se croyait redevable et comptable à Dieu de la moindre goutte de sang répandu pour une ambition ou pour une gloire ; qu'il n'aurait jamais assez de vertus pour la haute mission que le ciel lui avait confiée... La réponse terminée, il arrêta sur moi ses yeux bleus, profonds, tranquilles et un peu rêveurs, comme une eau qui se repose après avoir coulé. Je crus que c'était le signal de prendre congé. Je fis quelques pas en arrière ; mais il adressa quelques mots à voix basse à Reschid, et celui-ci, me retenant par la main, me dit que le sultan désirait prolonger encore l'entretien. Je me rapprochai et je lui présentai alors mes deux amis, qui étaient restés un peu en arrière pendant la première partie de l'entrevue. « Voici, lui dis-je, monsieur de Chamborand et monsieur de Champeaux, deux de mes compatriotes et de mes amis particuliers : l'un, ancien militaire ; l'autre, occupé d'études agricoles et économiques, qui se destine à la carrière politique ; tous deux hommes faisant honneur à leur pays par leur caractère et par leur mérite. Ils croiraient avoir perdu la partie la plus intéressante du voyage qu'ils ont entrepris avec moi, si, en visitant l'Orient, ils n'avaient pas vu le jeune souverain qui attire en ce moment l'intérêt de l'Europe civilisée, et qui se consacre à effacer les barrières que les préjugés avaient mises entre deux mondes. »

Abd-ul-Medjid accueillit du regard et du geste mes deux amis avec la même grâce et le même empressement qu'il avait montrés envers moi. L'un et l'autre, par l'entremise de Reschid-Pacha, échangèrent quelques paroles avec le sultan.

L'entretien reprit ensuite non plus sous la forme solennelle de discours, mais sous la forme plus familière et plus libre de dialogue, entre Abd-ul-Medjid et moi. Il fut posé, confiant, j'oserais presque dire cordial ; il aborda des sujets divers sans dépasser les bornes de la réserve d'un côté, de la convenance de l'autre. Je n'essayerai pas de le rétablir ; il finit par un mot de moi qui me fut véritablement inspiré, sur place, par l'effusion de bonté qui émanait du cœur, des lèvres et de la physionomie de ce jeune prince. Comme il me parlait de la difficulté de gouverner des peuples si divers que ceux dont son vaste empire est peuplé :

« Les autres souverains, lui dis-je, n'ont qu'une force pour suffire à cette redoutable mission : leur autorité royale. Mais Votre Majesté impériale a véritablement deux diadèmes : un sur le front, qui est son pouvoir, et un autre dans le cœur, qui est sa bonté. »

Il sourit et se fit répéter la réponse par le grand vizir, qui sourit également en traduisant avec un geste plus explicatif encore que le mot. Je m'aperçus que j'avais heureusement saisi l'aphorisme oriental, et que le sentiment vrai, quoique exprimé par une image banale, plaisait au sultan, parce qu'il répondait à son cœur.

Nous primes congé alors, après avoir salué de nouveau Abd-ul-Medjid ; sa physionomie semblait exprimer le regret de nous voir nous retirer et comme hésiter entre deux pensées. Au moment où j'allais franchir le seuil du kiosque, il dit un mot au grand vizir, qui m'arrêta de nouveau, la main sur mon bras : « Sa Majesté, me dit Reschid, me charge de vous demander s'il vous serait agréable de l'accompagner tout à l'heure dans la revue qu'elle va faire elle-même des jeunes élèves de ses écoles militaires. Mais comme cette cérémonie toute d'intérieur durera une grande partie du jour, elle craint que vous n'en soyez peut-être fatigué, et elle vous autorise à vous retirer si les examens se prolongent trop pour votre convenance. »

C'était la première fois qu'un étranger était admis à suivre le sultan dans ces rapprochements à la fois solennels et intimes avec la jeunesse de son empire. Je me gardai bien de refuser un honneur inusité, qui était en même temps pour moi une occasion peut-être unique de passer une journée entière à côté du sultan, et d'étudier à la fois le souverain et le peuple dans leur plus intéressant rapport de mœurs et de gouvernement.

Je répondis que j'acceptais avec reconnaissance.

En sortant du kiosque, je trouvai sur la terrasse Méhémet-Fetty-Pacha, directeur d'une partie du département de la guerre, homme excellent et distingué que j'avais connu à Paris, et qui me fit les plus aimables reproches de ce que je l'avais traité en étranger. Plusieurs ministres, pachas et généraux attendaient également le sultan sur la terrasse ; le cheval du sultan était tenu en main sous un platane par des écuyers. Je ne pus m'empêcher de m'arrêter devant ce superbe animal qui rongeait son frein d'or en promenant autour de lui le regard doux et puissant du lion. Sa crinière soyeuse, que la nature prête plus longue aux étalons du désert qu'à ceux du Nord, pour en faire un voile et du vent à leurs têtes contre le soleil, ruisselait jusque sur le sable quand il penchait le front. C'était un de ces rares chevaux turcomans qui rappellent l'encolure courte, massive, et l'os frontal du taureau. Bucéphale était sans doute un animal de cette race, un lion gigantesque avec des sabots au lieu de griffes ; je ne pouvais détacher mes yeux de cet incomparable cheval, véritable trône d'un sultan ; il semblait connaître sa dignité parmi les animaux, et le reflet du respect qui rejaillissait sur lui, de son maître. Il y avait un noble dédain, mais un dédain modeste, dans ses yeux, pour le reste des hommes. Ses yeux immenses ne disaient pas *va !* comme le cheval de Job, mais ils disaient *'attends* le seul homme de cette foule qui soit digne de me monter. Je ne pus m'empêcher de caresser son encolure du plat de la main. Quand on se rencontre et qu'on s'aime, on se fait un signe d'amitié. Un beau cheval pour moi est, comme pour Richard, dans Shakspeare, presque autant qu'un empire.

Notre voiture, gravissant au galop les collines montueuses que nous avions déjà traversées pour venir au kiosque du *Tilleul*, nous emporta à travers les troupes qui stationnaient à droite et à gauche ; c'était le même spectacle que le matin, avec le mouvement et le bruit de plus. Le sultan, remonté à cheval, nous suivait de près. Les pachas se hâtaient de reprendre leur poste à la tête de leur division. La cavalerie se remettait en selle, l'infanterie en ligne, les officiers d'ordonnance volaient sur le front des régiments, les batteries redoublaient leurs salves, la foule se précipitait sur les bords de la route pour voir passer un maître universellement adoré. Les voix de commandement retentissaient de poste en poste, une grande attente faisait palpiter l'air ; en quelques minutes de course nous descendîmes à la porte de l'école d'état-major.

Le pacha qui la dirige, homme instruit, attentif, doux et paternel, aimé comme un père de toute cette jeunesse, nous reçut sous un haut portique, nous fit traverser une cour pleine de canons sur leurs affûts et de faisceaux d'armes, et nous conduisit dans les appartements particuliers du directeur, où les grands dignitaires de l'ordre civil et religieux attendaient l'arrivée du sultan avant de prendre leurs places autour de lui dans la salle des séances. Un grand silence et un grand respect régnaient d'avance dans ces salons. On nous fit asseoir sur les divans, on nous envoya des officiers turcs qui parlaient français et des officiers d'état-major français au service du Grand Seigneur pour nous entretenir en attendant Sa Hautesse. Des esclaves nous apportèrent en abondance des rafraîchissements et des glaces aux fruits.

Les salons se remplissaient de plus en plus de tous les

hauts fonctionnaires de l'empire. Ils se faisaient présenter à nous avec cette politesse digne, grave et cordiale qui participe à la fois maintenant de la familiarité de l'Europe et du cérémonial de l'Asie. Je retrouvai dans la foule plusieurs hommes remarquables de la Turquie que j'avais connus à Paris, à Londres, à Vienne, ou dans mon premier séjour à Constantinople. Le Turc oublie moins que l'Européen, parce qu'il voit moins ; on retrouve un souvenir dans sa mémoire et une amitié dans son cœur aussi frais après quinze ans que le lendemain du jour où on l'a quitté. Le vent de l'Orient ne jette pas de poussière sur les choses et sur le sentiment comme le vent d'Europe.

Des salves rapprochées et un grand tumulte dans le palais annoncèrent l'arrivée d'Abd-ul-Medjid ; ses oulémas, ses dignitaires, ses officiers se précipitèrent hors des appartements, pour aller le recevoir à son étrier : nous restâmes. Peu de moments après il eut la bonté de m'envoyer dire qu'il me priait de ne pas venir encore dans la salle des examens, parce qu'il allait consacrer les premiers moments de la séance à des détails fastidieux et de peu d'intérêt pour un étranger : nous attendîmes. On vint bientôt nous chercher ; nous traversâmes de longs corridors engorgés de foule, et nous entrâmes dans la salle où allait commencer l'examen.

C'est une salle immense et convenablement décorée de faisceaux d'armes, d'appareils scientifiques, d'instruments de physique et de mathématiques, de cartes de géographie, de corps de bibliothèques usuelles, de tables pour les expériences, de bancs pour les élèves, de tribunes pour les dignitaires, de chaises pour les professeurs. De légères colonnettes portent le plafond peint en arabesques du meilleur style ; au fond de la salle s'élève, sur une ou deux marches, un trône ou plutôt un divan sous un dais de riches étoffes de soie et d'or. Des colonnes soutiennent ce dais sur le divan. Tous les regards étaient tournés de ce côté, le sultan y avait déjà pris place.

Il envoya un de ses ministres pour nous introduire et nous fit un signe de la tête pour nous indiquer la place où nous devions nous asseoir. C'était l'embrasure d'une fenêtre à sa gauche à peu de distance du trône. La salle était remplie de jeunes gens en uniformes depuis l'âge de quatorze à quinze ans jusqu'à l'âge de vingt ans. Ils se tenaient debout dans une attitude à la fois modeste et militaire. Les côtés de la salle et les embrasures des fenêtres étaient occupés par les personnages les plus importants de l'empire. On y remarquait le *cheik el islam*, chef de la religion et de la loi, l'interprète vivant du Coran, l'homme dont l'arrêt, qui a la puissance de l'oracle antique, a tant de fois sanctionné la mort des vizirs et même la séditieuse déposition des sultans par les janissaires. A côté de ce vieillard au visage ascétique et pâle sous un turban noir, on voyait le fils du chérif de la Mecque, jeune homme au teint cuivré, au turban jaune, à la longue robe de cachemire blanc. Le Titien n'a dans aucun de ses tableaux une tête orientale plus délicate, plus fine, plus admirable d'expression, de curiosité candide, que ce jeune habitant du désert, admis pour la première fois de sa vie sans doute en présence du sultan, et témoin d'une civilisation nouvelle. La tête penchée, ses yeux noirs ouverts comme pour faire entrer ces mystères dans son intelligence étonnée, il semblait dévorer la scène dont il était lui-même un des plus pittoresques ornements. Les ministres et les principaux pachas étaient debout des deux côtés du trône. Une estrade au milieu de la salle, avec une planchette noire pour dessiner les figures de géométrie ou les cartes de géographie militaire, était préparée pour les élèves qu'on allait interroger tour à tour.

Abd-ul-Medjid, vêtu comme le matin d'une simple tunique à larges manches flottantes agrafée sur le cou, et coiffé d'une calotte de drap rouge, se tenait debout, en avant de son trône, adossé négligemment contre une des colonnettes qui portaient le dais sur sa tête. D'une main il tenait les rouleaux de papiers qu'on venait de lui remettre et qui contenaient sans doute les nombreux programmes d'études sur lesquels son attention allait se porter ; de l'autre il jouait avec la poignée de son sabre; ses jambes étaient à demi croisées l'une sur l'autre, dans l'attitude d'un assistant à un spectacle dont il n'aurait pas été le principal objet. L'expression de son visage était sérieuse, un peu inquiète, un peu préoccupée, comme si ces jeunes gens eussent été des frères, aux revers ou aux succès desquels il aurait d'avance participé. De temps en temps on venait lui demander un ordre, et il le donnait en s'inclinant, d'une voix basse. Rien ne rappelait en lui un souverain asiatique, excepté le cheik el islam à droite, en face de nous comme une vieille civilisation qui en voit naître une autre avec anxiété, et le chef des eunuques noirs derrière lui à demi caché par le rideau du baldaquin. Abd-ul-Medjid nous regardait avec attention depuis que nous étions entrés dans la salle, comme pour juger de l'impression que nous éprouvions de sa présence ainsi familière au milieu de la jeunesse de son empire; il envoya deux jeunes officiers français auprès de nous afin de nous interpréter la scène, et de répondre à toutes les questions que nous pourrions avoir à leur adresser.

Un de ces officiers, M. ***, nous parut un jeune homme de la plus haute distinction, admirablement choisi en France par le ministre de la guerre pour initier l'armée ottomane aux services et aux tactiques de la guerre moderne : il fut pendant toute la séance l'obligeant intermédiaire entre le sultan, l'école et nous.

L'examen commença. Le pacha, directeur de l'école, se tenait debout auprès de l'estrade, un professeur y montait, il appelait par son nom un élève ; l'élève s'avançait, ouvrait le livre, prenait la craie, dessinait sur la planchette, répondait de mémoire aux questions que le sultan ordonnait quelquefois lui-même d'adresser, saluait ensuite profondément le trône, et rentrait dans les rangs de ses camarades ; un autre prenait sa place, répondait de même, traçait des figures, faisait des expériences de chimie ou de physique, récitait des morceaux d'histoire, traduisait des pages de science militaire, analysait les campagnes du grand Frédéric ou de Napoléon, critiquait les fautes de telle ou telle campagne des grands généraux, démontrait la force ou le vice des positions militaires, faisait la théorie des diverses armes ou des places de guerre ; un troisième le remplaçait, et ainsi de suite jusqu'à ce que cette jeunesse tout entière eût passé ainsi sous les yeux du sultan, dont le regard et l'approbation jugeait, encourageait, récompensait, couronnait ces fortes études. Des cours de langue et de littérature étrangères avaient leur place dans ce programme d'éducation militaire. Plusieurs de ces jeunes gens furent interrogés sur la langue française, langue d'adoption aujourd'hui presque naturalisée en Orient : ils traduisaient à livre ouvert du turc en français, du français en turc, avec une facilité et une pureté d'accent qui attestaient une habitude d'enfance. Abd-ul-Medjid semblait fier de l'aptitude presque universelle que montraient ses élèves. Il me regardait sans affectation, pour jouir sans doute de l'étonnement d'un Européen. Il n'était plus permis d'appliquer le mot de barbare à des peuples dont la jeunesse aussi studieuse et plus docile encore que la nôtre, s'élevait ainsi dans l'ombre, mais sous l'œil d'un maître jeune comme elle, à la hauteur et à l'universalité des connaissances de l'Europe.

Nous étions enthousiasmés de cette scène, et nous ne nous plaignions pas de la voir se prolonger et se renouveler par des sujets d'études divers, malgré l'étouffante chaleur du jour. Nous pensions qu'un souverain de vingt-six ans ne se fatiguait pas lui-même de ces accomplissements religieux de son devoir. Il quittait ses palais splendides, ses jardins, ses eaux, ses voluptés du Bosphore, pour venir s'assurer par lui-même, pendant des journées entières, des progrès du peuple qu'il veut transformer. Les visages des spectateurs et des jeunes gens reflétaient cette pensée grave et religieuse du sultan. On voyait que ce n'était là ni une cérémonie ni un jeu, mais un fort travail auquel chacun concourait d'un même cœur, le généreux effort d'un grand peuple qui ne craint pas de se faire modeste pour redevenir grand.

« Vous ne sauriez croire, nous disait l'officier d'état-major français qui vit au milieu de ces écoles, combien ces jeunes Turcs depuis l'enfance jusqu'à l'adolescence ont de sérieux dans l'esprit et de sentiment de docilité et de reconnaissance affectueuse pour leur maître dans le cœur. Ils vont au delà de tout ce qu'on leur indique : ni légèreté, ni vanité, ni suffisance, ni paresse ; le frein moral leur suffit. J'aimerais mieux gouverner cette école de centaines de jeunes Turcs que cinq ou six enfants de leur âge dans un de nos colléges français. La nature les a faits réfléchis, et l'habitude de l'obéissance de père en fils les a faits dociles ; une école turque est un couvent de jeunes filles à diriger. »

Cela vient sans doute de ce que les enfants, gardés à l'ombre de la maison paternelle dans l'Orient, ne sortent de la main du père et de la mère que pour passer dans la main de leur professeur et dans la discipline des écoles. On ne les laisse pas s'évaporer de bonne heure, comme chez nous, dans la fréquentation d'autres enfants de leur âge et dans ce que nous appelons la société : la société mûrit tout, même les enfants. Ceux de l'Orient ont le visage de douze ans et la gravité douce de trente ; leurs traits sont enfantins, mais leur physionomie est pensive ; ils ont, de plus que nous, l'attention : c'est une grande force.

Le soleil baissait déjà à l'horizon, et le sultan ne semblait pas penser à se retirer. Il nous envoya le ministre des affaires étrangères, Ali-Pacha, pour nous dire que la cérémonie se prolongerait encore, et que nous pourrions aller attendre la fin de l'examen dans les salons du palais. On nous ferait avertir au moment où l'on décernerait les récompenses aux élèves. Nous nous glissâmes inaperçus derrière les rangs pressés des généraux, des officiers et des élèves, on nous apporta des rafraîchissements et des glaces dans le salon ; une foule immense s'y pressa bientôt pour attendre le moment où le sultan rouvrirait la séance pour la distribution des grades et des couronnes. Dans cette confusion nous nous trompâmes, nous crûmes que la séance était finie et que le sultan allait remonter à cheval ; nous voulions assister à ce départ, et le remercier par notre présence au moins dans le groupe qui devait l'entourer. Nos guides étaient séparés de nous par la foule ; nous sortîmes du palais dans les cours où une foule pressée entourait le cheval du sultan. Rien n'annonçait qu'il dût sortir encore ; il était trop tard pour rentrer. Nous reprîmes à pied le chemin de Constantinople à travers une haie innombrable de chevaux magnifiques, caparaçonnés, tenus en main par des esclaves de toutes les races et de tous les costumes qui attendaient leurs maîtres, les pachas, les oulémas, les ministres, les grands officiers du sérail. Jamais depuis que j'existe je n'avais vu rassemblée une telle élite de chevaux de race; c'était l'aristocratie du désert réunie pour accroître l'éclat de l'aristocratie de Stamboul. Je me perdis d'étonnement en étonnement et d'admiration en admiration parmi cette foule d'animaux de luxe et de guerre, piaffant, hennissant, bondissant en main les uns à l'envi des autres au bruit des salves du canon qui retentissait par la colline.

L'enthousiasme des hommes se communique visiblement

au cheval, comme leur tendresse se communique au chien. Le cheval est l'animal lyrique comme il est le héros de la création dans les quadrupèdes ; il n'y a pas de strophe de Pindare qui vaille un cheval arabe animé par un clairon. Je m'arrêtai longtemps à contempler un cheval persan, au poil noir, à l'œil sanglant, à l'encolure de cygne, à la petite tête carrée, comme celle de la gazelle, arrivé apparemment depuis peu d'Ispahan et étranger parmi cette famille de chevaux arabes et turcomans. Il s'agitait, se cabrait dans la main de l'esclave qui tenait ses rênes d'or et lançait sa tête renversée vers le ciel comme pour aspirer les rayons du soleil qui transperçaient de feu ses minces naseaux. Le cheval arabe est un coursier, mais le persan est un véritable aigle ; je reconnus son origine à ses formes d'oiseau ; j'appris le lendemainn que je ne m'étais pas trompé et qu'il appartenait à l'envoyé de Perse. Jamais je n'oublierai le profil de ce cheval contre le soleil couchant ; l'homme s'approprie par le regard tout ce qu'il admire et tout ce qu'il retient. Voir c'est posséder, le cheval est à moi.

Nous trouvâmes avec peine notre voiture et nous revînmes, par les rues escarpées de Péra et de Galata, nous embarquer à l'échelle pour rentrer à bord de l'*Oronte*. Le jour s'éteignit au moment où nous touchâmes au navire.

Les émotions de la journée nous suivirent dans la nuit et dans le silence du pont du vaisseau à l'ancre ; nous venions de voir une des plus grandes œuvres de Dieu dans l'humanité, un prince fils d'une race quelquefois barbare, souvent héroïque, porté du berceau sur le trône d'un empire qui s'étend des confins de l'Europe aux frontières ignorées de l'Abyssinie, qui règne sur quatre mers : la mer Noire, la mer de Marmara, la mer Rouge, la mer Méditerranée, et sur les deux premiers fleuves par la longueur de leurs cours de trois continents, le Danube, le Nil, sans compter l'Euphrate et le Tigre ; un prince dont quarante millions d'hommes de toute origine, de toute religion et de toute civilisation, révèrent le sceptre, depuis l'Arménien et le juif jusqu'au maronite, au Grec et aux Ottomans ; un prince jeune, beau, pacifique, vertueux, hardi et modéré à la fois, régénérateur patient, mais résolu, de son empire; un prince dont une pensée, une parole, un geste, peuvent faire le bonheur ou le malheur de millions d'êtres remis par la destinée à l'arbitraire de ses pensées ; et qui, au lieu de se livrer au facile vertige d'une telle toute-puissance, s'étudie avec plus de scrupule et plus d'assiduité que le dernier de ses sous-officiers ou de ses professeurs à imprimer à la nation ottomane le sentiment de l'émulation avec les races chrétiennes, et aux races chrétiennes le sentiment de la sécurité et de la fusion avec la race conquérante qui les opprimait autrefois, qui les éclaire et qui les fortifie aujourd'hui ; un prince qui, par une exception bien rare pour les réformateurs des peuples, n'a pas encore éprouvé une défiance ou une ingratitude de ses sujets, et qui est adoré d'avance pour ce qu'il doit faire, comme il est béni partout en Europe et en Asie pour ce qu'il a déjà fait ; un prince, enfin, qui a vu la vie de son père se consumer et s'éteindre dans sa lutte héroïque avec les préjugés de son pays et avec les séditions de la barbarie, mais qui, lui, trouve devant ses premiers pas les préjugés atteints à mort, la tyrannie turbulente des janissaires renversée, la route aplanie, les grands dévoués, le peuple assoupi, qui n'a qu'à accomplir le bien préparé par des flots de sang, qui a horreur du sang et qui n'en a pas une goutte à répandre pour mettre son empire en possession d'une nouvelle vie !

Quelle destinée, peut-être unique dans l'histoire, que celle de ce jeune homme que nous venions de voir à l'œuvre! Que de prières dans toutes les langues s'élevaient à la fin de chacune de ces journées vers le maître des rois et des peuples, pour qu'il lui soit donné de confondre l'Europe et l'Orient, le monde musulman et le monde chrétien dans la tolérance et dans l'unité, comme il les confond évidemment dans son cœur ! « Ce n'est pas tout d'être bon et grand, disais-je à mes amis, animés du même enthousiasme que moi, il faut être roi ; ce n'est pas tout d'être bon, grand, souverain et jeune, il faut être compris, aimé et secondé par son siècle. Abd-ul-Medjid est tout cela. Que le ciel bénisse en lui les quarante millions d'hommes, les mers, les iles, les montagnes et les fleuves qui dépendent de lui ! »

LIVRE III

Constantinople, juillet 1850.

A BORD DU VAISSEAU.

Après l'audience du sultan Abd-ul-Medjid que je viens de raconter, il ne me restait rien à faire à Constantinople. J'étais impatient de visiter la terre où il m'avait offert une si large hospitalité, et dans laquelle je devais transplanter ma vie aussitôt que je reviendrais complétement libre de tout devoir envers ma terre natale. Ce terme ne pouvait être éloigné : les événements qui usent vite l'homme public et qui lui enlèvent toute éventualité d'être utile le déchargent aussi de tout concours actif aux affaires de son pays. Quand la planche qui faisait partie du navire et qui contribuait à porter l'équipage sur l'abime est démolie par le constructeur, elle cesse d'appartenir à la cité flottante, elle dérive en liberté dans la rade, elle aborde tour à tour où le vent la pousse, elle sert à construire la baraque du pêcheur sur la grève ou à allumer le feu du berger sur les collines de l'Archipel. Le sort de ce débris est mon sort maintenant ; je suis bien loin de m'en plaindre, mais je le reconnais. Je n'ai jamais eu d'ambition que dans mon extrême jeunesse, à l'âge des songes ; à mesure que j'ai vécu, ces puériles illusions de la prétendue grandeur de l'homme et de l'immortalité prétendue de sa mémoire se sont dissipées devant la petitesse réelle des choses et devant la vanité même de ce que notre orgueil appelle postérité. Je n'ai plus eu de foi qu'en trois choses : *Dieu*, le *sentiment* et le *devoir*. Dieu dans l'esprit, le sentiment dans le cœur, le devoir dans l'accomplissement du petit nombre d'actes privés ou d'actes publics auxquels il est imposé à l'homme de participer pendant son rapide passage sur la terre avec la caravane de sa génération, caravane qui laisse à peine elle-même sa trace sur le sable, et que le soleil de demain n'apercevra déjà plus à l'horizon. Je quitte sans regret les affaires publiques, parce que je ne m'y suis jamais mêlé dans la pensée de faire des hommes ou des événements l'instrument ou le moyen de ma fortune, de ma puissance ou de ma renommée ; elles n'ont jamais été pour moi qu'un fardeau imposé par ce que j'ai cru un devoir du patriotisme ou de l'opinion, un service onéreux à rendre à la vérité ou à la patrie. Je bénis le jour qui m'en décharge. Si mon pays ne veut plus de moi, je ne lui reproche ni injustice, ni inconstance, ni ingratitude ; je le remercie de me congédier, et je passe avec joie au service d'un meilleur maître, auquel je désire consacrer mes dernières années dans la solitude, dans la contemplation et dans la confession du peu de vérités qu'il est donné à l'homme d'entrevoir ici-bas. C'est le soir que la lampe du sanctuaire et du foyer intérieur s'allume, que la fumée monte des hauts lieux et que la terre, où tout fait silence, ressemble à un encensoir balançant devant l'âme universelle et devant le Dieu caché les actes de foi, les hymnes et les parfums de sa création.

J'ai été le bruit et le mouvement pendant quelques heures je serai le silence et l'hymne à mon tour. Un peu de ce siècle porte mon nom, c'est assez ; c'est l'heure de se taire, de disparaître et de se préparer aux grands pas de l'éternité.

Nous tournons la pointe du sérail à l'aube d'un jour d'été, laissant fuir derrière nous les platanes, les cyprès [1], les kiosques et les minarets de ce Versailles des sultans, et entrant, non plus à pleines voiles comme jadis, mais à pleine fumée dans la mer de Marmara. Ce sont les anciens qui lui ont donné le nom de mer, dans le temps où l'imagination des poëtes agrandissait tout, car la mer de Mar-

1. Le cyprès est en Orient l'arbre emblématique de tous les deuils et de toutes les mélancolies du cœur ; en Grèce, une superstition touchante de la poésie populaire, consacrée par le chant dont nous insérons ici la traduction, leur donne l'âme du mort dont ils ombragent la tombe et dont ils perpétuent le souvenir.

LES CYPRÈS ET LES ROSEAUX

L'AMOUR AU TOMBEAU

Eugénule, la belle, la nouvelle mariée, se vantait sur sa porte de ne pas craindre Charon, parce qu'elle a neuf frères, tous vaillants Palikares.

Charon l'entendit, ou quelque oiseau le lui répéta ; il lance une flèche et la frappe.

Les médecins viennent et entrent ; mais il n'y a pas de remède.

Sa mère vient, entre et s'arrache les cheveux. « Tu vas mourir, mon Eugénule : que me recommandes-tu ? — Quelles recommandations ai-je à te donner, ma mère ? Quand viendra Kostantas, ne l'afflige pas trop. »

Et voilà que Kostantas arrive à cheval à travers la campagne. Il ramène des cerfs vivants, des bêtes des bois apprivoisées, et il apporte un petit faon attaché sur sa selle.

Il voit une croix sur sa porte, des Pappas dans sa cour ; et il a demandé aux passants ce que font là les Pappas. » Ton Eugénule est morte, et ils vont l'enterrer. ».

Il tira son poignard d'or de sa gaîne dorée, il le leva bien haut, bien haut, et l'enfonça dans son cœur. Là où on ensevelit le jeune homme naquit un cyprès. Là où on ensevelit la jeune femme naquit un roseau.

Quand le puissant Borée souffle, le cyprès se courbe ; quand souffle le zéphir, le roseau se penche. Le roseau se penche et vient baiser le cyprès.

Cette traduction est de M. le comte de Marcellus, qui vient de publier quatre volumes du plus naïf intérêt sur la poésie populaire de ces contrées.

5.

mara ou la Propontide n'est qu'un vaste lac semblable au lac de Genève, séparant par son bassin l'Europe de l'Asie et se jetant, par deux embouchures, aux Dardanelles dans la Méditerranée, à Constantinople dans la mer Noire. Une fois qu'on a perdu de vue les minarets de Stamboul et le château des Sept-Tours, on regarde sur la côte d'Europe ; elle ne présente que des étages surbaissés de collines nues et nivelées qui ennuient l'œil comme tout ce qui est vulgaire et uniforme. On se tourne involontairement du côté de l'Asie, où le mont Olympe, ce mont Blanc de l'Anatolie, pyramide de loin dans le ciel avec ses neiges et ses ombres, et semble se balancer comme un mât chargé de voiles sur un éther aussi bleu que le flot. Je ne puis en détacher mes yeux : il y a un aimant de l'âme dans les montagnes. Je me suis souvent demandé pourquoi, et je crois que cela tient à ce qu'elles sont moins terre que les vallées et les plaines, plus isolées de l'espace, plus noyées dans le firmament, plus vierges de l'homme, de ses cités, de ses bruits, de ses routes, de ses œuvres, plus abritées par leur élévation de ses fumées et de ses passions. Quand on bâtit par la pensée un asile de félicité, d'amour ou de prière, c'est toujours sur les montagnes qu'on en choisit le site. Homère appelle le mont Olympe le trône de Dieu. Je me souviens d'avoir voyagé dans ma jeunesse, en 1816, portant dans mon cœur une image de jeune fille absente et adorée, un fardeau d'amour que je cherchais à déposer partout, pour le reprendre partout aussi et le déposer de nouveau ailleurs. De tous les sites que je lui choisissais dans mon imagination d'amant, aucun n'est resté si constamment et si délicieusement empreint dans mes yeux qu'un chalet de sapin, à balustre rustique et à fenêtre étroite dont la vitre étincelait au soleil levant, enfoui dans une lisière de sapins, au dernier étage habitable des montagnes de Vévay ou de Thoûn, inaccessible aux pas et plongeant de haut sur les villages et sur les lacs. La sainteté a eu de tout temps et partout le même instinct que l'amour pour les montagnes. Le mont Athos, que j'aperçois en idée à quelques vagues d'ici, sur la droite, en est la preuve; le Liban sur la gauche aussi, le Sinaï plus loin. Ces groupes de montagnes ne sont que de vastes sanctuaires tout creusés d'ermitages, tout crénelés de monastères, tout retentissants d'hymnes, tout parfumés d'encens. Brousse, la première capitale des Turcs et leur dernière station à l'extrémité de l'Asie avant de passer en Europe, est aussi une ville sainte de l'islamisme. Elle est bâtie sur les étages du mont Olympe les plus rapprochés de la plaine et de la mer; les neiges de la montagne l'arrosent du perpétuel écoulement de leurs glaciers, ses forêts la rafraichissent de leur ombre, les eaux thermales des volcans du Taurus y dégorgent dans ses sources bouillantes, où les malades de l'Asie et de l'Europe viennent chercher et retrouver la santé. C'est le séjour d'été des belles odalisques des harems de Constantinople, c'est le délicieux exil des vizirs déposés par les sultans, c'est la Rome paisible de l'Orient où les hommes d'État, les princes détrônés, les pachas en disgrâce, les poëtes contemplatifs, viennent passer leurs dernières années dans l'étude ou dans leur philosophique indifférence aux choses de la vie. Je désirais passionnément visiter Brousse et le mont Olympe, je remis cette excursion à l'époque de mon retour de Smyrne. Il fallait avant tout connaître mes terres et m'y installer, je formai le projet de venir passer le reste de l'été dans le mont Olympe, en traversant le mont Tmolus et la belle vallée de Magnésie, qui m'en séparent par terre. Il n'y a que quelques heures de marche en caravane dans les plus pittoresques sites de l'Asie Mineure pour venir de Tyra à Brousse. Je savais que mes terres touchaient à Tyra.

Nous saluâmes donc le mont Olympe sans nous arrêter, et nous sortîmes des Dardanelles après une navigation plus semblable à une promenade en bateau sur un lac qu'à une traversée pour entrer dans la mer Égée.

Nous y entrons par une matinée étincelante d'été, où les vagues dorment dans leur lit comme dans une couche de lumière, et où les îles dorment sur la mer comme des nuages dorés dans un ciel pur. Nous laissons Ténédos et ses blanches fortifications à notre droite, nous longeons la côte de Troie, couverte de la plus sombre et de la plus humide verdure par la rosée de la nuit. Nous courons sur le miroir aplani et glissant du flot comme le patineur sur la glace avec la rapidité d'un traîneau. Nous suivons le large canal qui règne presque continûment des Dardanelles au golfe de Smyrne, entre le continent de l'Asie et les îles. Nous touchons bientôt à la pointe occidentale de Mitylène, l'ancienne Lesbos.

Cette île offre dans toute son étendue l'aspect d'une longue chaîne de montagnes peu élevées, dont le pied n'est séparé de la mer que par une marge étroite de terres fertiles et dont les flancs, à pentes tour à tour rapides ou douces, se creusent ou se renflent pour former d'étroites vallées ou des promontoires ombragés d'oliviers. Çà et là on aperçoit un village dont les tuiles rougies par le soleil et les légères fumées rappellent l'habitation de l'homme. Des anses nombreuses s'ouvrent à chaque instant dans le rocher ou dans le sable lavés par le flot bleu de la mer et s'unissent dans l'intérieur de l'île. On y voit quelques rares barques à l'ancre, ou quelques voiles teintes de couleur d'ocre raser les bords de la mer comme de grandes ailes d'oiseaux pêcheurs. Un profond silence règne dans ces anses et sur ces villages, à peine entrecoupé par le bruissement de l'écume sur les galets. Le soleil l'enveloppe partout de ses rayons et la fait fumer d'une chaude vapeur comme un grand bûcher qui commence à s'allumer. Nous voguons si près des rochers et des golfes de l'île que nous entendons de temps en temps le cri strident de la cigale dans les herbes. Tout est repos, sérénité, lumière, chaleur, bien-être, grâce, ombre, verdure, fécondité et recueillement dans les vallées et sur les coteaux avancés de ces montagnes ; à chaque sillage du vaisseau on entrevoit un site plus attrayant pour la pensée qui fait oublier les sites déjà traversés. Je ne me lasse pas pendant la moitié d'un jour d'égarer mon imagination sur ces sites et d'en choisir un, d'en préférer un autre, de l'abandonner encore pour en adopter un troisième, et de m'y bâtir en idée une chaumière, un kiosque, un ermitage, un dernier foyer de ma vie. Tantôt c'est au fond d'une de ces anses où le murmure de la mer endort le rivage dans un monotone assoupissement, tantôt sur le bord escarpé d'un de ces caps blanchis par les festons retombants et remontants de l'écume, tantôt au sommet d'un de ces promontoires voilés de platanes et d'où l'eau d'une source divisée en petits canaux de pierre arrose une plantation d'orangers en pente, tantôt dans la profondeur de l'ombre que deux branches de montagnes jettent en se bifurquant sur un ravin. Le voyageur laisse ainsi une partie de son âme partout sur ce qu'il voit ; il s'empare par un désir ou par un regret de la terre entière. Il y avait moins d'illusion pour moi que pour un autre à m'enivrer ainsi de la contemplation de cette île ravissante. Car Métélin n'est qu'à une heure de navigation du continent de l'Asie ; son port et sa ville capitale sont en face du golfe de Smyrne ; en quelques heures d'une brise favorable on peut se rendre dans une légère embarcation de pêcheur de Smyrne à ces beaux sites. Rien ne m'empêcherait, quand je serai retiré dans mes terres de Smyrne, de venir respirer la brise de mer pendant les mois d'été dans une de ces chaumières grecques dont la côte est semée. En faisant ces rêves, nous entrâmes dans la rade où le navire relâchait quelques heures de la soirée et de la nuit pour débarquer les marchandises de Constantinople et pour embarquer les mastics, les soies, les olives et les oranges de l'ile.

L'hospitalité inattendue est la forme la plus gracieuse de la Providence pour le voyageur. Qui m'eût dit, pendant qu'assis sur le pont du vaisseau je contemplais depuis l'aurore les sites nouveaux pour mes yeux de cette côte sur laquelle je n'étais jamais descendu, que des pensées et des cœurs m'y attendaient avec l'empressement d'une vieille amitié d'enfance, que j'y souperais le soir dans l'intimité d'un foyer de famille, qu'on y fêterait mon arrivée comme le retour d'un enfant de l'ile, et que j'aurais à choisir le lendemain, pour en faire mon séjour, entre toutes les belles demeures de ces beaux sites dont j'entrevoyais les blanches murailles, les balcons fleuris et les fenêtres ouvertes à la brise à travers les têtes des cyprès et des oranger ?

Telle devait être cependant pour moi quelques heures plus tard l'hospitalité de Métélin.

Nous jetâmes l'ancre dans un port intérieur, abrité d'un côté par les murailles dentelées d'un château vénitien, de l'autre par les maisons de la ville dont les fenêtres ouvrent sur la mer. Ces remparts, ces maisonnettes avançant leurs balcons sur les vagues, ces navires et ces barques de toutes formes, à l'ancre sous les fenêtres, ce mélange des foyers flottants des matelots grecs ou asiatiques avec les foyers champêtres des insulaires, ces voiles enroulées aux vergues et ces tentes dressées sur les galeries extérieures des maisons pour garantir du soleil les jeunes filles et les enfants accoudés aux balustrades, ces mâts et ces arbres, ces cheminées des navires à vapeur et ces blancs minarets, ce mouvement sur la grève et ces sillages de barques sur la surface du port, ces chants des matelots oisifs sur le port et ces chants des muezzins appelant les croyants à la prière du soir du haut des galeries aériennes des mosquées, le soleil qui se couchait, les brises de terre qui se levaient embaumées d'oranges, cette douce curiosité mêlée de sécurité et de plaisir qui saisit l'âme du passager quand l'ancre le fixe pour une nuit dans une anse paisible avec la perspective d'une soirée passée à terre et d'une nuit de sommeil qu'aucune vague n'agitera, tout cela faisait pour nous, de la rade de Mitylène, un spectacle, un repos, un ravissement. Nous ne nous lassions pas d'admirer ce port, semblable aux plus pittoresques anses du Bosphore, entre Constantinople et Thérapia.

A peine avions-nous jeté l'ancre, qu'une barque portant le pavillon de France se détacha du quai en face de nous et vogua vers le navire. Elle nous aborda en quelques coups de rame; un insulaire de Métélin en sortit, monta l'échelle, embrassa les officiers, et, s'approchant de moi, m'engagea à descendre avec mes compagnons de voyage dans sa maison, qu'il me montra de la main, sur la grève. La physionomie ouverte, vive, souriante, heureuse de l'hôte qui s'offrait si obligeamment à nous, exprimait tant de cordialité et de franchise qu'elle était irrésistible. C'était *le bon visage* de l'hospitalité résumé dans les yeux et sur les lèvres d'un homme du Midi. Nous y répondîmes avec reconnaissance, mais avec cette crainte d'être importuns qui est la timidité du voyageur. Nous vîmes que cette modestie contristait notre obligeant interlocuteur. Le capitaine du navire me prit à part et me dit à qui nous avions affaire : « C'est un négociant aisé, actif et heureux de Métélin, me dit-il, un de ces hommes qui obligent, à force d'intelligence, d'honnêteté et d'activité, la plus mauvaise fortune à leur sourire, et qui gagnent la richesse en gagnant les cœurs. Il est l'ami et le correspondant de la compagnie Rostand de Marseille dans ces îles ; c'est lui qui est en même temps l'agent officieux de tous leurs paquebots. Son histoire est un roman oriental. Européen de naissance, Hébreu de race, commerçant de profession, il a tour à tour habité les grandes villes des îles et de la côte d'Asie. Dévoué aux Français et plus occupé partout de leur être agréable et utile que du soin de ses propres affaires, leur amitié, qu'il a conquise partout, était son plaisir, son ambition, sa récompense. Il était parvenu au milieu de la vie sans avoir songé encore à se marier ; sa fortune était faite, et il n'avait personne à qui la faire partager, quand il laissa prendre son cœur par ses yeux, en admirant, à Smyrne, une de ces charmantes femmes grecques de la rue aux Roses, qui sont les Grâces chrétiennes de l'Orient. Elle était fille d'un négociant avec lequel il avait eu des relations d'affaires. Elle était dans la fleur de sa beauté, il n'était plus bien jeune, il n'avait jamais été beau que par la vive intelligence dont ses yeux sont animés ; cependant, il était si bon, si humble, si complaisant, si tendre, si obstiné à aimer sans rien prétendre, que la jeune fille l'aima pour sa fidélité et pour son amour. Mais il y avait un insurmontable obstacle à leur union. Il était né juif, elle était chrétienne. Après bien des luttes entre le respect humain et l'amour, comme la religion de ses pères n'était plus pour lui qu'un costume hérité plus qu'imposé à sa conscience par aucune conviction théologique, il se laissa convertir par sa passion pour la jeune Grecque, jouant sa part de la terre promise contre quelques années de félicité sur la terre des infidèles. Il avait choisi Métélin pour son paradis. Il vivait heureux avec sa jeune femme, loin des commérages de Smyrne, ayant déjà une charmante petite fille dont il était ivre comme les hommes le sont du bonheur longtemps attendu, aimé dans l'île, aimé sur les navires, serviable et hospitalier à tous. » Tel était l'hôte qui s'offrait avec tant de grâce à nous. Nous apercevions du bord sa femme et sa fille saluant du haut de leur balcon voilé de fleurs les étrangers indécis sur le pont du navire, et joignant leurs instances par gestes à celles du mari. Nous descendîmes donc chez M. Pinto.

La jeune femme nous attendait sur le seuil de sa maison baignée par la mer. Elle nous parut tout à fait digne du sacrifice de pure bienséance que son mari lui avait fait en donnant sa place dans une synagogue de Smyrne contre une place dans ce cœur et contre les rayons de ces beaux yeux.

Madame Pinto, parée de ses plus riches costumes grecs et assistée de ses suivantes, nous offrit d'abord les glaces, les sorbets, les confitures, les pâtes parfumées du mastic de Chio, les figues, les oranges et le raisin de l'île; puis elle nous présenta de ses propres mains les serviettes de mousseline bordées de franges d'or, pour essuyer le bout de nos doigts. Elle s'acquittait de tout ce cérémonial de l'hospitalité d'Orient non pas avec le sérieux des femmes du pays, pour qui ces usages sont aussi sacrés que du temps d'Homère, mais avec cette liberté, cette grâce et ces sourires d'une femme accoutumée aux usages européens, et qui, tout en accomplissant les formalités gracieuses de son pays, semble demander pardon elle-même à ses hôtes de l'étrangeté et de la naïveté de son attitude. Elle nous invita à souper et à coucher dans sa maison, jusqu'à l'heure du moins où le navire reprendrait la mer. Nous ne pûmes résister à de si vives instances; nous lisions dans ses yeux et dans ceux de son mari qu'un refus aurait humilié cette aimable famille. Nous acceptâmes. Il n'y avait plus que quelques heures de jour; nous voulions en profiter pour visiter la ville, les maisons de campagne et les plus beaux sites rapprochés du port.

Nous sortîmes par une porte opposée à celle par laquelle nous étions entrés. Cette porte ouvrait sur une longue rue bordée des deux côtés de magasins, de boutiques, d'échoppes où s'étalait tout le commerce et tout le trafic de l'île en légumes, en fruits, en tabac, en cafés, en pâtisseries, en fleurs, en étoffes, long bazar semblable à tous ceux qui ravissent la curiosité de l'étranger dans la moindre bourgade comme dans les plus grandes capitales du Levant. Nous suivîmes cette route jusqu'à un embranchement latéral qui conduisait hors de la ville, sur les premières collines, à travers des jardins et des maisons de campagne. Nous jouîmes successivement des beaux horizons que l'on a de ces différentes collines sur la ville, sur le château, sur la rade, sur la mer et sur les montagnes bleuâtres du continent. On nous fit entrer dans les jardins du gouverneur turc de Mitylène. C'est un homme de la plus haute noblesse et de la plus grande richesse parmi les Ottomans, héritier d'une de ces anciennes maisons de la Turquie d'Asie, ayant conservé, comme nos maisons féodales d'Europe, en Hongrie, en Espagne, en Allemagne, des noms historiques et des domaines territoriaux qui en font comme de petites monarchies de famille au sein des grandes monarchies qu'elles servent. Il se nomme Koulakis Oglou; ses officiers et ses esclaves nous reçurent en son nom avec toutes les marques de respect et d'accueil en usage pour les hôtes les mieux venus.

Le gouverneur de Mitylène n'habitait pas en ce moment son palais de ville; il était allé depuis quelques jours habiter un de ses kiosques situé de l'autre côté de l'île, auprès des bains minéraux de l'île. Un de ses fils accourut à sa place et nous entretint dans un des pavillons de ses jardins, pendant que des cavaliers de sa garde partaient à toute bride pour aller prévenir son père de la visite que je lui rendais. Un hasard l'avait informé de ma prochaine arrivée à Mitylène. Le capitan-pacha, ou grand amiral de l'empire, Souleyman-Pacha, que j'avais connu à l'époque de son ambassade en France, et que j'avais reçu dans ma maison, naviguait dans ces parages avec la flotte ottomane; il avait relâché à Mitylène, et, informé par sa correspondance de Constantinople que j'allais passer dans ce port en me rendant à Smyrne, il avait eu la bonté de m'y attendre quelques jours pour me donner l'hospitalité à son bord. Obligé de partir un peu plus promptement qu'il ne croyait, pour aller réprimer une insurrection d'Albanais à Prevésa, il avait parlé de moi au gouverneur de Mitylène : celui-ci, en partant pour les bains, avait laissé à ses officiers l'ordre de l'informer de mon arrivée, pour qu'il pût revenir m'offrir l'hospitalité.

Nous ignorions toutes ces obligeances du grand amiral et du gouverneur ; nous ne savions pas même qu'on était allé l'avertir et lui causer, pour des heures seulement que nous avions à passer dans l'ile, une si grande importunité et une si longue course à cheval. Nous jouissions paisiblement, sous le pavillon de ses jardins, de l'entretien de son fils et de ses officiers, des sorbets glacés qu'on nous apportait du palais, de la fumée de nos pipes, de la fraicheur du soir et des délicieux horizons de verdure et de mer qui encadrent ces jardins ; nous nous disposions même à nous retirer, quand il arriva lui-même, monté sur un de ces magnifiques chevaux arabes qui sont le signe de la puissance dans l'Orient. C'était un homme d'environ soixante ans, grand, majestueux, vert encore, d'une physionomie noble, douce, réfléchie et gracieuse, où rien n'indiquait les traditions tragiques de sa famille, fameuse par de grandes catastrophes domestiques. Il nous accueillit avec cette politesse des grands personnages dans ces contrées, qui semble se respecter elle-même en respectant ses hôtes. Nous fûmes obligés, par la bienséance, de nous rasseoir sur les divans, de fumer de nouvelles pipes rallumées par les esclaves, et de tremper nos lèvres dans les coupes de nouveaux sorbets. La conversation fut longue, variée, familière comme entre voisins qui se font réciproquement les honneurs d'une contrée qu'ils vont habiter ensemble. Le gouverneur, sachant que j'avais le projet de venir dans quelques jours passer à Métclin la saison des bains, mit à ma disposition la maison qu'il possède auprès de ces sources minérales ; il donna les ordres à son kiaya ou intendant général d'y ajouter des tentes pour loger ma suite, et m'offrit d'y envoyer des chevaux de ses écuries pour moi et pour mes amis. Je fus contraint d'accepter toutes ces prévenances, offertes avec une libéralité qui ne permettait ni le refus ni l'hésitation. Il fut convenu que je viendrais en jouir aussitôt que j'aurais visité mes nouvelles propriétés ; j'avais alors le projet de prolonger ma résidence aux environs de Smyrne jusqu'en hiver.

Après avoir remercié le gouverneur de Mitylène, nous primes congé de lui et de son fils, et nous rentrâmes dans la ville, déjà couverte des ombres de la nuit tombante.

Pendant notre promenade et notre station chez le gouverneur, le bruit de mon arrivée s'était répandu dans les cafés et dans les rues. Mon nom de poëte, que je croyais parfaitement inconnu des habitants de l'ile, avait couru de bouche en bouche parmi la jeunesse lettrée de l'ile. De nombreuses traductions partielles de mes poésies avaient popularisé à mon insu quelques-uns de mes chants de jeunesse sur ces collines de Sapho. La rue était pleine de jeunes gens qui m'attendaient au retour pour me saluer d'un regard, d'un geste, d'un mot sympathique, sur les portes de leurs maisons, ou sur le seuil de leur café. On lisait sur ces belles et intelligentes physionomies grecques l'obligeante et respectueuse curiosité d'un peuple qui suppose le génie pour avoir le prétexte de l'admiration et de l'enthousiasme. Plusieurs d'entre eux, en me serrant la main, m'adressaient des félicitations en grec, d'autres en français ; car les riches familles des iles font élever leurs enfants à Smyrne, à Athènes, à Marseille, à Paris même, pour qu'ils rapportent dans leur patrie les sciences et les lettres que l'Europe a reçues de leurs aïeux dans d'autres siècles. J'arrivai ainsi escorté d'amis inconnus jusqu'à la porte de notre hôte. Quelques-uns de ces jeunes habitants de l'île obtinrent la permission d'entrer dans sa maison et d'assister au souper que madame Pinto nous avait fait préparer.

La table était dressée, avec tout le luxe étranger et toutes les fleurs de ce climat d'éternel printemps, sur une galerie attenante au salon et ouverte à la brise de mer. Les nombreux flambeaux de cire jaune, comme dans le Liban, ruisselaient sur les nattes, et leurs flammes capricieuses ondoyaient parmi les œillets et les roses aux bouffées du vent. La table était ornée de gibier, de poissons, de fruits, avec cette profusion qui témoigne de la profusion du cœur dans les pays où toute hospitalité reçue et donnée est une fête de la maison. Madame Pinto nous en fit les honneurs avec une grâce tout à la fois asiatique et européenne ; on voyait que les habitudes un peu serviles qui caractérisent l'attitude des femmes dans ces contrées étaient tombées dans cette maison devant le contact fréquent avec les étrangers et devant l'adoration du mari pour sa conquête. Elle administrait, elle commandait, elle régnait avec une douce et naïve autorité sur les serviteurs ; sa liberté d'esprit et sa gaieté familière devant le maître de la maison et devant les hôtes témoignaient qu'elle se sentait reine, et que le bonheur du mari était d'obéir à la beauté dont il était fier d'avoir obtenu la domination. Les agents consulaires de l'île, les jeunes Grecs lettrés que nous avions rencontrés dans la ville et quelques-uns de leurs amis qu'ils avaient fait avertir de mon arrivée assistaient à ce banquet nocturne et prenaient part à l'entretien. On parla de la civilisation et de la prospérité croissantes des îles et des populations chrétiennes depuis le règne impartial et également protecteur de toutes les races de son empire du jeune sultan; du récent voyage qu'il venait de faire à Rhodes, à Smyrne, dans les îles; de l'accueil sincère et unanime qu'il y avait reçu; des espérances qu'un pareil règne donnait à l'Orient si la Providence le prolongeait; des affaires de l'Europe, dont le contre-coup se fait sentir à l'instant jusque dans le dernier îlot de l'Archipel, ou jusque sur le dernier rocher du Taurus, de l'Olympe, du Liban; de la politique, de la philosophie, de la poésie surtout, cette langue universelle dont les images écrites sur toute la nature et dont les sentiments vibrants dans tous les cœurs n'ont pas changé depuis Job, depuis David, depuis Homère jusqu'à nos jours, et se font entendre également dans tous les âges et dans tous les climats, véritable langue de Dieu dans l'humanité, parce qu'elle n'est pas la langue des idées qui changent, mais la langue des instincts innés de l'homme qui ne changent pas. J'étais étonné et ravi des entretiens de ces jeunes gens aussi instruits que la jeunesse de l'Europe et doués d'une élocution plus imagée et plus pittoresque, reflet de leur nature sur leur imagination. Ils m'annoncèrent que je trouverais dans toutes les villes grecques de la côte d'Asie, sur le continent, des hommes aussi avancés qu'eux-mêmes dans les études de l'Occident, et des amis attendant mon arrivée comme celle d'un ambassadeur de la poésie universelle. Je bénissais en moi-même la renommée, si chèrement payée quelquefois, si dure à conquérir, si importante quand on l'a conquise, si odieuse quand elle vous fait tant de calomniateurs et tant d'ennemis dans votre propre patrie, si douce quand elle vous prépare tant d'hôtes et tant d'amis sur des terres étrangères, où elle aplanit chaque seuil pour vous par les plus favorables préventions. Je disais comme le poète : « Partout où a passé un des vers de ta lyre, ton pas peut passer. La muse t'a ouvert la porte de chaque foyer! »

Ce doux entretien, entrecoupé de parfums de terre, de brises de mer, de murmures de vagues sous le balcon, d'haleines de fleurs, de vins exquis de Samos, de sorbets de Chio, et surtout de causeries aussi amicales que celles de la patrie entre voisins de campagne qui se réunissent et qui s'aiment, dura jusqu'au milieu de la nuit. A deux heures du matin nous nous séparâmes des hôtes et des convives avec un prochain espoir de les retrouver sous peu de jours, et nous remontâmes sur le pont du navire. La fumée grondait déjà dans la colonne de tôle d'où elle se dispersait en légères nuées sur la face des étoiles de ce beau ciel bleu. Après quelques heures de sommeil, nous nous réveillâmes dans le golfe de Smyrne.

Je l'ai décrit dans mon premier voyage. Je ne trouve pas un trait à changer au tableau. Ce sont toujours les mêmes montagnes dont les créneaux de roche se détachent sur un ciel cru et sans fond, les mêmes forêts descendant et remontant çà et là sur les collines, les mêmes pentes vertes encadrées de bosquets, les mêmes rares villages entourés de figuiers et de vignes, les mêmes caps de rocher lavés par la molle écume de la vague, avenue maritime large de deux ou trois lieues, sinueuse, profonde de douze ou quinze lieues, à l'extrémité de laquelle on aperçoit, longtemps avant de voir la ville, une noire tache de cyprès sur une noire colline. Mille fois plus pittoresque que les Dardanelles, le golfe de Smyrne, encaissé des deux côtés par des montagnes alpestres, sauvages, incultes, boisées, tour à tour verdoyantes ou nues, est le lac de l'Ionie. Tout y respire la grandeur, mais en même temps la solitude, le recueillement, le calme, la grâce d'un lac des Alpes. La vague, abritée des grands vents de trois côtés, y est vive, mais courte et praticable aux plus frêles embarcations des pêcheurs ou des bûcherons de la côte. Les sites diversifiés qui la bordent ont le caractère pastoral et mélancolique des paysages de l'Helvétie. Le regard s'attache et la pensée habite tour à tour avec volupté chacun des villages, chacune des chaumières qui se révèlent dans ses anses ou dans ses vallées à chaque détour de cap, à chaque pli de colline. La lame vous porte de rêve en rêve et de repos en repos sur ces doux aspects; les vents s'y taisent, la mer y parle bas, ce golfe a un silence qu'on ne retrouve ni dans la grande mer ni sur les côtes des continents ouverts à la lame; on dirait le silence d'une vallée d'eau au lieu d'une vallée de terre. L'âme s'y recueille, le souci s'y endort. Le golfe de Naples a plus de splendeur et d'ivresse des sens, mais il n'a rien de ce *génie* invisible de la solitude et de cette concentration dans la beauté de la physionomie du golfe de Smyrne. On ne s'étonne pas qu'il ait fait naitre le génie à la fois vaste, profond, élevé, serein et mélancolique d'Homère. Le golfe de Smyrne, c'est un chant de l'*Odyssée*. Depuis le matelot jusqu'au pasteur, depuis le gémissement du flot jusqu'à l'ombre des poiriers sur le verger éclairé des rayons du soleil, tout y est. Le poëte porte toute sa vie avec lui les images dont son imagination fut frappée, en naissant, autour de son berceau.

Avant dix heures du matin nous aperçûmes Smyrne assise au fond de son beau golfe, sur une marge de terre basse à peine suffisante pour la porter entre sa montagne et la mer. Un vaste bois de cyprès la domine et descend pour l'envelopper à droite et à gauche comme un croissant d'ombre sur le resplendissement de son château et de ses maisons. Les mâts toujours nombreux des vaisseaux et des barques qui sont à l'ancre devant ses quais se confondent au loin avec les cyprès et semblent la couvrir de deux forêts; il n'y a point de port, ou plutôt tout est port, les quais, bordés d'élégantes maisons, ne sont que la fin du golfe. On jette l'ancre où l'on veut, ici ou là, selon la prise d'eau du bâtiment, sous la quille. A peine avions-nous jeté l'ancre en face du pavillon de France, flottant sur la maison de M. Couturier, principal banquier à Smyrne, et administrateur des paquebots du Levant, qu'une foule de barques, se détachant des quais et se pressant tumultueusement sous les flancs du navire, se disputa dans trois ou quatre langues le droit de nous porter à terre. On reconnaissait une ville cosmopolite à cette diversité de langues et de costumes, turcs, grecs, smyrniotes, italiens, français, arméniens, anglais; les matelots de ces embarcations présentaient à tous les passagers l'image et l'accent de la patrie. Smyrne, en effet, renferme, au milieu d'une population de cent quarante mille Orientaux, une colonie de vingt mille Européens naturalisés dans ce Naples de l'Orient!

Nous contemplâmes un moment l'amphithéâtre de montagnes, de châteaux forts, de bois de cyprès, de minarets, de ville haute et de ville basse, de quais, de ports, de navires, de barques, d'anses, de golfes dans le golfe s'enfonçant plus avant encore dans les terres, de hautes vallées et de cols ténébreux conduisant dans le lointain le regard de la pensée vers les plaines intérieures de Magnésie ou vers les défilés du Taurus. A Smyrne, comme presque partout en Orient, on voit deux villes sous un seul nom, la ville des Turcs et la ville des populations chrétiennes et des Européens. La ville des Turcs, toujours placée au penchant le plus élevé de la colline et dominée par la forteresse, diadème du lieu, ressemble à une innombrable agglomération de ruches d'abeilles, étalées et étagées par une tribu de pasteurs sur les pentes douces d'une colline. Chacune de ces maisons, construite en bois comme le tronc d'arbre noirci par la pluie qui sert à recueillir l'essaim, est recouverte, comme la ruche de nos jardins, de tuiles rouges qui brillent au soleil d'été; elles sont toutes séparées les unes des autres comme les demeures mystérieuses d'un peuple à qui la jalouse polygamie, l'esclavage domestique et la réclusion des femmes commandent la solitude et le secret du foyer. Les fenêtres sont grillées comme celles des couvents ou des prisons en Europe. Chaque maison, à un seul étage, est entourée d'une petite cour et d'un petit jardin dont on voit les branches de figuiers ou d'orangers déborder par-dessus les murs de clôture. Tout respire le recueillement, le mystère, la vie cachée autour de ces demeures. Nulle fumée de l'industrie ne s'élève des toits, aucun bruit ne sort des ruelles qui circulent, irrégulièrement tracées, d'une maison à l'autre; on dirait la ville des ombres, ou l'habitation d'un peuple qui, déjà détaché de la terre par la résignation, conséquence de la fatalité, s'installe d'avance dans des sépulcres entourés de cyprès. Seulement les maisons sont disposées de façon à ce que toutes les fenêtres aient la vue du golfe et des montagnes, la brise de mer, le parfum des collines, la contemplation de la nature et du ciel, cette paresseuse volupté de la réclusion.

Au-dessus de la ville turque s'étend une belle forêt de cyprès. Au-dessous, le sérail du pacha, avec d'immenses casernes et des places d'armes, touche au rivage de la mer et répond de la ville. On voit que les Turcs gardent encore partout les deux signes de la domination sur les races étrangères qui s'abritent sur leur continent, les hauteurs et les ports, les forteresses et les batteries.

Plus bas et plus près de la mer, l'immense ville européenne, bâtie en pierres et avançant ses terrasses jusque sur les flots, s'étend à gauche et borde de riches quartiers tout le fond du golfe. Les pavillons de toutes les puissances qui ont des consuls dans ce grand marché du Levant flottent sur les toits des principaux palais du quai. Une population nombreuse, active, gaie, variée de costumes et de langues, se presse à toute heure sur ces quais et circule sans cesse, des navires aux débarcadères et des débarcadères aux navires, dans des barques aussi nombreuses que les gondoles à Venise ou que les caïques à Constantinople.

Pendant que nous retrouvions de l'œil ces sites restés empreints dans notre mémoire depuis nos premiers voyages à Smyrne, et que nous admirions combien cette capitale du commerce du Levant s'était agrandie, embellie et vivifiée en quelques années de paix et de liberté, par le bienfait de la navigation à vapeur, mais surtout par les bienfaits d'un règne doux et respectueux pour les intérêts des étrangers, nos amis de Smyrne, avec cette grâce de l'hospitalité qui vient solliciter ses hôtes au lieu de se laisser implorer par eux, étaient accourus sur le port et nous pressaient à l'envi d'accepter un asile dans leurs maisons. N'ayant que quelques heures à passer à Smyrne, et ne voulant pas incommoder pour une seule nuit des hôtes si accueillants, nous descendîmes dans une auberge voisine du port, tenue par un Français ; et l'on pouvait se croire en France, si le cri des chameaux, l'aspect des mosquées et la splendeur du ciel et de la mer ne nous avaient rappelé que c'était l'Orient.

Je ne perdis pas une minute, selon mon habitude en voyage, pour organiser une caravane, me procurer des interprètes, des guides, des chevaux, des chameaux, des tentes, des escortes, des vivres, et pour me rendre la nuit suivante dans mes terres, que j'étais pressé de connaître et d'étudier. Le consul de France, M. Pichon, était absent ; mais M. Ledoux, M. Guillois et les principaux officiers du consulat suppléèrent par leur infatigable obligeance à celle du consul, que je devais éprouver bientôt après. M. Couturier, M. Salzani, M. Guys et les principaux représentants des grandes maisons de commerce de Smyrne me procurèrent en quelques heures tout ce qui m'était nécessaire pour mon expédition. Le ramazan, époque pendant laquelle les affaires sont suspendues et les opérations cessent entre les Turcs et les Européens, m'empêcha de voir ce jour-là le pacha, gouverneur de Smyrne, que j'avais connu dans ma jeunesse; mais il m'envoya à l'instant un de ses officiers, ou *mimmandhar*, avec une escorte de dix ou douze cavaliers de sa garde, pour m'escorter dans l'intérieur de sa province et pour être à mes ordres pendant tout le temps qu'il me conviendrait de rester dans mes terres. J'acceptai avec reconnaissance cette garde non de sûreté, mais d'honneur. L'homme, dans l'Orient, est inséparable de l'appareil. La suite fait partie du costume, le cérémonial est le gardien du respect. La première fois que je me présentais pour me faire reconnaitre des populations au milieu desquelles je devais m'établir plus tard, et où j'allais prendre possession de l'hospitalité du sultan sur ses terres, il importait d'y paraitre avec les signes de protection du gouvernement et d'honorable accueil propres à m'accréditer ensuite dans le pays. Le pacha l'avait pressenti, et la suite armée qu'il me donna était digne de la libéralité ottomane. J'avais ramené avec moi de Constantinople un jeune interprète franc, élevé en Turquie, parlant et écrivant couramment le turc, le grec, le français, connaissant les usages, familier avec les mœurs, actif, probe, sûr, propre à tout, nommé Fornetti, que je comptais m'attacher définitivement l'année suivante, et dont la mort vient de me priver au moment où j'allais le rappeler de Constantinople à Smyrne. Le remplacerai-je jamais?

La chaleur était si intolérable à Smyrne et sur tout le littoral depuis le commencement de l'été, qu'il était impossible de voyager le jour. Nous montâmes à cheval à minuit, précédés d'une file de chameaux portant mes meubles d'Europe, mes tentes, mes tapis, ma bibliothèque, mes vivres, mes armes, mes provisions de toute espèce; le minmandhar et ses cavaliers marchaient après ; nous les suivions à cheval, ma femme, mes amis et moi ; nos femmes et nos serviteurs européens, à cheval aussi, nous succédaient ; venaient enfin quelques cavaliers de mes terres, montés sur leurs chevaux demi-sauvages, le fusil à la main et leur ceinture chargée de yatagans et de deux ou trois paires de pistolets à manches d'argent ciselé. Avertis la veille, ils étaient venus au-devant de moi pour me guider et m'escorter dans leurs villages. Telle était la caravane, moitié européenne, moitié pastorale, qui me conduisait, moi Européen lassé de civilisation et de bruit, dans une vallée inconnue de l'Asie, derrière le Taurus, au milieu d'un peuple presque nomade, portant ma tente avec moi pour maison, résigné à apprendre des langues et des mœurs nouvelles au soir de mes jours, homme qui, ayant fait le tour du monde civilisé, se retrouve pour ainsi dire au point de départ à la fin du voyage, et qui revient sur ses pas de la vie raffinée des capitales de l'Europe à la simplicité primitive et à la tente du pasteur de l'Orient ! *Sic voluere fata !* ou plutôt ainsi le veut une pensée, une étoile de l'âme, que l'homme suit et qui le mène où il ne savait pas aller.

Les pavés glissants de la longue rue des Francs, à peine éclairée de loin en loin par les lampes mourantes des échoppes, retentissaient sous les fers de nos chevaux. Engouffrés sous les toits et sous les tentes du bazar, qui redoublaient les ténèbres de la nuit, il nous semblait marcher dans une caverne ; nous en sortîmes pour gravir, par de petites rues étroites et tortueuses, les rampes de la ville turque et les étages du mont Pagus ; laissant à gauche les ruines du château des Croisés, et chevauchant, après être sortis des murs, sur une corniche bordée de magnifiques cyprès, à travers lesquels les premières lueurs de l'aurore nous montraient le golfe, la mer, les feux flottants sur les barques, les grandes ombres des montagnes encadrant la ville, les navires, les anses de la mer. Nous nous arrêtâmes, pour mieux nous approprier du regard ce magnifique horizon à mesure que le crépuscule, déversé peu à peu du sommet des rochers sur les pentes de la rade, accentuait d'un rayon de plus les gradins de ce cirque. Sorrento n'a rien de plus beau au lever du soleil.

Nous tournâmes ensuite à gauche, par une voie large et douce, semblable aux voies romaines négligées pour des routes plus récentes, et, après avoir descendu, à travers les figuiers, les caroubiers et les vignes grimpantes, le revers du mont Pagus, nous nous trouvâmes dans une vallée à demi cultivée, à demi sauvage, qui nous traçait la route vers Tyra. Nous marchâmes pendant environ deux heures, au pas lent et entrecoupé des caravanes, à travers une contrée sans physionomie bien caractérisée, à peu près semblable à la campagne déserte de Rome, entre Vellétri et les aqueducs d'Albano. La route n'a que de légères ondulations qui ne demanderaient que les plus légères rectifications pour le passage des voitures. Nous rencontrions à chaque instant de petites caravanes de chameaux apportant à Smyrne les soies, les charbons, les vins, les fruits de la vallée d'Aïdin, de Baïnder et de Tyra. C'était la saison où les petits des chamelles suivent leurs mères dans leurs voyages. Collés par l'instinct aux flancs de leurs mères, ils les suivent pas à pas, regardant timidement, à droite et à gauche, les objets tout nouveaux pour eux, et se réfugiant, au moindre étonnement, sous le long cou des chamelles. Malgré le poil fauve et cotonneux de ces animaux, malgré les lignes heurtées, bizarres, et les coups de hache de leur dos, de leurs jambes et de leur encolure, il est impossible de ne pas être ravi et pour ainsi dire attendri de l'expression intelligente, naïve et tendre de ces têtes de petits chameaux dans leur enfance. Leurs prunelles, noires comme l'écorce des châtaignes encadrées dans le jaune marbré et veiné du globe de l'œil, débordent de leur large orbite. Ils ont je ne sais quoi d'étonné, d'enfantin, de suppliant et de tendre dans le regard qui semble solliciter la pitié de l'homme, la protection des grands animaux de leur race à l'ombre desquels ils marchent ; ils règlent tous leurs pas et tous leurs mouvements sur ceux de leurs mères ; ils les suivent, en les regardant toujours, d'un pas cadencé ; ils ont l'air de compatir aux gémissements que leurs lourdes charges arrachent de temps en temps aux chamelles, et d'implorer les chameliers pour qu'ils les soulagent de leurs fardeaux. Ils ont, comme les cerfs, de véritables larmes dans les yeux ; le profil de ces petites têtes de chameaux sur le ciel ajoute à l'impression si pittoresque des caravanes un accent de famille, de tendresse et de mélancolie qui ajoute à l'intérêt de leur rencontre dans le désert. Esclaves, enfants d'esclaves, qui naissent pour porter la tente de l'homme et pour errer éternellement avec lui dans ces solitudes sans chemins. Ces caravanes sont conduites en général aussi par de jeunes esclaves noirs de l'Éthiopie ou de l'Abyssinie, qui marchent en tête montés sur un petit âne, les jambes pendantes et nues, un caleçon blanc tombant seulement jusqu'aux genoux, une riche ceinture autour de la taille, un large turban autour de la tête ; serviteurs des familles rurales de ces vallées, nés dans la famille, traités par elle comme les enfants de la tente ou de la maison, et qui n'ont d'esclaves que le nom et l'obligation de rester jusqu'à leur affranchissement au service de la famille.

Nous nous arrêtâmes pour faire respirer les chameaux à l'ombre de quelques platanes, auprès d'une source, devant la porte d'un kan rustique où l'on donne pour quelques *paras* aux caravanes l'eau, le café, le feu pour les pipes. Ces haltes, en Orient, sont des tableaux tout faits pour le peintre. Une pauvre hôtellerie couverte de paille de maïs ou de buissons de myrte, composée d'une salle enfumée où brûle un petit foyer éternel pour fournir de charbon les pipes et les narghilés des passants ; un ou deux platanes immenses ombrageant une fontaine ou le lit de sable d'un ruisseau ; au pied de l'arbre, des Turcs, des Arabes, des Arméniens, des Albanais accroupis à l'ombre, priant chacun leur Dieu sous les feuilles de l'arbre qu'il leur prête, regardant monter la fumée de leurs chiboucks dans l'air, ou couler l'eau qui lave leurs pieds poudreux ; plus à l'écart, des groupes mystérieux de femmes descendues de leurs chameaux, voilées jusqu'aux yeux de leurs blancs linceuls et jouant sur le sable avec leurs enfants ; ailleurs, des cavaliers faisant boire leurs chevaux, relâchant ou resserrant les sangles de leurs beaux coursiers turcomans ; puis les chameaux agenouillés, qu'on charge et qu'on décharge, regardant tristement leurs maîtres et se plaignant du soleil et du poids avec un gémissement tout humain, plein de prière et de reproche ; quelques cigognes blanches et noires, oiseaux du deuil, cygnes des tombeaux, contemplant immobiles du haut du toit ou de la branche sèche d'un arbre la caravane qui passe et paraissant réfléchir, sans les comprendre, à ces éternelles migrations d'hommes de tout costume et de toute langue qui passent sous leur nid : voilà l'aspect de tous ces caravansérails de la route de Smyrne dans l'intérieur de l'Asie Mineure. A huit heures du matin nous arrivâmes à celui de Tryanda, qui est à un peu plus de moitié chemin de Smyrne à Burghaz-Owa.

Nous y débridâmes pour y passer à l'ombre les heures brûlantes du jour. Rien ne nous pressait, je ne voulais arriver sur mes terres qu'à une heure où le soleil baisserait et les brises de mer nous permettraient sans excès de fatigues de jouir des sites et des aspects d'une belle soirée d'été dans un paysage nouveau pour nos yeux.

Tryanda est un caravansérai un peu plus vaste et un peu mieux disposé pour l'hospitalité que les masures rencontrées jusque-là par nous sur la route. C'est une maison sur une petite colline ombragée d'oliviers aussi gros que des chênes de deux siècles. Il y a de vastes écuries pour les chevaux, et une grande salle ouverte aux brises, au-dessus, avec des divans de planches de sapin tout alentour où le voyageur peut étendre son tapis, prendre son repas, son loisir ou son sommeil à la fraîcheur du vent qui souffle jusque-là de Samos. A cinquante pas du kan coule, sur un lit de cailloux luisants comme l'or, un large ruisseau d'une eau transparente et d'un courant très-vif qui imprime à l'air sur ses bords un mouvement d'éventail naturel. Un immense platane y trempe ses pieds, des milliers d'oiseaux ont fait de ses branches et de ses feuilles une villa aérienne pour leurs nids de toute espèce. C'est un caravansérai aussi à l'imitation de celui de l'homme pour tous ceux qui veulent s'y abriter. Au delà s'étendent des prairies naturelles arrosées par le ruisseau et peuplées de buffles et de chevaux sauvages.

Nous nous établîmes les uns dans le divan rustique du caravansérai, les autres sous le platane au bord du ruisseau. Nous y déjeunâmes, nous y goûtâmes de longues heures de silence ou de sommeil en attendant que le soleil déclinât et que la cigale se tût dans les herbes. Pendant que mes compagnons dormaient ou se baignaient dans l'écluse d'un moulin à quelque distance du platane, je gravis seul avec un de mes drogmans la petite colline qui domine Tryanda, afin d'avoir de là un premier aspect de mes domaines. Je savais que nous n'étions plus qu'à deux heures de marche de ma limite, et j'étais impatient de devancer par le regard le pas de mes chevaux. Qui n'aime à connaître son avenir? Dans ma pensée le mien était là.

Nous trouvâmes au sommet de la colline les restes d'une assez belle habitation ruinée, entourée encore de vergers, de champs bien clos de haies et bien cultivés et d'une belle forêt d'oliviers dont les troncs caverneux et tordus par les vents annoncent l'extrême vieillesse. J'aurais vivement désiré que ce fût là l'habitation qui m'était destinée par le sultan ; mais elle ne lui appartenait pas ; les Turcs que je rencontrai dans les vergers me disaient que ce domaine appartenait à de riches banquiers grecs qui l'affermaient à des cultivateurs du pays. La renommée court si vite dans les déserts, comme dans les pays civilisés, que ces bergers turcs savaient déjà qui j'étais et où j'allais. Ils dirent à mon drogman qu'ils regrettaient beaucoup que je n'eusse pas demandé ce domaine au lieu de la plaine de Burghaz-Owa au sultan, parce qu'ils savaient que je ne pressurerais pas le laboureur et le berger et que je leur rendrais la vie douce. Je les remerciai de leur bonne opinion et je les priai de me montrer au loin mes possessions. Je m'assis au pied d'un de leurs oliviers pour regarder le paysage.

Nous dominions une immense plaine qui s'étend au pied de cette colline jusqu'à des collines bleuâtres noyées à l'extrémité de l'horizon en face de nous et qui semblaient borner la plaine au couchant ; à droite et à gauche, deux chaînes de montagnes, d'une élévation inégale mais modique, encadraient l'horizon. Les montagnes sur notre gauche étaient beaucoup plus rapprochées de nous ; Tryanda était bâtie presque sur leurs premiers mamelons. A droite, les montagnes étaient à environ deux lieues de distance ; elles montaient plus haut dans le ciel, et derrière leurs sommets on apercevait d'autres sommets plus éloignés, plus culminants, plus arrondis et baignés à leurs crêtes par une atmosphère plus étincelante, qui semblait un reflet lumineux et azuré de la mer. Les bergers, en effet, me dirent que c'étaient les hautes montagnes de l'île de Samos aux pieds desquelles j'avais navigué autrefois et dont les croupes crénelées de noirs sapins étaient restées depuis dans mes yeux. Ils me montrèrent de la main une gorge étroite qui s'insinuait dans les intervalles de ces montagnes au midi et qui débouchait, me dirent-ils, vers la mer du côté d'Ephèse. C'est par ces gorges tortueuses, d'environ deux lieues de longueur, que les brises de mer, qui se lèvent avec le soleil et qui se couchent un peu après lui, viennent battre la plaine tout le jour et lui donner une fraîcheur que j'étais loin d'espérer dans l'intérieur en quittant le matin les bords de la mer. La réverbération du soleil sur les flancs de ces deux chaînes de collines m'empêchait de voir si elles étaient nues ou un peu boisées ; tout était flottant et indécis dans la vapeur de la plaine et du firmament.

Le vaste bassin qui s'étendait ainsi sous mes yeux, entre les deux lignes des montagnes latérales et entre Tryanda et l'extrémité bleuâtre de l'horizon en face de moi, ressemblait au lit parfaitement nivelé d'une mer ou d'un lac abandonné depuis des siècles par les eaux. C'était la riche plaine de l'antique Lydie, la fleur de l'Ionie, selon Hérodote, qui elle-même était la fleur de la Grèce asiatique. Elle paraissait avoir trois lieues de largeur et huit ou dix de longueur. On y apercevait, à travers la brume, deux lacs, l'un à droite, l'autre à gauche, au pied des montagnes. Tout le reste de la plaine était couvert d'arbustes à fleurs bleuâtres comme celles des lilas, d'où s'exhalait une senteur de lavande. C'étaient des agnus-castus, et çà et là, au bord des sources ou dans le lit des torrents, des lauriers-roses. Ces arbustes étaient entrecoupés de vastes plaques vertes défrichées, pâturées ou cultivées. De distance en distance, on apercevait un bouquet de grands arbres d'un vert sombre et vernissé s'élevant au milieu ou sur les bords de la plaine. C'étaient les arbres des huit ou dix villages disséminés dans cette vaste étendue à l'ombre desquels les cultivateurs ou les bergers turcs ont construit leurs maisons. L'impression générale de cet horizon était pastorale, recueillie, sereine, mais mélancolique comme l'impression des lieux où la terre est douce et prodigue et où l'homme manque pour jouir de son soleil et de ses fertilités. On se dit : « L'homme était là ; mais il n'y est plus, il a disparu ; ce n'est pas la faute de la nature, c'est la sienne. Il se presse, il s'accumule, il s'enlève à lui-même la place au soleil et la place au festin de Dieu, dans des cloaques d'hommes, dans des capitales débordantes de vies, dans des faubourgs croupissants de vices, dans des climats inhabitables, dans des contrées que la neige dispute neuf mois de l'année à la végétation et à sa nourriture, et les plus tièdes, les plus fertiles, les plus maternelles contrées de la terre sont livrées aux cigales du sillon et aux aigles du ciel ! »

« Vous voyez, me dit le plus âgé des bergers, ce lit de torrent à sec dont les cailloux fument là-bas au soleil comme des charbons, et qui traverse la plaine de gauche à droite : c'est la limite des terres que le sultan, notre maître, vous a assignées. Tout le reste de la plaine à droite et à gauche, avec les lacs, le fleuve, les villages, les moulins, les caravansérais de la route, et les montagnes des deux côtés et les montagnes du fond, vous appartient. La moitié de cette gorge qui va vers Éphèse, et qui sert de lit au fleuve (le Caystre) est à vous aussi, on n'en voit d'ici que l'embouchure sous l'ombre des rochers de Thouloum ; et une partie de cette large vallée que vous apercevez tout à l'extrémité de la plaine et qui mène à la grande ville de Tyra fait encore partie de vos domaines. » Je restai confondu d'étonnement de l'étendue de cette possession, mais anéanti en même temps de l'impuissance où j'étais de fertiliser de tels domaines. A vue d'œil, il m'aurait fallu cinq cent mille francs au moins pour répandre sur tout cela les troupeaux, les hommes, les habitations, la fertilité, la vie, le bien-être ; je n'avais pas la dixième partie de ce capital à y apporter. Je m'attristai de ma stérile richesse, puis je réfléchis que dans ce siècle d'audace, d'entreprises, d'inattendu, quelques écoulements de ces innombrables capitaux dormant enfouis ou aventurés en Europe, pourraient être tentés à la fois par l'honneur d'une grande création agricole utile à deux races humaines, et par les bénéfices assurés, prompts et immenses d'une agriculture secondée par tant de soleil, tant de sol, tant d'eau, et par des hommes heureux d'un si modique salaire. Je repris cœur, je remontai à cheval, et, après deux petites heures de marche à travers cette plaine inculte, je franchis le torrent et je foulai du pied de mon cheval arabe, présent d'un ami, le sol de ma possession, présent du sultan !

Mon guide nous fit quitter la route de Tyra, que nous avions suivie jusque-là au pied des montagnes à gauche, et nous dirigea, par un sentier à peine tracé sur les herbes sèches, vers une oasis de haute verdure formée par de hauts peupliers, de vigoureux cyprès et de larges mûriers au milieu de la plaine. Quelques légères fumées montaient des toits cachés sous les branches et flottaient dans le ciel. C'était mon foyer ! c'était le village d'Achmet-Sched, le premier des hameaux qu'on rencontre après avoir franchi ma frontière, et celui où l'habitation principale du possesseur de la terre est construite depuis plus d'un siècle. On pressent avec quelle curiosité j'en approchais. Les arbres me la dérobaient encore.

Nous suivîmes un moment les bords d'un long jardin enclos de fossés et de haies, ombragé de beaux arbres fruitiers, orangers, grenadiers, figuiers, vignes grimpant de branche en branche jusqu'au sommet des cyprès et des saules à l'ombre desquels rampaient les courges, les melons d'eau, les plantes potagères arrosées par des rigoles d'eaux courantes qu'une pente naturelle quoique insensible am[illegible]e des montagnes jusqu'à ce verger. Nous nous trouvâmes aussitôt après en face d'une maison d'une simple apparence, blanchie extérieurement à l'eau de chaux, peinte de quelques arabesques éraillés par la pluie et par le soleil, couverte en tuiles et crénelée d'une rangée de cigognes dont les nids décorent le toit. Elles semblaient assister avec une indifférente sécurité à l'arrivée de cette longue caravane, et à l'installation de ce nouveau maître passager, sous ce toit d'emprunt, où leurs générations se succèdent en paix depuis bien des vies d'hommes. On nous fit entrer dans une cour bordée de bâtiments rustiques, de granges et d'écuries semblables à une cour de ferme dans la Bresse ou dans la Brie. La maison de maître, ancienne demeure de famille de Iacoub-Pacha, était habitée. La famille de mon précurseur et de mon suppléant, M. de ***, famille française composée du père, de la mère, de huit enfants, jeunes garçons et jeunes filles de différents âges, et de leurs domestiques européens ou asiatiques, m'avait devancé dans cette demeure pour m'y représenter, et nous attendait sur le seuil, pour que le seuil nous fût compatriote et souriant. Avant de descendre de cheval, je voulus bien dessiner dans mon œil la maison de mon futur séjour.

Elle se compose d'un large portique ouvert sur la cour, à droite et à gauche duquel sont des chambres inférieures servant de salle à manger, de cuisine, de magasin pour les provisions, de celliers, de logements pour les serviteurs. Un escalier en bois débouche sous le portique et conduit au premier étage. Ce premier étage, au milieu et au-dessus du porche, consiste en une vaste salle dont les arcades cintrées en ogives portent le plafond. Ces ogives, larges et sans fenêtres, sont portées elles-mêmes par des colonnettes arabes entre lesquelles des rideaux fouettés tout le jour par la brise de mer donnent leur ombre au salon. A droite et à gauche, comme au rez-de-chaussée, sont des murs pleins, percés de quelques fenêtres à grillage de bois et sans vitres, laissant passer les hirondelles et le vent.

A gauche de la maison principale que je viens de dépeindre, une galerie basse conduit à un autre bâtiment plus bas, mais plus élégant, appelé le harem. Il est précédé aussi d'une cour et d'un petit jardin planté de saules de Perse, de figuiers, de grenadiers, de quelques plants de citronniers. Ce bâtiment, qui n'a point d'étage au-dessus du rez-de-chaussée, consiste en un long portique moresque ouvert sur le jardin, formé de sept ou huit arcades divisées par des colonnettes et se recourbant en forme de croissant aux extrémités. Des portes et des fenêtres abritées du soleil par l'avant-toit de ce léger et gracieux portique donnent l'entrée et le jour à sept ou huit pièces plus ou moins vastes, communiquant les unes aux autres par des portes intérieures, et dont les lambris, les plafonds et les divans, en bois de cèdre ou de sapin, sont sculptés avec une certaine élégance dans le goût arabe ou turc par le ciseau de la menuiserie du pays. On voit que ces appartements ont été destinés jadis à l'habitation des femmes, des odalisques et des enfants du maître. C'est la cage sculptée, décorée et dorée des oiseaux domestiques que l'Orient emprisonne sous des treillis enlacés de roses, mais dont il orne la captivité.

Après avoir jeté ce coup d'œil sur ma nouvelle demeure et compris comment je pourrais l'adapter aux habitudes de la vie d'Occident, je descendis de cheval et je montai l'escalier de la maison des hommes pour installer ma femme, mes amis et moi dans les différentes pièces de mon nouveau toit. Nous avions envoyé de Marseille et de Smyrne des lits de fer pour remplacer les tapis et les divans qui servent de lits aux Ottomans. Sept ou huit chambres lambrissées de planches de sapin du Tmolus, et dont les plafonds étaient assez élégamment sculptés en dessins moresques, nous reçurent tous.

On déchargea les chameaux qui portaient les meubles, les malles, les provisions, les vins, les ustensiles de ménage, les matelas, les tapis, les rideaux, les livres; en quelques minutes, la salle principale ou le divan, ouvrant sur la cour par ses larges arcades, offrit le coup d'œil confus d'un vaste bazar. Chacun vint y prendre ce qui était nécessaire à son ameublement ou plutôt à son campement rustique. Une heure après notre arrivée, la maison d'Orient était transformée en une demeure mixte où deux civilisations se rencontraient et se combinaient tant bien que mal pour l'habitation d'hôtes européens dans un manoir d'une vallée d'Asie. Des chameaux dans la cour, des chevaux dans les jardins, des tentes dressées sous les fenêtres pour agrandir l'habitation à la proportion de la nombreuse suite de guides, d'escorte, de serviteurs que le pays comporte; des chefs de village accourant à cheval, revêtus de riches costumes et d'armes splendides, pour offrir leurs services et ceux de leurs principaux vassaux au nouveau possesseur de la contrée; des cavaliers du pacha fumant accroupis sous les arbres; des femmes turques voilées regardant, du haut de leurs terrasses d'argile ou par-dessus les haies de leurs jardins, la scène si neuve pour elles de cet emménagement; des femmes et des jeunes filles d'Europe accoudées sous les arcades du divan et assistant d'en haut à tout ce mouvement d'une caravane qui s'arrête, se distribue et se repose; dans les chambres, des armes et des caisses de livres, des lits et des divans, des tapis de Smyrne et des nattes de paysan, des selles turques et des brides de Paris, des narghilés de Damas et des glaces de Marseille.

Au fond de la salle, une balustrade en bois de cèdre entourant le haut divan, recouvert d'indiennes françaises, où le pacha donnait jadis ses audiences ; au milieu, une table se couvrant des nappes, des faïences, des porcelaines et des cristaux d'Europe, pour le repas des hôtes de la maison ; sur les escaliers, les costumes des écuyers du pacha, Arnautes de race, des chefs turcs du pays, des domestiques et des femmes françaises, des servantes grecques, des esclaves noires du village, se rencontrant et s'étonnant mutuellement de leur aspect et de leur langage divers : telle était en ce moment la physionomie étrange et pittoresque de cette maison inhabitée longtemps, pleine tout à coup de vie, de mouvement, de bruit et de contrastes. Les cigognes seules ne se troublaient pas sur les toits des murs environnants et sur les branches des arbres des jardins et de la cour ; on les voyait accourir, comme des flèches empennées, les ailes immobiles et teintes de rose par les rayons élevés du soleil qui se couchait dans des vapeurs d'or, vers les nids de leurs petits, leur distribuer par becquetées, tout en planant au-dessus de leurs têtes, le repas du jour ; puis se poser à côté d'eux, sur un seul pied, et faire claquer de joie leur long bec comme les castagnettes d'une sérénade du soir.

Après le souper, nous causâmes longtemps, dans le divan, des choses d'Asie et des choses d'Europe avec l'aimable famille qui m'avait précédé de quelques mois dans ma demeure. Nous respirions avec délices l'air frais des montagnes et les bouffées du vent de mer qui entraient à pleines arcades dans le divan, en agitant les rideaux autour des colonnettes, comme des voiles autour des mâts, et nous regardions les lignes bleuâtres de nos montagnes, du côté de Magnésie, se découper comme des vagues transparentes sur le fond d'un firmament aussi pur que l'eau de roche.

Le lendemain, au premier rayon du soleil, je m'éveillai au claquement du bec des cigognes sur le toit, semblable au bruit de deux morceaux de bois sec battus précipitamment l'un contre l'autre ; elles hâtent ou elles ralentissent le mouvement sonore selon la peur, la joie, l'amour, la passion pour leurs petits qui les anime. Ce sont les battements de leur cœur dans leur cou et dans leur bec. Encore mal éveillé, je ne comprenais d'abord rien à ce bruit, et je me demandais dans un demi-rêve où j'étais ; puis, ouvrant tout à fait les yeux aux rayons d'un pur soleil qui s'éclaboussait sur le plafond en arabesques de ma petite chambre, j'aperçus ces sculptures grossières d'un art étranger, les murs noirs crépis à la chaux vive, les rayons en planches mal rabotées d'une bibliothèque au-dessus de ma couche de fer, mon sabre, mes fusils, mes pistolets, mes portefeuilles, ma pendule marquant l'heure d'Europe sur une table de peuplier blanc sans peinture, deux chaises de paille, la selle de mon cheval sur le plancher, de l'encre et du papier sur une console, quelques portraits de famille, de ma mère, de mon père, qui ne me quittent pas dans mes pérégrinations, ces choses, en un mot, qui annoncent à l'homme qu'il a fait halte pour un temps ou pour toujours dans un foyer permanent de sa vie. Je ne pus m'empêcher de faire un retour sur moi-même et vers la Providence, qui me recevait ainsi, par la main d'un sultan et d'un peuple étranger, sous le ciel où je n'étais pas né, sur la terre que je n'avais pas héritée, sous le toit que je n'avais pas bâti, et de rendre grâces à Dieu, qui ballotte l'homme d'un rivage à l'autre comme la vague ou le vent ballotte la branche détachée de l'arbre avec sa semence ou son fruit, quelquefois pour les engloutir, quelquefois pour leur faire semer ce qu'ils ne savent pas eux-mêmes transporter ou rapporter avec le flux et le reflux de leur instabilité.

Et dans ce bien-être lentement savouré d'un réveil au soleil des champs, par une belle matinée d'été, quand on ne doit plus repartir, et que l'âme jouit d'une perspective de douce oisiveté, je recherchai dans ma mémoire toutes les prières que je savais dans toutes les langues pour nommer le maître des choses, le Dieu de tous les climats, et pour lui dire : « Me voici où vous m'avez appelé, où vous m'avez préparé une tente que je n'avais pas le droit d'habiter. Bénissez-la comme vous avez béni celle des étrangers qui portaient une arche ! Révélez-y à mon âme quelques-uns de vos mystères d'infini et de vérité ! Et si ce foyer, que vous me prêtez, doit être un jour ma tombe, couvrez-la de cette herbe étrangère ! Car la patrie n'est ni ici ni sur la terre pour l'esprit qui vous cherche ; elle est où vous êtes ; et où n'êtes-vous pas ? »

Nous passâmes la journée dans ces mille étonnements et dans ces mille soins d'hôtes qui arrangent leur foyer sous un toit inconnu et dans un pays étranger. Quand le soleil baissa, nous sortîmes pour visiter ce qu'on appelle le jardin en Orient et pour parcourir le village.

Le jardin, séparé de la maison par une longue cour close du bâtiment d'exploitation rustique, consiste en une vaste étendue de terre bien cultivée et bien arrosée d'eau courante, au milieu de l'immensité des steppes qui l'encadrent de tous côtés. Il est précédé d'une maisonnette habitée par la famille grecque du jardinier qui le tient à bail. Des mûriers à larges têtes aussi gros que des chênes dans nos climats, des saules pleureurs, des cyprès, ces minarets de verdure, de hauts peupliers, couvrent la maison de leur ombre. Sur une aire de terre battue devant la porte, les Albanais de Khalil-Pacha avaient dressé une de mes tentes que je leur avais prêtée. Les selles de leurs chevaux, leurs armes, jonchaient le sol. Un petit foyer de branches sèches fumait sur l'aire, à côté d'eux, pour chauffer leur café et pour allumer et rallumer sans cesse leur pipe au long tuyau de cerisier. Un petit banc de bois et un petit pont, une rigole artificielle, donnaient entrée au jardin.

Il n'y a point d'allées, comme en Europe, où le pas rêveur des hommes va et vient avec ses amis ou avec ses pensées, sans être obligé de penser à se frayer sa route. On voit que ces jardins, dans le désert, ne sont pas faits pour les plaisirs, mais pour la culture. Celui-là est un vaste champ divisé en compartiments inégaux et irréguliers où l'on cultive ici des melons, rampant avec leurs longs câbles verts sur le sol ; là des courges jaunes comme des lingots d'or, sur leurs larges feuilles ; plus loin des maïs qui s'élèvent comme des cierges allumés, avec leurs régimes resplendissants au soleil ; ailleurs du coton qui s'éparpille de sa gousse crevée au vent, comme le duvet des nids abandonnés par l'oiseau ; ici des plantes légumineuses de nos climats : betteraves, choux, carottes, tomates, laitues, oseille ; là du millet, des orges, du froment, des fourrages épais et gras, où les pieds s'embarrassent en marchant ; des sentiers très-étroits pour les pas du jardinier circulant à travers ces compartiments de végétations diverses ; ils sont encadrés aussi de petites rigoles où coule en abondance, au gré du cultivateur, l'eau d'une chute d'eau éloignée d'environ d'une lieue du jardin et qu'un long canal amène à travers les steppes pour le service des jardins du village et de la maison. De fortes haies, impénétrables aux chameaux, aux chevaux, aux buffles et aux vaches, défendent ces enclos contre l'invasion de ces animaux errants dans la plaine.

Nous nous égarâmes toute la soirée dans un sentier, nous nous assîmes à l'ombre d'immenses pampres de vignes, dont les câbles, gros comme des lianes de deux ou trois siècles, s'enlacent aux troncs de grands peupliers et, les suivant de branche en branche jusqu'à leurs sommets, en retombent en mille sarments pour s'enlacer à d'autres arbres, et forment ainsi sur quelques angles du jardin des voûtes en verdure flottante impénétrables au soleil. A l'ombre de ces arceaux élevés croissent en pleine terre des limoniers, des orangers, des figuiers, des grenadiers, dont Dieu semble avoir borné la croissance à la taille de l'homme, pour que leurs fruits et leur parfum fussent à portée de sa main et de ses sens. La nuit tombante nous ramena à la maison. La table était dressée dans la galerie ouverte que j'ai décrite précédemment. Elle était rustiquement couverte de tous ces fruits du pays ; les femmes turques du village y avaient ajouté du laitage et du beurre de buffle aussi sapide et aussi onctueux que les plus grasses crèmes des chalets du Jura et de la Suisse, du miel des ruches innombrables de la plaine. La glace des antres du Tmolus brisée en fragments, aussi étincelante que le diamant dans des corbeilles de jonc, apportée chaque jour des montagnes par les bergers, rafraîchissait les sorbets du pays et les vins de France. Nous ne nous attendions pas à ces délices du voyageur harassé de fatigue et ruisselant de sueur, rencontrés au milieu du désert et si faciles à se procurer tous les jours dans un pauvre hameau turc d'une vallée d'Asie.

Le vent de mer, qui avait soufflé depuis le milieu du jour et qui souffle ainsi tous les jours d'été en fortes rafales, rafraîchissait l'air de cette plaine intérieure, et élevée infiniment plus que les quais de Smyrne ou de Constantinople. Il soufflait encore en s'affaiblissant peu à peu. Il faisait ondoyer les rideaux de nattes ou d'étoffe de la galerie sans vitrage qui nous servait de salon. Il éteignait de temps en temps les longs cierges en cire jaune qui éclairent les veillées turques. Il retrempait de fraîcheur et de murmure, d'air, de feuillage et d'eau la vie assoupie des climats chauds. Il remplissait la maison des odeurs de sauge, de baume et de lavande qu'il cueille en passant sur les innombrables forêts d'agnus-castus de la plaine. La lune, qui se levait sur les cimes noires des montagnes, illuminait d'un jour doux l'immense bassin que nous avions sous les yeux. Nous comprenions comment cet air tiède du soir, ces fraicheurs nocturnes, ces fruits sous la main, croissant presque sans culture, ces pâturages immenses, où le troupeau travaille à produire la toison et le lait pendant que le maitre se repose ; ces parfums, ces langueurs de l'atmosphère, ces vapeurs du café ou du tabac enivrant doucement la paresse, énervaient les populations de l'Orient, et comment une vie à laquelle la nature offre tout d'elle-même, ne demande presque rien au travail.

Le lendemain matin les *ayam* ou maires, ou cheiks du village et des villages répandus dans la plaine, avec leurs principaux habitants, étaient dans la cour à notre réveil pour nous saluer comme des hôtes bien venus, et pour nous offrir leurs services ou leurs escortes. Ce sont des hommes très-policés, au costume simple mais martial, montant de jolis chevaux de race arabe un peu abâtardie par la promiscuité sauvage dans laquelle vivent ces animaux sur ces steppes ; armés de riches armes pour des paysans, ayant beaucoup de noblesse, de fierté douce, de franchise et de bonté sur les visages et dans les manières. On sent la vieille dignité de race en eux, la liberté mâle qui n'a jamais été humiliée par l'esclavage, l'antique domination, la simplicité rurale du pasteur, l'indépendance du cavalier, la hauteur de l'homme qui porte les armes, et cependant la subordination du chef accoutumé à reconnaître un maitre volontaire dans son sultan. Tout paysan turc est gentilhomme même sous ses haillons. Comme en Espagne, la noblesse pour ces peuples n'est pas dans la richesse, elle est dans le sang : ce sont les débris d'un grand peuple.

Nous leur fîmes servir le café et fumer des narghilés, et

nous nous entretînmes avec eux à l'aide de mes interprètes. Ils ne sont ni familiers, ni serviles, ni empressés, ni importuns, ni mendiants comme dans certaines contrées de l'Italie; ils ont en eux, comme les vieux peuples, cette règle instinctive des rapports des hommes entre eux, la convenance. Leur conversation est grave, philosophiquement naïve, naturellement religieuse, pleine d'axiomes et de proverbes, d'invocations à Dieu, comme celle des peuples primitifs qui vivent de traditions, et qui ont reçu de leurs pères des aphorismes pleins de sens, et résumant, à l'exemple des monnaies, beaucoup de valeur sous un petit volume. Elle est aussi pleine de poésie comme celle d'un peuple qui n'a rien d'interposé entre lui et la nature dans des climats où la nature a des traits plus prononcés et des images plus vives que chez nous. On sait que Job est l'Homère de ces imaginations, leurs expressions sont pleines de ses réminiscences; tous ces hommes savent lire et écrire, et récitent le Coran; l'instruction populaire est beaucoup plus générale en Turquie qu'en Europe. Tous les enfants sans exception vont aux écoles tenues par l'iman des villages. Les travaux matériels ne les abrutissent pas, comme dans nos pays industriels, par des travaux anticipés, en disproportion à leur force, avant de leur avoir donné le pain de l'âme et de l'intelligence. On leur ouvre d'abord à tous, par la faculté de lire, d'écrire et de prier, les portes de la pensée, pour y faire entrer par un seul livre la religion, la civilisation et la législation, qui ne sont qu'un dans le Coran. Le clergé turc n'a presque pas d'autres fonctions, et il s'en acquitte dans sa pauvreté avec un zèle, une assiduité et un désintéressement qui le font respecter du peuple dans les villages.

Nous montâmes à cheval, accompagnés de cinq ou six de ces *ayam*, et nous parcourûmes lentement les sentiers du village d'Achmet-Schol qui entoure la maison. Rien n'est plus rustique et plus pastoral : ce sont çà et là quelques chaumières basses construites en briques de terre séchées au soleil et recrépies de chaux vive ; les toits sont couverts en tuile creuse ; de petits jardins entourés de haies vives, très-hautes, pour cacher les femmes, bordent d'un côté ces maisons éparses ; quelques vaches, quelques chevaux et quelques chamelles paissent alentour ; les fidèles cigognes perchent sur le toit ; le maître de la maison, en turban blanc, en veste assez riche, les jambes nues dans ses pantoufles de cuir brodé, accroupi sur un tapis au seuil de sa porte, fume ou roule dans ses doigts les grains de son chapelet d'ambre ; son fusil est à côté de lui contre un mur ; quelques outils de jardinage, quelques jougs de bœufs, quelques roues de chars, quelques paniers d'osier à claire-voie pour transporter ses récoltes, sont épars sur l'aire de la maison. Par-dessus les haies, on entrevoit, si l'on est à cheval, ses femmes et ses enfants à l'ombre dans son jardin ; elles pilent son maïs, elles pétrissent ses galettes, elles entretiennent le feu de son petit foyer, elles préparent son repas, ou elles jouent avec leurs petits enfants. Autour d'elles, on voit presque partout une ou deux esclaves noires qui font les travaux les plus rudes du ménage, mais qui vivent avec les maîtresses de la maison dans une telle familiarité et dans une telle égalité, qu'il serait difficile de discerner lesquelles sont les esclaves ou les femmes. Le travail des champs est aussi presque exclusivement attribué à des esclaves mâles noirs d'Abyssinie, attachés à chaque famille ; mais l'esclavage, dans ces contrées d'Orient, est tellement adouci par la religion, par la cohabitation, par les mœurs, qu'il ne se différencie presque pas de la domesticité volontaire ; il y a même quelque chose de plus affectueux, de plus dévoué, de plus identifié à la famille chez qui l'esclave est en servitude, par l'impossibilité de changer de maître, par la continuité héréditaire de vie commune dans la même maison, et par les affranchissements faciles, qui changent l'esclave en enfant, en parent, en ami de la famille de ses maîtres.

La plupart des femmes que nous apercevions ainsi par-dessus les haies des jardins étaient assez proprement vêtues : des pantalons blancs, des ceintures en soie de couleur, des voiles pendants et ouverts de mousseline, des anneaux d'argent aux jambes au-dessus des chevilles du pied, des bijoux et des sequins d'or enfilés en colliers. Quelques-unes étaient belles et de noble pose. Elles ne se cachaient pas comme dans les villes. Nous vîmes dans deux ou trois jardins le maître qui prenait son repas du soir, assis à l'ombre sur son tapis, au milieu de ses femmes et de ses enfants, qui mangeaient avec lui tout en le servant. Ces villageois n'ont en général qu'une femme, quelques-uns deux, les plus riches seuls en ont davantage. L'habitude les fait vivre en bonne harmonie. La femme la plus âgée gouverne les plus jeunes à peu près comme les belles-mères gouvernent dans notre civilisation les belles-filles. Les enfants, qui n'ont pas de grand héritage à s'envier, sont élevés en commun par ces femmes et s'aiment en frères sous le même toit.

Une petite mosquée s'élève sur la place du village, à peine distinguée des chaumières voisines par un petit minaret. L'iman, pauvre vieillard assis à la porte de la mosquée, nous salua. Il était occupé à faire réciter le Coran à trois petits enfants à l'ombre du minaret. De l'autre côté de la place, et tout près de ma maison, il y a deux ou trois petites échoppes où l'on vend du café, du tabac, de l'orge, de la paille hachée et quelques épices aux villageois et aux caravanes ; c'est là tout le commerce du pays. Les principaux du village s'asseoient une partie du jour à l'ombre devant le seuil de ces boutiques champêtres et causent entre eux en fumant et en prenant le café, ce second pain des Orientaux. Le plus profond silence règne dans le village et au loin dans la plaine ; la voix de l'iman qui appelle cinq fois par jour la pensée du peuple à la prière, le hennissement lointain de quelque cheval, le mugissement d'un buffle, les battements d'aile de la cigogne, le bourdonnement des abeilles dans les jardins, sont les seuls bruits qui s'élèvent sous le soleil pendant l'ardeur du jour.

Ce village, le plus petit de tous ceux qui sont répandus dans la plaine, ne compte pas plus de vingt ou trente feux. Toutes les maisons appartiennent comme le sol au propriétaire de la concession ; les habitants ne sont que des hôtes, des colons de la terre ; on peut les congédier si on veut ; dans ce cas, ils laissent les murailles et ils emportent seulement les meubles et le toit de la maison, pour aller bâtir ailleurs. Mais on comprend que cette faculté extrême du maître de la terre ne s'exerce presque jamais. Il y a pour lui trop d'avantage à peupler sa terre d'habitants et de colons pour qu'il les expulse ; ils habitent héréditairement leur demeure ; ils cultivent ce qu'il leur convient de cultiver dans les vastes steppes qui les entourent, avec l'autorisation du possesseur ; ils lui donnent pour loyer un tiers de la récolte en nature, qu'ils déposent comme une dime dans des magasins que le propriétaire a pour cet usage dans chaque village. La religieuse probité, caractère universel de la race ottomane, fait que ces redevances, quoique modiques, ne sont jamais trompées. « Dieu compte après nous, disent les pasteurs et les moissonneurs turcs, en comptant leurs agneaux ou leurs gerbes au maître, le maître n'a pas besoin de compter avec nous. » Le seul témoin dont on ait besoin avec un Turc, c'est Allah. Il le voit toujours comme il est certain d'en être toujours vu. Ils ont leur tribunal dans leur conscience. Tous les Européens qui les pratiquent sont unanimes dans l'estime qu'ils professent pour leur probité, cette vertu des affaires.

Nous avions congédié le soir nos *ayam*, et nous leur avions annoncé pour les jours suivants notre visite à leurs différents villages. J'étais pressé d'étudier à fond le nouveau domaine que j'allais avoir à habiter et à féconder si les capitaux d'Europe pouvaient m'en donner les moyens. J'ordonnai tout, le soir, pour commencer le lendemain cette exploration ; les interprètes, les minmandhars, les escortes d'hommes, les chevaux, les chameaux, les tentes, les armes et les provisions de route furent commandés pour le lendemain au lever du jour.

A quatre heures du matin, nous sortions de ma cour en longue file de caravane de plaisir. Notre caravane se composait, avec moi, de M. de Chamborand, un de mes compagnons de voyage, homme des champs comme moi, né dans les champs, accoutumé à la vie rurale, agriculteur distingué lui-même, connaissant même plus théoriquement que moi les terres, les plantes, les troupeaux ; de M. Barrault, élève de l'école agricole de Grignon, transplanté depuis huit ans en Turquie pour y exercer sa science rurale, marié à une jeune Grecque du pays, sachant parfaitement le grec et le turc, ayant déjà exploité, dans la Turquie d'Europe, de vastes terres appartenant à de grands propriétaires ottomans, et que j'avais engagé pour diriger mes travaux aussitôt que ma fortune me permettrait d'en entreprendre sur ma concession ; de M. Fornetti, jeune homme né en France, élevé et marié à Constantinople, sachant les langues, les mœurs, les usages du pays, excellent et consciencieux interprète, aimable compagnon de route et d'entretiens, que je me proposais de m'attacher aussi comme drogman en chef, et que j'avais pris, en attendant, à Constantinople, pour m'éclairer la route et pour m'apprendre l'Orient ; de mon *minmandhar*, ou chef de mon escorte d'honneur, pour me faire reconnaître et respecter dans le pays ; de cinq ou six serviteurs turcs ou grecs d'Achmet-Sched ; de Usin, Albanais, cavalier du pacha de Smyrne ; de quelques guides et conducteurs de chameaux, et de chevaux portant le bagage et les tentes.

Nous étions tous à cheval, les uns sur les six chevaux de selle que j'avais reçus en présent ou achetés à Constantinople, les autres sur les petits chevaux sauvages, mais doux comme des animaux domestiques, qui peuplent les steppes, et que j'avais fait prendre la veille pour monter ma suite. Je montais un excellent cheval turcoman, à poil fauve, doré et métallique, que m'avait donné M. *** en quittant Thérapia, et dont l'encolure et la croupe resplendissaient au soleil levant comme du cuivre rouge sous la flamme d'une fournaise. C'était un animal infatigable, ardent, mais sage et réfléchi, ménageant bien son feu pour une longue étape. M. de Chamborand montait un autre de mes chevaux arabes, acheté par moi à Stamboul, à poil d'argent, à crinière noire, petit, mais leste et nerveux, dont la couleur contrastait avec le mien. Ces beaux animaux semblaient jouir de l'air du matin, de la pureté du ciel, de l'aspect des montagnes et des vastes steppes en fleur qui se déroulaient à perte de vue devant nous.

Nous avions laissé à Achmet-Sched ma femme, mon représentant à Smyrne et sa charmante famille, et M. de Champeaux, mon ami et mon secrétaire, qui m'avait accompagné par attachement dans cette longue course, malheureusement trop pénible pour sa santé. Ils devaient s'occuper, en notre absence, de petits arrangements domestiques, qu'une pareille transplantation de ses foyers rend aussi amusants que nécessaires. Nous devions leur envoyer un cavalier de notre escorte pour les instruire des progrès de notre marche autour de nos nouvelles possessions. Nous voulions faire le tour de la plaine et des montagnes composant le domaine. A vue d'œil, cette étude, faite au pas, avec soin, exigeait deux ou trois jours de marche.

Nous nous dirigeâmes d'abord vers le pied des hautes montagnes qui séparent la vallée de Burghaz-Owa des vallées de Magnésie. Nous voulions rejoindre le torrent à sec qui sert de limite à mon territoire au point où nous l'avions traversé en venant de Smyrne, et partir de cette extrême frontière de ma possession pour en faire le tour entier. Le chemin qui nous conduisait au torrent était un sentier à peine tracé sur l'herbe, à travers les bouquets innombrables d'arbustes dont la plaine est à moitié couverte. Ces sentiers ressemblent à ceux que les troupeaux en liberté se tracent eux-mêmes en vaguant à travers les prairies ; ils sont à peine interrompus de temps en temps par de petits ravins creusés dans la terre friable par les eaux d'hiver. A une certaine distance du village d'Achmet-Sched, toute empreinte de la main de l'homme cesse d'être visible sur la plaine inculte ; ce ne sont plus que des gazons et des touffes d'arbrisseaux ; les fleurs dont ils sont couverts donnent une certaine gaieté à la mélancolie même du désert ; la terre est légère, un peu limoneuse, meuble, comme disent les laboureurs, profonde de huit ou dix pieds, humide de rosées ou des suintements des montagnes, de couleur brune comme de la terre de bruyère enrichie des débris séculaires des végétaux, parfaitement nivelée par le niveau des eaux, qui l'ont sans doute recouverte dans les anciens temps. On sent partout que l'homme n'aurait qu'à s'arrêter, creuser un puits, amener une source, bâtir une maison, tracer un sillon, planter un arbre, pour avoir une demeure, un verger, une maison ; l'homme seul manque, la terre l'invite et l'attend.

Après trois quarts d'heure de marche au pas sur ces steppes, nous arrivâmes au lit du torrent à sec ; nous suivîmes ses bords remplis de pierres roulées, polies, blanches comme des ossements calcinés par le soleil, jusqu'à l'endroit où il sort des montagnes et se perd dans une gorge, entre deux collines. Nous tournâmes alors à droite, pour suivre les racines des montagnes au pied desquelles passe, sur mes terres, la route des caravanes de Baïnder et de Tyra, deux grandes villes de l'intérieur, et nous nous dirigeâmes par cette route bien frayée vers le caravansérai de Gourgour ou des Eaux bouillonnantes, signification de ce mot *gourgour*.

Ce caravansérai m'appartient ; il sert d'asile aux voyageurs et aux caravanes qui vont de l'intérieur de la Lydie à Smyrne ; un poste de sept ou huit soldats irréguliers l'habite avec l'hôte, poste de gendarmerie qui fait la police et maintient la sûreté des routes ; il y a quatre ou cinq postes de cette force publique oisive sur la surface de mes terres.

Voici ce que c'est qu'un caravansérai dans l'intérieur des terres de l'Asie Mineure : c'est une construction basse et massive en murs de pierres et en toit de tuiles qui ouvre, du côté du chemin, ses huit ou dix portes aux passants ; l'une de ces portes donne jour à une échoppe de maréchal ferrant pour raccommoder au besoin les fers des chevaux ou des mules ; l'autre à une boutique où le *bacal*, ou petit marchand du lieu, vend des galettes de froment ou de maïs, des melons, des figues, des dattes aux voyageurs ; les autres à des salles basses, garnies de divans en bois, où les passants prennent leur repos en dormant la nuit couchés dans leurs manteaux. Chacun, selon sa richesse, y déploie sa natte de paille ou son riche tapis et ses moelleux coussins portés par les chameaux ou par les ânes de son bagage; de vastes écuries occupent le reste des bâtiments, les animaux y trouvent l'orge et l'eau, et la litière à côté de leur conducteur. Ces caravansérais sont toujours construits aux environs d'une source, d'un puits ou d'un ruisseau ; leur site est toujours remarqué de loin par un ou deux grands arbres aussi vieux que la terre, platanes, sycomores, saules pleureurs, dont le feuillage est peuplé d'innombrables nids d'oiseaux ; leurs racines, qui sortent de terre, servent de divan pendant l'été aux voyageurs ; les pauvres y font du feu l'hiver, dont la fumée calcine et noircit le tronc de l'arbre sans l'empêcher de vivre. Non loin des ruisseaux, des puits ou de la source, on voit verdoyer un coin de terre cultivé et arrosé, qu'on appelle le jardin ; il y croît des melons d'eau, des concombres, des courges, dont on sert les tranches crues aux hôtes du caravansérai. Un hôtelier, avec deux ou trois esclaves noirs, dessert ces hôtels du désert. Quelques paras, petite monnaie turque de la valeur d'un ou deux centimes, y défrayent toute la dépense des pauvres ; quelques piastres, monnaie d'environ vingt-cinq centimes, toute celle des riches. Le caravansérai est toujours pourvu d'un petit foyer de charbon allumé sur un réchaud près de la principale porte, de pipes, de tabac, de café fumant dans des petites tasses grandes comme des coquilles d'œuf. Il faut toujours une habitude à l'humanité : en Europe, l'homme du peuple est un être attablé qui boit toujours sans soif ; en Orient, l'homme du peuple est un être accroupi qui fume sans cesse sans avoir besoin de parfum ; ces fils du soleil adorent le feu, il ne s'éteint jamais dans les caravansérais où dans les plus misérables chaumières des villages turcs.

Mon caravansérai, devant lequel je descendis de cheval comme si j'avais été un étranger dans ma propre hôtellerie, ressemblait en tout à ce que je viens de décrire. Seulement le long interrègne de propriétaire de la contrée lui donnait une apparence de vétusté et de ruine. On me désigna à l'hôtelier, qui l'afferme au prix de quatre ou cinq mille piastres, comme le maître du logis, aux soldats du poste comme le maître de la terre et l'ami du sultan. Ils me reçurent avec déférence et politesse. Je visitai les boutiques, les magasins, les cours, les écuries, les jardins, les voûtes, qui s'écroulaient sous la pluie et les vents des hivers ; j'ordonnai à M. Barrault, mon agent en second, les réparations nécessaires, dont le devis montait à cinq ou six mille piastres ; après quoi nous nous assîmes pour déjeuner sous les saules au bord d'une belle eau courante.

Cette eau courante jaillit de terre, au pied de la colline qui porte le caravansérai, à environ cinquante pas des bâtiments. Elle s'accroît de trente ou quarante autres sources jaillissant de même, de distance en distance, dans la prairie marécageuse, comme si le sol tout entier n'était qu'une mince surface de terre recouvrant un réservoir d'eau souterrain, et que le pied de l'homme ou des buffles fait sortir par sa seule pression. Toute cette partie du pied de la colline n'est qu'une immense éponge qui ruisselle de tous les écoulements de la chaîne du Tmolus : de là le nom de Gourgour, ou les Eaux bouillonnantes. Une grande partie de cette belle eau vive, filtrée par les couches de rocher calcaire des montagnes, se perd inutile et croupissante dans les steppes ; cependant les anciens en ont recueilli les principaux filaments en un large canal. Ce canal, construit en maçonnerie, élevé de huit ou dix mètres au-dessus du niveau du sol, s'avance comme un promontoire de cinq ou six cents pas de longueur dans la plaine pour y ménager une chute d'eau à un moulin. Nous suivîmes les bords écumants du canal qui coule toujours, même en été, à plein lit, et nous arrivâmes au moulin. La chute d'eau, qui tombe en partie sur la roue, en partie dans le vide, à l'extrémité du canal, est d'environ un mètre cube à son embouchure et d'une force de vingt-cinq ou trente chevaux. Le moulin, dans lequel j'entrai, ressemble à nos petits moulins de France alimentés par une écluse au fond d'une vallée. Un meunier turc et son esclave y faisaient moudre du maïs blanc pour les villages.

J'en goûtai la farine, que je trouvai aussi sucrée que la

canne à sucre. Le pauvre meunier, apprenant que j'étais le propriétaire futur de son eau et de sa roue, me demanda aussi des réparations de toute nécessité pour ce moulin, qu'il amodie six mille piastres par an. Je les lui promis, et je les ai fait exécuter depuis, ainsi que celles du caravansérai.

M. de Chamborand, M. Barrault et M. Fornetti, tous agriculteurs éclairés et passionnés pour leur art, gémirent longtemps en levant les mains au ciel de cette abondance merveilleuse d'eau saine et vive, et de cette belle chute qui fournirait la force motrice à une immense usine, et qui fait seulement tourner la roue d'un pauvre meunier. « C'est comme le vent du ciel, disait M. de Chamborand, qui suffirait à enfler les voiles d'un vaisseau à trois ponts, et qu'un enfant emploie à faire flotter sa petite barque de papier sur une cuvette. »

Mes compagnons calculèrent qu'en partant de l'extrémité de ce canal, et en y rassemblant encore les eaux éparses que nous avions vues auprès du caravansérai, on pourrait, sans autre dépense que quelques rigoles creusées dans le sol, tout nivelé de lui-même, changer trois ou quatre mille hectares de ces steppes et de ces marécages en prairies. Je me promis de le faire, si je pouvais me procurer le capital de cinquante ou soixante mille francs, qu'ils jugeaient approximativement suffisant pour cette opération. Mes forces, à moi tout seul, n'allaient pas jusque-là. L'opération est si simple et si facile, que le jardinier d'Achmet-Sched entretient lui-même une petite rigole partant du moulin, traversant la plaine, et lui roulant à deux lieues de distance toute l'eau dont il a besoin pour arroser le jardin du manoir.

Nous retournâmes par le même chemin au caravansérai ; chemin faisant, je choisis de l'œil, sur un promontoire de colline avancé au-dessus du caravansérai et des eaux courantes, un site élevé, aéré et sain, où je me promis de bâtir ma demeure principale. On y entend le murmure de l'eau ; on y reçoit le vent de mer ; on y domine de l'œil la plaine et tous ses villages ; on y plonge du regard dans les gorges d'Éphèse d'un côté, dans la vallée de Tyra de l'autre ; on y est adossé aux montagnes qui préservent des vents du nord ; on y a sous ses pieds la route de Smyrne, le mouvement pastoral des caravanes, la fumée et les haltes des caravansérais. Ce site me parut tout préparé par la nature pour une habitation champêtre régnant sur ce large bassin. J'étais déjà décidé à ne pas habiter Achmet-Scheïd, site trop bas et trop peu pittoresque, au cœur de la plaine. Enfant des montagnes, je ne sais respirer que l'air énergique des montagnes. Mon âme se rouille, comme l'acier, dans la moindre humidité des lieux bas ; d'ailleurs Gourgour est un beau nom. Cela n'est pas indifférent pour un voyageur qui fut poëte et qui voudrait le redevenir au soir de sa vie, si la Providence lui garde un soir, un asile et un loisir.

Après avoir laissé reposer nos chevaux sans les desseller ni les débrider, habitude des Asiatiques et des Arabes, pour endurcir ces animaux à la soif, à la faim, à la lassitude, nous remontâmes à cheval et nous descendîmes dans la plaine, un peu plus bas que le moulin.

Les eaux extravasées et perdues après leur chute ont formé là un marécage, peuplé de buffles, d'environ une lieue et demie de circonférence. Nous en suivîmes les bords jusqu'à un lac que nous voyions briller dans le lointain, au pied des montagnes, entre deux collines basses. Ce lac est formé par l'écoulement des eaux de Gourgour, après qu'elles sont sorties des marécages, et par les gouttières des montagnes sur notre gauche. Il paraît avoir une demi-lieue tout au plus de circonférence. En Europe, ce serait un étang ; en Orient, où les eaux sont rares, c'est un lac. Ses rives, du côté de la plaine où nous l'abordâmes, étaient couvertes de grandes ronces, dont la verdure presque noire contrastait avec le bleu limpide de ses flots. Des troupeaux de buffles sauvages y passaient le jour dans l'eau, à l'abri des piqûres des moustiques. Leurs têtes immobiles, semblables à des museaux d'hippopotames, reposaient sur le lac entre les roseaux. Ils nous regardaient passer sans faire aucun mouvement de surprise ou d'effroi ; le soir, ils reviennent d'eux-mêmes aux villages offrir leurs têtes au joug ou leurs mamelles aux mains des esclaves. On me dit que le lac faisait partie de mes domaines et qu'il était peuplé d'innombrables sangsues, dont la pêche, alors affermée à une compagnie de Smyrne, avait enrichi par son monopole les pêcheurs. Je me promis, lorsque ce monopole temporaire aurait achevé son exploitation, de demander au sultan la libre pêche dans mes eaux : elle m'a été accordée depuis.

Nous contournâmes le lac, qui fait ma limite du côté de Baïnder. Nous laissâmes à droite le lac, les marécages et la verte plaine ; nous gravîmes ces légères collines, et nous marchâmes pendant environ deux heures dans une belle vallée entrecoupée de villages, de champs et de magnifiques forêts d'oliviers. Cette large vallée s'étend entre les montagnes et les petites collines qui bornent en cet endroit ma plaine. Le voisinage de la ville industrieuse et commerçante de Baïnder, l'immense quantité d'oliviers séculaires dont elle est parsemée, la rendent plus peuplée et plus riche, bien qu'infiniment moins fertile, que le bassin de Burghaz-Owa. Nous fîmes souvent halte aux pieds d'oliviers aussi hauts que des hêtres et aussi branchus que des chênes. Nous arrivâmes au grand et riche village d'Osman-Bey, grand chef et grand propriétaire turc du pays, dont le château, qui touche presque à mes terres, est situé à quelques centaines de pas du village.

Je savais qu'Osman-Bey était un homme distingué de sa nation par sa naissance, sa fortune, son éducation et son caractère, véritable gentilhomme ottoman de la vieille race, passant sa vie à cheval à la tête de ses vassaux en temps de guerre, et cultivant ses terres dans son manoir en temps de paix, estimé, aimé de ses paysans et de ses voisins. Khalil-Pacha m'avait parlé de lui comme du seul voisin habitant ses domaines avec lequel je pouvais entretenir de bons rapports d'hospitalité et d'amitié. Il avait déjà envoyé lui-même ses cavaliers à Achmet-Sched pour s'informer de mon arrivée dans le pays, afin de me rendre visite. Je désirais le prévenir à titre d'étranger et de nouveau venu.

Mes guides nous consuisirent par un assez beau chemin, bordé de haies et ombragé d'énormes oliviers, à la porte de sa demeure. Depuis que j'avais quitté le mont Liban, où les cheiks maronites et druzes habitent encore dans leur village quelque demeure féodale, c'était la première fois que je voyais un château de seigneur turc dans la campagne. Celui d'Osman-Bey ressemblait au mien à Achmet-Sched, mais il était plus vaste, plus élégant d'entretien, plus conservé et plus entouré de clôtures et de champs bien cultivés. Il est composé d'une espèce de donjon large et élevé, flanqué de tourelles d'un côté, d'une galerie à balcon fermée de treillis de l'autre. Une muraille d'enceinte très-élevée intercepte la vue du harem et des jardins. On pénètre par un portail cintré profondément encaissé, comme une porte d'église byzantine. Les murailles sont crépies à blanc et peintes à fresque d'arabesques et de fruits de riches couleurs, où le rose et le bleu dominent. Les fenêtres des balcons ouvrant sur le chemin du village sont grillées en treillis à petits compartiments en losange de bois de cèdre.

Mon minmandhar frappa à la porte. Un profond silence

régnait dans la maison, dans les cours intérieures et dans les jardins. Il était midi, le soleil brûlant se réverbérait sur les murs et sur les sillons ; c'est l'heure où tout repose en Turquie comme en Italie et en Espagne. Nous fûmes obligés de frapper longtemps sans réponse.

A la fin un des treillis de bois de cèdre du balcon qui régnait au-dessus de la porte s'entr'ouvrit ; nous vîmes deux belles femmes et un joli enfant avancer leurs charmantes têtes étonnées entre les persiennes et regarder dans le chemin. Ces trois figures étaient à genoux sur des coussins qui garnissaient le divan attenant à la fenêtre. La surprise de voir ces costumes européens, ces chevaux nombreux, ces chameaux, ces armes, cette suite, les fixa un moment immobiles dans leur attitude de curiosité. Elles se retirèrent bientôt derrière le treillis ; nous entendîmes des pas et des voix dans la maison. La porte massive s'ouvrit devant nous. Nous nous mîmes à l'ombre sous la voûte du porche et nous vîmes une cour intérieure sur laquelle débouchait un long escalier de bois sculpté.

Les officiers d'Osman-Bey, informés de mon nom et de mon intention de rendre visite à leur maître, nous parlèrent avec une extrême politesse. Ils nous dirent que le bey était parti la veille pour la ville de Baïnder, où l'appelaient de temps en temps ses fonctions militaires, et qu'il ne reviendrait au *konak* (nom turc d'un château) que le lendemain. Ils nous offrirent d'entrer et de nous reposer dans ses divans. Nous refusâmes par respect pour la demeure des femmes en l'absence du mari. Nous acceptâmes seulement quelques rafraîchissements et quelques sorbets sous le portique. Après quelques minutes de frais et d'ombre, nous ressortîmes dans le chemin et nous reprîmes la route qui ramène du village d'Osman-Bey sur mes terres. Les femmes, les enfants et les esclaves, jeunes et vieilles, étaient accoudés sur les balcons pour nous voir passer.

Nous entendîmes leurs chuchotements et leurs rires à travers les grillages.

En une demi-heure, par un chemin uni, large et bordé d'arbustes, nous arrivâmes de nouveau à mes limites. Elles sont décrites de ce côté par le Caystre, fleuve au nom antique et sonore, au cours sinueux, lent, arcadien, aux flots qui servent de bain aux cygnes, comme du temps de Virgile, qui le décrit dans les *géorgiques* commes nous le revoyons aujourd'hui. Nous le passâmes sur un pont de bois étroit et sans parapet. Il creuse son lit dans un limon jaunâtre et fertile; il a environ cinquante pas de largeur. Il se divise près de là en deux bras qui serpentent, longtemps séparés, à travers la plaine de Burghaz-Owa, et qui se rejoignent à l'extrémité de mon territoire sous les gorges du village de Thouloùm. De là, il va se jeter dans la mer d'Éphèse. Il coule presque exclusivement sur mes terres. Sorti des gorges du mont Tmolus, il peut, en comptant toutes ses sinuosités, avoir à peu près vingt lieues de circuit à travers la plaine. Il n'est jamais à sec : nous étions aux jours caniculaires, la chaleur était extrême, la sécheresse longue, et il remplissait encore assez bien son lit. A la sortie du pont, nous nous trouvâmes sur mes terres; nous marchions depuis neuf heures.

Les terres sont ici également nivelées, mais plus fertiles et plus boisées que du côté d'Achmet-Schell. A en juger par la profondeur du Caystre, par des tranchées qui servent de clôture aux champs cultivés, et par les puits que nous mesurâmes, le sol végétal d'alluvion dont elles sont formées est de plusieurs coudées d'épaisseur; la végétation, même dans les steppes, où elle est abandonnée à elle-même, est puissante. Nous cueillîmes et nous emportâmes des tiges de *gramen* qui s'élevaient à la hauteur de la ceinture d'un homme à cheval. Les centaurées, les lavandes, les mauves et les sauges sauvages foulées sous les pieds de nos chevaux répandaient un parfum qui enivrait; les mûriers, disséminés çà et là dans quelques oasis autrefois cultivées de la campagne, ressemblaient à des noyers de la Limagne. Nous rencontrâmes à chaque instant des troupeaux errants de très-belles vaches, de très-jolis chevaux, paissant en liberté dans le désert. Ces vaches et ces chevaux, au nombre, dit-on, de plusieurs milliers sur toute la surface de la plaine, appartiennent au propriétaire du sol quand ils ne sont pas réclamés par quelques-uns des villageois comme leur propriété. Je choisis trois ou quatre des plus beaux et des plus jeunes chevaux de ces troupeaux vagues; je les fis marquer par mon agent, et je le chargeai de les faire prendre et élever pour mon usage à Achmet-Sched.

Nous rencontrâmes aussi plusieurs troupeaux de très-beaux moutons fort bien tenus, conduits par des bergers turcs; ces moutons étaient parqués pendant l'ardeur du jour sous des hangars rustiques et ambulants, formés de quelques piquets de bois plantés en terre, fourchus à l'extrémité supérieure, portant des traverses de branchages, et recouverts d'herbes desséchées. Ils appartenaient à des Grecs de Constantinople, anciennement fermiers d'une partie de ces pâturages, et de qui j'ai acheté depuis ces troupeaux. La plaine en hiver, les montagnes en été, peuvent nourrir trente à quarante mille moutons; chaque mouton rend trois ou quatre francs de revenu net par an, en y comprenant l'agneau; ce serait une fortune facile, immense, certaine et immédiate, si l'on avait la somme nécessaire à l'acquisition de vingt mille ou de trente mille moutons; le prix du mouton est d'environ huit à dix francs, ce serait pour trente mille moutons deux cent quarante mille francs qui rapporteraient cent vingt mille francs de revenu. Les Turcs, naturellement pasteurs, sont des bergers fidèles et attentifs; c'est un métier contemplatif et solitaire qui convient à ce peuple rêveur et immobile. Ce sera ma première opération rurale dès que je posséderai les fonds nécessaires à l'acquisition de quelques milliers de moutons de plus. Leur laine, quoique inférieure en finesse aux laines d'Espagne et de nos Pyrénées, est très-recherchée dans le pays pour les tapis de Caramanie et de Smyrne. Elle s'exporte aussi en abondance en France et en Angleterre, où elle est employée dans les manufactures de drap commun.

Après une heure et demie de marche dans ces grasses terres, sous des arbrisseaux ou sous des arbres qui devenaient de moment en moment plus touffus et plus nombreux, nous arrivâmes à une région toute défrichée et couverte de belles récoltes de maïs et de coton qui entoure le plus riche de mes villages, le village de Ieni-Chifflick (la ferme nouvelle). Nous n'y étions point attendus; nous descendîmes de cheval pour y faire reposer nos chevaux et pour y dîner, pendant la grande ardeur du jour, sous des arbres au milieu de la place du village. On déchargea nos chameaux, on étendit les tapis et les nattes au pied d'un sycomore, on étala devant nous le pain, le vin, le fromage, les melons, les figues dont nous avions fait provision pour nos haltes. Les habitants des maisons voisines sortirent de leur demeure et s'approchèrent avec bienveillance de nous, pour nous offrir l'hospitalité; nous ne voulions que l'hospitalité de leur source et de leur ombre; nous les remerciâmes et nous causâmes, tout en faisant notre frugal repas, avec eux. Les jeunes femmes, les esclaves noires et les petits enfants sortaient de leurs cours, de leurs jardins, de leurs seuils, pour contempler cette caravane, plus splendide et plus étrange que celles dont elles avaient l'habitude; elles s'approchaient pour regarder nos vêtements européens, nos belles armes, nos selles de velours cramoisi à galons d'or, nos coupes d'argent et de cristal; puis elles se sauvaient à notre moindre mouvement en riant et en repliant leur voile de mousseline entr'ouvert sur leur visage. Elles surent bientôt que j'étais le maître de la plaine attendu d'Europe et venant visiter sa possession ; elles me demandèrent plusieurs faveurs et, entre autres, la grâce d'un jeune homme du village, conduit en prison à Smyrne pour un léger délit et qui inspirait un vif intérêt à toutes ces familles : je la leur promis, et le pacha de Smyrne voulut bien me l'accorder à leur requête.

Bientôt l'*ayam* ou principal habitant du village, dont la maison, plus apparente, s'élevait à quelque distance, cachée par les grands arbres, fut informé de notre arrivée par les paysans ; il accourut avec son fils et un jeune esclave d'une figure très-intelligente : il nous conjura d'entrer chez lui et d'accepter son hospitalité ; nous refusâmes parce que nous préférions le toit de feuilles agité par le vent de mer au toit de tuiles calciné au soleil ; il envoya alors son fils et son esclave chercher dans sa maison et dans son jardin tout ce qu'il imagina nous être agréable, fruits, beurre, laitage, café, pipes, sorbets ; tout cela fut étalé par lui-même à nos pieds.

L'esclave alluma un petit feu de branches sèches sur la poussière de la place du village, il jeta les grains de café dans un vase de bronze antique d'un admirable dessin trouvé sans doute dans les fouilles de cette contrée, autrefois couverte de villes et de villas opulentes, il pila les grains avec un morceau de marbre dans un mortier qui avait peut-être contenu jadis les cendres d'un roi de Lydie et qui servait aujourd'hui à concasser le maïs d'un esclave ou le café d'un voyageur ; il jeta les grains encore huileux dans une cafetière de terre, pour que le parfum, qui s'exhale surtout de l'huile de la plante, ne s'évoporât pas comme il s'évapore dans les grains moulus en farine dans nos climats, et il nous le servit dans des petites tasses d'étain entourées d'un treillis de filigrane pour que le café fût brûlant aux lèvres et frais à la main.

Après ce repas nous nous lavâmes, à la manière antique, dans de l'eau parfumée versée par l'esclave sur nos mains des aiguières aux formes étrusques, et nous nous étendîmes sur nos manteaux pour dormir au murmure des feuilles et aux chuchotements des femmes et des enfants autour de nous.

« A combien de tables, disais-je à M. de Chamborand, n'ai-je pas mangé ainsi le pain mélangé de ma vie depuis que je respire ou plutôt depuis que je voyage dans ce monde si divers de ma destinée ! D'abord le pain de seigle avec les pauvres et les bons paysans de mon pays natal, où ma mère, avec beaucoup d'enfants et dans une médiocrité alors voisine de la gêne, nous accoutumait à la frugalité et à l'indigence, afin de nous endurcir aux simplicités et aux privations de la vie rustique ; puis le pain amer de la captivité et de l'esclavage dans les colléges, ces cachots de l'innocence, où l'on jette l'enfant tout chaud du cœur de sa mère, pour le tremper dans la glace de l'indifférence et de la discipline de ses maîtres soldés ; puis le pain de l'opulence et des cours, à la table des ministres, des souverains et des princes, pendant que je représentais mon pays dans les rangs obscurs de la diplomatie auprès des puissances étrangères ; puis le pain du peuple, âpre et noir de poudre, à l'hôtel de ville de Paris, pendant les longs jours et les nuits sans sommeil des grandes séditions d'où sortent les républiques ; puis le pain de l'injure et de l'iniquité dont on vous arrache les morceaux de la main en se raillant de vos angoisses à quitter le toit de vos pères ; puis le pain du travail assidu et des nuits disputées au sommeil ; puis le pain des voyageurs sous les tentes de l'Arabie ou dans les monastères du mont Liban ; puis le pain de l'hospitalité étrangère comme celui que nous mangeons aujourd'hui et qui sait les autres?... Eh bien, de toutes ces tables où j'ai rompu le pain du jour de l'homme, le plus doux, le plus savoureux, après celui qu'on rompt enfant sur les genoux de sa mère, avec ses sœurs et ses frères, a toujours été celui que j'ai rompu, comme à présent, dans la solitude des pays lointains, à côté de mon cheval, sur l'herbe ou sur la poussière, près de la source, à l'ombre de l'arbre ou de la tente, sans savoir où je romprais celui du soir!... L'homme est né voyageur, voilà pourquoi l'arbre a des racines et l'homme a des pieds! et plût à Dieu qu'il eût des ailes! Mais alors le petit globe où il erre comme nous serait trop petit! »

Nous nous endormîmes en causant ainsi. Après la sieste, Nous allâmes à pied, pendant qu'on rechargeait les chameaux et les ânes, visiter les belles cultures des champs qui entourent Ieni-Chiflick. Nous fûmes étonnés de la fécondité du sol, bien qu'il n'y eût dans cette région ni source vive, ni déviation du Caystre, ni rigole pour conduire, comme à Achmet-Sched, les eaux des montagnes éloignées. Nous admirions surtout les champs de coton en pleine maturité, dont M. de Chamborand et M. Barrault cueillaient des gousses pleines de duvet de diverses couleurs, pour les emporter comme échantillon en Europe; ces champs étaient clos de profonds fossés creusés à la bêche pour les préserver du parcours des troupeaux errants. Nous vîmes pour la première fois des charrues, des chars rustiques semblables aux chariots antiques des médailles grecques, dont la roue n'est qu'un disque immense de bois sans rayons, traversé par l'essieu; ils étaient attelés de beaux buffles noirs, et ramenaient au village les récoltes. Le niveau de la plaine, la solidité du gazon qui la recouvre, et les clairières nombreuses à travers les arbustes, permettraient partout dans ces terres d'employer les chariots et les buffles aux transports, au lieu de chameaux. Quelques charrues seulement métamorphoseraient la culture.

A quatre heures, nous repartîmes d'Ieni-Chifllick. Nous nous orientâmes sur des collines basses et à divers étages que nous apercevions à travers les arbres, un peu à droite devant nous. Ce sont les collines de Rammanlèr. Elles se détachent, à leur extrémité orientale, des flancs des montagnes d'Éphèse, et elles s'avancent comme un long promontoire dans la plaine comme pour la mesurer. Mais elles n'en bornent qu'à peu près la moitié. Elles s'arrêtent et elles déclinent tout à coup, à moitié de leur direction, devant le Caystre, qui coule un moment à leurs pieds, et elles laissent la plaine rétrécie seulement de Burghaz-Owa continuer en large vallée vers Tyra. C'est à l'extrémité de ce promontoire des collines transversales et sur ces monticules qui dominent le Caystre que s'élève le village de Rammanlèr, un des plus éloignés de mon territoire. Sa situation nous parut de loin très-heureuse. De jolies maisons blanches, qui réverbéraient comme des phares le soleil d'été, adossées à des coteaux en pente douce, dominaient à la fois la plaine où nous cheminions, le bassin de Smyrne et la vallée de Tyra. En une heure de marche nous nous trouvâmes au pied du village au bord du Caystre, qui lui sert de fossé naturel. Les femmes et les filles du village y lavaient le linge; scène qui depuis la Bible et Homère se retrouve partout sous les pas du voyageur comme une des plus naïves et des plus pittoresques de la vie rurale. Un fleuve encaissé sous l'ombre haute de ses rives, des arbres ou des arbustes sur ses bords, des gazons et des troupeaux auprès, un sable fin et reluisant au soleil, gardant dans sa surface humide l'empreinte du pied des laveuses; des femmes les jambes nues plongées jusqu'aux genoux dans un courant vif et limpide; des jeunes filles et des enfants étendant sur la grève ou sur les branches des saules le tissu blanc et coloré dont le soleil boit l'humidité ; les cris et les rires et les fuites de ces jeunes filles et de ces laveuses à l'apparition subite et inattendue d'une caravane ; les chevaux qui se précipitent trempés de sueur dans le courant jusqu'aux sangles et qui plongent leurs naseaux fumants jusqu'aux yeux dans le fleuve pour boire à pleines lèvres l'onde dont ils sont avides et pour aspirer par tous les poils la fraîcheur : voilà le spectacle que nous eûmes et que nous donnâmes en traversant le Caystre, et en montant ensuite les rampes douces qui conduisent à Rammanlèr.

L'*ayam*, principal habitant du village, homme aimé du pays, et qui était chargé de mes intérêts et de l'emmagasinement de mes parts de récoltes dans le village, venait de mourir. Tout le village le pleurait. Les principaux Turcs de Rammanlèr, dans leur costume de luxe et de guerre, nous attendaient, réunis au nombre de dix ou douze, sur la place. Ils avaient été avertis de notre approche par un cavalier de Ieni-Chiflick parti à notre insu pendant notre sommeil. Ils déploraient la mort de l'ayam, leur chef, et nous offraient l'hospitalité. Nous n'acceptâmes pas, et nous ne descendîmes pas de cheval. Accompagnés de ces notables du village, nous parcourûmes cependant les sentiers du hameau, et nous jetâmes un coup d'œil sur le pays. Nous demandâmes quelle était la destination d'un assez grand édifice au mur blanc et au long toit en tuiles neuves que nous apercevions sur un monticule à quelques pas des autres maisons. On nous dit que c'était mon magasin où les habitants venaient déposer la part qui me revient sur leurs récoltes, en attendant que je les puisse prendre pour mon usage ou pour les transporter à Achmet-Scheil. Ce bâtiment, vaste, bien situé, bien aéré, d'où l'on jouit d'un double et magnifique horizon, me parut un séjour agréable et sain, une tente solide et toute dressée, dont quelques compartiments et quelques cloisons en planches de cèdre feraient, au besoin, une habitation suffisante et plus salubre que le konuk ou château d'Achmet-Sched.

Nous nous arrêtâmes là quelques instants, à l'ombre du toit, pour jouir de la vue de la vallée de Tyra, qui s'ouvrait pour la première fois devant nous. J'appris des habitants qui nous entouraient que mes domaines, dépassant Rammanlèr, s'étendaient encore au loin dans la vallée de Tyra. Sur l'autre penchant de la vallée, large d'environ deux lieues, s'apercevaient, dans la chaude vapeur du soir, par-dessus les cimes des bois d'oliviers, des toits de tuiles rouges et des murailles blanches étagés sur les pieds du Tmolus. Je demandai le nom de cette ville, on me répondit que c'était Baïnder, ville turque et grecque de quelques milliers d'âmes, capitale du petit commerce de ces plaines et de ces vallées, et dont je pourrai tirer mes artisans et mes ouvriers agricoles, quand j'établirai dans mes terres la culture du mûrier et de fabrique de la soie, industries principales de Baïnder et de Tyra. Je remis à une autre époque ma visite à Baïnder. Je demandai à quelle distance j'étais en ce moment de Tyra, ville plus grande, plus renommée, et qui m'intéressait davantage par les rapports que je comptais établir plus tard avec elle. On me dit que quand je serais à la limite de mon territoire, dans la vallée que j'avais sous les yeux, je n'aurais plus qu'une heure de marche pour aller à Tyra.

Cette proximité me tenta ; nous marchions depuis douze heures et le soleil était encore haut dans le ciel et brûlant, mais la curiosité donne des forces, comme toutes les passions. Nous ne sentîmes plus la fatigue ni la chaleur à ces mots, qui nous donnaient l'espoir de voir, avant la nuit, une des villes les plus célèbres et les moins connues de l'intérieur de l'Asie Mineure. Après avoir délibéré un moment avec nos guides, notre minmandhar et nos cavaliers d'escorte, nous résolûmes d'aller coucher à Tyra.

Tout en faisant la route, nous continuâmes aussi l'exploration de la partie de ma possession qui se prolonge pendant environ une demi-heure dans la vallée, entre Rammanlèr, Baïnder et Tyra. Il n'y avait donc pas de temps perdu, et notre intérêt d'agriculteur se trouvait d'accord avec notre curiosité de voyageur.

Nous redescendîmes des hauteurs de Rammanlèr dans la vallée de Tyra, et nous en suivîmes les bords en contournant le pied des collines, que nous laissions à droite. Ces trois rangs de collines, avec leurs gorges profondes et leurs sommets qui s'élèvent en s'éloignant, m'appartiennent aussi. Les guides me montraient mes limites tracées sur le troisième sommet que nous dépassions par un bouquet de grands chênes qu'on aperçoit de tous les côtés à l'horizon et qu'on appelle les *Quarante arbres*. A gauche, ils me montrèrent de la main, à l'extrémité de la vallée, prise dans sa largeur, une ligne plus verte qui traçait de ce côté le lit du Caystre, et ils me dirent : « C'est là. » Cette partie de mes terres me parut la plus riche en sol, en soleil, en végétation, en voisinage des villages et des villes, en ressources pour le travail par la proximité de ces centres de population ; elle était aussi la plus agréable à l'œil et la plus pittoresque. Je me promis, si la fortune me servait, d'en faire ma première et ma principale exploitation rurale, de bâtir sur les collines de Rammanlèr une maison rustique en bois sur le cap dont on aperçoit à la fois les deux plaines comme deux jardins sous des terrasses, et de couvrir de maisons et de vignes les flancs des nombreux coteaux à gauche de Rammanlèr. Trente ou quarante familles de vignerons de mes terres du Mâconnais, transportées sur ces coteaux, en feraient en trois ans un des plus admirables vignobles du monde. Les vignes de Tyra, que j'apercevais dans le fond de la même vallée, qui fournissent le marché de Smyrne et les navires de l'Europe des meilleurs raisins secs de l'Orient, et le vin délicieux de ces vignes, qui se sert le lendemain à la table des négociants grecs du pays, me prouvèrent assez que ces collines n'attendaient que le cep.

Une demi-heure après avoir quitté Rammanlèr, mes guides me firent franchir un fossé dans la vallée et me dirent : « Ce fossé est votre frontière ; vous quittez votre sol et vous entrez dans le territoire de Tyra. » Rien ne divise en effet mon territoire de celui de la riche vallée de Tyra que ce fossé creusé dans le limon de la même plaine. Nous continuâmes à suivre cette vallée à travers les arbustes et les pâturages sur un sentier qui emprunte quelquefois le pied des collines pour s'élever légèrement au-dessus du sol bas de la plaine.

Nous trouvâmes à quelques minutes de marche de ma limite deux belles fermes entourées de champs couverts des plus riches cultures, telles qu'on les rencontrerait dans la Lombardie ou dans la Limagne. Nous ne nous lassions pas d'admirer les tiges du maïs, du coton, des autres plantes dont les terres, bien closes et bien irriguées, étaient ondoyantes. On nous dit que ces deux fermes appartenaient à deux frères d'origine italienne qui étaient venus de Smyrne s'établir et défricher ce domaine d'un Grec de Tyra. Leur succès sur un sol contigu au mien, sous le même ciel, buvant la même eau, paissant les mêmes collines, vendangeant les mêmes coteaux, m'annonçait assez le mien. Nous jouîmes avec enthousiasme, mes compagnons agriculteurs et moi, de ce spectacle de l'opulence et de la générosité de cette terre, en retour des moindres travaux de l'homme.

Le soleil baissait sans être descendu encore derrière les collines à notre droite. Nous fîmes halte, pour rafraîchir nos chevaux, auprès d'une belle fontaine turque, sous sept grands platanes qui servent de tente aux caravanes et de parc aux bergers pour rassembler et abreuver leur troupeau. Je m'assis à l'ombre d'un de ces arbres et j'appelai le chef de mon escorte.

« Nous allons coucher à Tyra, lui dis-je, nous ne connaissons personne, nous n'avons aucune lettre de recommandation pour les autorités ou pour un habitant de cette grande ville. Nous y arriverons à la nuit tombante avec une suite nombreuse et harassée d'hommes et de chevaux. Y a-t-il à Tyra un caravansérai où nous puissions trouver asile pour nous et pour nos chevaux et un bazar où nous puissions nous procurer du pain et de l'orge ? »

Le minmandhar me dit qu'il n'était jamais allé à Tyra, mais qu'il pensait qu'il y avait un kan et un bazar où nous trouverions place et vivres pour la caravane. « Eh bien, lui dis-je, faites partir avant nous d'ici un de nos cavaliers qui nous annoncera au caravansérai, qui nous fera garder place pour nous et notre suite dans les cours et à la fontaine, et qui nous achètera quelque nourriture au bazar. Pendant que nous reposons sous ces arbres, il aura le temps de nous devancer un peu et de nous préparer la nuit. »

Le minmandhar répéta mon ordre à un de ses cavaliers des mieux montés, qui partit au pas rapide de son cheval du désert, pendant que nous goûtions l'ombre des platanes de la fontaine, en causant avec des chevriers turcs qui pressaient leurs colonnes de chèvres blanches se succédant autour de l'abreuvoir. Quand nos chevaux eurent bien respiré, nous repartimes.

Le chemin de Tyra se détache un moment de la vallée après cette belle fontaine et gravit deux ou trois petits monticules qui s'avancent dans la plaine et qui interceptent à la vue le fond du tableau. Nous les franchîmes lentement au pas ralenti et fatigué de nos chevaux. Après les avoir franchis nous nous trouvâmes dans une gorge rétrécie serpentant entre des mamelons arides. Un de ces deux mamelons nous fermait le chemin, nous le franchîmes encore : un cri de ravissement échappa à mes compagnons de route et à moi.

Nous avions à nos pieds une vallée de l'Helvétie sous le ciel de Naples. A notre droite, des prairies en pente surmontées de bouquets de sapins, de hêtres, de cyprès, arrosées de rigoles écumantes, closes de haies vives, de saules, de persées et de peupliers, tachetées de blonds et blancs troupeaux paissant çà et là sur leurs hautes herbes. A notre gauche, une vallée de vignes basses comme en Bourgogne, entremêlées d'amandiers, de pêchers, et entrecoupées de maisonnettes de cultivateurs. Au fond de ce défilé, une montagne, sombre rameau du mont Taurus, s'élevait comme un rempart colossal de verdure et d'ombre dans les profondeurs d'un ciel transparent ; sur tous les flancs et dans les anfractuosités de cette chaîne de montagnes, de légers minarets s'élevaient minces et effilés du sein des groupes de cyprès comme pour rivaliser de légèreté avec eux ; des villages blanchissants sous les feuilles, ou des maisons éparses, isolées, étagées sur les terrasses naturelles de ces pentes, attiraient l'œil par les réverbérations du soleil couchant sur leurs arcades ou sur leurs murs.

Au pied de la montagne, à mi-côte, une ville blanche comme si elle eût été bâtie de marbre, assise degrés par degrés sur les gradins inférieurs d'un cirque, se présentant au milieu aux rayons du soir avec ses mosquées, ses bazars, ses caravansérais, ses cafés, se noyant à ses deux extrémités dans les ombres ou dans les feuilles de ses vergers, de ses jardins et de ses forêts, et s'élevant dans le fond, de rampe en rampe, sur les flancs de la montagne, comme une ruche qui escalade de branche en branche le chêne sombre auquel elle s'est attachée. C'était le *ramazan*, semaine sainte des musulmans.

Trente-deux minarets jaillissaient comme des jets d'eau pétrifiés çà et là au-dessus des toits de la ville avec leurs colonnes rondes ou cannelées, leurs galeries aériennes, leurs escaliers extérieurs en spirales tournant autour de leurs tiges, leurs petites coupoles d'or ou d'étain. Selon les rites de ces jours sacrés, les minarets, illuminés avant la fin du jour, avaient allumé leurs milliers de lampes depuis la base jusqu'au sommet. La lueur déjà visible de ces colonnes de feux roses contrastant avec la blancheur des mosquées, avec le bleu du ciel, avec la sombre teinte des cyprès, et confondue avec les dernières clartés du crépuscule, donnait à la vallée, à la ville, à la noire montagne, au firmament, la forme, la couleur, le vague, le lointain, l'idéal, la merveille d'une apparition. Nous restâmes un moment immobiles à contempler cette Alpe d'Asie portant une cité musulmane sur ses croupes et s'illuminant elle-même de millions d'étoiles pour éblouir et enchanter les yeux d'un étranger.

Au pied des mamelons nous perdîmes de vue, non les noirs sommets de la montagne, mais la ville cachée par quelques croupes avancées des collines, et nous chevauchâmes remplis d'étonnement et d'extase dans le défilé bordé de prairies et de pampres.

Nous ne regrettions pas les fatigues de quatorze heures de route pour avoir eu seulement l'apparition de ce site, de cette Suisse orientale, de cette cité fabuleuse dans les regards. Nous nous avancions lentement comme des hommes que personne n'attend.

Tout à coup, au moment où le défilé s'ouvre et circule entre les saules pleureurs et les cyprès pour déboucher sur la vallée élargie au pied de la ville, nous aperçûmes, à cent pas devant nous, un groupe de douze ou quinze cavaliers montés sur des chevaux arabes et turcomans magnifiques, vêtus et armés richement, portant chacun un bouquet de fleurs dans la main droite, et suivis de cavaliers et d'esclaves faisant cortége à leurs maitres; d'autres cavaliers galopaient en tirant des coups de pistolet; à une certaine distance dans la plaine, entre la ville et nous, autour d'immenses platanes et un peu à droite, un détachement d'infanterie en bataille occupait une petite hauteur au bord du chemin. Des groupes d'hommes, de femmes, d'enfants, en costumes turcs et en costumes grecs, étaient arrêtés comme pour contempler un spectacle entre les portes de la ville et le platane.

A cette vue, j'arrêtai d'étonnement mon cheval, qui marchait le premier dans le chemin; mes compagnons et mon escorte en firent autant. Nous nous regardions, nous nous interrogions sans aucun soupçon d'avoir le moindre rôle à jouer dans cette scène; mais le groupe des premiers cavaliers turcs et grecs que nous avions devant nous, voyant que nous arrêtions nos chevaux et que nous paraissions indécis, se remit en mouvement et s'avança en caracolant au-devant de moi. Ils me saluèrent avec des sourires sincères de bienveillance et d'accueil, et ils me présentèrent tour à tour les fleurs qu'ils tenaient à la main; mon interprète, que j'avais appelé entre eux et moi, me traduisit leurs paroles et leur traduisit les miennes.

« Nous sommes, me dirent-ils, le gouverneur, le commandant militaire, le receveur des impôts, les magistrats de la ville et les principaux propriétaires et négociants grecs, nos frères, de Tyra. Nous venons d'apprendre par le cavalier que vous avez envoyé pour retenir votre place au bazar que vous veniez visiter notre ville, voisine des possessions que le sultan notre maitre vous a concédées; nous nous sommes hâtés de faire seller nos chevaux, de nous réunir, et de venir au-devant de vos pas. Nous vous prions de nous excuser si nous ne vous recevons pas avec toute la convenance et tous les honneurs que Tyra doit à ses hôtes, nous n'avons eu qu'un instant pour nous préparer à notre devoir d'hospitalité. Nous ne souffrirons pas que vous empruntiez un logement et un repas au caravasérai, maison des étrangers ; vous n'êtes pas un étranger parmi nous : vous êtes le voisin, l'ami et le frère de tous les habitants, toutes nos demeures sont à votre disposition, votre logement et votre souper sont déjà préparés chez celui d'entre nous dont vous voudrez bien accepter le toit et la table. Voici des chevaux frais pour vous et pour vos amis, nous allons vous guider et vous suivre dans la ville, où la population se presse aux portes et aux fenêtres pour voir l'hôte du sultan. »

A ce discours littéralement traduit par mon interprète, je répondis quelques mots de reconnaissance et d'étonnement sur un accueil si amical, si imprévu, et je me félicitai de recevoir le pain et le sel de la ville de Tyra. Je m'excusai de paraître ainsi à l'improviste devant ses généraux, ses chefs, ses magistrats et ses habitants, dans le costume du voyageur et tout couvert de la sueur et de la poussière du chemin. Je ceignis mon sabre de Damas, magnifique présent des Maronites, qui pendait à l'arçon de ma selle, je secouai la poudre de mon manteau, je le revêtis en signe de respect, malgré la chaleur étouffante qui faisait ruisseler nos fronts. Je n'acceptai pas les chevaux offerts, parce que le mien, aussi beau et plus remarquable de robe que leurs chevaux, avait repris ardeur aux coups de feu qui retentissaient vers la ville pendant ce dialogue, et représentait noblement sa race dans cette entrée triomphale. Le gouverneur, le général, l'intendant, les Turcs et les Grecs se placèrent à droite et à gauche de mon cheval, et nous nous avançâmes ainsi lentement et en nous complimentant vers les portes de la ville, en passant devant le front des troupes, au bruit des décharges de l'infanterie et des acclamations du peuple.

Après avoir franchi les portes, nous nous trouvâmes dans une rue large et propre qui s'élevait en pente très-douce vers le centre de la ville. Elle était bordée de maisons élégantes à un ou deux étages, de jardins et de cafés d'un aspect très-riche. L'avant-cour d'un de ces cafés étalait de belles colonnes cannelées de marbre blanc entrelacées de plantes grimpantes, de beaux kiosques dont les portiques étaient parfumés de fleurs, des bassins et des jets d'eau qui jaillissaient comme des fumées de source au milieu de la fumée des narghilés et des pipes. Des groupes nombreux de jeunes gens aux riches costumes, aux physionomies intelligentes, animées, curieuses, se pressaient sur le seuil de ces cours, de ces jardins et de ces kiosques pour nous voir passer.

Nous étions dans la partie opulente de la ville grecque, qui s'étend au pied de la montagne. La ville turque, comme partout, domine de haut la ville inférieure et subordonnée.

La rue, à mesure que nous avancions, se remplissait de foule au bruit des pas des chevaux de ce nombreux cortége. On se montrait de la main les étrangers, et j'entendais mon nom, mal articulé par des lèvres asiatiques, circuler dans les groupes.

Après avoir traversé ainsi la basse ville, nous nous trouvâmes à l'embouchure de petites rues étroites et d'une pente très-rapide qui escaladaient les déclivités de la montagne. Elles étaient pavées de blocs de marbre luisants et irréguliers polis par les fers des mules et des ânes. Un petit ruisseau d'eau rapide et bouillonnante lavait le milieu de toutes ces rues. Nos guides nous firent entrer dans la principale, puis circuler dans un dédale de ruelles transversales, puis reprendre des rues ascendantes, puis ils nous arrêtèrent devant une maison vaste et sombre à l'extérieur, qui faisait l'angle de deux quartiers, et à laquelle donnait accès une porte surbaissée semblable au seuil des tourelles gothiques de nos masures féodales.

C'était la maison de notre hôte, banquier ou *séraf* du gouvernement, un des cavaliers qui étaient venus au-devant de nous. C'était le chef opulent et considéré d'une des principales familles grecques de ces provinces.

Il était descendu de cheval avant nous, et il nous attendait sur le seuil de sa cour, entouré de ses neveux et de ses serviteurs, pour nous complimenter de nouveau et pour nous introduire avec grâce dans sa maison. Des domestiques et des guides prirent nos chevaux, conduisirent nos interprètes, notre suite et notre escorte dans d'autres maisons de la ville que le gouverneur leur avait assignées. Nous entrâmes seuls, M. de Chamborand et moi, dans la maison du séraf.

Tout y présentait au dehors, comme partout en Asie, l'apparence de la plus grande simplicité et presque de la pauvreté. Une petite cour, plantée d'un seul arbre, entourée de hangars, de bûchers, de bâtiments destinés aux usages domestiques, conduisait à un escalier de bois extérieur, dont les degrés, en planches de cèdre, montaient en tournant au premier étage. Mais aussitôt qu'on débouchait de cet escalier dans la maison, l'aspect de simplicité et de nudité extérieures changeait tout à coup, et l'on retrouvait la richesse, l'élégance, le luxe, l'exquise propreté, les lambris peints, les plafonds coloriés, les niches dans les murailles encadrant les vases de porcelaine, les divans recouverts de soieries de Lyon, les planchers veloutés de tapis de Caramanie et de Perse, les fenêtres garnies de tentures en étoffes des Indes, des fleurs étagées dans des caisses peintes, et des cassolettes de parfums embaumant l'air que le vent de la montagne soufflait par les galeries ouvertes dans l'appartement. Nous pouvions, à l'aspect des meubles fabriqués à Londres ou à Marseille, nous croire dans des salons d'Europe, qu'un caprice du maitre aurait orientalisés.

Le maitre de la maison nous présenta dans le premier portique, en haut de l'escalier, à sa sœur, femme d'un certain âge qui tenait sa maison, et à quelques-uns de ses parents. Il n'était pas marié ; sa sœur, ses neveux et de belles et nombreuses nièces, que nous entrevimes plus tard, formaient sa famille.

Après les premiers compliments en langue grecque et franque aidée et interprétée par les physionomies et par les gestes, il nous conduisit dans un petit salon d'une extrême recherche d'ameublement, nous fit apporter des aiguières pour nous laver les mains et le visage, des sorbets, des pipes et tout ce qui était nécessaire à des voyageurs harassés de fatigue. Puis il se retira pendant une demi-heure avec réserve pour nous laisser reprendre haleine et nous rafraichir.

A peine avions-nous secoué la poussière de nos habits et essuyé la sueur de nos fronts, que le gouverneur, le général, le commandant des troupes et les principaux fonctionnaires ottomans qui nous avaient accueillis dans la vallée et escortés jusqu'à notre seuil, vinrent nous rendre visite et se mettre à notre disposition pour tout ce qui pourrait nous rendre agréable notre séjour à Tyra. Ces visites, courtes, cérémonieuses, cordiales et discrètes, qui se succédèrent, ne durèrent chacune qu'un moment, le temps d'aspirer quelques vapeurs de pipes, de tremper ses lèvres dans une tasse de café, et d'échanger quelques phrases polies et nobles à l'aide de mon principal drogman. Il venait de me rejoindre chez le séraf après avoir surveillé l'installation dans la ville de mes says et de mes chevaux.

Quand ces visiteurs se furent retirés, nous nous amusâmes, en attendant le souper qu'on nous préparait, à regarder par les fenêtres du salon presque à jour les rues et les maisons voisines. Le bruit de l'arrivée d'étrangers européens dans la maison du séraf avait ému de curiosité tout le quartier grec dont cette maison est entourée. Tous les volets rouges des demeures rapprochées s'ouvraient, tous les petits balcons de bois sculpté des tourelles et des kiosques, toutes les terrasses se remplissaient de femmes, de jeunes filles et d'enfants aux figures asiatiques, aux cheveux entrelacés de fleurs, aux costumes orientaux et pittoresques. Chaque fenêtre était un cadre d'intérieur domestique, où les plus charmants visages, les plus soyeuses chevelures blondes, les regards les plus étonnés et les plus rêveurs, les plus gracieuses attitudes de vierges accoudées, les groupes les plus inattendus de têtes de tous les âges, formaient de délicieux tableaux. Nous plongions du haut de notre belvédère jusque dans l'intérieur des appartements entr'ouverts de ces jeunes Grecques, et nous surprenions les secrets de cette vie renfermée, oisive, nonchalante, qui se passe entre le sommeil, le travail des doigts, la toilette, les parfums, les rêveries, les fleurs et les regards furtifs jetés dans la rue. Quelques-unes de ces figures méritaient un pinceau, presque toutes un regard. La beauté grecque s'adoucit, s'amollit, se tempère et se féminise immensément sur les bords du continent asiatique, encore plus sur les flancs de ces Alpes intérieures du Taurus. A l'élégance des statures, à la pureté azurée des yeux, aux ondes dorées des cheveux, aux couleurs neigeuses des teints, on aurait pu se croire dans une vallée de Soleure ou d'Interlaken. Mais c'étaient des filles de l'Helvétie un peu pâlies, un peu alanguies par le soleil.

On vint nous chercher pour le souper. Le couvert, mis seulement pour deux convives, M. de Chamborand et moi, était dressé au fond du grand portique sur une balustrade élevée de quelques marches au-dessus du niveau de l'appartement. La table était ventilée par deux fenêtres ouvertes par lesquelles entrait à pleine haleine le vent des eaux ruisselantes et des grands bois qui arrosent et qui ombragent Tyra. Deux lampes, entourées d'un globe de cristal pour en protéger la flamme vacillante contre ces souffles de la montagne, éclairaient la salle. Elle était couverte de fleurs, de paniers remplis de glace concassée, de vases de cristal aux flancs peints et aux formes étrusques, de figues de diverses couleurs et d'un *pilaf*, montagne fumante de riz crevé au feu, arrosé du beurre savoureux des chalets alpestres, légèrement parfumé de safran et semé de particules de gibier ou de volaille qui s'incrustent au four dans la substance même du riz, mets national de tout l'Orient, que nous n'avions jamais mangé à ce degré de délicatesse, de sapidité et de cuisson qui en font un des aliments les plus simples, mais en même temps les plus exquis de l'Asie. Un pareil pilaf est un repas tout entier. On nous le servit, arrosé de jus de grenade, avec des spatules de vermeil, sur des plateaux de porcelaine de Chine. Nous ne nous sentions pas trop chez des barbares.

Une immense jarre de cristal aux flancs écrasés, à l'étroit goulot, contenait le vin de ces vignobles de Tyra que nous avions traversés dans la soirée. Ce vin, aussi coloré, aussi viril, aussi cordial que nos meilleurs vins du Rhône, de Côte-Rôtie, était infiniment plus balsamique et plus asiatique de caractère, s'il est permis d'appliquer ce mot à du vin. Il était amolli par le climat comme la race humaine qu'il abreuve ; il désaltérait, il embaumait, il tonifiait, il n'enivrait pas ; mêlé à l'eau des sources fraîches et écumeuses du mont Taurus et aux glaces du Tmolus, c'était un breuvage dont nous ne pouvions nous rassasier. Des mets nombreux et exquis, dont nous ignorons les noms et la composition, mais où se trouvaient les pâtisseries chaudes de toute nature dans lesquelles les Turcs excellent, prolongèrent très-longtemps ce repas entremêlé de conversations avec notre hôte.

Il se tenait debout derrière moi, accoudé à la balustrade qui entourait la partie élevée de la salle sur laquelle la table était dressée, toujours prêt à donner à ses serviteurs les ordres nécessaires pour l'ornement ou l'agrément du souper. Mes vives instances ne purent jamais le déterminer à s'asseoir à sa propre table avec nous. Les fruits exquis du pays et de la saison, les vins de Chypre, de Chiras, de Chio, et le tabac parfumé de Latakieh, embaumèrent le dernier service. Puis les serviteurs nous apportèrent l'eau de rose dans de magnifiques aiguières, la firent couler sur nos mains essuyées par de longues bandes de mousseline bordées et brodées de fleurs d'or.

Telle est la barbarie de ces hospitalités orientales dans le fond d'une sombre vallée de l'Asie où jamais un voyageur européen n'a importé la moindre altération dans les usages. Nos mépris ne sont presque jamais que nos ignorances.

Après le souper, nous passâmes, pour respirer plus complétement la fraîcheur des montagnes, sur une galerie extérieure en bois qui forme belvédère, à un angle de la salle haute ; la ville en étages montait assez rapidement jusqu'à nous ; la partie supérieure s'élevait en autres étages plus rapides au-dessus, et allait se perdre dans les sombres golfes des bois qui la dominaient. La nuit était tombée, mais le bleu lapis du ciel et les innombrables étoiles dont le firmament était semé la faisaient resplendir comme une mer calme et profonde dont les phosphorescences semblent faire sortir au moindre ébranlement la lumière mal noyée dont elle écume encore après un jour de feu. Mais sous le ciel étincelant, un autre ciel inférieur semblait réverbérer le firmament et répéter dans une atmosphère plus sombre les mille feux étoilés que nos regards avaient d'abord cherchés en haut !

C'étaient les trente-deux minarets de la ville distribués confusément sur la vaste étendue de quartiers et de faubourgs qui s'étendaient devant nous, et dont nous avions aperçu déjà en arrivant les premières illuminations luttant avec le jour mourant sur le fond noir des platanes et des cyprès de la montagne. Couronnés maintenant de guirlandes allumées, cannelés de lumières flottantes, ornés de spirales de feux de la base au sommet, ils brillaient de lueurs de diverses teintes dans le silence et dans l'immobilité de la nuit. Tout le flanc de la montagne jusqu'à l'embouchure de la vallée en était doucement éclairé ; leurs réverbérations sereines sur les arbres, sur les eaux, sur les toits et sur les angles blancs des édifices de la ville remplissaient l'air d'une sorte d'aurore boréale, et semblaient illuminer le vent même rapide et sonore qui les agitait en passant. Nous ne pûmes retenir un long cri d'admiration : ces trente-deux colonnes de lumière, dont le nombre se multipliait par leur distance les unes des autres, par leur étagement sur la pente de la ville, par leur groupement irrégulier, par l'épaisseur et par l'élévation diverses de leurs fûts, selon l'importance des mosquées auxquelles elles étaient attachées par leur base, paraissaient innombrables. L'éblouissement doux qui sortait de leurs lampes suspendues et scintillantes faisait illusion aux yeux. Nous ne pouvions comparer à rien ce merveilleux spectacle, si ce n'est peut-être à cette merveille qu'on appelle en Orient l'illumination des tulipes. Nous en avions été une fois témoins dans un des jardins turcs du Bosphore. Elle consiste à déposer une petite lampe, étincelle continue de feu pâle, dans le sein entr'ouvert de chaque tulipe d'un vaste parterre, et à se promener dans la nuit sombre aux lueurs colorées qui transpercent à vos pieds, de chacune de vos fleurs, comme si un nid de lucioles était éclos le soir dans chaque corolle du jardin. Plaisir rêveur et fantastique que les sultans amoureux de Perse aiment à donner aux odalisques !

Mais ici c'étaient des tulipes de marbre colossales, élancées jusqu'au ciel, qui s'allumaient sur l'immense étendue d'une vallée d'Asie, non pour le vain jeu d'un maître voluptueux et pour le plaisir d'une odalisque, mais par la main pieuse d'une religion et pour la gloire du Dieu un et miséricordieux, adoré ainsi dans la même nuit et à la même heure par trois cents millions d'hommes !

Nous nous assîmes sur la terrasse. Aux clartés mourantes et renaissantes de ce crépuscule mystérieux, mes pensées, d'abord étonnées et extravasées en cris et en paroles, se voilèrent de silence et de réflexion.

Oui, dans cette même nuit de ramazan et à cette même heure, un pan immense de ce globe flottant que les hommes appellent la terre, et que Dieu appelle de nous ne savons quel nom de pitié, de compassion ou d'amour que lui seul connaît, s'éclairait aux yeux des esprits inférieurs de l'espace comme le flanc gauche ou droit d'un navire dont le pilote vient d'ordonner d'allumer les feux. Sur toute cette vaste zone du globe qui s'étend en largeur depuis le Danube, en circonscrivant une partie de l'Europe et les deux rives de la mer Noire, jusqu'aux extrémités inconnues de l'Éthiopie et de l'Abyssinie en Afrique, et depuis les profondeurs de ce vaste continent africain jusqu'aux vastes plaines de l'Inde et aux pieds du Tibet, cette lueur allumée au sommet des millions de minarets semblables, comme une réverbération lointaine de l'unité et de l'immatérialité de Dieu, éclatait et se répandait sur un quart de la face du globe ! Véritable illumination d'une planète pour l'invisible regard de son créateur !

. . . .

Absorbé dans ces pensées qui effacent le temps, j'oubliais l'heure, accoudé en face des minarets illuminés de

Tyra. Mon hôte me la rappela. Précédé de son serviteur, qui portait un grand cierge de cire jaune, il nous conduisit à nos appartements et nous souhaita une nuit de paix.

Ma chambre, qui était celle que sa sœur occupait habituellement, me frappa par son ameublement. Je m'attendais à n'y trouver, comme partout en Orient, que des murs nus creusés de quelques niches où l'on dépose les petits objets de toilette, les papiers, les écritoires, les harnais, les armes, les narghilés, une estrade entourée d'un balustre et quelques matelas roulés dans des tapis qu'on tend pour le sommeil sur le plancher. Je fus étonné de me trouver dans une chambre tout européenne, remplie de sofas de soie, de fauteuils, de tables et de tablettes, d'une grande psyché à glace, d'un lit à colonnes d'acajou, entouré de rideaux de mousseline, et amolli de matelas de soie et de coussins de plume, annonçant, dans la matrone grecque, les habitudes, les élégances et les délicatesses de Londres ou de Paris. Le lit résume toute une civilisation dans tous les pays qu'on parcourt. Scène des trois plus grands actes de la vie humaine, la naissance, l'amour et la mort, c'est la partie la plus intime, la plus pathétique et la plus sainte du foyer. Autel de la famille dans l'humanité, il devrait être sacré comme elle. La table et le feu lui-même ne viennent qu'après.

Accablé de lassitude et de sommeil, je me jetai à demi vêtu sur ce lit, et j'éteignis, après quelques minutes de lecture, le grand cierge qui éclairait cette chambre. Je voulais dormir vite et condenser en peu d'heures un long repos pour me préparer à de nouvelles fatigues.

Mais à peine avais-je fermé les yeux que de légers chuchotements, qui semblaient sortir de dessous mon lit, me les firent rouvrir. En les rouvrant, je vis la chambre illuminée de bas en haut par l'infiltration de lueurs vives qui jaillissaient du plancher au plafond. Je m'accoudai sur le bord du matelas pour me rendre compte de ce phénomène. Je vis alors ce que la clarté de mes cierges allumés m'avait empêché de voir en me couchant : c'est que les planches de cèdre qui formaient le plancher de l'appartement étaient disjointes et séparées les unes des autres par des intervalles de deux ou trois doigts de largeur, et qu'au lieu d'être sur un parquet, j'étais sur les barreaux espacés d'une cage. Le bruit et la clarté de l'appartement inférieur passaient librement à travers cette cloison, espacée ainsi, sans doute, pour laisser jouer l'air dans ces climats brûlants.

L'appartement inférieur, dans lequel mes regards pénétraient aussi librement, était une vaste salle ou cuisine basse qu'éclairait un brillant foyer allumé. Une grande table éclairée aussi par plusieurs lampes régnait dans toute la longueur de cette salle. Elle était couverte de fruits, de légumes du pays, de gibier et de volaille de la saison, de petits monticules de riz ou de fleur de farine. Tout autour de cette table, sous la direction de la sœur de notre hôte, allaient, venaient, s'agitaient, se groupaient sept jeunes Grecques, les unes nièces, les autres servantes de la famille, ravissantes figures de seize à dix-neuf ans, que nous avions entrevues à travers une porte demi-ouverte au moment où nous montions l'escalier. Dépouillées maintenant à moitié de leurs habits de luxe, les manches relevées jusqu'au coude, les épaules nues, les pieds sans pantoufles, leurs belles têtes seules encore tressées et ornées de l'or, des bijoux et des fleurs qui ne tombent pas même la nuit de ces têtes de filles grecques, elles formaient à leur insu une des plus gracieuses scènes d'intérieur qu'un regard furtif puisse dérober involontairement aux mœurs du foyer.

Les unes se penchaient pour jeter au feu des pommes de pin résineux qui le faisaient éclater et resplendir sur leurs visages comme une étoile de feu d'artifice. Les autres préparaient les petites lanières découpées de chair d'agneau pour en nourrir, au four allumé, le pilaf, que j'avais trop loué la veille pour qu'on ne le répétât pas le lendemain. D'autres épluchaient des pistaches qui assaisonnent, comme la noisette chez nous, le mets national. D'autres triaient, un à un, les grains de riz, et en faisaient de petits monceaux blancs comme des perles. D'autres étendaient, avec des rouleaux de bois, les pâtisseries molles, qui prenaient ensuite, sous leurs doigts englués de farine humide, les formes que le four allait dorer. La tante, accoudée à un bout de la table, donnait ses ordres et ses instructions à toutes, et les lueurs vives des lampes, du foyer, du four, se réverbérant sur ces mains occupées, sur ces visages souriants et attentifs, me rappelaient, sans effort d'imagination, une de ces scènes domestiques de l'*Odyssée* qu'Homère, le père de cette race et le maître de la vie rurale, peint avec mille teintes plus simples, plus vraies et plus touchantes que le sang de ses éternelles batailles. Ces occupations d'un ménage grec employant la nuit à préparer le repas du matin d'un hôte étaient diversifiées et égayées par mille sourires et mille chuchotements étouffés, qui prouvaient que l'hospitalité était aussi un jeu pour la jeunesse de ce charmant gynécée. Je m'endormis aux clartés flottantes de ce foyer et au murmure rieur et contenu de ces jeunes filles.

Il était grand jour quand je m'éveillai.

Nous nous hâtâmes de demander nos chevaux au chef de notre escorte, et nous allâmes, avec un certain appareil qui fait partie de la politesse en Asie, rendre visite au gouverneur de la ville et aux principaux fonctionnaires civils et militaires qui nous avaient si bien accueillis. Nous rentrâmes ensuite chez le séraf, et laissant là nos chevaux, nos manteaux et nos armes de cérémonie, nous ressortimes à pied, suivis seulement d'un parent de notre hôte et d'un interprète, pour visiter les hauteurs et les environs de la ville turque, dont nous voulions avoir l'aspect complet dans le souvenir.

La ville, dans la partie supérieure à celle où nous étions logés, s'élève en pente infiniment plus rapide. Les rues y sont des espèces de ravines bordées de maisons et pavées de dalles frustes dans lesquelles les eaux, ruisselant perpétuellement des montagnes comme d'une éponge, se creusent des lits polis par leur écume. Au sommet de la principale de ces rues, une chute d'eau naturelle, jaillissant d'une caverne dans le roc vif, assez noblement encaissée de blocs de maçonnerie cyclopéenne qui la décorent et la contiennent, tombe avec une masse, des bonds, des mugissements et des rejaillissements qui en feraient partout une fontaine digne d'abreuver une grande ville. L'aspect de cette source qu'on voit de loin, la largeur de la rue qui y monte, les cimes des forêts qu'on aperçoit derrière, la solitude grave et triste du quartier qui s'étage à droite et à gauche, quand on gravit ces degrés du roc, rappellent beaucoup ces rues romaines bordées de couvents et de masures d'où l'on aperçoit les têtes des pins de la villa Pamphili et qui montent vers l'*Aqua Paolina*.

Près de cette fontaine, désirant avoir d'un seul coup d'œil un aspect sommaire et culminant de la ville et des campagnes de Tyra, on nous fit entrer chez un des principaux habitants turcs dont la maison pyramidait sur tout le paysage. Il nous reçut avec cette grâce noble qui caractérise les musulmans de distinction. Il fit retirer ses femmes et ses enfants et les berceaux de ses enfants qui étaient avec lui sur la galerie extérieure de sa maison. Il nous fit asseoir sur son divan ombragé de rameaux de platanes. Il nous fit apporter le café et les pipes, et nous jouîmes un moment, du haut de cette plate-forme, de l'horizon entier de la ville, des montagnes et des deux vallées.

Le soleil éblouissant du matin se répercutait sur les maisons et sur les mosquées blanches comme sur autant de blocs de marbre dans les carrières de Paros ou de Carrare. La sombre verdure des forêts qui l'environnent sur ses deux flancs et au sommet rendait cette blancheur plus éclatante et plus limpide. On eût dit un de ces vastes champs de morts qui font poudroyer aux yeux leurs blanches colonnettes surmontées d'un turban, du milieu des bois de cyprès, sur les collines de Scutari, de Péra et de Constantinople. Les légères fumées qui s'élevaient des toits, en se fondant vite dans l'azur cru de l'atmosphère, les colombes qui roucoulaient sur les tuiles comme dans toutes les maisons turques, les formes bizarres et alpestres des maisons de bois presque entièrement ouvertes au soleil, leurs plates-formes, leurs jardins, leurs cours, leurs galeries sur lesquelles plongeaient en liberté nos regards, les groupes et les scènes intérieures de la vie domestique qu'on voyait se dessiner et s'agiter d'en haut dans chaque maison, les figuiers dans les jardins, le cheval et le mouton favori jouant avec les enfants dans la cour, la cigogne sur le toit, les femmes demi-voilées trainant, avec un bruit de grelots, leurs sandales jaunes sur les dalles, le maitre accroupi sur son tapis, livrant au vent de la montagne les ondoyantes bouffées de son chibouk, les treillis peints des fenêtres, les sculptures arabes des balustrades, les murmures et les fumées de l'eau courante qui tombait en petites cascades de terrasses en terrasses, pour alimenter les bassins et les réservoirs de chaque demeure : tout rappelait le caractère des chalets et des fermes de la Suisse dans cette ville d'Asie. Ces Turcs étaient des Suisses en turban.

Au pied de la ville, à gauche, on voyait s'étendre, sous la chaude vapeur du lointain, la vallée que nous avions suivie la veille pour nous rendre à Tyra. A droite, en face de la ville, cette vallée se resserre un moment entre les monticules de vignes dont nous avions bu le vin la veille ; puis elle se rouvre, s'élargit, se prolonge en bassin d'environ sept ou huit lieues de tour qui se termine à de hautes montagnes. On m'en dit le nom, je l'ai oublié. Elles séparent le pays de Tyra d'une autre grande ville intérieure, commerçante, dont le nom, écrit au crayon, s'est effacé aussi de mon livre de notes.

Après avoir un moment contemplé ce panorama, nous primes congé de notre hôte et nous nous égarâmes, comme au hasard, de mamelons en mamelons, de ravins en ravins, de pente en pente, sur les hauteurs boisées et arrosées qui dominent et entourent de tous côtés la ville arcadienne. Chacun de ces ravins, ombragés d'arbres et d'arbustes qui se penchaient d'un bord à l'autre pour mêler leurs rameaux et pour doubler la nuit sous leurs feuilles, servait de lit à une de ces mille gouttières des montagnes qui pleuvent perpétuellement sur Tyra. Les mamelons qui séparaient ces ravins étaient tapissés de gazons en fleur où paissaient les moutons et les chèvres. Des arbres immenses, platanes, chênes verts, cyprès, cèdres, sapins, mélèzes, ombragent ces pâturages en pente, à peu près comme sur ces terrasses verdoyantes et écumantes à la fois que l'on contemple et que l'on envie du fond de sa barque, en voguant sur le lac de Genève, entre Thonon, Saint-Ginguo et Évian, au penchant de la côte de Savoie. Que de sites délicieux d'été pour un solitaire qui voudrait avoir cependant la vue et le murmure des hommes, tout en se noyant dans la fraîcheur des eaux et des bois ! Je pensais avec une secrète joie que ces sites délicieux et sains n'étaient qu'à deux petites heures de distance du point de mes possessions qui m'avait paru le plus habitable, Rammanlèr, et que je pourrais facilement planter ma tente d'été sur un des sites de ces saines montagnes, et venir plusieurs fois par semaine surveiller mes vignobles, mes pâturages et mes troupeaux, entre

Rammanlèr et Tyra. Là, ni excès de chaleur, ni aridité, ni nudité du sol, ni même isolement des ressources de la vie matérielle : les Alpes au-dessus de votre tête et une grande ville avec ses bazars à vos pieds.

Un homme d'esprit et de haute philosophie, poëte dans sa jeunesse, puis favori d'un sultan, puis marin, guerrier, ministre du sérail, Khalil-Pacha, aujourd'hui gouverneur de Smyrne, que j'avais connu à la brillante époque de sa vie, et qui m'avait traité en ancien ami, avait pensé comme moi. En parcourant son gouvernement, il avait été frappé et fasciné de la beauté des sites qui entourent Tyra. Il avait pensé sans doute à se préparer, soit pour l'exil, soit pour la vieillesse, une de ces solitudes où les musulmans descendus du pouvoir aiment à se recueillir, au sein d'une splendide nature, dans la philosophie, dans la résignation, dans la poésie, dans la prière. Il s'était bâti un kiosque, maisonnette d'été, tente permanente, au flanc d'un de ces plus pittoresques mamelons boisés, à deux cents pas de la ville. Quatorze cours d'eau, chutes d'eau, cascatelles, sources dormantes, bassins, sources murmurantes semblaient s'être donné rendez-vous sur cet étroit plateau de gazon. Des platanes gigantesques, un verger, l'ombrageaient.

Je cherchai de l'œil un site à peu près pareil entre les ravins et les verts monticules voisins; j'en trouvai mille. Je chargeai le séraf de m'en acheter un pour y construire un jour une habitation d'été semblable à celle de Khalil. Le séraf voulut bien me le promettre. L'ombre, l'eau, la fraicheur, le silence, le soleil, le gazon, ne sont pas chers aux bords de ces forêts de sapins, sur le flanc d'un rameau du Taurus. Deux ou trois mille francs furent le prix conjecturé du chalet rustique, du toit de repos que je me préparais pour l'heure où je voudrais habiter ma concession. A mon retour à Smyrne, Khalil-Pacha m'offrit gracieusement le sien en toute hospitalité pour autant d'années qu'il me conviendrait de l'habiter. J'acceptai avec reconnaissance, en attendant que le mien fût acheté et construit. Quelques troncs d'arbres et quelques planches de sapin suffisent à ces constructions légères.

Nous rentrâmes en ville, et mes guides me firent passer par la rue du Bazar. Ce bazar est une rue plus large, plus populeuse et plus ombragée de tentes que les autres, qui descend en serpentant, en pente douce, depuis le sommet jusqu'au pied de la ville. Il nous étonna, non par le luxe des étoffes, des bijoux, des armes, des tapis, des harnais qu'on y vendait, mais par la luxuriante profusion de comestibles de toute espèce qui y étaient étalés et amoncelés depuis les devantures des magasins jusqu'au milieu du pavé, où l'eau courante du ruisseau les lavait de sa blanche écume ; paniers de grains dorés de toutes les natures de céréales : froment, orge, maïs rouge, maïs blanc, maïs noir, pois, lentilles, pistache, millet, doura ; innombrable variété de graines vernissées par le soleil, semblables à des graines d'oiseau dont j'ignore l'usage et le nom, mais que j'avais déjà admirées aussi dans les bazars de Damas ; racines, cannes à sucre, concombres, raisins, melons, figues, limons, oranges, cafés, épices, miel plus blanc que celui de l'Hymette ; c'était pendant un quart de lieue de long, à droite et à gauche et au milieu de la rue, une corne d'abondance renversée aux pieds du passant.

. . . .

Après avoir ainsi visité la ville et les admirables bocages dont elle est entourée, nous remontâmes à cheval au milieu du jour et nous reprîmes la route de Smyrne escortés jusqu'à quelque distance par le même cortége d'hospitalité qui était venu la veille nous accueillir. J'avais heureusement apporté de Paris un certain nombre de présents en armes et en bijoux que je fis accepter à mes hôtes pour leur famille en souvenir de moi ; coutume charmante de l'Orient qui laisse dans la maison une trace moins fugitive et moins sordide qu'un vif salaire des pas de l'étranger. J'eus beaucoup de peine à faire accepter par les mains de mon drogman ces souvenirs d'Europe, tant l'accueil qui nous avait été offert était noble et désintéressé ! C'étaient des cachets et des anneaux ornés de pierres dures sur lesquelles étaient gravés des passages du Coran et des poëtes arabes.

Après avoir remercié et salué nos hôtes, nous nous retournâmes pour jeter un dernier regard sur les sombres forêts et sur les eaux écumantes de la montagne de Tyra, dont nous allions perdre le murmure et la fraîcheur en rentrant dans ma vallée et nous reprîmes au petit pas de nos chevaux le sentier de Rammanlèr.

Nous nous entretînmes, mes compagnons de route et moi, des impressions ineffaçables de plaisir et d'admiration que nous avions éprouvées la veille et que nous emportions toutes fraîches encore de ce paysage helvétique rencontré si fortuitement au cœur de l'Asie.

— Ces impressions ne sont-elles pas entièrement imaginaires ? me disait M. de Chamborand, homme de sens un peu sceptique en matière de poésie et de belle nature, et qui se montrait depuis le commencement de notre voyage rebelle autant qu'il le pouvait à l'admiration par engouement pour les lieux et les choses de l'Orient. Les lieux ne sont-ils pas au fond à peu près tous semblables, et les plus réellement beaux ne sont-ils pas les plus habitables à l'homme et les plus favorables à la culture, à l'irrigation, à la production des choses nécessaires à de nombreuses et riches tribus de l'humanité ?

— Si cela était vrai, lui répondais-je, une grande plaine de la Beauce ou de la Brie, avec ses lourdes fermes posées comme des moellons au milieu de ses innombrables sillons, sa surface plane, où aucun monticule ne force le sentier à un contour pour aller droit à son but, son horizon bas, qu'aucune montagne stérile ou neigeuse n'encadre, et les myriades de vagues d'épis que le vent fait ondoyer partout aux yeux du voyageur comme un grenier d'abondance où Dieu convie les hommes, les animaux, les oiseaux du ciel, serait le plus beau pays du monde. Or, vous convenez, quelque fervent économiste que vous soyez, qu'il n'y a guère sur le globe, si on en excepte les déserts d'Afrique ou les plaines neigeuses et boueuses de la Pologne, de contrées plus fades au cœur, plus mortes aux yeux, plus répugnantes à la mémoire qu'une plaine de Beauce ou de Brie. Ce n'est donc pas l'utilité qui fait la beauté d'un paysage.

— C'est vrai, me disait-il, mais qu'est-ce donc, selon vous ?

— Je n'en sais rien, lui répondais-je ; il en est de cela comme du reste, tout est mystère. L'homme est né pour sentir, mille fois plus que pour définir. Il n'y a presque pas une de nos sensations, de nos peines ou de nos souhaits qui ne soit un secret pour nous. Cependant cherchons ensemble, si vous le voulez, puisque nous avons, en chevauchant, tant de pas, tant de minutes et tant de paroles à perdre, si nous pouvons découvrir les vraies causes de la beauté relative d'un paysage. Vous ne niez pas, n'est-ce pas, que la ville, la montagne et la vallée de Tyra n'aient produit sur vous une de ces puissantes et délicieuses sensations qui font date dans la mémoire, et que l'on déplie de temps en temps, lorsqu'on veut réjouir son regard intérieur, comme on ouvre une de ces pages d'album où un peintre vous a saisi une vallée de Suisse ou de Thessalie ?

— Non, dit-il, je ne le nie pas, la nature, avec laquelle je ne conteste jamais, parce que je suis un esprit de bonne foi, est plus forte en moi que mon système ; je conviens de mon émotion ; elle est si profonde qu'elle restera en moi un souvenir.

— Eh bien, après avoir senti, raisonnons, lui dis-je, et voyons si nos sens ont tort ou raison d'emporter de ce site une si délicieuse et si durable impression.

— Voyons, dit-il en rapprochant son cheval du mien, nous avons le temps, le soleil brûle, la cigale chante, la sueur écume sur le poitrail de nos chevaux, l'ardeur du jour et la longueur de la route nous condamnent à aller au petit pas.

— Eh bien ! repris-je, qu'est-ce que l'homme ? C'est un être doué de plusieurs sens intérieurs correspondant, si vous le voulez, à ces différents sens extérieurs par lesquels il est en rapport avec le monde matériel.

— Cela me parait juste, répondit-il, bien que vous me sembliez prendre la chose de bien haut pour un entretien équestre sur des brins d'herbe, des gouttes d'eau et des feuilles d'arbre.

— C'est vrai, répliquai-je en souriant, mais nous allons descendre tout de suite, ne vous impatientez pas. C'est le procédé involontaire de mon esprit ; je suis comme l'aigle que vous voyez là-haut dans le ciel ; quand je veux prendre un passereau ou un insecte, je vais prendre mon point de départ dans un rayon de soleil. Pour voir justement la plus petite chose, il faut voir d'abord de très-haut et se rapprocher après.

— Faites donc comme vous l'entendrez, me dit-il, j'ai du temps à perdre et des pensées à feuilleter.

— Parmi ces sens intérieurs de l'homme, repris-je, il y en a un principal, un qui compose presque la moitié intellectuelle de son être.

— Comment l'appelle-t-on ? me dit-il.

— L'imagination, dis-je. L'imagination est une des grandes facultés morales dont l'homme est doué. C'est celle qui lui peint intérieurement ou immédiatement ce qu'il voit avec ses yeux, ou dans le passé ce qu'il a vu avec sa mémoire, ou dans l'avenir ce qu'il voit avec sa prévision et l'espérance.

— Eh bien, où voulez-vous en venir, me dit mon compagnon, et qu'y a-t-il de commun entre la beauté ou la laideur d'un coin de terre et l'imagination, faculté métaphysique de l'homme ?

— Attendez, repris-je ; cette faculté humaine, l'imagination, est celle qui est chargée en nous par le Créateur de se mettre en relation de sensations agréables, douloureuses ou délicieuses avec le monde extérieur dont nous sommes enveloppés, et de faire, pour ainsi dire, à notre raison ou à notre jugement, le rapport fidèle des impressions de plaisir ou de peine que lui donne ce monde extérieur.

— Ah ! je comprends, dit-il, l'imagination impressionne et la raison juge.

— C'est cela, continuai-je ; allons plus avant. Or, pour que cette imagination, chargée par la nature, comme la sensitive, de recevoir du dehors les impressions, les pressentiments, les contacts, les moindres contre-coups des choses extérieures, puisse faire à l'homme son rapport exact et fidèle sur la laideur et la beauté, sur l'agrément ou le désagrément d'un paysage, que faut-il ?

— Je n'en sais rien, dit-il.

— Il faut, lui dis-je, qu'il existe primordialement, instinctivement et logiquement, entre cette nature extérieure appelée paysage et cette faculté organique de l'homme appelée imagination, des sympathies et des antipathies, vagues si vous voulez, irréfléchies, occultes, mais réelles ; sympathies ou antipathies en vertu desquelles l'imagination, qui les éprouve fatalement, puisse dire à l'homme : « Je souffre ou je jouis, ceci est laid ou ceci est « beau ; » en un mot, il faut qu'il y ait dans l'imagination de l'homme un type très-confus, mais très-infaillible de la laideur ou de la beauté dans les choses et dans les lieux.

— Cela est encore vrai, dit mon ami, car sans cela l'imagination, en faisant son rapport à l'homme, ne saurait ni ce qu'elle sent ni ce qu'elle dit, et se tromperait à chaque objet dont elle est frappée, disant aux ténèbres : « Vous êtes la lumière ! » et à la lumière : « Vous êtes la « nuit ! »

— Bon ! repris-je. Il y a donc, selon vous, dans l'imagination de l'homme, une attraction ou une répulsion naturelle, incréée, instinctive au moins, pour ou contre les objets qui remplissent le monde qu'elle parcourt ou qu'elle habite, et qui lui donne le droit de dire avec justesse : « Ceci est laid, ceci est beau. » Il y a donc une véritable laideur et une véritable beauté des lieux et des sites, et le charme que nous recevons d'un paysage n'est pas une vaine fantaisie, une illusion que nous nous faisons à nous-mêmes en qualité de poëte, d'artiste, de voyageur, c'est l'expression réelle ressentie de la beauté de ce coin du globe, de ce pan de mer ou de montagnes que nous voyons ? Le plus ou moins d'intensité de cette impression produit en nous par le paysage est la mesure très-exacte du plus ou moins d'éléments de beauté réelle que ce site rassemble sous nos regards, pour les délices de notre imagination et ensuite pour l'analyse raisonnée de notre jugement.

— Cela pourrait bien être, me dit-il ; mais comment se rendre compte à soi-même de ce qui rassemble dans un lieu ce plus ou ce moins d'éléments, ces beautés instinctives pour l'imagination, et de ce qui produit en conséquence sur l'homme tout entier ce charme, cette volupté, cette exclamation intérieure, qui font admirer, aimer, adorer un site, et bénir par tous les pores le Dieu qui a dessiné et peint ce paysage ?

Je repris plus lentement :

— Vous convenez qu'il y a en nous un sentiment inné de la beauté des lieux et des choses?

— Oui.

— Eh bien, en partant de ces aveux que votre propre nature vous force à vous faire, vous n'avez plus qu'à analyser en vous le plus ou moins grand nombre d'éléments de cette beauté relative à vous, accumulés dans un horizon, pour vous dire comme sur une échelle graduée de vos sensations : « Ce paysage est beau ; ce paysage est un des plus beaux, » ou, « Ce paysage est le plus beau que je connaisse sur la terre. » Eh bien, faisons cette analyse rapide du voyage de Tyra, et voyons à quel degré de l'échelle du beau nous devons légitimement le classer dans nos souvenirs.

— Je le veux bien, dit-il, cela m'amuse ; analyser le vague, décomposer la sensation, classer l'insaisissable, graduer l'enthousiasme motivé, comme le mercure gradue le chaud ou le froid dans son tube de verre, c'est bien là une de ces oisivetés de la route dans le pays des *Mille et une Nuits.* Allons, perdons du temps en gagnant du chemin ; les conteurs suivent les caravanes ; la causerie a été inventée pour abréger les longueurs de route à travers le désert : nous y sommes ; nous avons le droit de défiler des riens sur le chemin, comme notre guide turc défile en marchant son chapelet d'ambre en envoyant à chaque grain une pensée à Allah.

— Qu'est-ce donc qui est beau en soi pour notre imagination dans la nature? dis-je à mon compagnon attentif. N'est-ce pas d'abord la lumière, à la faveur de laquelle on voit tout, qui colore tout, qui peint tout, qui noie tout dans une vapeur transparente, qui rapproche ou éloigne tout par la perspective aérienne, qui encadre la nature dans l'atmosphère et la terre dans le ciel, comme un océan terne ou azur encadre le navire flottant sur son immensité dans un milieu trouble ou lumineux, qui le réfléchit ou qui l'absorbe? Un beau ciel est donc un des éléments principaux de la beauté d'un paysage. Regardez celui-ci, ne ressemble-t-il pas à l'extrémité de ces horizons, et sur les caps de ces montagnes à l'impalpable écume d'une vague bleuâtre, poussée par un léger vent sur les écueils aériens? Regardez en haut, dans ces profondeurs perpendiculaires, ne ressemble-t-il pas à l'eau limpide du diamant sans borne, à travers lequel votre regard, s'il était aussi perçant que l'espace est sans voile, verrait les étoiles, les mondes, et Dieu lui-même au fond de ses œuvres? Qu'est-ce qui est beau d'une beauté instinctive, naturelle, involontaire, pour l'imagination de l'homme? continuai-je. N'est-ce pas la grandeur, cette image de l'infini, son type suprême et éternel? Pour qu'un paysage contienne le plus de cet infini dans son cadre, il faut donc qu'il soit vaste et pour ainsi dire disproportionné à la petitesse de l'homme, qu'il l'écrase de son immensité. Ce sont ces anéantissements des sens de l'homme et de son esprit devant la masse ou l'étendue de l'horizon, ces génuflexions de l'âme, ces voluptueuses prostrations de la pensée devant la grandeur de Dieu et de ses œuvres, qui lui donnent le plus le sentiment de la suprême beauté, c'est-à-dire de la main du Créateur. Après la mer, ce miroir de l'infini rendu visible, et qui contient le plus de ce sentiment du Dieu sans mesure, ce sont les montagnes s'élançant à perte de vue dans l'éther et dessinant sur le fond du ciel, dont elles semblent briser la voûte, ces vastes lignes crénelées de rochers, de pics, de neiges inaccessibles, qui portent le regard et la pensée, comme autant de degrés mystérieux, jusqu'au mystère des mystères, le contact du créé et de l'incréé. Eh bien, regardez d'un côté ces lignes sombres de la chaine du Taurus, qui part en se ramifiant d'ici pour aller se renouer plus fortement à l'angle de la mer, en

Syrie, vers les Portes de Fer, puis s'abaisser pour laisser passer l'Euphrate, puis se renfler et se relever pour se confondre avec le Liban. Regardez de l'autre côté le Tmolus, nu et noueux comme les épaules d'un athlète antique au soleil, et jetant sur ces larges vallées l'ombre de ses membres amaigris par le temps. Qu'est-ce qui est beau de sa beauté relative et propre à l'imagination de l'homme? N'est-ce pas la vue de ce qui repose, rafraichit et désaltère les sens altérés, brûlants, consumés par l'ardeur de l'air, dans des climats patrimoine du soleil? Eh bien, regardez ces sombres forêts de platanes, de cyprès, de cèdres et de sapins qui couvrent d'une ombre inespérée dans ces régions tout ce golfe de montagnes derrière Tyra, et sous lequel la pensée, en s'abritant d'ici, semble communiquer à nos membres la fraicheur, l'asile, les frémissements délicieux des feuillages au milieu d'un jour dévorant? N'est-ce pas les eaux, qui donnent partout au paysage où elles abondent la lumière de l'élément qui en contient le plus après l'air, le mouvement dont leur chute, leur cours, leur écume, leur circuit sinueux vivifient leurs bords, le murmure enfin, le gazouillement, le bruit qui semble converser avec l'homme et l'entretenir de je ne sais quoi dans la solitude et dans le silence des plages de la mer ou des rives des ruisseaux? Eh bien, regardez toutes ces larges gouttières tombantes, pleuvantes, ruisselantes, écumantes comme le lait des mamelles terrestres dans tous ces ravins des montagnes derrière nous, et qui semblent nous rappeler par leurs bouillonnements lointains et par la répercussion du soleil sur leurs diamants liquides vers les lits de cailloux ou de hautes herbes, où nous avons aspiré ce matin leur haleine et où le sommeil nous serait si doux maintenant.

— Vous me donnez froid au visage, dit mon compagnon en essuyant la sueur poudreuse de son front, je sens dans vos paroles le frisson des cascades de Tyra.

— Et qui est-ce qui est beau de soi à notre imagination? repris-je encore. N'est-ce pas le recueillement solitaire dans un coin abrité du monde, avec des êtres de son choix, sous un toit caché, à l'ombre de son figuier, de sa vigne, au bord de sa fontaine, site d'où l'on jouit d'en haut d'un horizon qu'on voit à ses pieds sans être troublé par le tumulte ou les bruits de la terre qui ne montent pas jusqu'à vous?

— Oh! oui, me dit-il avec la passion d'un homme qui a passé sa jeunesse dans les champs et qui sait concentrer son bonheur modeste dans un foyer de famille et dans la jouissance des plaisirs rustiques, cette philosophie des sages et des heureux.

— Eh bien, voyez, lui dis-je, ici où les collines se reculent sur les collines pour former des étages de gazon suspendus, où l'on ne monte que par des escaliers de roche vive; voyez là, où les sapins des flancs des montagnes se sont éclaircis d'eux-mêmes ou sous la hache du bûcheron pour laisser à nu une oasis de verdure au soleil propre à porter le pré et le chalet du chevrier; voyez plus haut cette légère fumée bleue qui monte du toit d'un chamelier dans le ciel; voyez plus bas ce moulin caché derrière ces trois mûriers et ces deux cyprès, dans cette île, entrelacés par deux bras du Caystre. Partout des sites de recueillement, de silence, de piété, de contemplation et de paix. Sous le regard de toutes ces images, ne se forme-t-il pas une atmosphère de repos et de bien-être dans votre âme, et ces images ne vous attachent-elles pas à ces sites comme la physionomie d'un sage vous dévoile la sérénité de son âme et vous attache à lui, bien que vous le contempliez pour la première fois? Le paysage qui contient le plus de ces images des abris et des félicités cachées de l'homme n'est-il pas plus beau qu'un autre à votre cœur?

— Oui, dit-il encore, » car toute beauté est l'aspiration à une jouissance, et là où on aspire le plus de jouissances imaginaires, là évidemment il faut qu'il y ait plus de beauté !

— Et les souvenirs, lui dis-je (puisque vous voulez des jouissances imaginaires), pensez-vous qu'ils ne soient pour rien, ainsi que les ruines, dans les éléments de beauté des paysages ? C'est comme si vous disiez que la mémoire de l'homme n'est rien dans son âme, que le passé d'un grand homme n'est pour rien dans l'impression que son nom ou sa personne fait sur nous. Eh bien, ces montagnes, ces bassins, ces vallées que nous parcourons, sont pleins des souvenirs de l'antiquité ; ils sont le linceul d'un monde enseveli ; ils sont le champ des morts de peuples célèbres dont ces cyprès semblent porter le deuil dans le ciel : ils portent eux-mêmes les plus beaux noms antiques, dont le son seul évoque à notre esprit d'immenses scènes du drame humain ! Depuis Alexandre jusqu'à Timour-Khan, depuis les croisés d'Europe jusqu'aux croisés de Médine, depuis le Christ jusqu'à Mahomet, toutes les races, toutes les civilisations, toutes les religions, toutes les histoires ont passé par le sentier que nos chevaux foulent en ce moment ! Ce fleuve roule, avec ses vagues lentes, des vers d'Homère et de Virgile qui l'ont chanté ! Voyez d'ici les cimes de Samos ! Voyez les rochers sous lesquels on déterre Éphèse, cette Rome du polythéisme ! Voyez les jardins de Crésus ! Voyez les débris de marbre de ces temples blanchissants sur les promontoires des bassins de Lydie, comme les ossements des dieux exhumés de leurs sépultures par d'autres dieux ! Tout cela ne dit-il rien à votre cœur, rien à votre raison ? Éprouveriez-vous la même impression en traversant un défrichement de l'Amérique, cette terre nouvelle qui n'avait pas même encore son nom quand cette vieille terre mémorable d'Asie avait déjà perdu et renouvelé vingt fois le sien ?

— Oh ! non certes, me dit-il, tout laboureur que je suis, je sais faire la différence entre sillon et sillon, et la poussière qui fut un monde a une autre impression sous mon pied que la poussière qui fut un morceau de boue.

— Eh bien, vous le voyez donc, repris-je, il y a des conditions naturelles et historiques de beauté dans un paysage, et à part la vue de la mer, qui dépasse tout (parce que la mer joint, comme le feu, le mouvement à la splendeur), la vallée et l'anse de Tyra, que nous allons perdre des yeux derrière ce cap avancé où commencent nos terres, sont une des scènes les plus admirables qu'il soit donné au voyageur de contempler.

En causant ainsi nous étions arrivés, en moins de deux petites heures, au village de Rammanlèr, le premier village de mes possessions du côté de Tyra. Nous descendîmes de cheval à la porte d'un grand bâtiment neuf, qui m'appartient, à l'entrée du village. Nous nous proposions d'y prendre notre frugal repas du milieu du jour, en laissant passer la grande chaleur ; mais au moment où l'on étalait devant nous, à l'ombre d'un cyprès, notre pain et notre vin sur une natte de paille de riz, les chefs du village vinrent dire à mon drogman qu'on nous avait préparé un asile et un repas dans la maison de l'ayam de Rammanlèr, récemment mort, et que ses femmes nous attendaient pour nous donner l'hospitalité. Curieux de visiter l'intérieur de la maison d'un habitant aisé de ces villages, et de savoir comment ses femmes et ses esclaves accorderaient les devoirs de l'hospitalité avec la réserve et la reclusion qui leur sont imposées par leurs mœurs, nous acceptâmes le toit et le repas qui nous étaient offerts, et nous entrâmes dans la cour, où les esclaves prirent nos chevaux. Les deux femmes, l'une âgée, l'autre toute jeune, voilées à demi, nous regardaient du seuil du harem rustique, ouvrant sur la cour.

On nous fit monter par un escalier extérieur en bois de cyprès dans la maison de maître. Elle était construite en pierres revêtues d'un stuc blanc et peintes de fresques avec une certaine élégance. Elle se composait d'un palier couvert, formant kiosque, et de deux chambres. La première chambre était ornée de divans, de tapis, de balustrades finement sculptées, d'étagères rustiques portant les coussins, les riches étoffes, les pipes, les narghilés, les harnais des chevaux de selle et les armes du défunt. Nous déposâmes nous-mêmes nos armes et nos manteaux sur le plancher.

La plus jeune des veuves de l'ayam ne tarda pas à se présenter et à nous offrir timidement l'hospitalité. Elle fit étendre par un esclave les nattes et les tapis sur les divans, elle mit elle-même la main à tous les préparatifs intérieurs de notre halte, de notre repas, de notre sieste. Pendant qu'elle se penchait ou se relevait, qu'elle ouvrait les coffres, qu'elle parcourait l'appartement pour vaquer à tous ces soins de ménage, son voile de mousseline blanche se dérangeait continuellement, flottait comme deux ailes autour de son visage et sur ses épaules et nous permettait de la contempler librement, malgré ses efforts pour ramener le voile sur ses traits.

Elle paraissait avoir tout au plus seize ou dix-sept ans. Elle avait sur le front toute la candeur et toute la confiance de l'enfant, bien qu'elle fût déjà mère d'un charmant enfant, bercé au pied de l'escalier dans les bras de la première femme de l'ayam beaucoup plus âgée qu'elle. Ses yeux étaient noirs, ses traits réguliers et délicats, son teint pâle et un peu hâlé par le soleil de la plaine, ses cheveux aussi bronzés que les ailes des corbeaux. L'expression de sa physionomie était la soumission gracieuse qui obéit par habitude, et pour qui l'obéissance est un plaisir. La pudeur de son sexe, un peu alarmée par ce regard des étrangers, se confondait dans son attitude avec le respect dont elle paraissait pénétrée pour des hôtes. Sa taille était à peine formée ; ses pieds nus foulaient les nattes et les tapis sans bruit, comme si elle avait craint de réveiller l'attention ou de révéler même sa présence ; de gros bracelets d'argent mat entouraient ses jambes au-dessus des chevilles, symbole de volontaire esclavage dont les filles et les femmes d'Asie aiment à se parer avec une certaine ostentation de servilité. Le respect que nous portions nous-mêmes à cette charmante hospitalité de la veuve-enfant et aux mœurs de la contrée nous empêcha de lui adresser la parole. Nous reçûmes en silence et avec une respectueuse gravité tous ces petits services de l'hôtesse aux voyageurs, et nous nous assîmes en cercle sur la natte du palier pour prendre notre frugal repas.

Après ce repos chez la jeune veuve turque, nous reprîmes notre route sur le penchant des collines en décrivant le cercle autour de la plaine. Nous avions à notre gauche des collines nues, mais grasses, de sol calcaire très-favorable à la culture des raisins et de l'olivier ; à notre droite, l'immense plaine de Burghaz-Owa, verte et bocagère comme une savane d'Amérique peinte par Cooper. Les troupeaux de buffles, de vaches et de chevaux abandonnés à eux-mêmes tachetaient de brun, de noir et de blanc les vertes prairies. Çà et là de légères fumées révélaient les villages cachés derrière des groupes de grands arbres. Nous trouvâmes deux belles fontaines entre les rochers, sapides et abondantes, autour desquelles les hameaux de vignerons que je bâtissais en idée sur ces collines viendraient naturellement se grouper. Le Caystre, à quelque distance, roulait par flots paresseux à travers les joncs et les herbes.

Sur les ruines d'un village abandonné nous aperçûmes un campement d'*Yourouks* nomades. Les Yourouks sont une de ces populations mystérieuses qui errent en Orient, comme les Bohémiens en Allemagne, en Espagne, en France. Ils viennent on ne sait d'où, ils vont où le pâturage les attire. Ils conduisent avec eux leurs familles et leurs troupeaux. Ils ne se mêlent jamais aux populations assises sur le sol que comme des hôtes d'un jour ou d'une saison. D'immenses tapis de feutre noir tissus de poil de chèvre et étendus sur des piquets forment leur demeure; ils y vivent avec leurs femmes, leurs enfants, leurs chiens, leurs troupeaux. Ils payent une légère redevance aux villages sur lesquels ils s'établissent. Ils sont plus aimés que redoutés des habitants. Ils sont probes, hospitaliers, serviables. Ils commettent quelques déprédations involontaires par la dent de leurs chameaux dans les champs, jamais de crimes. On peut, au reste, les éloigner quand ils sont importuns. Ils ne résistent pas à la moindre injonction des paysans. Ils vont planter leurs tentes ailleurs. La terre est large, disent-ils.

Un peu plus loin, nous passâmes très-près de deux ou trois tentes habitées par des peuplades nomades d'une autre race. « Ce sont des *Parsis,* » nous dirent nos guides. Leurs tentes étaient plus soignées, et leurs riches costumes rappelaient en effet les robes flottantes, les chevelures artistement cannelées, les couronnes, les bandeaux, les éclatantes couleurs d'étoffes, les sandales des Perses dans les tableaux de Rubens ou de Lebrun. Nous nous arrêtâmes un moment, à une respectueuse distance, pour contempler cette splendeur et cette majesté dans les misères de la vie errante. Les rideaux de la plus grande de ces tentes étaient relevés et laissaient voir sur le seuil trois figures de jeunes filles d'une remarquable beauté. Leurs longues robes blanches, nouées autour du sein comme des tuniques romaines, traînaient en plis de marbre sur l'herbe. Des ceintures de soie tressée avec l'or entouraient leur poitrine, des voiles flottants descendaient de leur front sur leurs bras nus; des chiens énormes étaient couchés à leurs pieds; elles les contenaient avec de longues baguettes de bois blanc semblables à des sceptres pour qu'ils n'aboyassent pas contre nos chevaux; elles ressemblaient à des statues de reines restées debout dans le désert après l'écroulement de leurs palais et la dépopulation de leur empire. Le visage de l'aînée de ces femmes *parsis* était d'une perfection de traits, d'une blancheur de peau et d'une douce majesté d'expression qui annonçaient une race asiatique. Les pères et les frères de cette tribu paraissant les troupeaux non loin des tentes. Ils me demandèrent la permission de continuer à habiter mes terres pendant la saison des herbages. Je la leur accordai avec empressement. N'était-ce pas moi qui étais l'hôte de leur soleil? N'était-ce pas eux qui étaient les fils de ce ciel? Pouvais-je venir de si loin, moi, inconnu d'eux et étranger, pour déranger leur vie solitaire et pour déplacer leurs foyers errants?

Après avoir marché quatre heures, et toujours sur la lisière des collines, dans un sentier bordé d'arbustes, et après avoir traversé deux ou trois fois sur des ponts antiques le Caystre, nous arrivâmes au village de Thouloûm. Thouloûm, en turc, signifie le village des Outres, parce qu'il y avait sans doute autrefois, dans ce lieu, une fabrique d'outres de peau de chèvre, pour l'huile de la plaine et pour les vins de la vallée.

Ce village, un des plus habités et le plus pittoresque de tous mes hameaux, est situé dans une petite anse que forment les montagnes non loin d'un lac, à l'extrémité d'un cap avancé dans la plaine. Il se compose d'une mosquée entourée de sept ou huit platanes majestueux, d'un immense magasin couvert en tuiles, construit pour abriter mes récoltes quand les habitants ont fait la moisson, et d'une trentaine de maisons ou chaumières assez habitables, qu'occupent des familles turques de cultivateurs et de pasteurs aisés. Ces maisons, entourées de cours et de jardins, sont construites les unes dans la plaine, les autres sur les derniers degrés des collines où la plaine expire. Elles sont ombragées de quelques arbres domestiques ; deux belles fontaines, sortant des rochers de marbre blanc qui forment le cap, donnent leurs eaux au village et vivifient les racines de quelques sycomores qui penchent leurs vastes rameaux sur leur bassin. Au-dessus de la montagne de Thouloùm croissent des bois d'oliviers sauvages qui n'attendent que la greffe pour donner des fruits. A quelques centaines de pas des maisons, le cap de montagnes tourne et donne passage à une étroite et sombre vallée où murmure sous les saules le Caystre en s'enfuyant vers la mer ; c'est le chemin d'Éphèse. En deux heures de marche on serait sur les ruines de cette Rome du paganisme. Nous nous promimes d'aller visiter ces débris dès que nous serions installés à Achmet-Sched.

L'*ayam* ou le maire de Thouloùm, homme aux traits nobles et aux manières gracieuses, nous attendait depuis le matin, ainsi que les principaux habitants de son village. Il était venu au-devant de nous à cheval et nous avait fait préparer des nattes, des tapis et un souper dans sa maison. Nous le remerciâmes ; nous primes le café et les sorbets sur son seuil pour honorer l'hospitalité, mais nous préférâmes coucher sous nos tentes ; nous les apercevions, dressées au-dessus de nos têtes, à deux cents pas du village, sur un pic aplani qui domine l'immense horizon de la plaine. Nos says nous y attendaient ; la fumée du feu de broussailles qu'ils avaient allumé pour préparer le repas s'élevait comme la fumée d'un sacrifice sur le socle de marbre d'un temple antique, parmi les tronçons de colonnes et de chapiteaux écroulés. Nous montâmes avec l'ayam et ses amis vers ces tentes, nous y déposâmes nos manteaux et nos armes et nous contemplâmes un moment le site solennel et recueilli qui nous entourait.

C'était évidemment la plate-forme d'un temple ou d'une citadelle antique. Des substructions en blocs de marbre, de plusieurs coudées d'élévation et d'épaisseur, portaient une surface parfaitement nivelée d'où le monument avait disparu en laissant sa trace ; en face, la vaste étendue de la plaine dont nous faisions le tour depuis deux heures ; à droite, un large ravin au fond duquel surgissait une source entourée des femmes, des filles, des troupeaux de ces habitations éparses ; à gauche, une vallée plus étroite, plus obscure et plus ombreuse, qu'une source pareille arrosait et rafraîchissait aussi ; à nos pieds, le village tout voilé de ses légères fumées du soir et tout retentissant du bêlement des taureaux, des moutons, des chèvres ; un peu plus près de nous, la mosquée, avec son petit minaret crénelé de cigognes, d'où sortait comme une voix plaintive l'appel de l'iman à la prière : voilà le site.

Nous le parcourûmes de l'œil avec une admiration de propriétaire qui cherche où il construira son habitation et qui flotte d'une colline à une autre. Mais je n'hésitai pas longtemps à me décider pour ce sommet du cap de Thouloûm, si jamais je pouvais changer ma tente de feutre contre des murs de marbre pour abriter en ces lieux le reste de ma vie. Il y a toujours un préjugé favorable sous un lit choisi avant nous par les hommes qui nous ont précédés sur la terre. Ce n'était pas sans raison que les habitants primitifs de cette contrée avaient choisi ce plateau pour y bâtir cette citadelle ou ce temple. Un pauvre voyageur serait bien où avaient été ces dieux. La vue y planait, la brise y soufflait, les vapeurs de la plaine aqueuse n'y montaient pas, deux sentiers faciles descendaient vers le village, de larges terrasses y portaient les jardins, deux fontaines rapprochées l'abreuvaient d'eaux vives, le Caystre serpentait en bas, la vallée d'Éphèse s'ouvrait auprès, le lac dans le lointain y réfléchissait dans ses eaux d'argent les lueurs du matin et du soir, des montagnes boisées de chênes verts et d'oliviers y versaient leurs ombres. Je choisis en esprit ce site pour un kiosque d'été. En contemplant les toits de ce village noyé sous les platanes, les tuiles rouges, les haies d'arbustes épineux, les chemins creux ou tournant entre les vergers, les troupeaux ruminant autour des étables, les femmes, les jeunes filles et les enfants rapportant l'eau des fontaines sur leurs têtes, la mosquée toute semblable à une petite église de hameau, le vieil iman assis sur le seuil de son presbytère, roulant entre ses doigts les grains d'ambre du chapelet mahométan, et causant avec les bergers rentrant du pâturage, on pouvait se croire dans un village du Jura ou du Dauphiné, et se faire, sans effort, tous les songes si doux de la patrie. L'homme est partout le même, comme la plante cosmopolite qu'on retrouve sous ses pieds avec les mêmes habitudes dans tous les climats. La nature a cinq ou six scènes qu'elle répète de tous les côtés de la mer.

Nous rentrâmes sous nos tentes à la nuit tombée, après avoir visité les fontaines, les ravins, le village, la mosquée, l'entrée de la vallée d'Éphèse, les magnifiques champs de maïs et de tabac qui entourent Thouloùm. Nos chevaux mangeaient l'orge, entravés çà et là autour des tentes; l'ayam avait fait allumer des torches de résine qui éclairaient l'intérieur de la tente principale, le vent de mer y entrait en plein souffle et faisait vaciller la flamme; la fraicheur des ondes montait jusqu'aux montagnes. Nous envoyâmes un homme à cheval à Achmet-Sched, où nous avions laissé madame de Lamartine, pour lui annoncer notre retour et pour l'engager à venir le lendemain nous rejoindre avec nos autres amis à Thouloùm. Il n'y a que deux petites heures de marche à travers la plaine de ce village à celui d'Achmet-Sched. Nous apercevions de nos tentes la lueur de la lampe du soir dans la galerie de bois de ma maison.

Nous nous endormîmes sur nos manteaux, aux secousses du vent de mer contre les rideaux de la tente, en causant des hommes qui avaient dormi avant nous sur ce rocher.

Le lendemain, au lever du jour, une longue caravane de chevaux et de mules nous apparut chevauchant vers nous à travers les steppes et les arbustes de la plaine. C'étaient madame de Lamartine et nos amis qui venaient, sur notre invitation, visiter Thouloûm. Nous y passâmes la journée, tantôt sous les tentes, tantôt sous les platanes, tantôt à cheval dans la pittoresque vallée d'Éphèse. Madame de Lamartine exerça son pinceau et peignit le vieil iman du village, assis sur les racines d'un sycomore séculaire qui ombrage la mosquée, et enseignant à lire aux petits enfants. Les femmes et les jeunes filles du village vinrent tour à tour saluer, avec beaucoup de bienséance et de grâce, madame de Lamartine. Les femmes sont naïves sans être sauvages ; de petits présents échangés cimentèrent l'hospitalité entre nous.

Le soir, nous reprîmes la route d'Achmet-Sched, étonnés et ravis de ces examens rapides de notre nouvelle possession.

LIVRE IV

Nous abrégeâmes notre séjour à Achmet-Sched, dans l'intention d'aller visiter le mont Olympe et de passer quelques jours, soit aux bains de Brousse, soit aux eaux minérales de Métélin. Nous partîmes en longue caravane pour Smyrne, pénétrés d'admiration pour le site, le climat, la végétation, la terre et les eaux de ma concession ; nous ne doutions pas qu'indépendamment de la pensée tout intime et toute philosophique qui m'avait poussé depuis longtemps vers une solitude recueillie en Asie, il n'y eût dans cette terre assez d'attraits et assez de gages de succès pour appeler les capitalistes de l'Europe à l'œuvre d'une opulente colonisation. J'étais pressé d'aller les convaincre, à Paris ou à Londres, de la fertilité du sol que la munificence du sultan leur offrait. Je voulais rentrer en France avant la réunion de l'Assemblée nationale, où quelques devoirs m'appelaient pour la dernière fois.

Nous avions accepté l'invitation de M. Van Leneps, consul général de Hollande, dont la maison de campagne, à Sévdi-Keui, se trouvait sur notre route en revenant de Smyrne. Nous arrivâmes à Sévdi-Keui en quatre heures de marche, ou plutôt de promenade à travers les steppes de Trianda. M. Van Leneps nous accueillit comme il accueille depuis un demi-siècle tous ses hôtes, à quelque nation qu'ils appartiennent. Je le vois comme il y a dix ans, à l'époque de mon premier voyage en Orient. C'est un beau vieillard de quatre-vingts ans, à qui les années n'ont rien enlevé de sa verdeur en donnant leur majesté à ses cheveux blancs. La bienveillance et la sérénité de son âme s'épanouissent sur son visage. On dirait, en le voyant, qu'il y a aussi des climats pour l'âme, et que ce beau ciel conserve la limpidité dans le cœur des hommes comme il la conserve dans son firmament et dans ses eaux. M. Van Leneps appartient à cette race de familles consulaires qui habitent de père en fils l'Orient, qui mêlent les affaires à la politique, qui ont un pied sur l'Europe, un pied sur l'Asie, et qui portent dans leur costume, dans leurs mœurs et dans leurs habitudes, le souvenir de leur double patrie : diplomates en Occident, négociants à Smyrne, patriarches dans leur maison de campagne. Il nous reçut entouré de sa nombreuse et chère famille, et il réunit pour nous à sa table les principaux habitants européens de Sévdi-Keui.

Sévdi-Keui est un Saint-Cloud ou un Fontainebleau de Smyrne. C'est un grand et beau village à deux lieues de la ville, au pied des collines boisées, bâti au milieu des vergers et des vignes. Les habitants sont des Grecs très-actifs et très-entendus dans toute espèce de cultures potagères. Les vignes, que nous parcourûmes, ne le cèdent en rien à celles de l'Italie ou de la Bourgogne. Un grand nombre de maisons de campagne, entourées de jardins fruitiers et arrosées d'eaux vives, donnent asile, repos et fraicheur pendant l'été aux familles anglaises, françaises, hollandaises, grecques, arméniennes, de Smyrne. Nous goûtâmes une nuit et un jour, chez notre hôte, le charme de cette petite Europe rencontrée sur notre chemin dans une vallée de l'Asie Mineure. Nous nous promîmes de renouveler souvent cette halte en allant à Burghaz-Owa ou en revenant de Burghaz-Owa à la ville. La distance si courte entre Achmet-Sched et Sévdi-Keui nous parut aussi une bonne fortune de notre agriculture. Le sol de Burghaz-Owa est incomparablement fertile, les eaux plus abondantes, la terre plus nivelée; le soleil est le même. Les succès agricoles des Grecs et des Européens de Sévdi-Keui nous semblaient un gage des mêmes succès plus facilement obtenus à Thouloùm ou à Rammanlèr.

Une autre hospitalité, trop intime et trop cordiale pour qu'il nous soit permis même de la louer, nous attendait à Smyrne, chez M. Couturier. Nous y trouvâmes une famille dans sa famille. Les jours que nous passâmes à Smyrne nous firent tout à fait oublier que nous étions à quelques lieues du désert. L'Europe a peu de villes plus européennes. Une société nombreuse, polie, hospitalière, lettrée, artiste, composée de toutes races, de toutes langues, de toutes professions libérales, de tous costumes, de toutes religions, de toutes mœurs, fait de Smyrne une colonie universelle. On n'y connaît aucune de ces divisions intestines, de ces antipathies intimes de nationalité, d'origine, de culte, de rivalité, qui infestent les colonies européennes à Péra ou dans les autres échelles du Levant. Le doux climat de la molle Ionie semble y influer même sur les caractères. Tout y est accueillant comme son golfe et gracieux comme ses rivages. Bien que le Bosphore ait plus de splendeur et de mouvement, je préférerais mille fois le séjour de Smyrne à celui de Constantinople. Quel doux écueil pour échouer sa vie! M. Fauvel, le célèbre consul d'Athènes, tant cité par M. de Chateaubriand, pensait comme moi. Après avoir exhumé l'antiquité grecque des débris du Péloponèse, il se retira dans un faubourg de Smyrne pour compter en paix ses derniers soleils. Je me souviens de l'avoir visité dans sa petite retraite, pas plus large que le sépulcre de Thémistocle, et toute poudreuse des fragments de l'antiquité qu'il s'était complu à y recueillir. Un neveu, une nièce, son jardin, ses fleurs, lui embaumaient le soir de sa vie. Je demandai s'il existait encore. Il avait mêlé sa cendre à toutes ces cendres remuées par lui pendant sa longue vie; il était mort âgé de plus de quatre-vingt-dix ans.

Nous reçûmes le plus aimable accueil dans toute cette colonie de Smyrne dont nous aspirions à devenir bientôt les compatriotes. Nommer tous ces hôtes et tous ces amis inconnus, ce serait nommer la ville turque et la ville européenne presque tout entière. Cette reconnaissance paraîtrait intéressée, puisque nous devons bientôt retrouver cette hospitalité. Nous aurions l'air d'en payer le salaire par une publicité qui en dénaturerait le caractère. Cette hospitalité naturelle de Smyrne se satisfait elle-même en s'exerçant envers les étrangers ou les voyageurs tels que nous. Elle est un bonheur pour les habitants de cette charmante terre, elle n'a pas besoin de notre vaine célébrité.

Ne parlons donc pas de nos hôtes, ne parlons que des choses publiques.

Les examens publics et la distribution des prix au collége des Lazaristes, ces instituteurs d'élite de la jeunesse française et grecque en Orient, eurent lieu pendant mon séjour à Smyrne. Mardi 23 juillet 1850, une députation vint me prier d'assister à cette solennité; j'y trouvai un concours immense d'indigènes et d'étrangers de toute nation. La distribution des prix achevée, un élève de première classe, M. François Corsi, m'adressa, au nom des maitres et des élèves, le discours suivant, que je retrouve dans le journal de Smyrne du 26 juillet. Je demande pardon à mes lecteurs de le reproduire; je voudrais séparer l'admiration de l'amitié, mais elles y sont unies dans un tel lien de bienveillance que je ne puis le dénouer; que le lecteur fasse comme moi, qu'il oublie l'enthousiasme et ne se souvienne que du cœur.

« Monsieur,

» Chaque année nos progrès sont couronnés et le zèle des élèves pour l'étude est dignement récompensé; l'allégresse, l'espérance, le contentement, voilà ce qui nous anime en ce jour de récompenses et de bonheur! Mais aujourd'hui nos jeunes cœurs ressentent quelque chose de bien plus grand et de bien plus beau! Une joie si générale et si pleine n'a jamais lui sur le front des élèves! Jamais on ne vit une telle solennité, et ce spectacle nouveau est l'objet de l'admiration de tout le monde! D'où vient donc cet excès de joie et de bonheur? Ah! c'est que le plus généreux de tous les sentiments, la reconnaissance, anime aujourd'hui nos cœurs.

» Oui, monsieur, tous les élèves du collége garderont profondément gravé dans leur cœur le souvenir de l'honneur que vous daignez leur faire en ce jour; ils se souviendront toujours que le plus grand poëte de notre siècle, l'éloquent orateur dont s'enorgueillit à si juste titre la tribune française, et dont la parole, aussi puissante que magnifique, exerce une si haute influence sur les destinées de la France et de l'Europe, le plus illustre représentant de la littérature française, si féconde en grands hommes ; ils se rappelleront, dis-je, qu'un personnage aussi éminent a daigné venir couronner de jeunes enfants et entendre proclamer leurs progrès dans les études.

» Ah ! ce jour fera époque dans notre vie à tous ! il sera toujours pour nous un jour de bonheur ! il sera particulièrement précieux pour celui qui a eu l'insigne bonheur d'être auprès de vous, monsieur, l'organe de ses condisciples. »

A ce discours, j'improvisai la réponse suivante, dont je n'aurais pu me souvenir, si le bienveillant auditoire ne l'avait recueillie et reproduite dans l'*Indépendant*, journal de Smyrne.

« Messieurs,

» La beauté de ce spectacle, que vous attribuez à ma présence, c'est à vous seuls que vous la devez. Je ne suis que l'hôte du pays ; je vous remercie et remercie la population si accueillante de Smyrne, de m'avoir trouvé à la fois assez Français et déjà assez Smyrniote d'adoption pour me convier à une solennité qui réunit dans un même intérêt la France et l'Orient.

» Un souvenir bien naturel se présente à moi dans cette école des langues européennes et orientales sur les bords du Mélès. Il n'y a pas encore deux ans, messieurs, qu'après la révolution qui venait de secouer le monde, je fus prié, par les Arméniens de Paris, d'assister, en ma qualité de ministre des affaires étrangères, à l'examen et au couronnement de leurs élèves, à Paris. Je m'y rendis. Les Arméniens me demandèrent si la république continuerait à leur établissement en France les protections et les encouragements que la monarchie leur avait autrefois donnés. Je répondis que le doute seul serait une injure à la France ; la république, hospitalière, libérale, religieuse, telle que nous la voulions, mettrait au premier rang de ses devoirs l'encouragement aux études orientales, au progrès des langues, des arts, des études en Asie, où elle n'oubliait pas qu'elle avait des colonies affectionnées à la France à seconder. La république a tenu depuis mes engagements.

» Or, quelle est, messieurs, la signification politique de ce zèle qu'attestent, des deux côtés de la Méditerranée, des écoles orientales à Paris et des écoles françaises en Asie? C'est, selon moi, la révélation évidente de la tendance croissante à l'unité d'esprit entre les peuples. Les langues sont l'instrument de cette unité. Les mots sont des pièces de monnaie que les peuples doivent frapper de plus en plus d'une empreinte commune, pour qu'ils passent partout, et servent ainsi à multiplier l'échange et la communication des idées en circulation dans le monde.

» C'est à cette vulgarisation des langues européennes ici et des langues asiatiques chez nous que se consacrent vos respectables maîtres les Lazaristes, que je louerais plus librement s'ils n'étaient pas présents! ordre aussi politique que religieux, aussi national que pieux, qui n'agite pas le monde par le bruit de ses ambitions et de ses controverses, mais qui accomplit sans bruit et sans brigue son apostolat modeste de civilisation dans le Levant ! ordre vraiment tolérant, qui porte et qui inspire la paix et la concorde, au lieu des disputes et des controverses de dogmes qui séparent et qui aigrissent les cœurs et les opinions! Les Lazaristes ont compris, comme les frères Hospitaliers sous leur direction ici et à Constantinople, qu'il ne fallait pas seulement réciter, mais comprendre et pratiquer la parabole du Samaritain; que le premier des devoirs était le soulagement des ignorances et des misères, et que le premier des missionnaires parmi les peuples était la charité.

» Qu'ils reçoivent ici et en Europe des actions de grâces de la France et de l'étranger.

» Mais, messieurs, il n'y aurait ni convenance ni justice à nous Européens, habitant ou visitant ces belles contrées et admirant ces touchantes et utiles institutions de toute nature qui se multiplient sur ce sol, hospices, collèges, enseignement des pauvres, soulagement des malades, collèges de hautes études pour les riches, leçons gratuites pour les pauvres, édifices pour les cultes; il y aurait ingratitude, à l'aspect de tous ces progrès commerciaux ou intellectuels, de ne pas reporter notre pensée et notre reconnaissance vers le jeune souverain qui favorise toutes ces innovations du bien dans son vaste empire, sous quelque nom, sous quelque communion, sous quelque drapeau qu'elles se fondent; c'est lui qui prête la terre d'Asie à ces renouvellements et à ces progrès.

» Abd-ul-Medjid achève par la bonté ce que Mahmoud, son père, a entrepris par l'énergie de sa pensée. Il est la persévérance de son père; il veut faire enfin un seul faisceau politique de ces trente-deux nationalités diverses, éparses dans ses vastes États, et leur rendre un patriotisme commun en leur faisant sentir à toutes, par l'égalité de droits et de bien-être, la sécurité et les avantages de la patrie. Il reconquiert par la tolérance largement pratiquée l'empire des cœurs que l'intolérance avait déshérités ou refroidis. Il ne donne pas seulement de magnanimes hospitalités aux hommes, il donne asile, sûreté, inviolabilité, protection à toutes les lumières, à tous les cultes, à toutes les civilisations. La voix des chrétiens, comme celle des autres populations, doit s'élever au maître des choses et le prier de protéger dans ce jeune législateur le dessein éclairé d'un régénérateur de l'Orient ! »

Le jeudi 25 eut lieu la distribution des prix de l'école des sœurs de la Charité. Elles sont les missionnaires de la civilisation européenne en Orient ; leur foyer est la salle d'asile de l'enseignement. Elles ne donnent pas seulement les secours du corps, mais les secours de l'âme ; elles enseignent les enfants de toutes les classes, elles les élèvent à tous les degrés de l'instruction. Elles ont deux écoles : une ouverte aux indigents qui viennent de l'extérieur, une autre aux enfants chrétiens qui vivent dans l'intérieur de la maison : un internat et un externat. Leur charité est universelle comme leur religion.

Après la distribution des prix et l'examen des jolis ouvrages de ces jeunes filles, une jeune personne, mademoiselle Eugénie Salzani, nièce de M. Couturier, se leva et m'adressa un petit discours que je regrette de n'avoir pas recueilli dans ma mémoire, mais dont j'ai gardé une impression de grâce et de sympathie charmante comme sa figure de seize ans. Je lui répondis ainsi :

« Ce serait à moi de vous remercier de m'avoir permis d'assister à cette cérémonie des familles, où une voix si jeune et si touchante vient en quelque sorte de me nationaliser. Par un hasard qui est aussi, sans doute, une faveur de cette admirable population européenne de Smyrne, ces solennités de votre ville ont coïncidé avec mon séjour dans vos murs. J'ai été assez heureux ainsi pour contempler d'un premier regard toutes vos bonnes œuvres et pour passer la revue de vos vertus.

» Avant-hier, les Lazaristes donnaient le haut enseignement aux classes lettrées et riches ; hier, les frères des écoles distribuaient l'enseignement élémentaire aux enfants du peuple ; aujourd'hui, cette colonie de saintes femmes trouve l'Europe trop étroite pour son zèle et enseigne à la fois les jeunes filles des conditions élevées et les jeunes filles déshéritées de la famille ou de la fortune, et, enfin, assiste les malades et les infirmes de toutes les communions et de toutes les nations ! Car le bien ici appartient non à une seule colonie de France, mais à toutes. Il ne souffre pas de monopole ; il n'est pas français, il est européen.

» Élever les jeunes filles du peuple, mesdames, c'est une œuvre bien plus efficace encore que celle qu'on accomplit pour l'éducation des hommes. L'instruction qu'on donne à une jeune fille rejaillit sur ses frères, sur ses sœurs, sur le père, sur la mère, et plus tard sur le mari et sur les enfants. La femme est le foyer vivant de la maison, l'âme de la famille, la voix intime et domestique qui se représente jour et nuit par tous les échos de la maison. Le législateur qui voudrait transformer un peuple devrait commencer par l'éducation des jeunes filles destinées à devenir les mères des nouvelles générations. C'est pour cela que vos institutrices se font enfants avec vous, peuple avec le peuple, servantes auprès des malades, et qu'elles s'élèvent malgré elles, selon les paroles de l'Évangile, en voulant et en croyant s'abaisser. Mais ce qui sert l'humanité, élève jusqu'à Dieu, c'est un travail qui paraît ingrat en apparence, car personne ne sait votre nom ; le peuple ne donne ni célébrité ni gloire à ceux qui l'instruisent des simples éléments de l'instruction gratuite. Il est comme le champ où les épis, dont aucun ne dépasse l'autre, ne savent pas le nom de ceux qui les ont ensemencés.

» Mais le ciel le sait, et cela suffit ! Ce mot me commande le silence. Ces saintes et laborieuses servantes des pauvres ne me permettraient pas de les louer; mais elles ne sauraient me défendre de les honorer, de les admirer et de les bénir. »

Je partis pour la France le 20 juillet. La veille de mon départ, je reçus la visite de la colonie française. C'était la patrie retrouvée en Orient. Je fus attendri de rencontrer dans ce splendide horizon l'image, le cœur et la voix de ma terre natale. Un jeune poëte, M. de Morsanne, qui était déjà venu me saluer lors de mon premier voyage en Orient en m'offrant de beaux vers, comme des fruits de cette terre de la poésie, revint encore, avec la fidélité de l'amitié, m'adresser, au nom de la colonie française, des paroles de sympathie. Il me parla avec cette éloquence et cet enthousiasme qui transforment tout ce qu'ils aiment. Je fus touché et non ébloui ; j'efface l'auréole et je ne garde que le sentiment.

Voici le discours de M. de Morsanne, ainsi que ma réponse, qui m'ont été envoyés, comme un écho de l'autre rive, par le *Courrier de Constantinople* :

« Monsieur,

» Après de longs jours d'une impatience bien légitime, la colonie française de Smyrne, en présence enfin de l'homme providentiel qui fut le sauveur de la patrie, éprouve le besoin vivement senti de vous payer, elle aussi, son tribut de sympathie, de reconnaissance, d'admiration. Fière de toutes les gloires qui rayonnent sur votre front, et dont un reflet semble à l'étranger rejaillir avec plus d'éclat encore sur chacun des membres de la grande famille française, elle eût désiré, au gré de son enthousiasme, trouver dans son sein un organe qui pût vous rendre dignement les sentiments dont elle est pénétrée. Impuissante en cela, elle n'a pas voulu néanmoins reculer en face d'un devoir qui est aussi cher que sacré, et elle l'accomplit en venant saluer en vous celui qu'elle se plaît à proclamer la plus belle âme et le plus grand cœur de France. »

Je répondis :

« Messieurs,

» Si j'étais une puissance de ce monde, un homme politique encore influent sur les destinées de son pays, un ministre ou un ambassadeur pouvant rendre en services privés ou publics ce qu'on veut bien lui offrir en empressements, en déférences ou en honneurs, Smyrne et sa nombreuse colonie française ne feraient, en m'accueillant comme vous le faites, que ce que font toutes les villes et toutes les colonies ordinaires ; elles agiraient comme tous les hommes agissent envers ceux qui peuvent leur être utiles un jour. Mais quand un homme sans crédit et sans action actuelle dans son pays, un homme justement ou injustement répudié par la fortune ou par la faveur publique, un homme poursuivi même par quelque injustice de l'opinion, par ceux-là surtout qu'il a voulu préserver, aborde comme l'hôte d'un pays étranger dans vos murs ; que dans ces circonstances, qui ordinairement éloignent la foule, la colonie de ses compatriotes et même les étrangers de ce noble pays lui ouvrent les bras, l'entourent d'égards et d'accueils et lui rendent les visites et les honneurs que vous me rendez en ce moment et depuis mon arrivée ; alors, messieurs, votre colonie, votre ville, font quelque chose de nouveau, d'exceptionnel, de rare dans les mœurs des temps, et Smyrne s'élève véritablement au niveau et au-dessus de cette admirable réputation d'hospitalité, de cordialité et de bienveillance qui la distingue entre les villes de l'Orient.

» Je suis bien loin d'accepter comme des vérités les paroles trop exagérées et trop flatteuses que votre orateur me fait entendre en votre nom. Je n'en veux prendre que ce qui m'appartient, c'est-à-dire l'indulgence et la bonté qui vous les inspirent. La vérité, la voilà : je n'ai ni désiré ni tramé la grande révolution qui a éclaté sous mes pas en 1848 ; je croyais, comme cet homme d'État que l'Angleterre vient de perdre et que l'Europe regrette (sir Robert Peel), que des réformes faites progressivement et à temps pouvaient prévenir ces écroulements de pouvoir qui écrasent toujours momentanément quelques-uns et quelque chose dans une nation. Mais quand la révolution a éclaté, quand le pouvoir a été en fuite, quand toute force et toute autorité ont disparu soudainement et en un jour dans notre pays, et que j'ai pressenti dans quelles anarchies ce pays sans gouvernement pouvait être entraîné à travers des flots de sang, je me suis jeté, par l'impulsion seule du patriotisme et du dévouement, à la tête des événements, et j'ai essayé de retrouver dans la république les éléments de reconstitution sociale et l'unanimité de concours de tous les citoyens à la chose publique, qui seuls alors, selon moi, pouvaient sauver la France d'elle-même et de l'étranger. Je suis méconnu et accusé aujourd'hui de l'avoir fait ; je ne m'en repens pas ; je le ferais encore ; le salut n'était que là : le lendemain d'une révolution où les partis venaient de se combattre, donner le gouvernement à un de ces partis, c'était organiser la guerre civile. Il fallait les séparer et leur offrir, dans une république modérée, unanime et sans partialité, sans vengeance, sans échafaud, sans exclusion, le terrain commun pour se reconnaître, se réconcilier, et pour reconstituer non une dynastie, mais une France.

» Je vous remercie d'avoir ainsi compris de loin ma conduite. Je ne me trouble pas des rancunes de ceux qui affectent de la travestir : l'histoire la jugera comme vous. Je compte sur elle et sur Dieu.

» Messieurs, retrouver à six cents lieues de son pays des juges si équitables et des compatriotes si indulgents, ce n'est pas s'expatrier, c'est changer de patrie, ou plutôt c'est en avoir deux !

» Parmi toutes les grâces que j'ai à rendre au jeune sultan dont je suis l'hôte, celle-ci est un bonheur de plus auquel je ne m'attendais pas. Aidons-le à faire prospérer par l'agriculture, le commerce, les arts, ce vaste empire qui a un moment hésité, et qui, grâce aux mains par lesquelles il est dirigé, entre à si grands pas dans une nouvelle hégire de civilisation.

» Messieurs, je vais m'embarquer demain avec un double sentiment dans le cœur et partagé, pour ainsi dire, entre deux patriotismes : l'un, qui me rappelle vers cette France dont les destinées ont encore besoin quelquefois de la voix et des bras de ses plus humbles enfants ; l'autre, qui me ramènera bientôt, je l'espère, vers cet asile hospitalier qu'Abd-ul-Medjid a bien voulu ouvrir à ma vie, asile où je me crois encore dans mon pays en y retrouvant tant de compatriotes et, permettez-moi de le dire, tant d'amis !... »

Ainsi s'écoulèrent rapidement, tantôt dans l'intimité des foyers amis, tantôt dans les fêtes publiques, les jours heureux de notre second séjour à Smyrne. Une lettre d'Europe nous força soudain à les abréger. Nous dîmes un rapide adieu à nos nouveaux amis, et nous nous embarquâmes sur le *Mentor*, navire de l'État, qui revenait de Constantinople.

L'hospitalité de Smyrne nous suivit jusque sur le pont du bâtiment. Khalil-Pacha, gouverneur de la ville, nous avait envoyé le canot du gouvernement, monté par son defterdar et par notre jeune ami Ali-Effendi, pour nous porter et nous accompagner à bord. Une flottille de chaloupes, de canots et d'embarcations de plaisir nous faisait cortége. Les principaux habitants de la ville, abordant tour à tour l'échelle du *Mentor*, montaient sur le pont pour nous serrer une dernière fois les mains et pour nous recommander aux vagues et aux vents de leur mer. Ces adieux prolongés jusque sur la vague semblent en voiler à celui qui part les incertitudes, et communiquer aux éléments sourds quelque chose d'humain, de tendre et de compatissant comme les cœurs de ceux qui se répandent ainsi en bénédictions sur la route du voyageur.

Tout semblait en effet sourire en ce moment dans l'heure matinale, dans la mansuétude du vent, dans la limpidité du ciel, dans l'écume gaie et balbutiante des vagues autour de la quille, dans l'écho des saluts du canon de départ, dans les embrassements des groupes d'amis sur le pont, dans les pavillons qui pavoisaient les chaloupes ; tout semblait promettre une heureuse traversée aux navigateurs. Hélas ! nous étions bien loin de penser qu'avant sept levers du même soleil sur ces mêmes flots, l'un de nous, le plus robuste et le plus insouciant de tous, aurait disparu de ces groupes que nous formions en ce moment au pied du mât, et que cette vague si caressante et si transparente ne serait plus pour nous que le linceul d'un ami !

Dans l'oisiveté du pont d'un vaisseau sur une mer uniforme, je repris les annales du dernier règne de l'empire ottoman au point où je les avais laissées après la mort de Mustafa Baraictar, et je poursuivis jusqu'à nos jours le récit abrégé des événements qui ont fait aujourd'hui en Orient table rase pour la civilisation.

Le jeune sultan Mahmoud n'avait été préparé au trône que par le cachot et les entretiens de son oncle, le sage et infortuné Sélim. Mais la meilleure éducation du trône, c'est l'intelligence et le caractère. La nature lui a prodigué ces deux dons.

On l'a vu, la tâche était difficile. L'empire, livré aux factions intérieures, n'avait pour véritable souveraineté que le caprice tantôt contesté, tantôt obéi des janissaires. On pouvait régner à condition de régner pour eux ; mais régner pour l'empire, c'était se vouer à la déposition et à la mort. Sélim, instruit par sa propre expérience, avait fait pénétrer cette triste vérité dans le cœur de son neveu

Mahmoud. Mais en lui apprenant la haine contre ces oppresseurs du trône, il lui avait appris en même temps la dissimulation de ses projets. Une conspiration muette contre ce corps s'était ourdie entre ces deux captifs dans l'ombre du sérail. Sélim mort, la conspiration n'avait pas péri avec lui. Elle revivait dans un seul cœur; mais ce cœur était celui du jeune souverain. Il se promit à lui-même de garder le silence jusqu'au jour où il ferait éclater la foudre sur eux. En attendant il les épiait, tout en les subissant.

Cependant leurs excès et leurs audaces avaient soulevé l'indignation sourde des bons Ottomans. Ils asservissaient encore la capitale, mais ils n'asservissaient pas le murmure. Les exploits de Baraictar avaient appris qu'on pouvait les combattre, quelquefois les vaincre, toujours les surveiller. Les défaites qu'ils avaient subies aux frontières, leurs séditions, leurs déroutes, le pillage des provinces, l'empire découvert par eux, leur vénalité, leur lâcheté, leur insolence, avaient enfin porté atteinte à leur popularité. On leur demandait compte des victoires des Russes et des Autrichiens. Leur décadence dans l'opinion suivait la décadence de l'empire. Mahmoud ne voyait de salut que dans leur anéantissement; mais il ne se dissimulait pas qu'avant d'être assez puissant pour les anéantir, il fallait convaincre encore par de grands revers les Ottomans de leur faiblesse et de leur désorganisation. Il ne pouvait trouver que dans le patriotisme alarmé des vrais croyants la force nécessaire pour régénérer la Turquie. Il attendit l'heure, les occasions, les circonstances, avec cette patience qui est le caractère de la maturité des conspirations heureuses. A voir ce jeune homme entouré des chefs des janissaires et des chefs des oulémas prêts à se disputer son règne, et paraissant s'abandonner à eux comme à ses appuis naturels, nul ne se serait douté qu'un vaste dessein couvait sous ce front candide et que ces séditieux élevaient en lui leur bourreau et le vengeur de l'État.

Les commencements du règne de Mahmoud furent paisibles et faciles en apparence. Une lassitude générale des factions et du peuple semblait assoupir la Turquie. Mais l'Autriche, la Prusse, la Russie, accoutumées depuis tant d'années à des victoires faciles, ne pouvaient manquer de susciter bientôt par leurs exigences de nouvelles occasions de guerre. Mahmoud lui-même n'y répugnait pas. Son âme était guerrière, il avait été bercé au bruit du canon, et, de plus, il désirait puiser dans la popularité que donne la victoire à un jeune prince l'autorité personnelle et le droit de sévir contre les oppresseurs de son peuple. Il accepta donc sans hésiter le premier défi que lui fit l'Europe.

Il vint de la Russie. L'occasion lui en fut donnée par son mécontentement du traité de paix du 5 janvier 1809, conclu entre la Porte et la Grande-Bretagne. Pendant que le sultan Mahmoud promettait à la Russie d'ouvrir des négociations de paix avec elle, à Jassi, il préparait et achevait dans l'ombre et en secret son traité avec l'Angleterre, sur les sollicitations de M. Adair, négociateur anglais, et de M. de Stürmer, internonce d'Autriche. Ce traité obligeait la Grande-Bretagne à rendre à la Porte tous les forts et toutes les places qui lui appartenaient ; il obligeait en retour la Porte à libérer du séquestre les marchandises et les vaisseaux anglais, à reconnaître les capitulations anciennes et nouvelles et les priviléges qu'elles consacraient, à condition que l'Angleterre recevrait dans ses ports les navires turcs et renoncerait à forcer les Dardanelles. Tel était le traité.

M. de Latour-Maubourg, chargé d'affaires de France, et la Russie, en hostilité d'intérêts avec la Grande-Bretagne, portèrent leur opposition à ce traité devant le sultan

Mahmoud. Ce fut en vain : le sultan, résolu, maintint avec fermeté sa politique, et la consacra devant l'Europe en recevant avec éclat le ministre de l'Angleterre.

Cet acte rendit stériles les tentatives de paix ouvertes à Jassi entre la Russie et la Porte. Il ne sortit des négociations qu'une déclaration de guerre. Elle était devenue inévitable. Le sultan l'accepta avec audace et même avec espérance ; la guerre allait servir sa politique intérieure, le grandir devant son peuple, abaisser les janissaires, et lui donner par la gloire la force d'accomplir la révolution qu'il couvait dans son dessein.

Il prépara tout pour la lutte. Il donna l'ordre aux pachas et aux agas des frontières de rassembler leurs troupes campées sur les bords du Danube. Il envoya des corps d'armée pour étouffer dans son germe l'insurrection des Serbes soulevés à la nouvelle de la rupture de la Porte avec la Russie. Le sceau du commandement fut donné à Zia-Yousouf-Pacha, vieillard de soixante-douze ans, qui avait l'expérience de la guerre, qui avait été à la tête de l'armée ottomane, en qualité de grand vizir, lors de l'expédition de Bonaparte en Égypte, et qui avait eu l'honneur de combattre en face de Kléber, à la bataille d'Héliopolis.

La Russie commença les hostilités. Le général russe, se jetant sur les Turcs, battit un de leurs corps d'armée sous le canon du fort d'Ibraïl, et s'empara de la forteresse de Slobodsa. L'ouverture de la campagne, attristée par ces deux revers infligés par les Russes, s'annonça mieux pour les Turcs dans leur lutte avec les Serbes. Les pachas de Bosnie et de Nissa défirent l'armée servienne, et enfermèrent dans un blocus Deligrad et plusieurs autres places fortes du pays.

Pendant que l'armée combattait, la diplomatie anglaise troublait le sultan à Constantinople par ses intrigues dans les îles Ioniennes. L'ambassadeur anglais, M. Adair, tentait d'enlever ces îles à la France, en essayant de soulever les indigènes contre la domination française. M. Adair échoua. Le sénat ionien lui résista : il bannit un homme de Corfou, nommé Dendrino, que l'ambassadeur anglais avait fait chancelier de la république des Sept-Iles à Constantinople. Les agents de l'Angleterre furent expulsés des îles, et le sultan promit solennellement au chargé d'affaires de la France d'assurer par les armes l'autorité française sur les îles Ioniennes, données à l'empire par le traité de Tilsitt.

La guerre se poursuivait sur les rives du Danube avec de grands succès pour les Russes; ils s'emparèrent de plusieurs places fortes situées des deux côtés du fleuve. Leur général en chef, Bagration, franchit le Danube, entra dans la Bulgarie, défit les Osmanlis près de la ville de Silistrie, et prit Rassowat. Presque en même temps, un autre corps d'armée russe forçait à se rendre la forteresse d'Ismaïl. Les généraux Markoff et Platoff prenaient les villes de Mangalia et Kavarna, au bord de la mer Noire. Les Russes triomphaient partout.

Le grand vizir ne s'abattit point sous le poids de ses défaites, il se roidit contre la fortune. Campé en avant des murs de Silistrie, il attendit, sans découragement et sans effroi, le choc d'un ennemi accourant, dans l'exaltation et la confiance de ses victoires, se briser contre l'armée immobile des Turcs. Le prince Bagration laissa près de dix mille hommes sur le champ de bataille, recula et fit sa retraite sur Hirsowa. Il se hâta de repasser sur la rive gauche du Danube avec les restes démoralisés de son armée, après avoir jeté des garnisons dans les forteresses qu'il avait prises sur la rive droite. La prise de la forteresse d'Ibraïl par le général russe Essen affaiblit seule pour les Turcs l'éclat de leur victoire.

La diplomatie étrangère ne cessait pas ses intrigues à Constantinople. M. de Latour-Maubourg tourmentait le sultan pour obtenir son appui dans la politique de l'empereur contre l'Angleterre, son adhésion au système continental et le renvoi de M. Adair. Il avait choisi habilement son heure. Il était venu porter la nouvelle de la victoire de Wagram et de la paix de la France avec l'Autriche, et, sous le prestige de ce succès, il agit avec confiance près du sultan.

Il réussit après de longs efforts. Il eut à combattre d'abord les hésitations et les répulsions du sultan ; mais la Porte, poussée par son désir de terminer ou du moins de suspendre sa guerre avec la Russie pour réparer ses forces, consentit enfin à accepter la médiation de la France. Pourtant le sultan ne désarma pas. Il profita de cette détente des hostilités pour se préparer à la guerre qu'il sentait prochaine. Elle le pressait à l'extérieur et à l'intérieur. Il allait avoir à se défendre contre les Russes, à réprimer les Wahabites, ces protestants de l'islamisme, et à rendre aux pèlerins musulmans les villes saintes de la Mecque et de Médine, que cette secte leur avait fermées. Homme de longue prévoyance, il se hâtait de créer des forces pour la double campagne qu'il pressentait.

La guerre ne tarda pas de s'ouvrir ; elle fut une suite de succès pour les Russes. Le sort trahissait les efforts de Mahmoud. L'armée russe, commandée par le général Kamensky, envahit la Bulgarie, fit le siége de Bajardjik, non loin de Chumla, quartier général du grand vizir, l'emporta d'assaut, couvrit comme un torrent le versant nord de l'Hémus, et courut occuper les côtes de la mer Noire.

A la nouvelle de ces défaites, le sultan fit un appel suprême à l'armée. Il envoya un firman aux troupes découragées du grand vizir ; il évoqua la gloire du passé, la mémoire des exploits des vieux Osmanlis, leurs victoires merveilleuses. Il tenta de ressusciter le fanatisme héroïque des soldats de Mahomet II. Il leur annonça qu'il allait venir les commander lui-même et les soutenir dans cette lutte désespérée.

Les murmures des oulémas et des janissaires s'élevèrent contre ce dessein du sultan. Ils arrêtèrent son départ en l'embarrassant par mille intrigues. Ils voulaient à tout prix garder Mahmoud à Constantinople, l'isoler de son armée ; ils redoutaient dans son départ son affranchissement de leur domination, et dans le retour armé du sultan l'écroulement de leur puissance.

Ayant appris que les pachas Tchapan-Oglou et Kara-Osman-Oglou, partisans ardents de la réforme militaire tentée par Baraictar, devaient faire passer par Constantinople l'armée de vingt mille hommes qu'ils conduisaient au camp du grand vizir, les janissaires craignirent que la concentration de ces forces ne cachât le rétablissement du nizam-djerid. Ils réclamèrent bruyamment contre leur passage par Constantinople, et contraignirent le sultan à leur faire suivre une autre route.

A mesure que les difficultés se multipliaient pour la Porte, au dedans et au dehors, elles se dénouaient pour la Russie. Elle avait écrasé dans le Caucase l'armée coalisée des Persans et du prince d'Imiretie. Cette victoire décisive était le dénoûment de la guerre, et semblait devoir condamner la Perse à la paix avec le czar. La Russie, déchargée du poids de sa lutte contre les Persans, rendue plus libre de ses mouvements, allait pouvoir se retourner avec des forces nouvelles contre l'armée vaincue et démoralisée de la Porte. Ce danger, les défaites subies dans la campagne, tout faisait à Mahmoud une nécessité et une passion de la paix.

Des négociations furent ouvertes avec le général Kamensky. Fort de ses succès, il présenta des conditions d'une telle rigueur que le sultan les repoussa. Les négociations furent abandonnées, et les hostilités suspendues par l'hiver. Les Russes se retirèrent dans la Valachie, la Moldavie et la Bessarabie, pour établir leurs quartiers d'hiver. Ils laissèrent, en se repliant, des garnisons à Nicopolis, à Silistrie et à Rustchuk, afin de garder la rive droite du Danube.

Le grand vizir utilisa les loisirs de la saison à fortifier, sous la direction d'ingénieurs européens, son camp de Chumla.

Dans le même temps, à la fin de 1810, eut lieu la punition éclatante de la rébellion de Suleïman-Pacha, gouverneur de Bagdad. Il avait refusé au Grand Seigneur l'argent et les troupes qu'il lui devait, et conspiré avec les Wahabites. Il fut déclaré rebelle, et poignardé par l'ordre de l'ex-reïs-effendi Thal'at, envoyé du sultan. En vain l'ambassadeur d'Angleterre demanda-t-il impérieusement la grâce du pacha, Mahmoud la refusa et passa outre. Il frappait avec le sang-froid de la fatalité, de la nécessité politique. C'est ainsi qu'il réprimait virilement les troubles intérieurs de ses provinces, les révoltes de la féodalité musulmane, et qu'il fondait l'unité de l'empire.

On entrait en 1811. Au fond de l'empire ottoman, dans la lointaine Égypte, un grave événement s'accomplissait. Le gouverneur de la province, Mohammed-Ali, ajournait son expédition contre les Wahabites, pour détruire les mamelucks.

Ils s'étaient retirés dans une partie de la haute Égypte que le pacha leur avait abandonnée. Des rivalités ayant divisé les chefs de ce corps, plusieurs d'entre eux eurent recours à la protection de Mohammed-Ali. Il les allécha par ses promesses, leur donna l'espérance d'un traité avantageux, et en attira un grand nombre, au Caire, dans le guet-apens qu'il leur tendait. Dès qu'ils furent entrés dans la cour du palais, on ferma les portes, et on les massacra du haut des murs comme des animaux dans une fosse. Les mamelucks restés dans les provinces furent mis à mort par les commandants, sur les ordres du pacha. Telle fut la fin tragique de cette héroïque aristocratie militaire qui avait combattu avec un brillant courage contre l'armée française, mais dont la gloire, l'orgueil et l'esprit insoumis se jouaient de l'autorité du sultan et du pacha, et l'affaiblissaient dans l'imagination populaire. Un sultan résolu à gouverner ne pouvait plus laisser vivre à côté de lui ce corps tout-puissant, insolent avec le pouvoir, oppressif pour les populations, onéreux et insupportable à tous. Sa destruction était une nécessité; légitime dans la pensée, elle fut criminelle dans l'exécution. On y reconnait la main perfide et cruelle de l'Orient. Si la politique peut l'absoudre, la justice, cette politique de la conscience, doit l'abhorrer et la flétrir. On l'applaudit à Constantinople. En approuvant l'immolation des mamelucks, ces janissaires de l'Égypte, Mahmoud annonçait et glorifiait d'avance le grand massacre qu'il méditait.

Pendant ce temps, que devenait la situation extérieure de la Porte? Elle se trainait dans des négociations sans issue avec la Russie. Les deux armées changeaient de généraux (mars 1811), Kutusoff venait prendre le commandement à la place du général en chef Kamensky, frappé par une grave maladie, et impuissant à continuer la guerre. Le grand vizir Zia-Yousouf-Pacha, affaibli par les infirmités de l'âge, était remplacé par Admeh-Pacha dans sa dignité de séraskier. Pour lui adoucir l'amertume de sa retraite, le sultan écrivit de sa propre main au grand vizir une lettre de reconnaissance pour ses vieux services, de bienveillance et de regret.

Ahmed-Pacha, ex-nazir d'Ibraïl, devenu grand vizir, forma une armée de soixante mille hommes, réunit soixante-dix-huit pièces d'artillerie, et, vers le mois de juin, s'avança vers Rustchuk, ville située sur la rive droite du Danube. Kutusoff, apprenant ce mouvement, se porta avec un corps d'armée à Giurgewo, ville placée sur la rive gauche, en face de Rustchuk, et y établit son camp. Affaibli de quatre divisions de son armée rappelées en Pologne pour s'y tenir en observation, il fut contraint de garder la défensive. N'ayant pas assez de forces pour défendre les villes placées entre Silistrie et Rustchuk, il fit raser leurs fortifications, concentra trente mille Russes sur les hauteurs qui dominent Rustchuk, et attendit l'attaque des Ottomans.

Leur assaut fut vif, mais stérile. Il vint se briser contre l'armée ennemie, inébranlable dans ses retranchements. Les Turcs se replièrent et vinrent regagner leur camp à Kadi-Keuï, situé à deux lieues et demie de Rustchuk. Le général Kutusoff n'osa pas profiter de cet avantage. Il aurait eu besoin de dix mille hommes pour garder Rustchuk, et, ne pouvant détacher un corps si nombreux de son armée déjà affaiblie, il se résigna à abandonner la ville. Le 5 juillet 1811, il passa le Danube, fit partir plus de six cents familles bulgares qui habitaient Rustchuk, détruisit une partie des fortifications, et livra la ville à l'incendie. Il alla planter ses tentes sur la rive gauche du fleuve, près de Giurgewo.

L'armée turque suivit les Russes dans leur mouvement. Ismaïl-Bey et Kara-Osman-Pacha firent aussi le passage du Danube, et retranchèrent leurs troupes sur les bords. Le grand vizir voulait porter la plus grande partie de son armée sur la rive gauche, afin d'attaquer en forces l'armée russe. Le général Kutusoff, prévenant ce dessein, vint se jeter subitement sur le camp ottoman, qu'il envahit. Le grand vizir, encore sur la rive droite du fleuve, alla demander un armistice, et, sur le refus de Kutusoff, se hâta de se jeter dans un bateau et de regagner Rustchuk, protégé par les ombres de la nuit.

Les Russes triomphaient sur toute leur ligne : ils reprenaient Silistrie; Véli-Pacha abandonnait à l'ennemi son camp de Furtu-Kaï, et Ismaïl-Pacha, beg de Sérès, qui s'était avancé jusque dans les terres de la Petite Valachie, fuyait devant le général Sass, et repassait en toute hâte le Danube.

Sous le coup de ces revers, le séraskier demanda à Kutusoff une suspension des hostilités. Il l'obtint pour tout le temps que dureraient les négociations tentées pour la paix. Le sultan, à la nouvelle de cette malheureuse campagne et de la conclusion de l'armistice, témoigna son mécontentement au grand vizir, se redressa contre sa mauvaise fortune, appela tous les hommes capables de combattre, les lança sur Chumla, augmenta la garnison de Varna, sur la mer Noire, et commanda à son armée d'attendre, sous les drapeaux, la reprise de la guerre.

Une joie de famille vint le consoler de ces désastres publics, la naissance de son premier fils (le 24 novembre 1811), qui reçut le nom de Sultan-Murad. Le peuple, qui craignait l'extinction de la race d'Osman, s'associa au bonheur de Mahmoud. Cet événement, qui aurait été célébré en d'autres temps par ces solennités magnifiques qui sont dans le génie de l'Orient, passa sans éclat public. Sous l'impression triste que répandaient les défaites récentes, on ne voulut pas ouvrir les grandes fêtes, appelées *donanma*, que la naissance de l'enfant royal devait amener. On la fêta seulement dans l'intérieur du sérail. Il n'y eut d'autre cérémonie que les hommages des ambassadeurs étrangers qui vinrent, selon la vieille coutume, offrir des plateaux remplis de sucreries, de rafraichissements et de fleurs au sultan.

Les négociations commencées à Giurgewo, et qui continuaient à se poursuivre à Bucharest, furent arrêtées par les Russes, et l'on s'arma pour combattre. Pourtant les plénipotentiaires restèrent encore à Bucharest, afin de gagner du temps. Ils renoncèrent à la fin à leurs tentatives de pacification en apprenant que le mufti avait déclaré, dans le sein du divan, qu'il refuserait la sanction de son *fetva* à la paix, et que le divan avait été unanime pour reprendre la guerre contre la Russie.

L'empereur Alexandre s'y préparait ; il avait envoyé deux divisions à Jassi pour renforcer l'armée insuffisante de Kutusoff, quand soudain il les rappela. Plusieurs causes motivaient ce changement de dispositions : la rupture prochaine avec la France, et la guerre avec les Persans victorieux, qui venaient de vaincre les Russes près de Koubbé ; succès momentané que les Russes devaient interrompre par leur invasion dans la Géorgie.

La lutte allait s'ouvrir entre la Porte et la Russie, lorsque survint la déclaration de guerre de Napoléon à Alexandre. A cette nouvelle, M. d'Italinsky, plénipotentiaire du tsar près de la Porte, se relâcha de la rigueur de ses prétentions, et fit des propositions qui furent acceptées par le divan. La paix, si longtemps poursuivie, fut enfin conclue et signée à Bucharest, le 28 mai 1812, et ratifiée le 23 juin suivant à Wilna. Le Pruth devint la ligne frontière des deux empires. Ce traité assurait à la Russie des avantages importants. Il lui donnait les bouches du Danube, une partie de la Moldavie et de la Bessarabie. Le sultan le signa avec regret ; il avait espéré des conditions meilleures pour la Porte à ce moment où la paix était une nécessité pour l'empereur Alexandre, forcé de rappeler toutes ses troupes pour repousser l'invasion de Napoléon et couvrir la Russie.

Deux mois après la conclusion de la paix, l'armée russe, vaincue par la grande-armée sur plusieurs champs de bataille, reculait devant Napoléon victorieux. Il s'avançait au cœur de l'empire et marchait sur Moscou. L'effroi, la consternation, saisirent les troupes russes laissées sur les bords du Danube et les populations valaques, moldaves et serviennes, qui tremblaient de retomber sous la domination du sultan triomphant de la défaite de la Russie.

Alexandre, dans sa lutte suprême contre Napoléon, rappelait autour de lui ses troupes perdues au fond de ses provinces. Kutusoff, sur son ordre, quittait l'armée opposée aux Turcs pour commander l'armée levée contre les Français. L'amiral Tchitchakoff vint le remplacer à Bucharest, où il ne resta qu'un moment. Sous la pression du danger, il abandonna les rives du Danube, pour accourir à marche forcée, avec ses troupes, sur le Pruth, et rentrer en Russie pour défendre l'empire envahi.

Au moment où les Russes sortaient du territoire ottoman, le général Andréossy entrait à Constantinople. Il était chargé d'une mission de l'empereur près du sultan : il venait le presser de faire une alliance avec Napoléon et de s'affranchir de l'Angleterre. Cette négociation, qui se prolongea pendant les deux années de la grande crise de la France (1812-1814), en suivit toutes les phases orageuses, et demeura stérile pour Napoléon. Le sultan prenait sa revanche envers lui, et se vengeait des humiliations que lui avaient infligées ses discours menaçants au Sénat et son abandon au traité de Tilsitt.

Gardant toujours de l'amertume contre la paix onéreuse que son grand vizir et les autres négociateurs lui avaient fait subir à Bucharest, il les déposa quelque temps après l'arrivée du général Andréossy. Il nomma grand vizir Khoschid-Ahmed-Pacha, ancien gouverneur de l'Égypte, et fit mettre à mort Démétrius Morouzi, drogman du camp, et son frère Panaïoti, ex-premier interprète de la Porte, soupçonnés d'avoir révélé des secrets d'État à l'ennemi.

Il gouvernait. Il préparait prudemment, mais énergiquement, l'accomplissement de sa révolution militaire. Il imposait une discipline nouvelle aux janissaires, il réprimait la révolte de quelques agas et pachas. Molla-Pacha, gouverneur de Widdin, fut du nombre. Un autre rebelle, Ramis-Pacha, ayant quitté Saint-Pétersbourg, en apprenant la paix de Bucharest, pour rentrer en Turquie, fut attaqué aux environs de cette ville par une petite troupe commandée par le *bin-bachi*, colonel du grand vizir. Il tenta courageusement de se défendre; mais, accablé par le nombre, il périt massacré après une lutte héroïque.

Mahmoud commençait à dompter sous sa main les provinces jusque-là soulevées; son autorité se fondait. Il dominait l'anarchie politique et religieuse. Il réprimait les Wahabites. Pressé par le sultan, Mohammed-Ali-Pacha, libre depuis la destruction des mamelucks, préparait à Alexandrie une expédition contre les violateurs du tombeau du prophète. Dix-huit bâtiments, armés de six mille hommes d'infanterie, de douze pièces de canon et deux mille hommes de cavalerie, débarquèrent à Yambo, sous le commandement de Toussoun-Pacha, son fils. Avant de marcher contre les Wahabites, il s'assura le concours des tribus arabes avoisinantes, acheta à prix d'argent des guides et des moyens de transport, et marcha sur la Mecque et Médine. L'émir Séoud, prince des Wahabites, accourut avec quarante mille hommes pour couvrir les villes saintes menacées. Il se porta sur les hauteurs de Safra, et battit l'armée de Toussoun engagée dans les défilés. Toussoun, mis en complète déroute, se réfugia à Yambo, abandonnant ses tentes, ses bagages, ses munitions et plus de six cents morts sur le champ de bataille. Les Wahabites, croyant que cette fuite des Turcs n'était qu'une feinte pour les attirer dans un piége, n'osèrent point les poursuivre, s'arrêtèrent dans leur victoire et rentrèrent dans leurs tentes chargés de butin.

Une seconde expédition étant venue réparer les forces de Toussoun-Pacha, il marcha contre les Wahabites, prit les villes de Bahr, Djeddah, Safra, et entra sans grands efforts dans Médine. Il prit les clefs de la ville sainte et les envoya à Constantinople, où elles parvinrent le 30 janvier 1813.

Ce fut un jour de fête pour les musulmans. Les commissaires de Mohammed-Ali furent salués par des salves d'artillerie à leur entrée dans Constantinople. A midi, le sultan, entouré d'un brillant cortége, s'avança, au milieu des magnificences de l'Orient, vers la mosquée d'Eyoub. Il y dit solennellement le *Salat-Zuhur*, la prière du midi, reçut les clefs de Médine, et les fit porter, avec la pompe des cérémonies turques, dans le palais du sérail, au milieu des reliques du prophète. Puis on récompensa l'envoyé du gouverneur d'Égypte, qui reçut un cafetan de zibeline, et l'on donna des pensions à vie aux Tatares, premiers messagers de la victoire de Toussoun-Pacha.

La guerre continua avec vigueur. Malgré plusieurs succès obtenus dans différents engagements avec les Wahabites et leurs alliés, Mohammed-Ali, ne voulant pas laisser la répression traîner en longueur, vint lui-même de Suez avec un grand renfort de troupes, débarqua à Djeddah et marcha sur la Mecque, qu'il enleva sans peine, au mois de mars 1813.

Ce fut l'occasion d'une fête nouvelle à Constantinople. Les clefs de la Mecque et de la Kaaba furent reçues avec le même enthousiasme et les mêmes honneurs que celles de Médine. Malheureusement la fête fut ensanglantée par un supplice, par l'exécution d'un fanatique Wahabite, l'intrépide cheik arabe Ibn-Haçan-el-Kalaï.

La victoire des Turcs n'était que nominale ; après les deux villes saintes, il restait à conquérir le territoire sacré. L'armée de Mohammed-Ali, plus disciplinée et plus régulière que l'armée des Wahabites, remporta d'éclatants succès dans les plaines, et fut battue dans les montagnes. Elle éprouva une défaite désastreuse, à Kounfoudah, de la part d'une tribu commandée par une femme, Raliâh, sorte de sibylle arabe qui fanatisait l'armée. Dans tout le Tihâmah la lutte fut longue et disputée, et les Wahabites firent acheter cher aux troupes de Mohammed leur triomphe.

Au moment où le pacha se rendait maître du sud de l'Arabie, le chef des Wahabites Abdallah ayant succédé à son père, l'émir Séoud, mort à Deréiri sa capitale, rassembla ses troupes, marcha sur Taïf et assiégea Toussoun-Pacha, réduit à la dernière extrémité. Mohammed-Ali accourut au secours de son fils, chassa Abdallah et entra dans Taïf. Puis, rappelé en Égypte par les soins à donner à son gouvernement, il quitta l'Arabie en confiant à son fils le commandement de toute l'armée.

Toussoun poursuivit les Wahabites dans l'intérieur du pays. Là, il fut harcelé, fatigué par les escarmouches sans fin des tribus qui l'attaquaient sans lui livrer un combat décisif. Exténué, sans vivres, il se prépara à la retraite. Mais il se ravisa, essaya une ruse, en faisant à Abdallah des propositions hautaines. Abdallah, intimidé par ces exigences qui lui cachaient la détresse de Toussoun, signa, en 1815, la paix onéreuse qu'il lui imposait. Toussoun revint à la Mecque, puis rentra en Égypte pour se reposer de sa rude expédition.

Abdallah, revenu de sa mystification et débarrassé de l'armée égyptienne, voulut se venger. Il fortifia les ports et les places, et recommença la guerre. Il avait ouvert les hostilités lorsque arriva en Arabie une nouvelle armée égyptienne commandée par le second fils de Mohammed-Ali, Ibrahim-Pacha. Ibrahim lui proposa la paix à deux conditions : la démolition de toutes les fortifications récemment élevées et la remise d'Abdallah lui-même, au Caire, avec les reliques enlevées au tombeau du prophète à Médine et dans le temple de la Mecque. Abdallah, se révoltant contre cette dernière humiliation, refusa et se releva pour combattre.

La lutte dura entre les deux armées, balancée quelque temps des deux côtés par des avantages et des revers. Abdallah battit d'abord Ibrahim et fut battu à son tour. Il se réfugia à Deréiri, fortifia ses murs de quatre-vingts pièces de canon, et soutint pendant sept mois le siége de l'armée égyptienne. Au bout de ce temps, la ville fut prise d'assaut, vingt mille Wahabites furent taillés en pièces et Abdallah fait prisonnier. La nouvelle de sa défaite fut célébrée par des fêtes religieuses et des réjouissances qui durèrent une semaine entière. Il arriva bientôt au Caire avec son frère et d'autres compagnons de guerre. Il remit au pacha les bijoux enlevés au tombeau du prophète et à la Kaaba, demanda pour sa famille la clémence du vainqueur, et accepta sa destinée avec la résignation héroïque du musulman. Sur l'ordre du sultan, il fut envoyé à Constantinople. Amené devant Mahmoud, il fut insulté par le sultan, sans respect et sans pitié pour le noble vaincu. On le traina pendant trois jours, chargé de chaines, dans les grandes rues de la ville, flagellé par les injures de la populace, abreuvé d'humiliations. La mort vint le délivrer de toutes ces ignominies. Après avoir souffert les plus cruelles tortures, après une terrible agonie, il fut conduit au lieu de son exécution, sur la place Sainte-Sophie. Il marcha avec sérénité au supplice, accompagné de son secrétaire et d'un iman de sa secte. Il monta le premier sur l'échafaud, au milieu des chants et des prières de l'iman bénissant la dernière épreuve du héros; sa tête tomba sous la hache, puis son secrétaire fut décapité après lui, et enfin l'iman, qui avait voulu mourir le dernier, et qui chanta et pria jusqu'à sa mort. Les trois têtes, séparées de leurs troncs, furent exposées dans une niche à la porte du sérail ; on grava au-dessous un verset du Coran, sentence d'anathème contre les impies que l'iman avait lancée à ses bourreaux quelques instants avant sa fin, et que lui renvoyait la vengeance de ses ennemis.

Ainsi finit Abdallah, l'héroïque lutteur qui tenta de rendre à l'Arabie sa nationalité politique et religieuse, et qui sut combattre et mourir pour la double indépendance de sa patrie et de sa foi.

C'était l'heure des répressions sanglantes ; Mahmoud les exécutait avec le fatalisme musulman et l'impassibilité de la politique. Quelques mois avant le supplice d'Abdallah, 17 décembre 1818, il avait fait décapiter Czerni George, le chef des Serbes (1817).

Czerni George n'était pas, comme lui-même l'avait fait croire longtemps, originaire de Servie. Il était né en France, près Nancy, dans le pays guerroyant de la Lorraine ; mais il s'était si bien assimilé les instincts barbares de la race slave, qu'il semblait en avoir le sang dans les veines, et il n'avait gardé de la France que le génie aventureux.

La nature avait formé son corps pour la lutte et le commandement ; il dominait ses soldats de sa haute taille. Ses yeux, petits et enfoncés sous leurs épais sourcils, animaient sa longue figure ; son front était nu ; ses cheveux rejetés en arrière, retenus et rassemblés par un nœud, pendaient sur son dos en énormes tresses. Il marchait toujours armé, la ceinture garnie de pistolets et de poignards. Son costume et son teint d'un fauve sombre qui lui avait fait donner le surnom de Czerni, *le Noir*, lui imprimaient un aspect sauvage. La chasse était une de ses passions ; chaque année, dans les loisirs de la guerre, il courait les forêts accompagné de sa meute humaine de cinq cents bandits. Il traquait et tuait sans pitié les cerfs, les chèvres sauvages, les renards et les loups, et faisait vendre à son profit tout le gibier pris dans la campagne. Tel était ce terrible chasseur d'hommes et d'animaux, qui rappelle les héros des forêts allemandes, et fut le Freyschütz de la Servie.

Engagé à quinze ou seize ans dans les armées françaises, en 1791 ou 1792, il fit la guerre contre la Prusse et l'Autriche, et, puni pour une faute d'indiscipline, passa à l'ennemi. La paix de Campo-Formio étant survenue, l'Autriche ayant fait rentrer la plupart de ses troupes, Czerni George fut cantonné en Transylvanie. Puni par un capitaine pour une insubordination, il l'insulta, le provoqua, le tua, et se réfugia avec un de ses témoins en Servie, où il se fit chef d'une bande de heiduques, bandits guerriers qui vivent dans les bois et dans les montagnes.

Il devint bientôt le chef de tous les hommes révoltés contre les Turcs et de tous les aventuriers de la contrée. Plein de courage, il fit une guerre de surprises, échappant aux nombreuses troupes des Turcs et les battant en détail, ainsi que faisaient les chouans en Bretagne. La Porte envoya contre lui une forte armée qui fut, après quelques légers succès, harcelée, épuisée, battue par son opiniâtre ennemi, et réduite à se réfugier dans les places fortes. Sous le coup de cette défaite, la Porte, cherchant à gagner du temps, fit avec Czerni George plusieurs traités qui furent violés par lui, et finit par le reconnaître et le nommer hospodar de Servie (1803).

La convention demeura sans effet décisif et sérieux. Les janissaires de la Servie, oppresseurs et indépendants, s'étaient séparés des spahis : la division existait entre les Turcs ; les spahis étaient humains, les janissaires tyranniques ; ils avaient pris Belgrade par trahison, tué le pacha dont le gouvernement juste et bon était aimé dans le pays. Maîtres de toute la Servie, et renforcés par des bandes de mercenaires bosniens et albanais, ils pillèrent les campagnes et fondèrent une tyrannie.

Poussés à bout, et dirigés par Hassan-Pacha, ancien serviteur du pacha de Belgrade, les spahis et les rayas conspirèrent un soulèvement contre les janissaires. Leur complot ayant été découvert, ils ne réussirent qu'à fortifier et irriter le despotisme des janissaires ; une extermination des chrétiens de la Servie fut résolue.

Le massacre commença en février 1801 ; les plus nobles, les plus illustres et les plus riches furent mis à mort ; les jeunes chrétiens, les hommes de courage, parvinrent à se réfugier dans les montagnes et à rassembler dans les bois une armée d'insurrection.

De la forêt de Chumadia, les trois chefs serviens, Czerni George, Yanko-Kalisch et Vassa-Tcharpisch, appelèrent le peuple aux armes. Les Serbes se soulevèrent en masse, chassèrent les Turcs dans leurs forteresses et se rendirent maîtres de la campagne.

Ils choisirent à l'unanimité pour leur commandant suprême Czerni George, qui fit aussitôt cerner les forteresses de Chabatz et de Pacharavatz, et courut lui-même, avec le gros de ses troupes, attaquer Belgrade. Chabatz et Pacharavatz se rendirent bientôt, puis la ville forte de Smérévélo. Ces places tombées au pouvoir des Serbes, ceux-ci réunirent tous les corps épars pour les lancer tous ensemble à l'assaut de Belgrade.

La Porte, attendrie par les malheurs de la Servie, et irritée de la révolte et de l'oppression des janissaires, donna, sur la prière de Hassan-Beg, l'ordre à Békir, pacha de Bosnie, de secourir les Serbes et de chasser les janissaires.

A l'arrivée du pacha devant Belgrade, les janissaires, frappés de panique, s'enfuirent vers le Danube avec leurs trésors, et la ville fut rendue au pacha par Kuschantz-Ali, chef des mercenaires, qui garda la citadelle en exigeant pour sa reddition le payement de la solde arriérée de ses troupes. Les janissaires réfugiés à Orsova furent exécutés, et leurs têtes portées à Belgrade puis exposées sur les remparts.

La lutte semblait finie et la Servie pacifiée; il n'en était rien. Sur l'invitation faite par le pacha aux Serbes de rentrer dans leurs villages et de reprendre les travaux de la terre, ils refusèrent de désarmer, craignant de retomber encore dans la servitude. Leur indépendance était à ce prix.

Les Serbes envoyèrent, en août 1804, un député à Saint-Pétersbourg, pour obtenir l'appui et la médiation de la Russie. Alexandre répondit qu'ils devaient porter leur demande devant le sultan, et que le ministre russe à Constantinople aurait l'ordre de l'appuyer. Comme Slaves, comme coreligionnaires, ils avaient un double titre à la sympathie de ce gouvernement. Une députation fut donc envoyée au divan pour solliciter la remise de toutes les places fortes de la Servie aux indigènes et le payement d'une indemnité de deux millions de piastres pour les dommages éprouvés par le pays dans les luttes contre les janissaires.

La Porte refusa la cession des places fortes aux Serbes et les deux millions d'indemnité, s'irrita de cette demande comme d'une menace d'indépendance, arrêta la députation et intima à Hafis, pacha de Nissa, l'ordre d'envahir la Servie et de désarmer tous les rayas de la province.

Hafis entra en Servie avec un faible corps d'armée. Cerné par les patriotes, qui le pressaient de toutes parts, il fut défait, mis en fuite et contraint de regagner Nissa avec son armée en débris.

L'insurrection se leva alors, s'exalta, se généralisa; un synode central, chargé de gouverner la province, fut formé par les Serbes et placé à Somorovedo. Puis on lança un appel pour la défense de la patrie.

Les pachas de Bosnie et d'Albanie se jetèrent en Servie pour étouffer le soulèvement. Ils furent battus dans les premiers combats; mais accablant bientôt les petites troupes des indigènes sous le poids de leur nombre, ils les acculèrent aux montagnes et les forcèrent à se replier sous les forêts; puis, excités par la victoire et la soif du pillage, ils s'avancèrent en ravageant le pays, en massacrant et en incendiant tout sur leurs pas.

Dans ce péril suprême la Servie trouva un sauveur dans Czerni George. Il multiplia ses forces par la flamme de l'héroïsme et par l'habileté de son plan de campagne. Il osa marcher avec moins de quinze mille hommes contre l'armée des Turcs formant une masse de quarante mille hommes, divisée en corps isolés. Il les défit l'un après l'autre, et les fit rétrograder sous Chabatz.

Il les attaqua bientôt dans leur camp fortifié, où les Turcs avaient concentré quarante-deux mille hommes. Un renfort de sept mille soldats d'infanterie et de deux mille de cavalerie le poussa à cet acte d'audace. Arrivé dans le camp, il fut sommé par les Turcs de faire sa soumission et de rendre les armes. Il répondit par le mot de Léonidas : « *Viens les prendre !* » et attendit l'attaque.

Confiants dans leur nombre, les Turcs sortirent de leurs retranchements, attaquèrent Czerni George, et furent repoussés avec une grande perte. De nouveaux renforts leur étant venus, ils se préparèrent à donner un dernier assaut. Czerni George, de son côté, ne négligeait rien, préparait, hâtait tout pour la lutte. Il embusqua une grande partie de sa cavalerie dans une forêt proche du champ de bataille, avec ordre d'attendre l'ouverture du feu pour attaquer les Turcs par derrière, et de les laisser s'approcher afin de tirer à bonne portée.

On était aux premiers jours du mois d'août 1806, l'aube se levait au moment où le séraskier turc sortit de son camp avec son armée. En avant marchaient les begs de la Bosnie, les drapeaux déployés et éclairés par le soleil levant, suivis de leurs soldats jetant des cris sauvages. En face d'eux, froids et calmes, rangés en silence, les armes prêtes, les Serbes se tenaient dans une attente intrépide, attentifs au signe de Czerni George pour commencer le feu.

Lorsque les Turcs ne furent plus qu'à cent toises du camp ennemi, George donna le signal. Un feu terrible de mitraille et de mousqueterie lui répondit, ravageant les rangs des Turcs, renversant les guides et leurs drapeaux. Dans ce désordre, la cavalerie servienne s'élance de la forêt et tombe sur les derrières de l'armée turque, pendant que George débouchait de son camp avec la masse de son infanterie.

Pris entre deux feux, les Turcs s'arrêtent, se débandent; leurs principaux officiers sont tués, le séraskier périt. Une partie de l'armée se réfugie éperdue dans Chabatz; le reste passe à la hâte la Drina et se sauve dans la Bosnie. Le butin de l'armée ottomane, son artillerie, sont abandonnés et restent dans les mains des Serbes; les prisonniers conduits par les Turcs recouvrent leur liberté.

Cette victoire était la paix. Ibrahim-Pacha, qui s'avançait sur Déligrad avec trente mille hommes, se hâta de l'offrir à Czerni George à la nouvelle de sa marche contre lui et de la défaite des Turcs.

La Porte avait besoin de la paix. Elle allait avoir la guerre avec la Russie, elle n'avait pas trop de toutes ses forces pour lutter contre cette puissance. La paix eut lieu à la fin d'octobre 1806. Les Serbes, par ce traité, gagnaient la possession et le gouvernement exclusif de leur pays, avec la seule réserve qu'un muhasil résiderait à Belgrade avec cent cinquante Turcs et prélèverait un tribut annuel de huit cent mille francs.

Les garnisons turques des places de la Servie refusèrent leur soumission aux stipulations du traité. Le pacha de Belgrade en interdit l'entrée à Czerni George. La guerre se ralluma. George assiégea Belgrade, y pénétra par ruse, le 30 décembre, et y plaça le muhasil envoyé par le sultan. Chabatz et Oussizza se rendirent le 5 février 1807. Les Turcs furent chassés de la Servie, et leur patrie rendue aux Sorbes.

L'indépendance conquise, une œuvre restait à accomplir : la fondation d'un gouvernement. La loi était impossible à créer dans un pays où la guerre avait popularisé la force. L'unité ne pouvait dompter encore la féodalité armée et toute-puissante. Le pouvoir des anciens knez ou chefs civils avait été détruit ; des chefs militaires, sous le nom de vayvodes, avaient pris leur place et partagé les douze districts de la Servie. Les plus puissants d'entre eux avaient usurpé le titre d'hospodar. De ce nombre était Czerni George.

Malgré ses services et son génie militaire, il n'était encore que le chef de son district particulier. Mais hors du pays, à l'étranger, il était regardé comme le seul chef de la Servie. Il était désigné par son éclat et sa puissance. Possesseur de Belgrade, de l'artillerie, des principaux arsenaux militaires, entouré de bandes de soldats dévoués, il avait l'autorité de fait, mais non de droit.

Il avait établi, à Belgrade, un sénat de douze membres chargé d'exercer le pouvoir législatif, de régler les finances, d'organiser les tribunaux. Des écoles élémentaires avaient été établies dans tous les chefs-lieux de district ; une académie placée à Belgrade. Le sénat tenta de balancer la féodalité militaire par l'unité civile ; il échoua. Plusieurs hospodars refusèrent le respect à son autorité et l'obéissance à ses lois. Souvent abandonné et menacé par Czerni George lui-même, le sénat fut impuissant dans ces luttes et se divisa comme le pouvoir militaire.

L'année 1807 fut sanglante pour toute l'Europe. Pendant que la coalition livrait en Prusse les batailles acharnées d'Eylau et de Friedland, sur le Danube George ouvrit la campagne par un échec près de Widdin, dû à une blessure à la jambe reçue au moment d'une rude mêlée. La Russie vint le soutenir de son argent et de ses munitions. Les affaires des Serbes se relevèrent ; l'ancien heiduque Veliko, devenu hospodar, agrandit leur territoire du côté des Monténégrins, et se rendit maître du fort de Podgoritza.

Un armistice fut conclu avec les Turcs le 18 août 1808. George repassa la Morava et cantonna ses troupes sur la rive gauche de cette rivière.

La trêve conclue entre les Russes et les Turcs s'étant rompue en 1809, les Serbes reprirent les armes avec la Russie. Ils se jetèrent dans la Bosnie. Czerni George franchit les montagnes pour se réunir avec les Monténégrins. Après avoir défait les Turcs et commencé le siége de Novi-Bazar, il apprit que les ennemis, grâce aux divisions des deux hospodars Pierre Dobrinitz et Milcsch, avaient triomphé devant Nissa, et qu'ils marchaient au cœur de la Servie. Il courut à marches forcées pour le couvrir et le sauver ; il était trop tard.

La terreur saisit les Serbes. L'envoyé russe, Rodokinikin, pris de panique, s'enfuit de Belgrade, et se réfugia au nord du Danube avec l'hospodar Pierre Dobrinitz, coupable par son ambition d'avoir amené cette situation désespérée.

Dobrinitz parti, les divisions cessèrent. Le salut de la patrie réunit la Servie en un faisceau de patriotisme. Aidés par les Russes, ils rejetèrent les Bosniaques au delà de la

Coludrara, et les Turcs, descendus de la Thrace, furent contraints de franchir les montagnes pour rentrer dans le bassin de la Maritza.

Le péril passé, l'anarchie reprit son cours. La lutte entre Czerni George et ses rivaux se ranima et s'aigrit ; on lui reprocha sa jalousie contre les Russes, ses actes d'animosité contre Rodokfinikin, et Dobrinitz, et la faveur donnée à Milosch en le chargeant du commandement supérieur de la partie orientale de la Servie. Un des chefs, Jacques Nénadowitz, refusa de reconnaître l'autorité de George, et pressa vivement les Serviens d'abandonner leur indépendance et de se donner à la Russie.

Soutenu par de nombreux partisans, il se fit nommer, pendant l'absence de George à Belgrade, président du sénat, et nomma une députation pour aller porter au tsar la souveraineté de la Servie.

Une ligue se forma contre George. L'exemple de Nénadowitz fut imité par Veliko et Milenko, puis bientôt par Milosch. Le quartier général du comte de Kaminsky, commandant en chef de l'armée russe, devint le centre des intrigues contre le général et le chef populaire. On répandit le bruit que Kaminsky demandait sa déposition ; une proclamation du général russe le démentit bientôt. Kaminsky confirma la reconnaissance de George comme chef de la Servie, et lui promit des secours contre les troupes turques qui marchaient encore sur l'intérieur du pays.

De Nissa, Kurchid-Pacha fit à George des ouvertures d'avantages personnels. George les dédaigna, et, soutenu par les Russes, battit à fond l'armée de Kurchid, et rejeta les Bosniaques sur leur territoire.

La guerre extérieure cessa durant l'hiver de 1811 à 1812; mais ce pays agité reprit ses déchirements intérieurs. Les hospodars attaquèrent Czerni George avec une nouvelle violence. Ses amis le défendirent activement et habilement.

Saisissant l'occasion de l'absence de plusieurs hospodars, ils firent décréter par le sénat une constitution presque monarchique. Tous les vayvodes devaient obéissance au gouvernement central, et George était nommé chef de la Servie.

Il manquait à cette constitution une autorité, la sanction de la Porte. Elle était mécontente de la conduite de George et de son refus des propositions portées par Kurchid-Pacha en 1811. Aussi imposa-t-elle aux Serbes, dans le traité de Bucharest, des conditions moins avantageuses que celles obtenues en 1807, avant leur alliance avec les Russes. Par ce traité, les Serviens conservaient leur indépendance administrative et perdaient leur indépendance politique. Ils pouvaient administrer leurs affaires, mais ils devaient rendre aux Turcs leurs places fortes et l'artillerie, et payer l'ancien tribut. Telles étaient les stipulations obtenues par les Russes en faveur de leurs alliés; elles étaient une servitude.

Abandonnés par les Russes, qui ne songeaient qu'à se défendre contre l'invasion de Napoléon, les patriotes sollicitèrent l'appui de Molla-Pacha, gouverneur de Widdin, et de Morousi, auteur du traité de Bucharest. C'était s'adresser à l'impuissance. Molla-Pacha, allié des Serbes, fut battu par les Turcs, fait prisonnier et mis à mort. Morousi eut le même sort pour avoir mécontenté le sultan par le traité de Bucharest, onéreux pour la Turquie.

Privés de secours, seuls maintenant, les Serviens tentèrent des négociations avec la Porte. Elle les repoussa et, réunissant toutes ses forces, elle les fit marcher contre la Servie, au commencement de 1813.

L'armée turque, divisée en deux corps, entra dans la Servie par Nissa et les frontières de Bosnie. George, bien inspiré d'abord, fit quelques dispositions heureuses pour résister à l'invasion. Il opposa aux deux corps turcs deux corps d'armée de dix mille hommes chacun, et chargea

Véliko de protéger les forts du Danube avec trois mille hommes. Il tenta en vain de créer une réserve; l'opposition de l'hospodar Mladin l'arrêta.

Tout échouait; les désastres arrivaient coup sur coup décourager ses efforts. Il apprit la reddition de la place de Vagotin, défendue par Véliko, tombée aux mains de l'ennemi par la mort de l'héroïque heiduque. Ce fut le signal de la déroute et du désespoir. Chassés par les Turcs, qui massacraient, pillaient et incendiaient dans leurs courses, les Serbes s'enfuirent et se réfugièrent à Porotch, près des frontières de l'Autriche. La vayvode Sima, chargé d'empêcher le passage de la Drina, abandonna son poste et les places attaquées, et se cacha dans le camp de Chabatz.

Découragé lui-même de la lâcheté, de l'abandon de ses troupes et de la haine de l'aristocratie, Czerni George demeura immobile et désespéré à Belgrade. Il n'était plus à cette heure d'élan, d'espérance et de jeune héroïsme qui l'avait inspiré autrefois. Les beaux jours de 1806 et de 1809 étaient passés sans retour. Il était à ce moment de la destinée où l'homme s'affaisse et tombe. L'heure de sa chute avait sonné.

Il quitta Belgrade, parut un instant dans le camp de la Morava le 1er octobre 1813, passa cette rivière le lendemain, et s'enfuit le 3 au-delà du Danube, dans le pays autrichien, suivi par les principaux chefs nationaux.

L'armée servienne, abandonnée par son général, se réfugia dans les forêts et dans les montagnes. Les places de Smeredevo et de Belgrade, laissées sans défense et sans approvisionnements, se rendirent aux Turcs. La conquête était consommée.

Depuis sa disparition, la vie de Czerni George n'est plus qu'une course mystérieuse en Autriche, en Russie et en Servie. On l'entrevoit un moment, on le perd, puis on le retrouve. Il recommence sa vie de chasse et d'aventures,

13.

mais sans grandeur et sans héroïsme. Il ne poursuit plus que des honneurs et des richesses. Le héros est fini.

De l'Autriche, Czerni George passa en Russie, et reçut de l'empereur Alexandre le grade de général et la décoration de Sainte-Anne. Il se retira à Saint-Pétersbourg, revint à Klotchim, et se fixa à Semlin, où il mit en sûreté ses trésors. En 1816, il fit un voyage à Saint-Pétersbourg, où il fut présenté à l'empereur. L'année suivante, il traversa la Galicie et la Hongrie, et s'aventura en Servie, pour y rechercher un trésor de cinquante mille ducats, qu'il avait enterré aux environs de Semendrie. Reconnu par son hôte, gentilhomme servien, il fut dénoncé, arrêté à Roumlié et décapité, sur l'ordre de Milosch-Obrenowitz, cédant aux instigations de la Porte (juillet 1817).

Ainsi mourut ce grand chef de bandes qui avait affranchi un moment la Servie, et qui la laissa périr. Elle aussi lui manqua ; elle se tua elle-même par ses divisions, par l'anarchie de ses chefs et de ses seigneurs. Terre agitée et guerroyante comme la Pologne, elle subit la même destinée. Elle eut en elle-même sa plus grande ennemie. Elle se déchira de ses propres mains. Elle sut combattre et non se gouverner.

George est une de ses gloires. Il a trouvé dans l'imagination de ces races barbares une légende et une auréole. Ce brigand héroïque revit dans leur mémoire, sous une grandeur sombre et sauvage, chargé de crimes mystérieux. On raconte qu'il fit pendre son frère, parce qu'il lui avait paru ne pas favoriser son élévation, et qu'il tua son père. Ce vieillard, lassé des malheurs qu'une guerre inégale attirait à la Servie, avait menacé son fils de découvrir aux Turcs sa retraite. George, désespéré, s'étant jeté aux genoux de son père pour l'arrêter dans son dessein, l'avait trouvé inflexible. Puis, le voyant sortir, il l'avait suivi jusqu'au dernier de ses avant-postes, le suppliant en vain.

irrité de son obstination, il avait armé son pistolet et tiré sur son père en s'écriant : « Malheureux vieillard, tu ne trahiras ni ton fils ni ta patrie ! »

George reste assez criminel sans lui attribuer ces deux crimes impossibles. Il est au moins invraisemblable que son frère et son père l'aient suivi en Servie. Il avait en effet pour compagnon de guerre un homme qu'il nommait son père, qui n'était que le père du Serbe qui avait déserté avec lui de l'Autriche. C'était une tactique semblable à celle qui le porta à cacher sa naissance française pour se naturaliser dans la Servie et en devenir le chef. Comme beaucoup d'hommes d'ambition, il s'entoura de mystère pour frapper l'esprit superstitieux des Slaves. Il savait qu'on conquiert le peuple en saisissant son imagination, et que le pouvoir est au prix du prestige.

Il fut cruel par nature et par politique. Il se faisait terrible pour courber tout devant lui ; sa justice était une terreur. Un paysan de Topola, ayant perdu son père, s'adressa au curé du canton pour célébrer ses funérailles, selon l'usage du pays. Ce prêtre grec exigea cinquante piastres. Le paysan n'en possédait que trente. Désespéré, il courut près de Czerni George. Ce chef lui donna les vingt piastres qui manquaient, lui ordonna de faire creuser deux fosses, et fixa lui-même l'heure de l'enterrement, auquel il voulait assister. Accompagné de quelques soldats portant un cercueil, George arriva au cimetière à l'heure de la cérémonie funèbre. Quand on eut enseveli le mort, George demanda au pasteur le nombre de ses enfants. « Cinq, lui répondit le curé. — Eh bien, dit George, comme tes enfants, si tu ne laisses point de fortune, peuvent se trouver un jour dans la même peine que ce pauvre jeune homme, je veux pourvoir moi-même à ton enterrement. » Troublé et plein d'effroi, le prêtre ne comprit pas d'abord, mais, sur un geste de George, les soldats renversent le curé; le lient, le couchent dans le cercueil, clouent le couvercle sur lui, et, sans pitié pour ses cris et ses larmes, pour sa cruelle agonie, ils l'enterrent dans la fosse creusée à côté de celle du paysan.

Il faisait la guerre en barbare comme une bête fauve traquant sa proie. Il ne respectait ni les femmes ni les vieillards; il se plaisait aux massacres. Sans pitié, sans cœur, féroce et perfide, il violait sa parole et déchirait les conventions les plus sacrées. On connaît sa conduite envers le pacha de Belgrade : malgré la capitulation qui avait réservé la liberté du pacha et de sa suite, il fit massacrer par son escorte le pacha et les deux cent soixante-dix hommes, femmes et enfants qui l'accompagnaient dans sa retraite. Il aimait ses crimes, il s'en glorifiait. Il se complaisait à regarder son portrait où un Serbe l'avait peint tranchant la tête à un Turc renversé à ses pieds. L'imagination le retient dans cette sanglante attitude; et c'est lui-même qui s'est jugé.

Il ne fut grand que dans les batailles; il eut l'élan, l'audace, l'éclair du combat, l'héroïsme sauvage, l'autorité violente, la fougue et la ruse, le génie des guerres d'aventures. Il fut un grand chef de bandes. C'est le Georges Cadoudal de la chouannerie servienne. Il eut de plus que le héros breton des vices, et il eut de moins la foi. Cadoudal croyait à sa cause; il combattait pour son foyer et sa liberté solitaire; il avait une religion.

Czerni George ne croyait qu'à lui-même, à son ambition et à sa gloire. Il n'était qu'un aventurier, qu'un condottiere du moyen âge, un officier de fortune, avide de pouvoir et de richesses. Il n'avait foi qu'en son épée. Il était né pour la guerre dans les forêts et les montagnes. Il ne servit dans la cause de l'indépendance de la Servie que ses passions et ses intérêts. Il la soutint sans l'aimer, sans palpiter de son triomphe, sans souffrir de sa chute. Quand elle succomba, il s'enfuit. Homme sans conscience, sans famille, sans patrie, il n'a rien d'humain. Il est de ces natures barbares que Tacite aurait flétries.

Pendant que Czerni George recevait la mort par l'ordre de son ancien compagnon de guerre, Milosch, ce dernier devenait chef des Serbes et rétablissait la constitution de Czerni George. Il tuait l'homme en ressuscitant l'idée.

Il avait gagné une popularité depuis la défaite de 1813. Il était le seul des vayvodes de l'armée servienne qui n'eût pas abandonné son pays dans ses désastres; il était demeuré chez lui, à Brunizza, au midi de la Servie, et avait réussi à entrer dans la place d'Oussizza. Mais, la garnison ayant fui à l'approche des Turcs, il avait accepté les offres de paix du grand vizir et fait sa soumission. Puis il avait été nommé par le séraskier *knez* ou seigneur de Rudnik.

La Porte, heureuse de la fin de la guerre de Servie, la ménagea d'abord. Puis bientôt elle restaura sa dure autorité, sans pitié pour les vaincus. Elle rendit aux spahis, sur leur demande, les biens que leur avaient pris les Serbes. Des résistances à ces mesures amenèrent l'ancienne oppression, rendue plus lourde aux Slaves par le souvenir de la liberté qu'ils avaient possédée quelque temps. Ils se soulevèrent avant l'heure, sous la pression de l'impatience. Une première émeute, imprudente et prématurée, réprimée par Milosch lui-même, déchaina les vengeances des Turcs. Ils massacrèrent des hommes innocents et décapitèrent plusieurs chefs serviens.

Milosch échappa à la mort en quittant Belgrade pour s'abriter dans les montagnes de Rudnik. Il appela autour de lui sa troupe de partisans et proclama l'insurrection.

Le dimanche des Rameaux de l'année 1815, une foule de seigneurs et d'hommes du peuple se réunit dans l'église de Takoos. Milosch y entra, couvert d'une brillante armure, et, agitant dans sa main le drapeau national :

« Guerre à nos tyrans! cria-t-il. Je viens ici, au milieu de vous, pour sauver la patrie ou mourir avec elle! »

Des acclamations éclatantes accueillirent cette harangue, et le proclamèrent chef de la nation. Tous les chefs s'inclinèrent en signe d'obéissance, firent un serment de patriotisme et de fidélité à la cause de l'indépendance et à Milosch, et jurèrent une guerre à mort à leurs oppresseurs.

Sous l'impulsion de cet élan national, Milosch lança ses premiers corps; réduits et restreints, ils furent défaits par l'armée ottomane. Ils ne pouvaient qu'être vaincus: ils avaient l'enthousiasme, ils n'avaient pas le nombre. L'enthousiasme, qui ne leur avait pas donné la victoire, les soutint dans leurs revers. Sous la conduite de Milosch, ils se retirèrent dans les montagnes de Rudnik, et s'y retranchèrent, accrus par tous les patriotes persécutés qui se réfugiaient dans leur camp.

Fortifié par ces nouveaux soldats, Milosch sortit de ses bois, et attaqua vivement les Turcs; multipliant ses mouvements, ses rencontres, harcelant l'armée ennemie, il défit Kurchid-Pacha dans plusieurs combats, et le força à solliciter la paix.

Il se rendit au camp de Kurchid-Pacha, sans défiance, pour arrêter les conditions de l'armistice, sur la parole donnée par Ali-Aga, chef des Delis, qu'on respecterait sa liberté. Arrivé à la conférence, il allait être arrêté par Kurchid-Pacha, lorsque Ali-Aga, indigné, accourut protéger Milosch, l'entoura de ses soldats, et le conduisit hors du camp. Puis il le quitta en lui disant: « Milosch, ne te fie plus désormais à personne, pas même à moi. »

Une députation fut envoyée par Milosch à Constantinople pour négocier. Soutenue par l'ambassade russe, et protégée par Ali-Aga, l'ami de Milosch, elle obtint de garder tout le pays, sauf les villes et les forts alors en possession des Turcs, et d'avoir seuls le droit de percevoir les impôts, d'administrer la justice et de créer une chancellerie nationale judiciaire et législative.

Ali-Aga fut nommé pacha de la Servie. Il songea, dans une pensée d'ordre et de gouvernement, à prendre une mesure de désarmement envers tous les chrétiens de la province. Elle était impolitique et pouvait rallumer l'insurrection comme elle l'avait fait déjà sous Czerni George. La Porte la prévint en renonçant au désarmement sur les murmures et les refus des Serbes. La situation faite par ce traité devait durer vingt-cinq ans.

Milosch, prudent et politique à cette époque (1817), abandonna ce rôle dès qu'il eut atteint le faite du pouvoir, et reprit l'œuvre de pillage et d'oppression de Czerni George. Il asservit et ruina son pays. Homme d'ambition, de débauche et de rapine, il l'écrasa sous son despotisme. Il eut dans le pouvoir cette personnalité violente et égoïste des hommes de guerre que la gloire fait monter du champ de bataille au gouvernement, et qui sacrifient les sociétés comme leurs soldats à leur fortune. Imprudence des peuples pour la gloire ! ils oublient trop qu'il lui faut l'isolement pour être grande, et qu'elle est fatalement l'ennemie à mort de la liberté.

Pendant que Mahmoud retenait ainsi, à force de concessions, sa souveraineté sur la Servie, il utilisait les loisirs, nés de la paix, à des réformes intérieures. L'empereur était tombé et Louis XVIII régnait en France. Le sultan avait applaudi à la chute de l'empire et salué avec sympathie l'avénement d'une dynastie d'ordre et de liberté, qui fondait la paix en Europe. Rassuré à l'extérieur, il reprit au dedans sa pensée favorite, la politique qu'il poursuivait, l'affranchissement de son autorité impériale de la féodalité militaire. En juillet 1814, il organisa, par un firman, une troupe d'élite choisie dans chaque orta de janissaires. La faveur qui accueillit cette mesure donna au sultan l'espérance de l'établissement facile d'une nouvelle discipline.

Dans son besoin de la paix pour appliquer sans trouble sa politique intérieure, il sacrifiait à son maintien les vassaux de son empire. Il refusa de défendre le dey d'Alger, qui implorait ses secours pour résister à l'Angleterre. Des pirates algériens ayant commis des violences contre des pêcheurs anglais, l'amiral Exmouth était venu en tirer vengeance. Il avait bombardé Alger pendant huit heures, et détruit presque entièrement sa marine. Le dey plia devant les Anglais et accepta toutes leurs conditions pour garder son trône. Le sultan, qui s'était abstenu d'intervenir dans la lutte, répara le désastre du dey par le don de plusieurs frégates et corvettes (août 1816).

De cette époque à l'année 1818, rien d'intéressant dans l'histoire ottomane. Seulement, depuis quelque temps Constantinople était agitée par des désordres populaires. Le peuple, irrité par la cherté des vivres, incendia plusieurs quartiers de la capitale et accusa les ministres. A Bechiktach, le 23 septembre 1816, le feu gagna le harem, dans le palais d'été du sultan. On accourut pour l'arrêter, mais tous ceux qui vinrent porter des secours furent repoussés par le sabre des eunuques. Le péril ne leur fit pas abandonner l'inviolabilité du sérail, et il fallut attendre que les femmes fussent sorties et cachées pour pouvoir sauver le harem du feu. Cette fidélité rigoureuse empêcha d'arriver à temps pour arracher à la mort la jeune fille du sultan et sa nourrice.

Pour arrêter ces vengeances, ces incendies de désespoir et apaiser le peuple, on lui sacrifia les hauts personnages qu'il accusait. Le reïs-effendi, le kiaya-beg, le mufti et le grand vizir furent renvoyés, et Derwich Mohammed-Pacha, sandjak-beg de Brousse, reçut le sceau impérial (janvier 1818).

Au commencement de l'année suivante, la Porte reconnut l'indépendance des îles Ioniennes, sous le protectorat de l'Angleterre, qui consentit en retour la cession absolue de Parga, port de l'Épire, au sultan. Cette ville, dont Ali-Tébélen avait ardemment poursuivi la possession et dont il avait vainement tenté de s'emparer, lui fut livrée par l'amiral Maitland, moyennant une indemnité aux habitants de Parga, trafic de la patrie que leur piété nationale ne comprenait pas.

Le 18 mai, à la vue des troupes d'Ali qui s'avançaient pour l'occuper, les Parganiotes courent aux armes et jurent de combattre et de mourir si les Turcs marchent, avant l'heure fixée par le traité, pour prendre possession de leur cité. Ils se précipitent aux cimetières, ils ouvrent les tombeaux, et brûlent les ossements des morts sur un bûcher d'oliviers. Un Anglais est envoyé par eux à Maitland pour lui dire qu'ils sont résolus de brûler la ville et de mourir si les troupes d'Ali n'arrêtent pas leur marche. Elles s'arrêtent à cette menace.

Le 10 au matin, les Parganiotes, chargés des reliques de la famille et de la patrie, embrassèrent leur terre natale et abandonnèrent leurs foyers. Ils vinrent chercher un asile dans l'île de Corfou. A leur arrivée, le parlement ionien leur donna le stérile honneur de citoyens des Sept-Iles, au lieu de les abriter et de les nourrir. Puis, des difficultés s'étant élevées sur le règlement de leur indemnité, ils la refusèrent noblement. Ce ne fut que poussés à bout par la misère, qu'ils acceptèrent ce qu'on voulut bien leur donner de cette misérable indemnité. Ils vécurent dans l'exil, sous les oliviers de Corfou, chantant leurs douleurs par la voix de leur poète Xénoclès, comme leurs ancêtres des temps primitifs. La sympathie d'un ami de cette race héroïque a popularisé parmi nous, en les traduisant, ce chant des fils proscrits des Épirotes. L'histoire doit pleurer leurs malheurs et maudire leurs tyrans.

Comme le chœur des tragédies antiques, elle s'attendrit aux infortunes des peuples, et flétrit ces jeux de la politique qui immolent l'indépendance humaine à l'ambition.

DERNIER CHANT DES PARGANIOTES

I

Adieu vallons, adieu montagnes,
Coteaux fleuris, bosquets ombreux,
Verts orangers, fraîches campagnes,
Adieu pour jamais, bords heureux !

II

Parga, terre illustre et chérie,
Trop voisine des musulmans,
L'Anglais te vend, ô ma patrie,
Au plus farouche des tyrans.

III

« Partez, vieux colons de l'Épire,
Reste impur des derniers chrétiens,
A dit Aman dans son délire ;
Cédez vos temples et vos biens.

IV

Que la croix, ailleurs triomphante,
S'abaisse devant Ismaël !
Enfants des Grecs, race impuissante,
Errez sans trône et sans autel ! »

V

Ainsi, trop superbe Angleterre,
Profanant ton nom et tes droits,
Parlait un tyran sanguinaire,
Ennemi de nos saintes lois.

VI

Puissent mes chants à son oreille
Gronder, portés par les échos,
Comme la foudre qui réveille
Le lâche au sein de son repos !

VII

Dieu vengeur, saisis le tonnerre,
Sur Aman lance tes carreaux !
Son aspect a souillé la terre ;
Écrase l'auteur de nos maux.

VIII

Toi qui révélas nos misères,
Qui vis arracher du tombeau
Les mânes sacrés de nos pères,
Soleil, éclipse ton flambeau.

IX

Filles du ciel, pâles étoiles,
Phœbé, témoin de nos ennuis,
Couvrez vos fronts de sombres voiles,
Que tout retombe au sein des nuits !

ANTISTROPHE.

Rends-nous nos vallons, nos montagnes,
Nos coteaux, nos bosquets ombreux ;
Dieu protecteur de nos campagnes,
Exauce un peuple malheureux !

A Constantinople les désordres se prolongeaient. Un vent de révolte agitait les esprits. De nouvelles ordonnances de police irritèrent le peuple, et des luttes sanglantes divisèrent les divers corps de la milice ; des placards affichés sur les murs du sérail portèrent au sultan le vœu de la population. Le sultan lui céda encore et renvoya tout son ministère.

Au moment où il apaisait par la souplesse et la modération de son gouvernement les mécontentements de sa capitale, le sultan devenait témoin d'un assassinat commis sur la personne d'un de ses begs, par l'ordre d'Ali-Pacha, au sein même de Constantinople.

Venu révéler à Mahmoud les dilapidations, les crimes et l'ambition d'Ali, élevé à la dignité de capidji-baschi par compassion pour ses infortunes, Pacha-Beg se rendait à la mosquée de Sainte-Sophie, le jour sacré du vendredi, à l'heure où le sultan allait faire sa prière, suivant l'usage, quand trois assassins, apostés par le pacha de Janina, firent feu sur Pacha-Beg et le blessèrent sans le tuer. Les assassins furent saisis et pendus sur l'heure à la porte du sérail. Mais, sous la terreur de ce crime audacieux, le sultan, alarmé de la puissance mystérieuse de cet homme qui pouvait armer du fond de sa province des fanatiques pour accomplir ses vengeances, et qui ne laissait plus à personne dans Constantinople la sûreté de la vie, le sultan, disons-nous, résolut de le briser. Il repassa son histoire, il remonta son passé ; ses crimes et ses richesses revinrent à son souvenir. Dans l'intérêt de l'État et dans le sien, il sonda tous les avantages que la perte d'Ali-Tébélen apporterait : le retour de son trésor à la Porte et la chute d'un pacha menaçant. Dès lors, sa destruction fut arrêtée à l'unanimité par un conseil privé tenu dans le sérail.

Un katti-chérif impérial, appuyé par un fetva du mufti, déclara Ali-Pacha, *fermanli*, coupable envers son souverain de trahison au premier chef, et le somma de comparaître dans quarante jours devant le trône de son maître.

Ali répondit par l'indépendance. Il était puissant et riche, habile à la guerre, il se sentait capable de jouer la dernière partie de son ambition ; on le savait à Constantinople. On arma contre ce vassal toutes les forces de l'empire.

Dans ce péril, Ali agit en politique. Il était seul et révolté contre son souverain, il songea à se fortifier de tout un peuple, et à populariser sa cause d'ambition sous l'idée sacrée de l'indépendance. Il souffla l'insurrection aux Grecs fatigués et irrités du despotisme des Turcs. Ses agents agitèrent et passionnèrent la Morée, la Livadie, la Béotie, en leur jetant l'appel à la liberté. La flamme courut sur les cœurs et les embrasa.

Les Klephtes vinrent grossir l'armée du pacha de Janina, attirés par l'appât de la solde et du pillage. Puis il remplit sa citadelle de Jânina de vivres et de munitions de guerre, la fortifia et envoya des secours à ses fils. Ses enfants furent défaits ou l'abandonnèrent, et il fut battu lui-même le 31 août 1820, près de Janina, par Pehliwan-Pacha et Ismaïl-Pacha.

Il courut se retrancher dans sa forteresse, en fit murer les portes, et, réduit à sept ou huit cents hommes et deux cents pièces de canon, il résista à outrance. Les troupes du sultan s'épuisèrent en vains assauts; le siége n'avançait pas. Le sultan murmura et remplaça ses généraux malheureux. Kurchid-Pacha échoua à son tour contre la défense d'Ali. Ses troupes, fatiguées de ce siége stérile de plusieurs mois, s'affaiblirent par la désertion. Kurchid, dans cette panique de son armée, ne pouvant plus tenir la campagne, se réfugia à Arta, dans les premiers jours de décembre, pour y attendre des secours sous cet abri. Ali devenu libre, ne sentant plus l'étreinte du blocus, agita les Grecs, rallia à lui six mille Souliotes, et enferma l'armée ottomane dans un cercle d'hommes frémissant sous le vent de l'insurrection.

L'heure était venue, le soulèvement de la Grèce commençait. Il éclata soudainement, à la fin de mars 1821, dans plusieurs parties de la Morée, dans la Laconie, la Messénie, l'Arcadie et la Béotie. Une flotte de cent quatre-vingts voiles fut montée par les insulaires d'Hydra, de Spezzia et d'Ipsara. Une femme grecque, nommée Bobelina, pour venger la mort de son époux tué par les Ottomans, arma trois bricks avec ses propres trésors, et en prit le commandement. En Moldavie, Alexandre Ypsilanti, fils d'un ancien hospodar, appela les Grecs à l'indépendance, et les séduisit par la promesse de l'appui du tsar. En Valachie, un chef de pandours, Théodore Wladimiresko, suivit ce courant de la révolte.

A la nouvelle de cette explosion redoutable, Mahmoud entra dans une colère qui effraya toute sa cour. Il tira son cimeterre du fourreau et, l'agitant au-dessus de sa tête, il s'écria d'une voix retentissante : « Le glaive pour les infidèles ! » Puis il se prépara à la lutte, imprima une action plus virile à son gouvernement ; il renvoya son grand vizir, Ali-Pacha, trop faible pour l'effort qu'imposait l'insurrection, et nomma Benderli-Ali-Pacha.

Le nouveau vizir inaugura son entrée au pouvoir par un supplice. Il fit pendre, le jour de Pâques, le patriarche Grégoire, accusé d'avoir participé à la révolte, quoiqu'il l'eût flétrie, un mois auparavant, d'une excommunication. Cette accusation ne fut qu'un prétexte ; la mort de Grégoire fut une représaille des Turcs contre des atrocités commises par les matelots grecs contre le molla de la Mecque et ses femmes, qui revenait avec son harem, sur un bâtiment d'Alexandrie, dans l'ignorance des événements.

La mort du patriarche Grégoire fut le signal des massacres. Elle fut suivie du supplice de l'évêque d'Éphèse, du métropolitain Cyrille d'Andrinople, de plusieurs autres hommes de Dieu, et de Grecs appartenant aux familles les plus vénérées. Partout on tua sans pitié, on abattit les églises, on brisa les monuments comme les hommes.

A Constantinople le gouvernement eut aussi ses journées tragiques. Le nouveau vizir, après un pouvoir de dix jours, fut destitué et exilé en Chypre ; il n'y vécut que deux mois: il fut exécuté au bout de ce temps, et sa tête, envoyée à Constantinople, fut exposée au sérail avec l'écriteau des traîtres.

La Porte sévissait énergiquement au dedans et au dehors ; elle se préparait à se venger de l'appui donné à l'insurrection par les Valaques et les Moldaves et les rayas grecs, lorsque la Russie, par l'entremise de son ambassadeur, Strogonoff, intervint, et demanda qu'on suspendît la répression jusqu'à l'examen des faits, afin de n'atteindre que les vrais coupables. Le divan, blessé de la protection de la Russie pour les insurgés, maintint avec force le droit du sultan de les punir selon sa volonté. La discussion s'aigrit jusqu'à la colère. M. de Strogonoff cessa provisoirement ses relations avec la Porte, quitta solennellement le palais de l'ambassade russe à Péra, que lui avait ouvert l'hospitalité du sultan, et rentra dans son palais isolé et particulier de Buyukdéré, où il se tint à l'écart, dans l'attitude et la menace d'une rupture.

La Porte passa outre et envoya des troupes en Moldavie et en Valachie. L'armée arriva en Moldavie et la surprit dans l'anarchie, au milieu des divisions des boyards et des chefs des Hellènes. Le séraskier Yousouf-Pacha battit le prince Cantacuzène dans une rencontre à Galatz, détruisit la flottille grecque sur le Danube, et chassa de Yani les *hétéristes*, société d'amis de l'indépendance, fondée à Vienne à la chute de Napoléon, qui comptait dans ses rangs les principaux Grecs et différents membres des autres nations. Ismaïl-Pacha fit son entrée à Yani, après avoir défait Alexandre Ypsilanti à Dragatchemy, et l'avoir forcé à s'abriter en Autriche, où il fut pris et enfermé dans la citadelle de Munkatsch (1821).

Les hétéristes dispersés recrutèrent des corps d'Albanais, se postèrent sur les montagnes, dans les forêts et dans les couvents, pour battre en détail et décimer l'armée ottomane. La Grèce eut sa chouannerie, guerre d'aventures, de combats incessants, qui usa les Turcs et nécessita un déploiement successif de trente mille hommes. Un chef vint diriger ces opérations : ce fut Démétrius Ypsilanti, frère cadet d'Alexandre, qui avait été nommé archistratége, à Hydra. En août, Napoli de Malvoisie et Navarin tombèrent aux mains du jeune Cantacuzène. En septembre, les Turcs furent défaits à Cassandra ; en octobre, au défilé sacré de la Grèce, aux Thermopyles. Les généraux grecs Colocotroni et Pietro Mauro-Michali s'emparèrent de Tripolitzá et en firent le chef-lieu des opérations militaires et du gouvernement. L'insurrection s'organisait.

Les Turcs prirent sur mer quelque revanche de leurs échecs sur terre. La flotte ottomane, commandée par Kara-Ali-Pacha, croisa devant Samos, sans l'attaquer, rallia les flottes de Tunis, d'Alger et d'Alexandrie, et porta des secours aux places encore au pouvoir des Ottomans, malgré la poursuite de la flottille grecque d'Ipsara et d'Hydra. Il mit le feu à Galadi, et prit trente navires grecs.

Au millieu de cette lutte acharnée, une seconde guerre éclata tout à coup derrière les Ottomans occupés en Grèce. Les Persans envahirent le territoire de l'empire, s'emparèrent de quelques places, et vinrent mettre le siége devant Bagdad ; mais la mort du prince Mohammed-Ali-Mirza, leur chef, frappé par le choléra, arrêta le siége et sauva la ville.

Les Grecs continuaient leurs succès. Ils prirent Arta sur Ismaïl-Pacha et Haçan-Pacha, conquête précieuse qui leur donna de grands trésors. Les deux pachas vaincus furent exécutés, sur l'ordre du sultan, en punition de leur défaite. Les Grecs vainqueurs formèrent un congrès à Épidaure, sur la convocation d'Ypsilanti et de Mavrocordato, et il en sortit une constitution provisoire. L'année finissait, le gouvernement alla s'établir à Corinthe, prise récemment par Ypsilanti, et s'occupa de différents travaux d'organisation. Il s'attacha à diriger et à alimenter l'insurrection par la levée d'impôts et un plan de défense. L'hiver favorisait ses opérations en arrêtant les hostilités des musulmans, la nature combattait pour lui.

L'heure de la défaite du plus redoutable ennemi de l'empire turc allait sonner. Ali-Tébélen, pacha de Janina, après avoir perdu le fort de Litharitza, s'était réfugié dans son château du lac. Kurchid-Pacha vint le bloquer, et demeura trois mois sous les murs de la forteresse sans réussir à les forcer. Un secours précieux vint s'offrir à Ali, le concours des Souliotes ; il refusa. Il eut tort ; la jalousie des victoires des Grecs lui voila son intérêt et son péril. Le séraskier, fatigué des longueurs du siége, l'activa, grâce à un Italien nommé Caretto, qui avait abandonné Ali, dont il était l'ingénieur. Kurchid-Pacha attaqua le château par les armes et par l'intrigue ; il gagna des Albanais de la garnison, et entra dans le fort, qu'ils lui livrèrent. Ali, réduit à fuir, se retira dans une tour avec une petite troupe de serviteurs ; il plaça des barils de poudre à l'étage inférieur de la tour, et menaça de la faire sauter si on tentait l'attaque. Kurchid-Pacha, dédaignant ce péril, poursuivit l'assaut, troua les murs à coups de canon, et ouvrit des brèches larges pour donner passage à ses soldats. Pressé par sa troupe, supplié de se rendre, Ali céda et accepta les propositions de Kurchid-Pacha, sur la promesse d'un sauf-conduit. Il rendit la tour, comptant sur la parole du séraskier, et alla attendre dans une île, au milieu du lac, près du château, le pardon promis du sultan. Ce fut la mort qu'il reçut. Après trois jours d'attente, il lui vint un firman du sultan qui commandait son exécution. A cet acte de trahison il se leva comme un lion, se jeta sur ses pistolets, les arma en criant : « Lâches, qui violez vos serments, croyez-vous prendre Ali comme une femme ? » Il fit feu sur les hommes qui s'avançaient pour le saisir, tua un officier, en blessa un autre, et tomba lui-même, le corps traversé par les balles (5 février 1822). Les bourreaux l'entourèrent, le traînèrent vers l'escalier, encore vivant, et plaçant sa tête sur les marches, ils la tranchèrent avec un coutelas. Sa tête fut portée à Constantinople et exposée, selon l'usage, aux regards du peuple. Elle garda après la mort sa puissance de terreur. La foule la contempla en frémissant. Ali avait été l'effroi de l'empire, un des pachas les plus redoutables ; il s'était élevé en face du sultan et l'avait menacé dans son pouvoir. Il fut avec Méhémet-Ali un des derniers lutteurs de la féodalité contre l'unité de la Turquie.

Le sultan avait brisé l'un de ses deux grands ennemis. Libre maintenant de concentrer ses forces contre le seul resté debout, il se retourna tout entier contre les Grecs.

Chio, qui s'était soulevée, fut prise et traitée sans pitié. Les Turcs furent implacables ; ils condamnèrent à l'esclavage les habitants qui ne purent fuir, et en tuèrent un grand nombre. Cette riche et féconde terre de Chio, qui nourrissait près de cent mille habitants, fut réduite à vingt mille hommes, ravagée par l'incendie et le massacre. C'est là le crime qui frappa si douloureusement le cœur de l'Europe et valut à la Grèce la puissance de la pitié.

Après cette expédition tragique, la flotte turque tenta de débarquer à Samos et à Ipsara. Elle fut arrêtée par l'héroïsme d'un homme qui a illustré devant l'Europe cette guerre de lions. C'était un pauvre caboteur hydriote, nommé Canaris : il alla attacher un brûlot aux flancs du vaisseau amiral, et le fit sauter. La flotte ottomane, décimée par les Grecs, répara ses avaries, et, chargée de nombreuses troupes, fit voile pour les débarquer en Morée.

Pendant ce temps, trente mille Ottomans marchaient sur la Morée, et Kurchid lançait contre les Souliotes un corps de vingt mille soldats sous les ordres d'Omer-Vrioni. Alarmé du péril des Souliotes, Mavrocordato passa en Épire pour leur porter secours. Il ne put réussir ; il se retira, laissant cette province près de retomber sous l'oppression des Turcs, et entra dans Missolonghi. De leur côté, les musulmans envahirent le Péloponèse, prirent Corinthe, et marchèrent sur Argos (juillet 1822). Au commencement d'août, ils furent battus par Colocotroni, et furent réduits bientôt à de faibles corps errants au milieu d'ennemis. Aux Thermopyles, Odyssée rencontra le séraskier lui-même, le battit et le repoussa jusqu'à Larisse. Sa défaite fut frappée d'une disgrâce : il fut remplacé par un vieillard, Djélal-Pacha, et mourut bientôt de fatigue et de douleur.

Le vent de la victoire portait les grecs. Leur flotte battit le kapoudan-pacha, à la hauteur de Spezzia, pendant qu'il tentait de ravitailler Napoli de Romani ; une nouvelle défaite de la flotte turque eut lieu quelque temps après. Canaris et Miaulis se jetèrent sur les lourds vaisseaux ottomans, mirent le feu au vaisseau amiral, *la Kapoudana*, et chassèrent le reste ; partout, sur mer et sur terre, les Grecs étaient vainqueurs.

En Crète, les succès étaient moins éclatants et demeuraient réciproques. Les musulmans, en possessi n de forteresses, secourus par l'Égypte et plus nombreux que les Grecs, soutenaient mieux la lutte que dans le continent.

Sous le coup de ces revers, le peuple s'agita à Constantinople. Les janissaires s'assemblèrent, troublèrent, sel n leur coutume, les esprits, et vinrent, en menaçant de leur révolte, demander la déposition de Halet-Effendi, qu'ils accusaient des désastres de l'empire à cause de ses pensées de réformateur. Il fut exilé à Ronia, et bientôt étranglé, contre son attente, car il espérait dans le sultan, dont il était le favori. L'exécution eut lieu dans le couvent des Mewlewis d'Iconium, au milieu des religieux ; il appartenait lui-même à ce corps sacré. Sa mort fut la cause de la déposition du grand vizir Salyh-Pacha et du mufti, ses protégés.

Malgré l'hiver, les Grecs persévérèrent à combattre. Missolonghi n'avait pour se défendre contre les troupes d'Omer-Vrioni et de Reschid-Pacha que quatre cents hommes. Quinze cents Hellènes, sous la conduite de Mavro-Michali, vinrent au secours des assiégés et chassèrent les Ottomans. Le siége fut levé après un rude assaut de quatre heures ; l'Étolie et l'Acarnanie furent conquises, et la retraite des Turcs rendit leur pays aux Grecs. Le territoire gagné, ils nommèrent les divers chefs qui devaient commander les provinces et rétablir une organisation troublée par la guerre.

Le sultan se hâta de relever ses forces dispersées ; il refit une armée et une flotte. Khosrew-Pacha, nommé grand amiral, sortit des Dardanelles en mai 1823, débloqua Carystos, port de l'Eubée, alla ravitailler Coron et Modon en Messénie, et porter des troupes à Patras.

Les Grecs se levèrent au nombre de huit mille hommes pour résister aux trente mille musulmans. L'héroïsme valait le nombre ; Colocotroni battit les Turcs près du couvent de Saint-Luc, et força les débris de l'armée ennemie à se replier sur Tricala. Cette victoire fut suivie d'une série de succès dont les divisions des Grecs compromirent les résultats. Colocotroni, violent et indiscipliné, prit le pouvoir, se fit porter à la dignité de vice-président du conseil exécutif. Mavrocordato alla activer l'armement de la flotte à Hydra. Marco Botzaris se porta devant l'avant-garde de l'armée ottomane avec cinq mille hommes. Il arriva la nuit dans le camp turc, près de Karpenitza, se jeta sur les Ottomans endormis, tua et dispersa l'armée, et tomba mort lui-même, frappé par deux balles. Il mourut dans l'attitude du héros, enseveli dans son triomphe, selon le beau mot de Fléchier., Il était noble, hardi, aventureux, plein d'éclat et d'audace, la poitrine en feu. La Grèce perdit en lui un Murat, ou, comme elle l'a nommé depuis, son Léonidas.

L'heure de la victoire était aux Grecs, leur flotte légère battit partout les vaisseaux pesants des Turcs; l'amiral en chef, Miaulis, mit le feu à deux frégates turques et chassa dans les Dardanelles la flotte de Khosrew-Pacha.

Sur terre leurs succès n'étaient pas moindres : ils reprirent Corinthe, en octobre, et repoussèrent Mustafa-Pacha qui était venu dans les premiers jours de novembre tenter le siége d'Anatolicon. Mavrocordato, accompagné de volontaires, accourut au secours de Missolonghi menacé par les Ottomans. Des corps d'étrangers ralliés par l'enthousiasme pour la cause de l'indépendance, séduits par la poésie de cette patrie antique, attendris par ses malheurs, vinrent s'offrir aux Grecs. Le grand poëte de l'Angleterre, lord Byron, dont nous avons chanté l'héroïsme et la mort, se dévoua à l'affranchissement de la Grèce. Armes, munitions, presses, argent, il donna tout. Il établit un service de postes, sollicita pour les Grecs un emprunt en Angleterre, et fit imprimer un journal grec intitulé : *les Chroniques helléniques*, dont le rédacteur fut un Suisse nommé Meyer. Ces sympathies de l'Europe étaient un puissant secours. Mavrocordato, homme de politique et de pensée dans l'action, tenta d'organiser une direction dans la Grèce occidentale. Mais les passions, les rivalités des chefs troublèrent ses efforts pour fonder l'unité et féconder les victoires par le gouvernement.

Les secours donnés à la Grèce par les Anglais, l'emprunt négocié à Londres, l'arrivée d'une escadre anglaise devant Alger pour obtenir réparation d'une insulte faite au consul britannique, indisposèrent la Porte contre l'Angleterre. Mais l'harmonie des deux puissances, un moment troublée, se rétablit, grâce au désaveu du gouvernement anglais des sympathies particulières de ses sujets pour la cause des Grecs. Le sultan accorda, en retour de cette satisfaction, l'évacuation de la Moldavie et de la Valachie, réclamée par lord Strangford et M. de Mintziachi, mandataire de la Russie.

On était au commencement de 1824. Deux partis divisaient la Grèce par leurs dissensions : la faction militaire, représentée par Colocotroni, et la faction civile, ayant pour chef Mavrocordato. C'était l'homme d'état de l'insurrection, il fut nommé président du conseil exécutif. Colocotroni, vaincu et dépossédé du pouvoir, se révolta ; mais, déclaré rebelle à sa patrie, il vint se soumettre et reconnut l'autorité.

Sous le coup de ces troubles, les Grecs furent contraints d'abandonner le siége de Lépante ; Missolonghi faillit tomber au pouvoir des Turcs, par une trahison des Souliotes qui faisaient partie de la garnison et qui tentèrent de livrer la ville à Yousouf-Pacha. Leur complot fut déjoué, mais la défense en fut affaiblie et compromise, et cette trahison porta un coup au cœur de lord Byron, en lui donnant une déception pleine d'amertume. La douleur aggrava sa maladie. Peu de jours après, il fut attaqué par une inflammation mortelle, et succomba le 19 avril 1824. Cette mort fut une douleur pour les Grecs et un désastre pour leur cause. Ils voulurent conserver son cœur ; ils rendirent à sa famille les dépouilles du grand poëte, après avoir obtenu de garder une relique du héros. Lord Byron mort, l'enthousiasme des étrangers s'affaiblit ; son génie et son cœur l'éteignirent en s'éteignant ; l'emprunt réclamé resta stérile, et le gouvernement, impuissant à lever des impôts au milieu des agitations du pays, demeura appauvri et sans ressources.

Le massacre des habitants d'Ipsara vint accroître encore la désolation. Venu en avril devant Ipsara, Khosrow-Pacha sollicita sa soumission et promit le pardon du sultan à ce prix. Les habitants répondirent par le refus; Khosrew débarqua, donna un assaut terrible et emporta la ville, malgré sa défense acharnée. Le nombre vainquit cette troupe de héros; les Turcs tuèrent sans pitié, contre les ordres mêmes de Khosrow. Les habitants qui avaient échappé à la mort se cachèrent dans les cavernes et se sauvèrent sur des barques; on porta à Constantinople, en signe de triomphe, cinq cents têtes de ces malheureux et douze cents oreilles. Le peuple acclama ces dépouilles sanglantes. La guerre est la dépravation du cœur : elle tue ce qu'il y a de plus saint dans l'homme, la pitié.

La vengeance arriva bientôt. La flotte grecque, menée par Miaulis et Canaris, s'abattit sur les musulmans restés à Ipsara, les surprit et les chassa de l'île. Délabrée comme elle l'était, rendue impuissante par sa ruine, elle fut abandonnée par les Hellènes. La flotte emporta l'artillerie et les munitions laissées par les Turcs, et se divisa en deux escadres : l'une croisa devant la flotte égyptienne prête à appareiller d'Alexandrie; l'autre surveilla la flotte de Kosrew, et l'empêcha de débarquer à Samos. Le kapoudan-pacha se retira à Cos pour y attendre la jonction de l'escadre d'Égypte.

Les deux flottes réunies rencontrèrent en septembre celle des Hellènes, et essuyèrent une défaite. A la suite de cet échec, le kapoudan-pacha laissa le commandement à Ibrahim-Pacha et rentra à Constantinople. Ibrahim fut battu encore, à la hauteur de Candie, par l'amiral Miaulis, malgré la supériorité de ses forces sur les Grecs; victoire éclatante qui fut fêtée par toute la Grèce.

Sur terre, le même bonheur accompagna les Grecs. Ils battirent, à Amplani le séraskier Derwich-Pacha, qui se retira sur Larisse, puis Omer-Vrioni, qui accourait à Lépante. Il y eut encore différentes rencontres où les généraux grecs Goura, Odysséo, Colocotrini, Mitritas, restèrent vainqueurs.

Pour réparer ces revers, le grand vizir Mohammed Sélim-Pacha eut recours, dans la pénurie du trésor, à des levées d'impôts dans les provinces de la Moldavie et de la Valachie. Il accueillit bien, contre l'attente publique et la coutume du divan, le malheureux kapoudan-pacha, qui était rentré avec son petit nombre de vaisseaux délabrés, et l'honora même en lui donnant un cafetan de zibeline.

Au milieu du triomphe, une révolte vint encore agiter la Grèce : Colocotroni renouvela son insurrection. Il fut battu et réduit à se rendre ; on lui pardonna à cause de ses services et de l'expiation que Dieu semblait lui avoir infligée, par la mort de son fils, au milieu de sa lutte contre sa patrie.

A Constantinople aussi, l'ordre fut troublé par les janissaires au commencement de l'année 1825. Leur révolte fut étouffée dans son germe, grâce à la répression rapide et implacable du sultan. Il en fit saisir cinquante, les brisa sous la torture et les fit étrangler. On en noya d'autres, et l'aga fut cassé.

En Servie, une insurrection fut réprimée avec la même énergie cruelle par le prince Milosch, qui reçut la dignité d'hospodar en signe de reconnaissance du sultan.

Au milieu de cette répression de ses troubles domestiques, le sultan ne négligeait pas les intérêts de sa grande guerre extérieure. Il hâtait les armements, la levée des troupes, et activait les préparatifs au prix de son propre trésor.

Les hostilités recommencèrent bientôt par l'impatience

d'Ibrahim, pressé de se venger de ses défaites dans la campagne de 1824. Le 24 février il débarqua à Modon, et s'empara de Navarin, au printemps, en dépit de la résistance des Grecs contre cette invasion de la Morée. Il accorda à la garnison la permission de se retirer avec ses bagages, mais il retint les munitions de guerre. Des navires anglais et autrichiens recueillirent les soldats grecs et les transportèrent à Calamata. Ibrahim tenta de ramener la population de Navarin à force de modération et d'offres séduisantes. Il la garda contre les insultes, il l'abrita ; il lui offrit du service dans son armée, et une liberté balancée par l'autorité d'hospodars choisis parmi les généraux grecs. Les habitants refusèrent, et aimèrent mieux se retirer dans les montagnes.

Après la prise de Navarin, Ibrahim divisa son armée en trois corps, qui s'emparèrent des trois villes d'Arcadie, de Calamata et de Tripolitza. Il défit Colocotroni à Tricorpha, Ypsilanti à Rizes et à Ardova. Le découragement saisit les Grecs ; ils eurent recours à l'Angleterre pour se relever de tant de revers. L'Angleterre ne répondit rien, observa la neutralité, tout en préparant en secret des bateaux à vapeur destinés à une intervention en Grèce.

De son côté, dans la Grèce occidentale, Reschid-Pacha relevait, ainsi qu'Ibrahim, l'attitude de la Porte. Il réussit à atteindre sans obstacle Missolonghi à la fin d'avril, et se hâta d'ouvrir le siége. Au bout de trois mois, la ville étant à bout de ressources et étreinte par les Turcs, Reschid la somma de capituler ; elle refusa. Le lendemain, 3 août, dès le matin, l'assaut fut donné par les Ottomans, qui reculèrent devant la résistance de l'héroïque cité. Divers assauts suivirent et restèrent sans succès. Puis l'automne arrivant, les travaux du siége furent interrompus par les pluies. Reschid se retira et alla porter son quartier général à Vrachori, en dirigeant de là les faibles opérations militaires que lui permettait la saison.

Du côté de la mer, Missolonghi fut délivré de la croisière de la flotte ottomane par l'arrivée d'une division de vingt-trois voiles, sous les ordres de Miaulis. A sa vue, l'escadre turque se retira et alla à Alexandrie rallier la flotte égyptienne qui avait failli, peu de temps auparavant, être brûlée par un coup d'audace de Canaris, venu au milieu du jour, au sein de la flotte ennemie, conduire trois brûlots sous pavillon étranger. Il avait été reconnu et il avait pu s'enfuir, mais sans avoir réussi à incendier les vaisseaux d'Ibrahim-Pacha.

Ibrahim-Pacha, demeuré à Tripolitza, après avoir repoussé plusieurs assauts des Grecs, alla à Navarin, au mois de novembre, recevoir des renforts de la flotte égyptienne, arrivée au nombre de cent trente-trois voiles. Ainsi fortifiée, il courut battre les Hellènes dans différentes rencontres, et concentra son camp aux environs de Lépante.

Le siége de Missolonghi traînait toujours. Le sultan, fatigué de le voir se prolonger, songea à tirer profit de l'activité d'Ibrahim, et lui ordonna de donner un assaut décisif de concert avec Reschid et le kapoudan-pacha. Il fut livré le 27 décembre, et repoussé avec succès. Découragés de ne pouvoir forcer cette pauvre place si vaillamment défendue, les Turcs abandonnèrent le siége et allèrent se cantonner sur le mont Aracynthe. La flotte ottomane se retira à Patras.

Sur ces entrefaites, un grave événement, qui pouvait avoir une grande influence sur les affaires de la Grèce, vint décourager les Grecs et réjouir le sultan. On apprit que l'empereur Alexandre, dont on savait les sympathies pour la cause des Grecs, était mort le 1er décembre à Taganrog. Le sultan, rassuré par l'espérance de troubles intérieurs de la Russie, refusa à l'ambassadeur anglais,

Stratford-Canning, l'accomplissement de sa promesse d'évacuer la Valachie, la Moldavie et la Servie, et les concessions demandées en faveur des Hellènes. Mais il ne put tenir la même conduite à l'égard de la Russie, qui, ayant établi son nouveau tsar malgré les orages attendus par le sultan, agit avec vigueur auprès du divan, et obtint tout ce qu'elle réclamait.

Le siége de Missolonghi, ralenti et suspendu pendant l'hiver, fut repris avec vigueur au commencement de 1826. Pendant que Reschid et Ibrahim concertaient leur action pour en finir avec cette ville, Miaulis arriva avec sa flotte à Vassiladi, et approvisionna les assiégés pour deux mois. Il fut surpris le lendemain par la flotte turque et égyptienne. Antoine Criésis, sur l'ordre de Miaulis, réunit une division de douze bricks et s'élance au-devant de l'ennemi. Un vaisseau turc de quatre-vingts canons et deux frégates égyptiennes arrivent sur le navire de Criésis et le foudroient de leur artillerie. Criésis, manouvrier souple et hardi, tombe sur la première ligne des bâtiments ennemis, la rompt et donne la chasse à toute la flotte, aidé de Canaris et de Pipinos, que les Turcs nommaient, dans leur terreur, *les démons de l'incendie*. Le combat fini, l'escadre grecque, faisant voile vers Procopaniste, rencontra, à minuit, une corvette égyptienne qu'elle fit sauter en l'incendiant avec un brûlot. Soutzo, l'historien de la révolution grecque, raconta que, se trouvant sur le navire de Criésis, il assista de la poupe à la catastrophe, et qu'il vit, à la lueur de l'incendie, deux malheureux Européens sur un débris enflammé, s'enlacer de leurs bras brûlés, s'étreindre et disparaître, engloutis par la houle au milieu des vagues rougies par le feu.

Les habitants de Missolonghi, rassemblés sur les remparts pour assister à cette scène, crièrent aux soldats d'Ibrahim : « Frileux Arabes, si vous trouvez notre hiver trop rude, étendez vos mains pour vous chauffer au feu de vos vaisseaux incendiés. »

Ibrahim répondit à cette ironie par un assaut. Les Misselonghites ouvrirent leurs portes, firent une sortie terrible sur les Égyptiens, et les hachèrent à coups de sabre : les Arabes reculèrent en cédant leur place à un corps de mameluks. Les Grecs, par une ruse de guerre, simulèrent la panique, et s'enfuirent en les attirant sur un terrain miné, où les mameluks trouvèrent la mort.

Impuissant à prendre la ville de vive force, Ibrahim l'affama, la bloqua du côté de la mer, détruisit le fort de Vassiladi et celui de Dolmas. Le 6 avril, il attaqua par mer la porte de Clissova, défendue par Kissos-Zavellas et une poignée de cent hommes. Le feu plongeant et nourri des Grecs chassa les bateaux des Turcs, blessa Reschid debout sur un canot et excitant ses soldats à l'assaut, et repoussa Ibrahim en lui faisant perdre trois mille hommes.

Le 15, la flotte grecque dispersa les vaisseaux égyptiens, mais sans pouvoir secourir les assiégés ; les postes de Vassiladi et Dolmas étaient aux mains des Turcs. La famine était horrible. Les chevaux furent dévorés, puis les herbes salées de la mer ; les hommes tombaient évanouis les armes à la main ; les femmes et les enfants mouraient affamés. Ibrahim leur offrit de capituler ; les habitants refusèrent encore.

Le jour fatal, le 22 avril, les assiégés se réunirent pour tenter une sortie suprême. Ils avaient prévenu Karaïs-Kakis de prendre les Ottomans par derrière, afin de les forcer par cette double attaque. Trois mille soldats étaient rassemblés ; il restait six mille personnes, composées de femmes, d'enfants, de vieillards et d'hommes incapables de combattre, posées sur un terrain miné, afin d'échapper par la mort à l'ennemi s'il venait à vaincre.

Dans cette foule se trouvaient des femmes vêtues en

hommes pour prendre part au combat. Elles portaient des armes, et couvraient la poitrine de leurs enfants de reliques pour les sauver de la mort et de la défaite.

Il était huit heures du soir : après les dernières étreintes de l'adieu, les Grecs descendirent des remparts, se glissèrent au lieu du rendez-vous, en dehors des murs, et se couchèrent, l'oreille à terre, dans l'attente de Karaïs-Kakis. Il n'arrivait pas. Ibrahim, averti du plan des Grecs par un Bulgare, l'avait déjoué en plaçant sur le mont Aracynthe un corps d'Albanais entre les Grecs et l'armée de Karaïs-Kakis. Puis le bruit mal étouffé des hommes armés, les cris des femmes et des enfants, avaient trahi la sortie à Ibrahim, et il l'avait prévenue du feu de ses forts avancés.

Les chefs ne voyant pas venir Karaïs-Kakis, et décidés à passer outre, donnèrent à voix basse le signal du combat. Les Grecs se levèrent de terre en criant : « En avant ! mort aux barbares ! » et se jetèrent dans les retranchements des Turcs. A leur voix, les Missolonghites coururent aux portes, puis reculèrent soudain en entendant crier : « En arrière dans les batteries ! » Ce fut une mêlée horrible. Les Égyptiens, entrés pêle-mêle avec les Grecs, massacrent les hommes et les femmes. Les habitants cherchent la mort dans la mer, dans les puits, sur le fer même des Arabes. Les ennemis s'élancent vers un édifice où ils rêvent des trésors; c'était le dépôt militaire où s'étaient réfugiés des femmes et des enfants. Ils escaladent les fenêtres, gravissent le toit, enfoncent les portes, lorsque tout à coup un homme en cheveux blancs, à la longue barbe, apparait, agitant une torche allumée, et met le feu aux poudres en s'écriant : « Souviens-toi de moi, Seigneur ! » La maison saute et s'écroule, en engloutissant les Hellènes et deux mille barbares sous ses débris.

Pendant ce temps, les Grecs qui combattent au dehors forcent les rangs des Égyptiens, atteignent le monastère de Saint-Siméon, au pied de l'Aracynthe, et sont foudroyés par le feu des Albanais campés sur la montagne. Les Grecs, quoique malades et brisés par la lutte, gravissent sous le feu la hauteur, appuyés par un corps de trois cents hommes venus à leur secours, et balayent les Albanais.

Il était jour au moment où ils purent se reposer sur le sommet de la montagne. Le soleil levant leur montra leur cité détruite, toute la catastrophe de la nuit. Ils s'éloignèrent désolés, poursuivant leur héroïque retraite à travers les ruines, les torrents et les ravins. Affamés, exténués, ils parvinrent à Salone, après avoir perdu près de six cents hommes; ils n'étaient plus que dix-huit cents. Recueillis par les soldats de Costas-Bozaris, attendris par leurs malheurs et fanatisés par leur courage, ils écrivirent une lettre héroïque comme leur âme au gouvernement grec.

« Gouverneurs de la Grèce, vous à qui la nation a remis la noble tâche de diriger sa destinée, ne perdez point courage : si vous avez confiance en nous, nous sommes fiers de vivre encore pour venger les tombes renversées de l'immortel Marcos et du généreux Anglais qui nous consacra ses chants. Missolonghi est partout avec nous ; le sang qui coule dans nos veines est encore le même. Enfants de la Grèce et du malheur, nous sommes toujours les mêmes hommes qui ont défendu sa liberté et ses droits sacrés sur les monts escarpés de Souli, comme sur les murs croulants de Missolonghi ! »

Ce douloureux événement fut un malheur fécond pour la Grèce. La chute de Missolonghi eut un tragique retentissement dans le monde. Elle épouvanta, attendrit et fanatisa l'Europe ; elle échauffa le cœur glacé des diplomaties. Les peuples se soulevèrent à ce martyre de l'héroïsme, et accoururent délivrer ce frère blessé et lui donner l'indépendance. La politique eut du cœur cette fois. Devant de tels malheurs et de tels hommes, on ne pouvait qu'avoir une attitude et une émotion : gémir et combattre. L'Europe courut au secours des Grecs et fonda leur liberté.

Ce triomphe transporta la population de Constantinople et alarma l'esprit politique de Mahmoud. Il comprit qu'il n'avait écrasé la Grèce que sous le poids du nombre; cette victoire lui pesa comme une défaite. Elle lui avait tant coûté d'hommes et de trésors ! Mais elle l'éclaira et le fortifia dans sa pensée de réforme. Elle lui révéla le vice mortel des armées ottomanes, leur infériorité en face de la tactique et de l'héroïsme des Grecs. Dès lors, il résolut d'abattre le corps qui perpétuait l'anarchie, qui ne savait plus que troubler l'empire et non le défendre. La guerre de la Grèce fut la condamnation des janissaires. Mahmoud comprit que l'heure était venue d'accomplir sa révolution.

. . . .

J'emprunte les détails qu'on va lire à un auteur turc témoin et acteur de ce drame sanglant, et aux récits qu'il m'en fit lui-même à Constantinople, alors que, peu d'années après, je visitais les contrées de l'Orient, ce tombeau des générations antiques, et que dans ces faits récents je vérifiais de nouveau les perpétuels enseignements de l'histoire.

Mahmoud sentit qu'il était temps d'agir : après quinze ans d'attente, le moment était venu de réaliser sa pensée. Mais, sûr de trouver de la résistance, il voulut mettre les formes et l'opinion de son parti. Il convoqua les hommes principaux de l'empire. Après de longues hésitations, moins sur la nécessité de la réforme que sur les moyens de l'accomplir, les conseillers de la couronne adoptèrent enfin l'idée de tirer de l'*odjak* même des janissaires des hommes qui, sous le nom d'*echkendjis* (soldats actifs), seraient réunis en un corps qu'on instruirait à la discipline et aux exercices militaires.

Ce plan arrêté, il fallait l'exécuter. On commença par consulter Husseïn-Pacha, gouverneur des châteaux d'Europe et tenancier des districts de Khoudavendkiar et de Codja ili. Ce brave vizir, ancien aga des janissaires, avait donné au gouvernement, lorsqu'il remplissait cette place importante, des preuves de son zèle, en faisant trancher la tête à un grand nombre de malfaiteurs appartenant à l'*odjak*. Il avait une connaissance parfaite des bons et des mauvais éléments que renfermait le corps des janissaires.

Voici quelle fut son opinion : « Il n'est pas impossible d'amener les officiers supérieurs à se soumettre aux réformes, et de réduire les soldats à l'obéissance. C'est dans la classe des officiers subalternes que gît le mal. Il existe dans tous les *ôrtas* (compagnies) des gens qui s'enrichissent en accaparant les billets de paye. Ce sont notamment les administrateurs de caserne, cuisiniers-maîtres, sous-officiers à la retraite. Uniquement occupés à manger et à consommer, ils sont les meneurs des autres et reçoivent eux-mêmes des inspirations d'intrigants étrangers. Jamais ils n'écouteront la voix de la raison et du devoir, et par des propos perfides, de faux bruits adroitement répandus, ils sauront toujours exciter les soldats à la révolte, et rompre l'accord nécessaire pour parvenir à une réorganisation. Il n'est qu'un moyen d'atteindre ce but. Le nombre des artisans de troubles que j'ai signalés n'est pas considérable, c'est dans les casernes de Constantinople qu'ils ourdissent leurs trames. Il faut d'un seul coup frapper ces provocateurs et détruire le foyer de la résistance. »

Cependant, avant d'employer ces voies de rigueur, Sa Hautesse voulut tenter d'abord celles de la persuasion. On s'assura donc le concours des principaux officiers et des plus influents des janissaires. Par leur entremise, on attira, l'un après l'autre, tous ceux qui jouissaient de quelque crédit dans le corps. On leur communiqua le plan du gouvernement, et on leur démontra, aussi bien par les meilleurs raisonnements que par des preuves tirées de la loi religieuse, la nécessité d'organiser une armée disciplinée. Ces arguments, appuyés par l'or et les promesses, semblèrent opérer leur conversion. Tous s'engagèrent à seconder avec zèle la formation des troupes qu'on se proposait d'instruire.

Ces bonnes dispositions furent portées à la connaissance de Sa Hautesse, qui jugea elle-même que ces engagements, pris verbalement, devaient être constatés par un acte général légal et authentique.

Ici nous ferons remarquer combien les gouvernements les plus absolus de leur nature sont tempérés par les mœurs, les croyances, les besoins des peuples, et dominés eux-mêmes par l'opinion publique. Il faut aussi rendre cette justice au gouvernement turc, que l'on présente comme le type du despotisme le plus brutal, que, dans les circonstances importantes, il s'est presque toujours montré soigneux de ménager et de se concilier cette force invincible de l'opinion.

Un second conseil particulier fut donc tenu chez le *cheik-ul-islam* (le grand mufti), à l'effet de préparer, dans toutes ses formes légales et solennelles, l'acte qui devait contenir l'engagement authentique des janissaires.

« J'étais alors, dit Assad-Effendi, à qui nous devons ces détails, greffier du tribunal de Constantinople. Le cadi de la capitale m'envoya chercher, me confia le résultat de la délibération, et me chargea de dresser l'acte d'engagement. Je remplis cette tâche pendant cette nuit, et le lendemain, la pièce, soigneusement écrite, fut déposée dans le portefeuille des secrets, où elle attendit l'heureux moment de paraître au grand jour.

» Au jour indiqué, une assemblée plus générale fut de nouveau convoquée chez le cheik-ul-islam. Aux ministres et grands fonctionnaires de la Porte se joignirent les principaux oulémas, prédicateurs des mosquées, professeurs et officiers des janissaires. Moi-même, ajoute Assad-Effendi, d'après des ordres supérieurs, je me rendis à cette réunion pour lire et sceller l'acte que j'avais préparé.

» Chacun se plaça suivant son rang et attendit, dans une posture modeste, les communications importantes qui allaient être faites. Le grand vizir prit la parole. Cherchant, par l'adresse et la force des raisons, à faire pénétrer la persuasion dans les esprits, il prononça ce discours plein d'éloquence et de dignité :

» — Depuis le règne des premiers sultans, la monarchie
» ottomane, forte de la protection manifeste du ciel, riche
» en guerriers et en trésors, partout triomphante de ses en-
» nemis, était redoutée des souverains de l'Europe, et
» leur apparaissait comme une hydre menaçante qui tenait
» ouverte sur chacun d'eux une de ses gueules terribles.
» Les temps sont bien changés. Insoucieux de mériter, par
» la pratique des devoirs, les faveurs du maître du monde,
» oubliant les lois divines qui commandent la soumission
» aux autorités, les soldats musulmans se sont livrés à un
» état de révolte permanente ; ils ont dégénéré de leur an-
» cienne valeur, et on les a vus, conduits par des chefs
» faibles ou inhabiles, se disperser devant l'ennemi. La
» honte de nos défaites, la perte de sommes incalculables et
» d'un matériel immense, ont plongé le cœur de la nation
» dans la douleur et dans les regrets. Quel sujet amer de
» réflexions, surtout, que le spectacle des Grecs, ces rayas
» insurgés, ces faibles roseaux que le torrent impétueux du
» courage mahométan eût dû renverser à l'instant même,
» arrêtant nos efforts sans que nous ayons pu, jusqu'à ce
» jour, éteindre le feu de leur rébellion !

» Les annales de l'histoire attestent avec quel dévoue-
» ment les guerriers musulmans des âges passés sacrifiaient
» pour la foi leurs biens et leur vie ; avec quelle constance

» inébranlable ils serraient leurs rangs sur les champs de
» bataille, les janissaires surtout, ce vaillant corps d'infan-
» terie, qui alors, en temps de paix ou de guerre, était tou-
» jours réuni au complet sous les drapeaux, s'étaient acquis
» une haute réputation pour leur discipline et leur bra-
» voure. Ils ne sont plus ce qu'ils étaient autrefois. Insensi-
» blement, de misérables aventuriers se sont introduits
» parmi eux, ont miné peu à peu les bases de leurs règle-
» ments et détruit enfin l'édifice de leur organisation. Les
» rôles sont surchargés de noms à la solde de l'État; mais
» des hommes de guerre, l'on en cherche et l'on n'en trouve
» presque plus. Un *orta* est-il désigné pour faire une cam-
» pagne? les officiers partent à la tête d'un ramassis de gens
» de toute espèce qu'ils ont eu peine à rassembler, gens étran-
» gers au métier des armes comme à toute idée de subordi-
» nation, et dans le nombre desquels se cachent des espions
» de l'ennemi, surtout de ce peuple perfide, qui cherche
» tous les moyens de satisfaire sa haine contre l'islamisme.

» Oui, des Grecs, sous mille déguisements, se mêlent
» aux janissaires; ils les égarent et soulèvent leurs passions
» par des insinuations trompeuses. Ignorants et aveugles,
» les janissaires ne reconnaissent point ces provocateurs à
» travers le masque dont ils se couvrent; incapables de
» discerner la vérité du mensonge, ils adoptent sans exa-
» men toutes leurs suggestions et se livrent aux supposi-
» tions les plus étranges. — Cette guerre, disent-ils, n'était
» pas commandée par la nécessité; on n'a voulu que nous
» faire tuer et détruire notre odjak. Les ministres reçoivent
» l'or des infidèles et leur vendent les provinces musul-
» manes. — Tels sont les propos qu'ils tiennent, les bruits
» qu'ils propagent. Ces impostures, sans parler des mouve-
» ments qu'elles excitent dans l'odjak, étendent sur les
» autres corps de l'armée leur funeste influence, et para-
» lysent le zèle des braves.

» Et pourtant, quelle absurdité que de prêter à un gouvernement l'idée d'entreprendre une guerre avec l'intention d'anéantir les troupes qui sont pour lui ce que les membres sont pour le corps! l'idée de prodiguer ses trésors afin de livrer ses provinces à l'invasion étrangère et aux calamités de la conquête! La foi donnée à des imputations semblables n'est-elle pas le comble de la folie?

» Les causes premières de la décadence de nos armes sont l'affaiblissement de l'esprit religieux et l'inobservance des anciens règlements militaires, sanctionnés par le suffrage des oulémas. Le soldat musulman ne connait plus les devoirs de la religion; il ignore le mérite attaché au titre de guerrier de la foi, et l'obligation que lui impose la loi divine d'une soumission entière à la voix de ses chefs. Qu'on consulte les règlements organiques de l'institution des janissaires sous les premiers monarques ottomans, surtout sous Soliman Ier, et qu'on juge si l'économie et les habitudes de ce corps sont aujourd'hui conformes à ce qu'elles devraient être. Au temps du sultan Soliman, de glorieuse mémoire, les janissaires ne s'exerçaient-ils pas chaque jour, dans leurs casernes, au maniement de toutes les armes dont l'usage était alors connu? L'odjak se recrutait-il d'individus pris au hasard? Non, il se composait d'hommes d'élite qui, jour et nuit, été comme hiver, étaient présents à leurs compagnies...

» Je me résume. Vous savez quelles sont les forces et les intentions des ennemis de l'islamisme; vous connaissez le désordre qui règne dans le corps des janissaires, désordre dont on n'oserait faire l'exposé trop fidèle, tant la blessure est douloureuse! tant le poignard a pénétré profondément! C'est à cette assemblée à décider aujourd'hui quel parti l'honneur musulman nous commande de prendre. Chercher les moyens d'abaisser l'orgueil de nos ennemis et de venger la

» honte de nos désastres, tel est le sujet proposé à votre
» délibération. Parlez, montrez-nous la voie et nous la
» suivrons avec empressement; unis par les liens puis-
» sants de notre loi sainte, nous travaillerons tous de
» concert à la gloire et à la prospérité de l'empire. »

» Ces derniers mots invitaient les assistants à émettre librement leur opinion. Après avoir rendu justice à la vérité du tableau tracé par le grand vizir, le premier médecin de Sa Hautesse, Behdjet-Effendi, pria le ministre des affaires étrangères de donner quelques renseignements à l'assemblée. « La maladie dangereuse, dit-il,
» qui afflige l'empire ottoman, demande tous nos soins.
» Le désordre est un sang corrompu qui dérange l'écono-
» mie du corps social, et qu'il faut en tirer avec la lan-
» cette de la sagesse. Que le reïs-effendi veuille bien nous
» faire connaître d'abord l'état de nos relations exté-
» rieures, afin qu'éclairés sur tous les symptômes du mal,
» nous puissions en apprécier la gravité, et prescrire, en
» médecins habiles, les remèdes convenables. »

» Répondant à cette interpellation, le reïs-effendi mit sous les yeux de l'assemblée tous les documents capables de l'éclairer; il exposa en termes clairs et précis les prétentions étranges formulées par les gouvernements européens; il insista particulièrement sur le caractère péremptoire de leurs injustes exigences dans l'affaire de l'insurrection grecque, devenue pour eux une occasion d'affaiblir la puissance musulmane, et ajouta : « D'après le
« peu que je viens de dire, jugez de ce que je ne dis pas. »

» Les oulémas, consultés à leur tour, répondirent :
» Puisque telle est notre position, il est du devoir de tous
» les mahométans de s'instruire dans la science militaire;
» une entière obéissance, à cet égard, aux ordres du
» sultan, est pour eux une obligation rigoureuse. » Cette décision des interprètes de la loi fut successivement con-

firmée par chacun d'eux, et appuyée de toutes les preuves canoniques et rationnelles.

» Le *coul-kiaya* (intendant général des janissaires) prit alors la parole : « Il est vrai, dit-il, que notre odjak » n'observe plus ses règlements. Le corps des janissaires » est aujourd'hui mélangé d'hommes sans aveu, qui ne » devraient pas en faire partie ; et s'il m'était ordonné de » mener de pareilles troupes au combat, je croirais mar- » cher à une déroute certaine. Des soldats que les liens » d'une discipline sévère n'enchainent pas à leurs rangs, » quand ils seraient aussi nombreux qu'on voudra le sup- » poser, quand la plupart d'entre eux auraient individuel- » lement la valeur de Roustem ou de Caraman, ne sau- » raient triompher d'un ennemi discipliné. La fuite d'un seul » lâche entrainera les autres, et l'opprobre d'une défaite » attend inévitablement leur général. Entrons donc sans » hésiter dans la voie des réformes nécessaires, c'est la » seule manière de rendre à nos armées leur ancienne » supériorité. »

» Tous les officiers des janissaires qui étaient présents reconnurent la justesse de ce qu'avait dit le *coul-kiaya*, et déclarèrent partager entièrement son opinion. La sincérité de cet aveu leur attira les éloges du grand vizir. Son Excellence ajouta : « Une réforme sage des abus introduits » parmi les janissaires, qui sont la principale force de » l'État, réforme basée sur les préceptes de la religion, et » qui doit rendre le corps entier objet des faveurs du trône » et de la Providence, est vivement désirée par le sultan. » On va communiquer à l'assemblée le rescrit impérial » dans lequel notre généreux monarque a exprimé ses in- » tentions, et ensuite l'ordonnance qui règle le mode » adopté pour faire jouir l'odjak des bienfaits d'une organi- » sation régulière. »

» A l'instant tout le monde se leva. On écouta debout et

avec respect la lecture du rescrit impérial, faite par le ministre des affaires étrangères. Lorsqu'elle fut achevée, le premier secrétaire du grand vizir lut le projet d'ordonnance suivant.

» Je donne ici seulement l'exposé des motifs. Cet exposé était suivi des quarante-six articles comprenant tous les détails réglementaires de l'organisation nouvelle.

» Depuis la naissance de la monarchie ottomane, à » l'ombre bienfaisante de laquelle nous avons le bonheur » de vivre, les sultans successeurs d'Osman (puisse le ciel » étendre la chaîne de leur dynastie jusqu'à la fin des » siècles !) se sont montrés zélés observateurs du précepte » divin qui commande de combattre les infidèles. Grâce au » soin constant qu'ils ont eu d'exciter l'ardeur guerrière » des musulmans et de les conduire à la guerre sacrée, la » réputation des armées ottomanes a rempli le monde. » Longtemps les ennemis qui se présentaient devant les » rangs pressés de nos bataillons ont été la proie du glaive; » et les héros musulmans, chargés des dépouilles des na» tions, ont eu le droit de se pavaner dans l'arène de la » gloire. Longtemps les janissaires, ce corps institué dans » un esprit de conquêtes pour la foi, ont été des guerriers » favorisés du ciel, que l'histoire nous fait voir triomphants » en toute rencontre.

» Mais, depuis près d'un siècle, des intrigants ont limé » sourdement le collier de leur discipline, et rompu enfin la » chaîne de leur subordination envers leurs chefs.

» Autrefois les janissaires étaient tous soldats actifs » (*echkendjis*), touchant la paye portée en leur nom sur les » rôles. En campagne, ils étaient tous sous les drapeaux, » prêts à exécuter les ordres de leurs officiers. C'est là ce » que voulaient les règlements. En l'an de l'hégire 1152, » lors de la guerre de la Morée et de la conquête de la for» teresse de Napoli, des echkendjis, par l'entremise de

» personnages imprévoyants, obtinrent, quoique encore » valides, des traitements de retraite, en récompense de » leurs services, et commencèrent à introduire parmi les » militaires retraités le funeste usage de vendre les billets » de paye à des individus étrangers à l'armée. Cet abus » s'est insensiblement accru, au point que l'odjak n'a » presque plus compté de véritables hommes de guerre ; il » n'a plus été qu'un grand corps désorganisé, dans lequel, » à la faveur du désordre, des espions se sont glissés et ont » suscité des mouvements séditieux. Nos ennemis cepen- » dant en ont profité pour nous nuire ; enhardis par notre » faiblesse, ils ont osé étendre leurs mains impures vers » l'œuf éclatant de blancheur de l'honneur musulman.

» Vengeance, peuple de Mahomet ! et vous, serviteurs » zélés de cette monarchie ottomane qui doit durer autant » que le monde, officiers de tous grades, vous tous fidèles » croyants, défenseurs de la foi, amis de la religion et de » la gloire, venez à nous ; unissons nos efforts pour réparer » nos brèches et élever devant notre pays le rempart d'une » armée aussi instruite que brave, dont les coups, dirigés » par la science, iront au loin atteindre le but et détruire » l'arsenal des inventions guerrières de l'Europe chré- » tienne.

» Les éléments de force ne peuvent se puiser aujourd'hui » que dans l'étude et la pratique des arts militaires, dont » la connaissance est indispensable pour combattre avec » avantage un ennemi discipliné. C'est une vérité incon- » testable. Le Coran lui-même nous trace notre devoir à » cet égard. Il a dit : *Employez pour vaincre les infidèles* » *tous les moyens qui sont en votre pouvoir.* Ce texte sa- » cré, le sens que lui donnent les plus doctes interprètes de » la loi, plusieurs paroles du Prophète, recueillies par la » tradition, nous démontrent jusqu'à l'évidence la néces- » sité d'acquérir la science militaire. C'est donc avec la

» conscience d'accomplir une obligation religieuse, que le » gouvernement s'est décidé, sous l'inspiration de l'esprit » du Prophète, dans la vue d'affermir la puissance otto- » mane et de rendre au nom musulman tout son éclat, à » former un nouveau corps d'echkendjis, tirés de l'odjak » des janissaires, et à prendre les dispositions contenues » dans les articles suivants pour fixer le mode de leur or- » ganisation, la nomination des officiers, l'armement et le » costume des soldats. »

(Suivent les quarante-six articles de l'ordonnance.)

» Après la lecture de cette ordonnance, le mufti, sur l'invitation du grand vizir, lut lui-même un fetva, *écrit par la plume puissante de la loi*, et déclarant que l'étude de la science militaire était un devoir religieux pour les vrais croyants. Ensuite, s'adressant à l'odjak entier des janissaires, en la personne des officiers présents, il dit : « Vous » venez de l'entendre, les préceptes écrits et traditionnels » de notre loi sainte, de l'avis unanime des oulémas, im- » posent aux musulmans l'obligation d'acquérir l'instruc- » tion militaire pour combattre avec succès les infidèles. » C'est une vérité aussi rigoureusement démontrée qu'un » axiome élémentaire des mathématiques. Êtes-vous fran- » chement déterminés à concourir à l'accomplissement des » vues de Sa Hautesse pour la formation de troupes disci- » plinées ? En prenez-vous l'engagement formel ?

» — Oui, répondirent à l'instant et ensemble les janissaires » et tous les assistants, nous prenons cet engagement. »

» Le grand vizir reprit alors la parole. « Les fidèles mu- » sulmans, dit-il, qui, dans cette circonstance, s'empresse- » ront d'obéir aux ordres de Sa Hautesse, ne peuvent » manquer d'obtenir la récompense de leur zèle. Mais il » est des hommes méchants et aveugles que leur malice » naturelle et les suggestions de Satan pourront porter à » ouvrir la bouche du bavardage pour déverser la critique

» et le blâme sur le projet du gouvernement, et semer » parmi la population des bruits dangereux. Ces hommes, » quels qu'ils soient, ne devront-ils pas être punis ? »

» Le mufti, à qui cette question s'adressait directement, répondit : « Quiconque tient des discours malveillants et » cherche à exciter des troubles, mérite, suivant la loi, un » châtiment sévère. » Aussitôt il ordonna à l'archiviste des fetvas de mettre par écrit cette décision.

» Ensuite, pour constater et confirmer les résolutions de l'assemblée, Assad-Effendi, sur l'ordre du grand vizir et du mufti, donna lecture de l'acte d'engagement qu'il avait rédigé ; tout le monde en approuva la rédaction. Sur un signe du mufti, Ahmed-Effendi, prédicateur de la mosquée du sultan Bayézid (Bajazet), adressa au ciel une invocation convenable à la circonstance. Le mufti lui-même récita le *Fatcha* (premier chapitre du Coran), et le greffier apposa au bas de l'acte d'engagement le nom et le sceau d'abord du grand vizir, ensuite du cheik-ul-islam, de Husseïn-Pacha, de Mohammed-Izzet-Pacha; puis successivement, et selon l'ordre de leur rang, tous les personnages présents à l'assemblée, oulémas, ridjals, codjas, officiers des janissaires, revêtirent l'acte de leur signature et de leur cachet.

» Tandis que cette formalité s'accomplissait, *la bride fut lâchée au coursier de la conversation.* Les avantages que les connaissances militaires procurent à une armée étaient le sujet des entretiens. Les agas de l'odjak racontaient des exemples nombreux de déroutes causées par l'indiscipline des soldats; ils montraient la nécessité de l'instruction et en excitaient le désir par des faits et des raisonnements. D'un autre côté, de pieux personnages faisaient le récit de choses miraculeuses propres à inspirer aux musulmans la confiance en l'avenir.

» Le grand vizir fit remettre à l'archiviste le fetva du cheik-ul-islam, l'ordonnance à l'aga des janissaires, l'acte d'engagement à Assad-Effendi ; il ordonna au cadi de Constantinople, aux mollas, professeurs et cheiks de se rendre sur-le-champ en *feredje* et en *orta-caouk* (en costume) à l'hôtel de l'aga des janissaires, où l'aga lui-même et les officiers les accompagneraient ; là, de donner lecture des trois pièces à tous les autres officiers et sous-officiers, et de leur faire signer la dernière. Il recommanda à l'aga de l'informer de la signature de l'engagement par un rapport succinct, et prescrivit aux oulémas de revenir ensuite le trouver à l'hôtel du cheik-ul-islam, où il les attendrait avec les vizirs et les ridjals de la Porte.

» Aussitôt les oulémas sortirent ; ils montèrent sur les chevaux richement équipés des ministres du gouvernement, et se dirigèrent en pompe vers l'hôtel de l'aga des janissaires. Ils mirent pied à terre devant le kiosque de Tékéli, et, après une courte pause dans l'intérieur, ils se placèrent sur l'estrade extérieure, au milieu d'une réunion nombreuse, composée des officiers et administrateurs des janissaires et des individus désignés sous les noms d'anciens (*eski*) et sous-officiers en retraite.

» Je lus alors l'acte d'engagement, raconte Assad-Effendi ; l'archiviste lut la décision des oulémas ; enfin, un des écrivains de l'odjak fut chargé par l'aga de faire la lecture de l'ordonnance. Cet effendi s'empressa d'obéir ; mais, par une ignorance vraie ou feinte, il se mit à estropier les mots et à dénaturer le sens des phrases. L'aga choqué de son impertinence, reprit l'ordonnance, la mit entre mes mains et me dit : « Lisez encore cette pièce. » J'invoquai intérieurement les âmes des saints musulmans, et je signalai mon zèle pour le service de la religion et de l'État en faisant la lecture de cette belle ordonnance d'une voix si haute et si intelligible, *que ma parole pouvait être entendue des habitants de l'autre monde.*

» Plusieurs professeurs parlèrent successivement sur la

nécessité de la discipline et de la connaissance de l'art militaire. Après ces allocutions, l'aga prit la parole. « Le » *fetra* que vous venez d'entendre, dit-il, expression du » sentiment unanime des oulémas, nous impose l'obligation » d'acquérir l'instruction militaire ; le sultan, notre géné- » reux maître, nous l'ordonne. Répondez. Faire connaître » au gouvernement, dans un rapport, l'engagement que » vous prendrez, sera pour moi un devoir dont je me ferai » honneur. »

» L'aga répéta plusieurs fois aux assistants l'invitation de répondre. Enfin, les chefs de compagnies, qui étaient au premier rang, et quelques anciens de l'odjak, dirent : « Nous obéirons à l'ordre du sultan. » Bientôt les autres suivirent cet exemple et se déclarèrent prêts à obéir. Alors le cheik-effendi prononça une prière, et l'on se rendit à la chambre du *coul-kiaya* pour y apposer, sur l'acte d'engagement, les signatures et les cachets. « Nous scellerons » cet acte avec notre sang, » disaient la plupart des officiers. Tels étaient l'ardeur et l'empressement général pour venir signer, que ceux qui n'avaient point de cachet couraient chez les graveurs pour s'en procurer à l'instant même. Ils se précipitaient en foule et se marchaient sur les pieds, donnant ainsi une preuve de leurs habitudes d'indiscipline et de désordre. S'il n'eût pas été si tard, et si l'aga n'eût eu hâte de terminer, le dos de l'acte eût été tout couvert de l'encre des cachets, *et l'on eût vu ce bouton de rose, fraîchement éclos dans le parterre de la loi, entièrement flétri et décoloré.* Le nombre des signatures et cachets s'élevait à deux cent huit.

» Ce même jour, on commença à inscrire, dans l'hôtel de l'aga, les noms des janissaires enrôlés comme *echkendjis.* Peu de jours suffirent pour préparer les armes et les vêtements qui devaient leur être donnés. L'effectif de ce premier corps d'élite avait été fixé à sept mille cinq cents hommes, formés de cent cinquante janissaires pris dans chacune des cinquante et une compagnies ; le nombre des enrôlements s'élevait déjà à cinq mille.

» Immédiatement on procéda à l'instruction et aux exercices militaires ; d'abord les officiers seuls y prirent part. Avant de commencer, et pour sanctifier l'acte qu'ils allaient faire, l'archiviste des fetvas récita la formule : *Au nom du Dieu clément et miséricordieux ;* puis il prit un fusil et le remit entre les mains de l'aga ; celui-ci le baisa en le recevant. Le seymen-bachi, les cathar-agas et les tchorbadjis furent de même successivement armés d'un fusil ; ils se rangèrent en ligne et reçurent une première leçon des instructeurs. Les soldats, placés à une certaine distance, s'approchèrent de quelques pas pour mieux voir ce spectacle. L'exercice des officiers se termina par quelques paroles d'éloge données à leur zèle, dans une invocation que prononça Ahmed-Effendi le Géorgien d'une voix forte et sonore. Tout le monde répéta avec lui : « Seigneur, » affermis nos pas dans cette voie. »

» Parmi les oisifs, les débauchés et les mauvais sujets, dont les cafés sont le rendez-vous habituel, il ne pouvait manquer de se trouver des discoureurs éhontés qui prissent pour texte de leurs déclamations les nouveaux exercices militaires ; il pouvait même se rencontrer, au nombre des fonctionnaires du gouvernement, des traîtres accoutumés à voler leur salaire, qui osassent critiquer l'ordonnance et les fetvas. *Il fallait couper avec le ciseau de la menace la langue de ces bavards dangereux*, et faire connaître en même temps à la population les avantages de l'organisation régulière qui venait d'être adoptée. Pour atteindre ce double but, le grand vizir adressa au cadi de Constantinople la proclamation suivante, destinée à être communiquée aux imans de tous les quartiers de la capitale :

PROCLAMATION DU GRAND VIZIR.

« Des *fetvas* donnés par le chef des ministres de la religion, avec l'assentiment des oulémas, l'accord unanime des officiers civils et militaires réunis en assemblée, ont engagé Sa Hautesse à autoriser, par un rescrit impérial, la levée d'un corps d'echkendjis disciplinés, tirés de l'odjak des janissaires. Cette grande opération est commencée ; les appointements, les rations et autres avantages dont jouissaient précédemment les janissaires sont augmentés suivant les dispositions de l'ordonnance lue dans l'assemblée générale par leur incorporation dans les echkendjis. Mais la vente des billets de paye des corps institués pour la guerre sacrée, étant un trafic proscrit par la religion, est désormais interdite. Les propriétaires nominaux des billets en toucheront seuls le montant leur vie durant. Nul changement, d'ailleurs, n'est apporté en ce qui concerne les rations, la solde, les règles d'avancement des janissaires ; les billets de paye actuellement existants dans les ortas seront exactement acquittés comme par le passé. Personne ne peut légitimement supposer dans l'organisation nouvelle aucune arrière-pensée de nuire à qui que ce soit. Le gouvernement n'a eu d'autre but que le service de la religion et l'accomplissement plus assuré, au moyen de l'instruction militaire, du devoir imposé à tous les musulmans de combattre les infidèles. Ses mesures sont conformes en tous points aux préceptes de notre sainte loi ; on ne doit donc y trouver rien à redire, et les vrais croyants ne peuvent que s'en féliciter.

» Pour empêcher les hommes à courte vue de se livrer sur ce sujet à de vains propos, vous communiquerez cette proclamation aux imans des différents quartiers et à

» toutes les personnes notables; vous leur ferez connaître
» la vérité; et si quelque insensé se permet des discours
» malveillants, il saura qu'il se met en contravention avec
» la loi du Prophète, qu'il se sépare de la communauté des
» fidèles, et, conformément au troisième *fetva*, il recevra la
» punition légale qu'il aura méritée. »

» Cependant la plupart des sous-officiers et *anciens*, qui jouissaient d'une grande influence dans l'odjak, ceux même d'entre les officiers qui avaient semblé les premiers se rallier au gouvernement, notamment le vice-intendant Mustafa, le mutevelli Yousouf le Kurde, qui était l'oracle des janissaires, cachaient des desseins perfides sous une apparence de zèle. Le jour même où ils avaient pris, chez le mufti et à l'hôtel de l'aga, l'engagement de seconder les mesures du gouvernement, ils se concertèrent, dans un conciliabule secret, sur les moyens d'en empêcher l'exécution. Le premier exercice, qui eut lieu sur la place de l'Atméidan, en présence des oulémas, avait d'abord paru à ces traîtres une occasion naturelle de manifester leur opposition. Mais ils renoncèrent à cette idée, sur l'observation faite par l'un d'eux qu'il était contraire aux usages de se mettre en état de révolte sans faire sortir les marmites des casernes.

» On sait quel rôle traditionnel ces instruments de cuisine avaient parmi les janissaires, et que les grades des officiers et sous-officiers étaient désignés par des noms dérivant des emplois de la cuisine. Cette bizarrerie, qui a souvent prêté au ridicule, a cependant une origine respectable. En effet, le sultan étant considéré comme le père de famille, le nourricier de cette troupe de fidèles serviteurs, les personnes qu'il préposait à veiller et pourvoir à leurs besoins furent dans l'origine décorées des titres de leurs fonctions. Ainsi, l'officier le plus élevé en grade fut appelé *schor badii-bachi* (premier distributeur de soupe); après lui venaient l'*achtchi-bachi* (premier cuisinier) et le *sakka-bachi* (premier porteur d'eau). Par une conséquence toute naturelle, la marmite (*kazan*), qui servait à la distribution de la nourriture fournie par le souverain, était pour les janissaires l'objet d'une vénération plus grande encore que celle qu'on voit nos soldats porter à leurs drapeaux. C'est autour du kazan que ces corps s'assemblaient pour délibérer. La perte de cette précieuse marmite était la plus forte humiliation qui pût leur arriver. C'était une sorte d'attachement superstitieux, et il a suffi souvent à quelques meneurs de s'emparer des marmites pour entraîner tout l'*orta*.

» Cependant il se manifestait sourdement des indices précurseurs d'une révolte. A peine trois réunions avaient eu lieu sur la place de l'Atméidan pour le commencement des exercices, et déjà les inspecteurs avaient entendu des discours et remarqué des actions qui indiquaient un complot formé.

» L'inspecteur général avait alors mandé les catar-agas et les anciens des diverses compagnies, avec le fameux Yousouf le Kurde, et avait tenté de faire pénétrer dans ces esprits durs et intraitables la voix de la persuasion ; il leur démontra de nouveau la nécessité de la réforme militaire. Ils convinrent qu'il avait raison, mais ils ajoutèrent :

» — Nos hommes sont des cerveaux épais, des cœurs
» durs, qu'aucune raison ne touche et qu'aucune crainte
» ne saurait émouvoir ; ils murmurent. Ce qu'on nous
» demande, disent-ils, c'est l'exercice des *giaours*, nous
» n'en voulons point. Notre exercice à nous est de couper
» des feutres avec le sabre, et de tirer au but avec le
» fusil. »

» Une catastrophe était donc imminente ; le gouvernement s'en préoccupait vivement ; mais les conjurés étaient partagés d'avis sur le moment favorable de faire éclater la sédition. Les uns disaient : « Il faut laisser s'accroître le » nombre des janissaires inscrits comme echkendjis ; la » réaction en sera plus forte, et les munitions qu'on leur » délivre seront à notre disposition. » Les autres répondaient : « Si nous laissons le corps des echkendjis devenir » considérable, les faveurs dont le gouvernement les comblera attacheront les soldats à sa cause, et ils n'obéiront » plus à nos inspirations. Il faut donc faire le mouvement » le plus tôt possible. »

» Cette irrésolution se prolongeait depuis près d'un mois quand tout à coup la sédition éclata. Le nuit du jeudi 9 de zileadé 1241 (15 juin 1826), les conjurés se rendirent isolément ou deux à deux sur la place de l'Atméidan, qu'ils choisirent pour le centre de leurs opérations. Ils adressèrent à tous les officiers et soldats, excepté à quelques capitaines et oustas sur lesquels ils ne comptaient pas, l'invitation de venir se joindre à eux. Bientôt la place se remplit de rebelles. Les chefs en envoyèrent un détachement attaquer l'aga dans son hôtel, et expédièrent successivement plusieurs messagers à l'intendant général Hassan-Aga pour tâcher de l'attirer vers eux. Hassan-Aga dit à ces émissaires : « Je ne puis aller seul au rendez» vous ; j'ai fait prévenir tous les commandants des com» pagnies ; quand ils seront venus, nous irons tous en» semble. » Il se débarrassa d'eux avec cette réponse, et échappa au piége qu'on lui tendait. Il demeura chez lui attendant la venue des capitaines, en proie aux plus vives angoisses, *le dos appuyé contre le mur de la stupéfaction.*

» La troupe qui était dirigée vers l'hôtel de l'aga y arriva au moment où Djélal-Eddin, revenant de faire une ronde dans le quartier du château des Sept-Tours, se disposait à se mettre au lit. Il était dans un lieu secret lorsqu'on entra, et il dut son salut à cette circonstance. Les soldats, ne le trouvant pas sur-le-champ, supposèrent qu'il n'était pas chez lui, et, pressés d'aller se livrer au pillage, but principal de l'insurrection, ils retournèrent précipitamment à l'Atméidan ; mais, avant de partir, ils se dédommagèrent d'avoir manqué leur entreprise en brisant les portes et les fenêtres de l'hôtel et en mettant le feu en différents endroits. Heureusement ce feu s'éteignit de lui-même.

» Dès que l'aurore parut, les conjurés firent sortir les marmites des casernes et les apportèrent à l'Atméidan ; ils coururent à la caserne des *djebedjis* (armuriers) et des *serradjis* (selliers), pour s'emparer aussi des marmites de ces corps. La compagnie du djebedji-bachi (5e orta) leur livra les marmites, et par là le brave corps des armuriers se trouva entraîné dans le parti de l'insurrection.

» En même temps les chefs envoyaient des sous-officiers dans les quartiers du château des Sept-Tours, d'*Asma-Alti*, de *Cabbani-Dakik*, réceptacle de tous les mauvais sujets de la capitale, pour les engager à se joindre à eux. Ils répandirent le bruit que le grand vizir Husseïn-Pacha, l'aga et tous les grands fonctionnaires étaient pris ou tués. Ils cherchaient par ces fausses nouvelles à soulever la populace et à l'exciter au pillage. Bientôt on vit accourir les portefaix, les mercenaires et les gens sans aveu qui remplissent les rues de Constantinople. Les rebelles formaient alors une masse imposante ; une troupe de furieux marche sur l'hôtel du grand vizir, conduite par Mustafa *le Fruitier*. Une autre troupe, ayant à sa tête Mustafa *l'Ivrogne*, va saisir l'instructeur Davoud-Aga, et saccage la maison de l'agent du vice-roi d'Égypte, Nedjib-Effendi, contre lequel les janissaires nourrissaient une haine profonde. Nedjib-Effendi était à sa campagne de Canlidjik ; sa vie ne courut point de danger, mais on enleva de chez lui des dépôts qui lui étaient confiés par divers pachas, et dont la somme se montait à plus de huit mille bourses.

» Par un heureux hasard, le grand vizir avait aussi passé la nuit à sa maison de Beglierbey. Ses femmes, en entendant le bruit des factieux qui se précipitaient en foule dans l'hôtel, se réfugièrent effrayées dans un souterrain situé au milieu du jardin. Elles échappèrent ainsi à leurs regards et à leurs violences. Ils pillèrent l'hôtel, s'emparèrent des effets précieux et d'environ six mille bourses d'argent.

» Pendant ce temps, des janissaires se répandaient de tous côtés, et parcouraient les rues en criant : « Mort aux » donneurs de fetvas, aux écrivains juridiques, à ceux qui » nous résistent, à toute personne portant *caouk* [1]. Nous » prendrons leurs femmes et leurs enfants ; les garçons et » les filles seront vendus dix piastres la pièce, les habits » cinq piastres. Que tous les marchands ouvrent leurs bou- » tiques ; si on leur vole un morceau de verre, nous leur » rendrons un diamant en échange. Si un des nôtres fait » au peuple quelque avanie, nous le hacherons à l'in- » stant. »

» Ces voix tumultueuses, retentissant par toute la ville au point du jour, arrachèrent brusquement les citoyens honnêtes au repos, et les *plongèrent dans l'océan de l'inquiétude.*

» Un poëte a dit : « O toi qui t'es endormi dans une » douce sécurité, la catastrophe t'attend à ton réveil. » C'est ainsi que la nouvelle effrayante de la rébellion interrompit le sommeil des fonctionnaires publics et des grands de l'État. Elle parvint au grand vizir, dans sa maison de Begljerbey, avec la rapidité de l'éclair. Le grand vizir prit à l'instant toutes les dispositions convenables. Il dépêche son frère et son intendant vers Husseïn-Pacha et Moham-

1 C'est le bonnet des hommes de plume, des gens de loi et des fonctionnaires en costume civil.

med-Pacha, pour leur dire de se rendre promptement au sérail, au point nommé *yalikeuchku* (kiosque du bord de l'eau), et d'amener leurs troupes avec eux. Il monte dans sa barque, et, se confiant à la Providence, il part seul avec son cafetier Osman-Aga. Arrivé au kiosque du bord de l'eau, il fait appeler Mohammed-Emin de Chypre, intendant des trésors du palais, qui, selon l'usage des officiers investis de cet emploi, couchait pendant l'été dans le sérail neuf. Il le charge d'aller porter aux pieds de Sa Hautesse l'annonce des événements qui se passent, de lui demander la permission de faire paraître le drapeau du Prophète, et de le supplier de se montrer aux troupes.

» En même temps il fait avertir le mufti, qui ne tarde pas à venir le joindre. Les pachas Hussein et Mohammed arrivent aussi au rendez-vous. Alors des messages sont envoyés aux docteurs (*damchmends*), aux maires (*khodjas*) et aux étudiants, pour les appeler tous, dans cette grande crise, à la défense du trône. Le grand vizir fait passer des ordres aux ridjals de la Porte, aux officiers de sa maison, à l'intendant de l'arsenal, au général de l'artillerie (*tofidji-bachi*), au commandant des soldats du train, au chef des bombardiers, au chef des mineurs, pour qu'ils s'empressent d'amener leurs troupes au sérail.

» Cependant l'intendant général, Hassan-Aga, qui était resté dans sa maison, en proie à l'inquiétude, avait vu successivement arriver près de lui les chefs de compagnie et quelques écrivains, mutevellis et odabachis, restés fidèles au sentiment du devoir.

» La plupart avaient passé par la place de l'Atméidan et lui rendaient compte des progrès de l'insurrection. Il se rendit avec eux à l'hôtel de l'aga des janissaires. L'aga, Djélal-Eddin, avait disparu. L'intendant s'était installé dans l'hôtel et avait député le chef des écrivains, Rachid-Effendi, auprès des rebelles, pour leur dire d'expliquer leurs intentions. Ils s'écrièrent d'une voix unanime : « Nous » ne voulons point de l'exercice des infidèles; l'ancien » usage des janissaires est de tirer à balle sur des pots de » terre et de couper avec le sabre des rouleaux de feutre : » tels sont nos exercices militaires; nous demandons la » tête de ceux qui ont conseillé l'ordonnance. » Et ils désignèrent par leurs noms plusieurs grands fonctionnaires, plusieurs officiers de la cour du sultan. Ils renvoyèrent l'écrivain avec cette réponse audacieuse. Hassan-Aga la fit porter aussitôt au kiosque du bord de l'eau par le même Rachid-Effendi, qui la répéta fidèlement au grand vizir en présence de tous les grands dignitaires. Le grand vizir fut saisi d'indignation : « Le nouveau système militaire que » nous avons adopté, dit-il, est conforme à la raison aussi » bien qu'à la loi religieuse; il a l'assentiment de tous les » oulémas. C'est pour l'honneur et la puissance de la mo- » narchie ottomane que nous voulons le faire exécuter. » Nous ne souffrirons pas qu'il soit enlevé une seule pierre » de cet édifice sacré. Avec l'assistance de Dieu, nous écra- » serons les rebelles; nous allons tirer contre eux le glaive » de la vengeance. Allez leur porter cette réponse. »

» Tous les assistants approuvèrent ces paroles énergiques. L'écrivain partit. Le grand vizir et les personnages rassemblés près de lui, quittant le kiosque, se transportèrent dans l'intérieur du sérail, au lieu nommé la Ménagerie, qui était le rendez-vous général indiqué. Bientôt les principaux oulémas, les professeurs et les étudiants accoururent en foule. Le général de l'artillerie (*topdji-bachi*), le commandant des soldats du train (*arabadji-bachi*), le capitaine d'artillerie à cheval, Ibrahim-Aga, célèbre par ses exploits, et surnommé *l'Infernal*, arrivèrent avec des canons. Ahmed-Aga, chef des huissiers de l'arsenal, amena les soldats de marine. Les mineurs parurent, conduits par leurs officiers. Tous ces fidèles serviteurs de l'État, réunis dans les vastes cours du sérail, attendirent que Sa Hautesse vint s'offrir à leurs regards.

» L'intendant des trésors du palais, Mohammed-Emin, chargé du message du grand vizir pour le sultan, avait volé à Beschiktach, résidence de Sa Hautesse. Il instruisit le sultan de la révolte des janissaires, et lui dit que tous les amis dévoués de la monarchie, rassemblés au sérail, attendaient ses ordres pour marcher contre les factieux, et espéraient qu'il viendrait leur donner, par sa présence, un gage assuré de la victoire.

» Aussitôt le sultan commande de mettre en mer le bateau destiné à ses promenades incognito. Tandis qu'on prépare l'embarcation, il expédie un de ses serviteurs intimes, Aboubekr-Effendi, au grand vizir, pour lui demander quelques détails précis, et lui transmettre quelques ordres, dont l'idée venait de surgir à l'instant *dans son esprit éclairé par les lumières célestes.*

» Mais, impatient de se présenter aux braves défenseurs du trône, il ne peut attendre le retour d'Aboubekr ; il n'écoute que son ardent courage, suspend son sabre à sa ceinture, et monte dans le bateau, où son fidèle secrétaire, Mustafa-Effendi, prend seul place avec lui. Son silihdar (*porte-glaive*) et les autres officiers de sa cour le suivent dans des barques. On force de rames et l'on aborde bientôt au sérail, à la porte du Canon. Traversant ces lieux enchanteurs, *véritable paradis terrestre, séjour des monarques ottomans*, le sultan se rend à la vaste salle nommée *Sunnet-Odacy* (chambre de la Circoncision). Partout sur son passage il donne une vie nouvelle, et répand dans les cœurs le feu sacré de l'enthousiasme et du dévouement. Il fait venir le grand vizir, le mufti, tous les fonctionnaires et les oulémas réunis dans la ménagerie, et leur adresse la parole en ces termes : « Vous savez tous combien, depuis le jour de mon « avénement au trône, j'ai mis de soin et de zèle à servir

» les intérêts de la religion et à faire le bien du peuple qui
» m'est confié par la Providence. Vous savez surtout com-
» bien les janissaires, dont les mouvements séditieux ont
» si souvent porté atteinte à ma couronne, ont trouvé en
» moi d'indulgence pour des actes bien capables cepen-
» dant de lasser la patience la plus débonnaire. Pour évi-
» ter l'effusion du sang, je leur ai pardonné ; j'ai fait plus,
» je les ai comblés de faveurs. Enfin, sans y être forcés
» autrement que par des bienfaits, ils ont pris l'engage-
» ment de se conformer aux dispositions de l'ordonnance
» nouvelle. Le refus qu'ils font aujourd'hui d'exécuter leur
» promesse, la violation du contrat légal signé par eux, et
» sanctionné par toutes les autorités civiles et religieuses,
» l'exaltation furieuse qu'ils déploient, les prétentions inso-
» lentes qu'ils osent manifester, tout cela ne constitue-t-il
» pas une véritable révolte contre le souverain ? Pour re-
» pousser ces traîtres, pour étouffer l'insurrection, quelles
» mesures jugez-vous convenables ? Quelle est l'opinion des
» interprètes de la loi sur l'emploi de la force des armes ? »

» Les oulémas répondirent unanimement : « La loi or-
» donne de combattre les factieux. Le Coran a dit : *Si des*
» *hommes injustes et violents attaquent leurs frères, com-*
» *battez ces agresseurs et renvoyez-les à leur juge naturel.* »

» Aussitôt les assistants s'écrièrent tout d'une voix :
» Vaincre ou mourir, telle est notre résolution. Dieu sera
» notre aide, et nous sacrifierons, s'il le faut, notre vie
» pour le sultan ! »

» Au milieu de l'enthousiasme général, le professeur Abderrahman-Effendi, emporté par l'excès de son ardeur guerrière, jeta vivement à terre le chapelet qu'il tenait à la main en criant : « Qu'attendons-nous ? courons tous aux
» ennemis, écrasons-les, foudroyons-les sous la mitraille ! »

» Cette troupe de braves, animée de cet esprit d'union qui fait la force, après avoir prié le sultan de faire sortir l'étendard du Prophète, se disposait à marcher vers les rebelles, quand le sultan dit : « Et moi aussi je veux aller » combattre au milieu des vrais croyants, et punir les in» grats qui m'offensent. » A ces mots, tous les officiers qui l'entouraient élevèrent leurs voix suppliantes pour le détourner de cette résolution. « Nous conjurons Votre Hau» tesse, dirent-ils, de ne pas compromettre son auguste » personne en se présentant sans nécessité devant un vil » ramassis de factieux. Qu'elle déploie l'oriflamme musul» mane, et se livre tranquillement au soin de faire des » vœux pour le salut de l'empire, pour le triomphe de la » bonne cause. Il suffit à ses fidèles serviteurs qu'elle aide » leurs efforts de ses puissantes prières. »

» Le sultan céda à leurs instances ; il ordonna qu'on envoyât des crieurs parcourir les rues de Constantinople et des trois villes (Galata, Péra, Scutari), pour appeler tous les musulmans à venir se ranger sous l'étendard du Prophète, autour du monarque, souverain pontife de la religion. Cet ordre, transmis promptement au tribunal de Constantinople, devait être porté de là aux imans des différents quartiers par les huissiers du *mekkémé* (cour de justice). En même temps, on appela au sérail plusieurs personnages marquants, qui étaient restés chez eux occupés à prier pour le triomphe du droit, et tout prêts à y concourir de tous leurs efforts.

» Les crieurs et les huissiers du tribunal, *par un effet de la protection divine*, dérobèrent leurs démarches à la connaissance des insurgés, et remplirent heureusement leur mission. A leurs voix, le peuple se lève. En moins d'une demi-heure, de nouvelles troupes d'étudiants, leurs maîtres en tête, des habitants de tous les quartiers avec leurs imans, les gens de Galata, de Péra et de Scutari, conduits par leurs magistrats, débouchent de tous côtés sur la place du sérail, et y prennent position.

» Tandis qu'ils arrivent, le sultan va chercher lui-même, dans la salle où il est conservé, le *cyprès majestueux du jardin de la Victoire*, le drapeau vert du prince des prophètes. Il le remet, en invoquant l'assistance céleste, entre les mains du grand vizir et du mufti, qui le confient aux musulmans pressés autour d'eux. Le professeur Ahmed-Effendi d'Ahkisca adresse à ceux qui le reçoivent une allocution entraînante qui leur fait verser des larmes d'enthousiasme. On tire des magasins du palais des sabres, des fusils, des cartouches, qu'on distribue à ceux qui n'ont point d'armes ; et tous ces champions dévoués de la foi et du trône, poussant des cris terribles de « *Allah !Allah !* » s'élancent hors de la porte du sérail, courent à la mosquée du sultan Ahmed, et plantent au haut de la chaire le glorieux étendard de Mahomet.

» Le sultan, après avoir de nouveau appelé les bénédictions du ciel sur les guerriers auxquels il venait de confier l'oriflamme sacrée, monte à cheval, escorté de son porte-glaive, Ali-Aga, de son premier valet de chambre, Aboubekr-Effendi, de son secrétaire, Mustafa-Effendi, et d'Ahmed-Chakir-Effendi, officier du *mabeïn* (appartement intérieur attenant au harem). Il alla par les jardins particuliers du sérail s'installer dans le pavillon situé au-dessus de la porte impériale, pour être à portée de recevoir promptement les nouvelles des événements. Il voyait passer sur la place les bons citoyens qui couraient se ranger sous le drapeau du Prophète, et les accompagnait de ses vœux. »

. . . .

Pendant que Mahmoud, âme intrépide, s'indignait d'être retenu par la dignité du pouvoir suprême dans l'immobilité de son kiosque, d'où il dominait les événements dont son trône et sa vie étaient le prix, le véritable chef de l'entreprise, Husseïn-Pacha, Mohammed-Pacha, le grand vizir, les ministres, les oulémas du parti du sultan, se réunissaient à la mosquée voisine d'Achmet. Là, entourés de minute en minute par la masse croissante des musulmans fidèles au trône et des troupes convoquées par Husseïn, ils délibéraient sur les moyens de pacifier ou d'anéantir la sédition. « Délibérer quand il faut frapper, dit Husseïn-Pacha, c'est se déclarer vaincu d'avance. — Ce n'est pas avec des paroles, c'est avec le sabre qu'on lève les doutes des factieux, » ajouta Mohammed-Pacha. Et, sans attendre la réplique des hommes de loi et des hommes d'église, Husseïn et Mohammed, revêtant les costumes militaires les moins éclatants, montèrent à cheval et, entraînant avec eux un régiment d'artillerie avec ses pièces et une poignée de soldats et de marins dévoués, ils montèrent par la rue du Divan à la place de l'Atméidan, où les janissaires en tumulte étaient réunis devant leurs casernes. Des groupes armés de fidèles musulmans grossissaient en route cette colonne, pendant que d'autres, guidés à l'Atméidan par d'autres rues, s'avançaient en silence, pour déboucher en même temps sur cette place, champ de bataille ordinaire et champ de victoire habituel des séditieux.

Quelques janissaires indécis s'étant présentés isolément à la mosquée d'Achmet, devant le grand vizir et le mufti, pour leur demander ce qu'ils avaient à faire : « Peuple de Mahomet, s'écria le mufti comme inspiré par l'esprit du Prophète, qu'attends-tu ? Pour plaire à Dieu et pour obéir au sultan, son ombre, vole au secours de tes frères aux prises déjà avec les impies ! »

A ces mots, la foule qui entourait encore la mosquée pousse une immense acclamation vers le ciel, et se précipite en nouvelles colonnes sur les pas d'Husseïn et des artilleurs.

Les janissaires, qui avaient placé des avant-postes dans

la grande rue du Divan et dans les cours de la magnifique mosquée de Bajazet, entendant ces cris unanimes du peuple, et apprenant que l'oriflamme, ce signe sacré de la victoire, était sortie du sérail, et les dévouait à l'extermination des fidèles croyants, se repliaient sur l'Atméidan. Ils en fermèrent la grande porte et s'y barricadèrent comme dans une forteresse.

Avant de leur donner l'assaut, les généraux s'avancèrent à portée de la voix et les sommèrent de se soumettre au sultan, en leur promettant d'implorer sa clémence en faveur de ses soldats repentants. Une clameur injurieuse fut la seule réponse qui s'éleva de cette multitude tant de fois victorieuse des sultans et du peuple; ces hommes ne pouvaient croire que leur jour suprême était arrivé; ils se croyaient encore prêts à donner eux-mêmes leurs caprices pour lois au sérail et à l'empire.

Husseïn alors ayant accompli, pour complaire au peuple, cette dernière tentative de conciliation, donna ordre aux canonniers de faire feu et d'enfoncer les portes de la place à coups de canon. Le commandant des artilleurs, pour accroître par une ruse meurtrière la sécurité des janissaires massés derrières les portes et pour préparer plus de victimes à sa mitraille, éleva la voix assez haut pour être entendu de l'intérieur de l'Atméidan, et cria à ses canonniers: « Non, ne tirez pas encore, car les poudres que nous attendons ne sont pas arrivées. » Les janissaires, trompés par ces paroles et croyant qu'ils pouvaient sans danger se grouper en masse derrière les portes d'où ils regardaient les pièces et insultaient les artilleurs, restèrent comme un vil troupeau parqué devant la mitraille. Le canon, en brisant la porte et les barricades, jonchа de leurs cadavres la place où ils s'étaient accumulés. Mohammed-Pacha s'élance par cette brèche le premier avec une poignée d'artilleurs et l'*iman* ou aumônier du régiment, suivi, malgré le feu des janissaires, par la colonne entière du peuple et des soldats. Les janissaires, voyant la place submergée de troupes, de peuple, d'armes et de canons, se replient en désordre sur leurs casernes situées de l'autre côté de l'Atméidan en face des portes enfoncées. Entassés au nombre de sept à huit mille dans cette forteresse, mais sans plan, sans chefs, sans munitions, sans écho dans la multitude, ils tirent en vain par les portes et par les fenêtres du vaste édifice. Un intrépide canonnier, nommé Mustafa, brave leur feu pour l'éteindre, et, s'avançant une torche à la main vers une espèce de bazar en planches qui servait d'étaux aux bouchers des *ortas*, et qui bordait les casernes, il y allume un foyer immense qui, aidé par le vent, souffle la flamme et la fumée sur les casernes. En un moment, les tourbillons de feu enveloppent l'édifice et s'y communiquent, pendant que des volées de canons chargés à mitraille foudroient les murailles et jonchent de cadavres les fenêtres, les cours, les portes par lesquelles les janissaires tentent d'échapper aux flammes. La fumée de ce vaste bûcher, dont trois mille rebelles aspiraient en hurlant les flammes, s'éleva bientôt au-dessus de l'Atméidan, de la mosquée d'Ahmed, des cyprès des jardins du sérail, et apprit aux Européens de Péra, partie de la ville séparée par un bras de mer du quartier des Turcs, qu'un drame sinistre s'accomplissait sous ce nuage sans qu'ils pussent en comprendre encore la cause, la portée et le résultat. Le canon répondait coup sur coup aux cris de la soldatesque immolée dans son repaire. Étaient-ce des cris de victoire ou des cris de mort ? nul ne le savait encore dans l'immense ville. Toute la crise d'où allait dépendre le sort de l'empire était concentrée dans l'étroit espace entre la porte du sérail et les casernes de l'Atméidan.

Les janissaires n'étaient plus : tout ce qui n'avait pas péri dans les flammes ou sous la mitraille se dérobait par la fuite à la vengeance tardive, mais inexorable, du peuple et du sultan. Husseïn et les autres pachas vainqueurs firent dresser une tente sur le champ de carnage, et, à l'exemple de Sylla dans les grandes proscriptions de Rome, ils lancèrent leurs bandes armées dans tous les quartiers de Constantinople à la poursuite des janissaires échappés à l'incendie et à la mitraille. Chefs et soldats, traînés devant leur tribunal, y furent décapités et jetés à la mer. La terreur que ces hordes séditieuses avaient pendant tant de siècles répandue dans le sérail plana à son tour sur tout ce qui avait appartenu au corps des janissaires. Mahmoud avait vengé Sélim, et put enfin se dire souverain. Il avait joué dans une journée décisive, héroïque, mais lentement préparée, sa vie, le trône, l'empire. Sa volonté avait triomphé. Pour régénérer maintenant l'empire, il ne lui fallait que d u génie.

» La révolte était anéantie. Un grand nombre de janissaires avaient perdu la vie dans le combat. Ceux qui s'étaient sauvés du carnage et tous leurs partisans, remplis d'inquiétude et d'effroi, se tenaient soigneusement cachés. Cependant la prudence conseillait de prendre des mesures de sûreté et de faire une police exacte. Des postes nombreux furent établis, tant à l'intérieur qu'aux portes de Constantinople et dans les villages des environs. On prescrivit des perquisitions sévères et la plus grande vigilance.

» Après leur victoire, Husseïn-Pacha et Mohammed-Pacha avaient fouillé soigneusement les casernes et les alentours. Tous les janissaires et leurs adhérents échappés de l'Atméïdan que l'on put saisir là et ailleurs furent envoyés sous bonne escorte à l'hippodrome.

» La nuit suivante, les recherches continuèrent avec activité. Un grand nombre des promoteurs de l'insurrection furent reconnus et saisis sous différents déguisements.

Beaucoup d'autres rebelles furent arrachés du fond des cachettes où ils étaient tapis comme des serpents transis de froid. Amenés successivement au tribunal du grand vizir, ils furent *foudroyés par la vengeance de la loi* et *livrés aux griffes de la strangulation.* Parmi eux se trouvaient tous les officiers, sous-officiers et anciens dont la pernicieuse influence avait agité *l'écumoire de la chaudière de la sédition :* notamment, l'ancien seymen-bachi Mustafa; le vice-intendant Mustafa; Yousouf le Kurde; Mustafa, administrateur du 25e orta; son frère, Mohammed le pâtissier; le cuisinier-maître du 5e orta, qui avait fait sortir les marmites du régiment des armuriers; le matelassier Husseïn, ancien cuisinier-maître; le chaudronnier Nedjib, l'homme au teint cuivré, à l'aspect sombre et farouche, sur l'horrible front duquel semblait gravé le proverbe : « *Le fils du loup n'est jamais qu'un loup.* » Feu son père, le chaudronnier Mustafa, avait été le plus acharné des factieux, le plus ardent instigateur des troubles dans la catastrophe qui coûta la vie et le trône à Sultan-Sélim.

» Au nombre de ces malheureux était encore le commandant des pompiers, qui avait eu une part active dans toutes les séditions. Depuis longtemps il s'enrichissait de rapines et tirait du trésor des sommes considérables, sous prétexte de réparations et renouvellement des pompes. « Aga, lui » dit le vizir, toi dont la mission était de courir aux incen- » dies pour les éteindre, pourquoi n'es-tu pas venu offrir » tes services quand la caserne était en flammes? » L'aga répondit avec un sourire ironique : « Cet incendie-là était » trop violent pour pouvoir être arrêté! D'ailleurs le devoir » d'un sujet du sultan était plutôt de l'attiser. » Le vizir ajouta : « Si tu avais connu tes devoirs envers le sultan et » envers la religion, tu aurais répondu à l'appel de notre » monarque, dont la voix a retenti aux oreilles de tous les » musulmans fidèles, tu aurais marché avec les bons

» citoyens et combattu sous l'étendard de Mahomet. Quelle » est la peine due à la révolte contre le sultan, contre le » pontife de l'islamisme? Va le demander au mufti. » A l'instant le commandant des pompiers fut entraîné dans la chambre basse. Les bourreaux lui passèrent autour du cou un lacet de peau de serpent. « Serrez, mes braves! » leur dit-il. Et il mourut avec un courage féroce.

» Mustafa *le Fruitier* et Mustafa *l'Ivrogne*, chefs des deux bandes qui avaient pillé les hôtels du grand vizir et de Nedjib-Effendi, après bien des recherches inutiles furent enfin saisis dans des maisons où ils s'étaient cachés. Le *Fruitier* était blotti dans un coffre sur lequel plusieurs femmes étaient assises. Osman-Aga fit porter le coffre même au grand vizir, qui l'envoya au sultan. En présence de Sa Hautesse, le bostandji-bachi tira Mustafa de son étroite prison et lui dit : « La clémence de votre généreux » maître vous avait déjà pardonné bien des fautes : vous » étiez comblé de ses grâces ; quel motif vous a porté à cette » nouvelle révolte? » Le malheureux voulut nier la part qu'il y avait prise, et balbutia une réponse embarrassée. » Les révélations de tes camarades, poursuivit le bostandji- » bachi, ont prouvé qu'au jour de l'insurrection c'est toi » qui as envoyé des misérables crier dans les rues qu'on » prendrait les femmes des partisans du gouvernement, » qu'on vendrait les filles et les jeunes garçons dix piastres, » les habits cinq piastres. Peux-tu désavouer ce fait? » Mustafa fut contraint d'avouer qu'il avait employé ce moyen pour réunir du monde. Alors le sultan remercia le ciel d'avoir fait échouer ces odieux projets, et ajouta : » Béni soit le nom du Tout-Puissant qui a resserré dans un » coffre étroit cet homme dont l'orgueil se trouvait à la » gêne dans la vaste enceinte de Constantinople. »

» Le cuisinier-maître Husseïn paya aussi en ce jour la peine qu'il avait méritée depuis longtemps par ses nombreux forfaits. L'anecdote suivante, dont il avait été le principal meneur, donnera une idée des désordres et des excès auxquels pouvait se livrer cette soldatesque.

» Les rations de viande destinées à des hommes de guerre, utiles défenseurs du trône, et dévolues par la suite des temps à des chenapans impropres à tout honorable service, leur étaient apportées par des Grecs appelés les *bouchers du Meïdane*. Ces Grecs allaient chaque jour prendre à l'écorcherie des Sept-Tours la quantité de moutons attribuée à la caserne, et les chargeaient sur une trentaine de chevaux. Derrière et devant ce convoi, couraient quatre ou cinq cuisiniers-maîtres qui, d'une voix haute et impérieuse, criaient : « Gare, gare ! » de manière à étourdir les oreilles des passants, qu'ils bousculaient rudement. Ils portaient ainsi les moutons aux étaux nommés *tounrouk*, et là ils les partageaient entre eux.

» Quelques années avant cette époque, ce grotesque cortége fut rencontré par l'iman de la mosquée du Platane, située dans le voisinage de Codja-Mustafa-Pacha. L'iman, docteur vénérable et descendant du Prophète (*chérif*), passa, sans dessein prémédité, devant les bouchers grecs et les cuisiniers-maîtres, qui, se trouvant insultés, l'accablèrent d'injures : « Tu as traversé devant la tête de notre » convoi, » lui dirent-ils ; et ils le frappèrent des fouets qu'ils tenaient à la main.

» L'aumônier de l'illustre docteur Sada-Beg-Effendi, ancien cadi de la Mecque, et un de ses braves serviteurs, furent témoins de cet acte indigne de violence. Pour arracher l'iman à ces furieux, ils s'avancèrent en s'écriant : « Comment, au milieu de Constantinople, un descendant » de Mahomet est battu par des infidèles ! » Les bouchers grecs tournèrent leurs coups contre eux, à la vue des musulmans ; et, jetant leurs viandes au milieu de la rue, des cuisiniers-maîtres les saisirent tous trois et les conduisirent à l'hôtel de l'aga. « Ces hommes ont violé nos priviléges, » dirent-ils ; et ils exigèrent qu'ils fussent étranglés. Ils firent même sortir de Constantinople l'émir Sada-Beg, qui fut obligé de se retirer à Buyukdéré. Non contents de cette vengeance, ils accusèrent le seymen-bachi, honorable officier qui ne s'était prêté qu'avec répugnance à satisfaire leur cruel désir, et forcèrent le gouvernement à le déposer.

» L'énumération de tous les coupables qui furent successivement sacrifiés à la juste vengeance de la loi serait fastidieuse ; le nombre en dépassa mille. Mais ce qu'il y eut de plus odieux, ce fut de compter parmi eux plusieurs officiers comblés des faveurs du sultan. Citons encore seulement le colonel des armuriers Mohammed-Aga, élevé rapidement d'une condition obscure à cette place importante, et un intrigant hypocrite, nommé Habid, qui avait été peu d'années auparavant tiré de la 31e compagnie, et promu au grade d'écuyer du sultan.

» *La bride des bienfaits ne maîtrisa pas le coursier rétif de ces âmes ingrates*. Ils furent convaincus de participation au complot par des dépositions et des preuves accablantes. »

La révolte étouffée ainsi par le fer et par le feu, Mahmoud voulut profiter de cette terrible circonstance pour supprimer à jamais le corps et le nom des janissaires. Dans un conseil secret tenu pendant la nuit, il fut arrêté que le gouvernement continuerait à payer les billets de solde qui se trouvaient dans les mains d'individus pauvres étrangers à la sédition, ou accorderait une juste indemnité aux propriétaires, qui dans aucun cas, et suivant l'article 32 de l'ordonnance, ne pourraient vendre ni transmettre ces billets ; qu'il serait alloué aux catar-agas, tchorbadjis et écrivains de l'odjak restés fidèles au sultan, des pensions convenables pour leur entretien ; que la dénomination de *janissaire* serait abolie à Constantinople et dans toutes les provinces musulmanes, et qu'on donnerait le beau nom de *soldats victorieux de Mahomet* aux troupes nouvelles que l'on formerait à la discipline et aux exercices militaires.

Mais, pour mieux assurer une mesure si grave dans les fastes ottomans, pour agir sur l'opinion et rassurer les esprits, on réunit encore dans la matinée un grand conseil sous la présidence du grand vizir. Son Excellence commença par mettre sous les yeux de l'assemblée les motifs qui rendaient cette mesure nécessaire. Le reïs-effendi acheva d'en démontrer l'urgence par le discours suivant :

« Bien souvent, vous le savez, les janissaires, après des séditions comprimées, ont juré de ne plus s'ingérer dans les affaires du gouvernement. Ont-ils jamais tenu leurs promesses? Les engagements qu'ils avaient pris, et dont sont remplies nos archives, ont-ils été observés par eux? Cette fois, l'acte qu'ils avaient signé à l'occasion de l'enrôlement des *echkendjis* était encore tout frais, l'encre n'en était pas séchée, qu'oubliant les faveurs dont ils étaient l'objet, ils ont fait éclater leur ingratitude et se sont mis en révolte ouverte. Un grand nombre des leurs ont péri. Les chefs et les principaux agents du complot n'existent plus. Mais ceux qui survivent sont toujours hostiles au gouvernement, et le juste châtiment de leurs camarades ne fera qu'augmenter l'animosité qui couve dans leurs cœurs. De quelques ménagements qu'on use désormais à l'égard des janissaires, quelque bienveillance qu'on leur témoigne, on ne pourra les ramener. La haine, suivant l'expression d'un poëte, ne cède pas à la douceur, et l'eau ne peut rien contre le feu caché dans le sein du caillou. Mille exemples de notre histoire prouvent cette vérité. Tant que leur corps ne sera pas détruit, tant que leur nom et leurs insignes ne seront pas effacés des pages du monde, il n'y aura aucun moyen de prévenir le retour de leurs mouvements séditieux. La victoire que le ciel vient de nous accorder sur eux est un grand pas vers ce but. Jamais une occasion semblablo no so retrouvora. Sachons proflter do la faveur quo nous avons obtenuo do la Providence, ot souvenons-nous do cotto maximo du sago : « *Il est souvent dangereux « de remettre au lendemain.* » Oui, il y aurait péril à différer d'un instant. Empressons-nous donc de mettro à exécution la penséo qui préoccupo tous los esprits. »

Ces paroles, dont la forco renversait touto objection, convainquirent l'assombléo entière. La proposition fut adoptée sans hésitation. Un firman, destiné à être publié dans tout l'empire, avait été préparé pendant la nuit. Le reïs-effendi en donna lecture. Tout lo monde en loua la teneur ; les oulémas le déclarèrent conforme à la loi, et la rédaction en parut si satisfaisante et si belle que la plupart des assistants versèrent des larmes do plaisir.

Des versets du Coran récités par le premier et le deuxième aumônier de Sa Hautesse, des prières improvisées par Ahmed-Effendi et par le prédicateur de Sainte-Sophie, Mustafa-Effendi, pour appeler les bénédictions divines sur le sultan, succédent à la délibération.

Voici en quels termes était conçu ce firman, que, par un privilége inappréciable aux yeux d'un bon musulman, notre auteur, Assad-Effendi, fut chargé de lire publiquement dans la chaire de la mosquée du sultan Ahmed. « Au moment où la prière finissait, dit-il, j'osai, moi, pauvre pécheur, indigne d'un honneur si grand, monter dans cette chaire glorieuse où resplendissait l'étendard sacré. J'appliquai avec un profond respect mes lèvres tremblantes sur le tissu vénéré. Je me plaçai quelques degrés au-dessous, et, implorant le Dieu de miséricorde, invoquant l'assistance du Prophète dont le drapeau était près de moi, je me tournai vers cette immense multitude de musulmans qui se pressaient dans l'enceinte de la mosquée. Je lus (grâce au ciel !) d'une voix forte et sonore, sans hésiter un instant, depuis le commencement jusqu'à la fin, le noble firman qui supprimait le corps, le nom et les insignes des janissaires, et renversait ces idoles dont l'existence avait profané trop longtemps le temple de la religion. »

FIRMAN.

« Tous les musulmans savent que c'est à la puissante influence de l'esprit religieux et au glaive de la guerre sacrée que la monarchie ottomane a dû sa fondation et ses développements successifs, qui ont embrassé l'Orient et l'Occident. Aussi, elle a toujours eu besoin d'entretenir des armées nombreuses et braves pour les lancer contre les ennemis de la foi. Les janissaires, jadis régulièrement organisés, ont rendu à l'État de grands services ; le courage avec lequel ils offraient leurs poitrines aux coups de leurs adversaires, leur constance inébranlable sur le champ de bataille, leur soumission à leurs chefs, ont procuré souvent la victoire à nos armes. Mais ensuite un mauvais esprit s'est introduit parmi eux ; leur obéissance s'est changée en insubordination. Depuis un siècle, dans toutes les campagnes qu'ils ont faites, semant de faux bruits contre leurs généraux, ils ont refusé d'obéir à leurs ordres, ils ont pris honteusement la fuite et ont livré, par leur lâcheté et leur indiscipline, nos places fortes et nos provinces aux ennemis de la religion. Ces ennemis, bientôt encouragés par l'idée de notre faiblesse, ont élevé mille prétentions insolentes, ont espéré briser l'œuf de l'islamisme, et nous ont entourés d'une ceinture de dangers.

» Alors, le sentiment de l'honneur musulman s'est réveillé ; on a voulu venger tant de défaites ; on a senti que les infidèles ne devaient leurs faciles victoires qu'à la connaissance de l'art militaire, et on a entrepris trois fois d'organiser des troupes disciplinées. Trois fois les janissaires, impropres eux-mêmes au service, n'ont pas voulu permettre qu'on formât des hommes capables de les remplacer ; ils se sont révoltés et ont détruit l'utile édifice qui commençait à s'élever. Plusieurs sultans même, qui étaient pour le monde ce que l'âme est pour le corps, ont été leurs victimes, et ont perdu la vie dans des catastrophes causées par leur inquiétude séditieuse.

» Jusqu'ici néanmoins, par égard pour l'ancienneté de leur corps, on n'avait pas songé à le détruire ; on leur avait laissé prendre l'usage d'obéir ou de se soulever suivant leur fantaisie. Quel a été le fruit de cette longanimité?

» Nos ennemis ne sont pas restés inactifs. Enhardis par la vue de nos désordres, ils se sont avancés contre nous ; ils nous menacent, ils nous pressent de toutes parts, ils travaillent à nous écraser, et (puisse le ciel détourner ce malheur!) ils ne sont pas loin d'atteindre leur but.

» Ces considérations ont été développées à l'assemblée générale tenue à l'hôtel du mufti, et composée de tous les vizirs, oulémas, grands de la Porte et officiers principaux des janissaires. Les interprètes de la loi ont fait connaître leur opinion, un acte d'engagement a été signé. Conformément aux fetvas, avec l'intime conviction que les troupes musulmanes ne peuvent aujourd'hui remplir le devoir religieux de la guerre sacrée et résister à la tactique des infidèles sans la discipline et l'instruction militaires, on a décidé à l'unanimité la création d'un corps d'echkendjis soldés, auquel chaque orta fournirait seulement cent cinquante hommes, et dont l'organisation n'apporterait d'ailleurs aucun changement aux règlements et priviléges de l'odjak. Les nouvelles dépenses que devait supporter le trésor public pour l'entretien de ce corps, lorsqu'en même temps on promettait de payer tous les anciens billets de solde, étaient un fardeau que le gouvernement ne pouvait éviter de s'imposer. La levée commença ; une proclamation menaçant d'un châtiment sévère, en exécution d'un fetva, tout individu qui parlerait ou agirait contre l'ordonnance, fut répandue dans tous les quartiers de la capitale. Enfin, la semaine passée, on a procédé aux exercices et distribué aux hommes enrôlés des armes et des vêtements.

» Sourds à la voix de la religion, aux avis réitérés des docteurs de la loi, les janissaires se sont soulevés dans la nuit du jeudi; ils ont attaqués d'abord l'hôtel de leur aga, ensuite l'hôtel du grand vizir et d'autres maisons qu'ils ont livrés au pillage; ils ont commis toutes sortes d'horreurs et d'infamies; ils ont été jusqu'à déchirer à coups de couteau les Corans qui leur tombaient sous les mains.

» C'est aux cris : « A bas l'exercice ! » qu'ils ont fait éclater leur fureur, et que, tournant contre le gouvernement les armes mêmes qu'il venait de leur confier pour servir à leur instruction, ils se sont mis en révolte contre le souverain légitime. Indignés de ce crime, les hauts fonctionnaires, le mufti, les vizirs, les oulémas, les ridjals et un grand nombre d'autres fidèles serviteurs se sont réunis au sérail impérial; ils y ont reçu le glorieux étendard du prince des prophètes, et sont allés le planter dans la mosquée du sultan Ahmed; des crieurs ont fait entendre dans tous les quartiers la voix du monarque qui appelait les vrais croyants à venir se ranger autour de l'oriflamme. Le peuple de Mahomet est accouru plein d'ardeur et d'enthousiasme. Malgré le courroux général qui grondait contre eux, les janissaires ont persisté dans leur rébellion. Retranchés sur la place, qui était le foyer de leurs complots, ils ont résisté à la loi et au sultan, et ont osé provoquer une guerre civile dont tant d'honnêtes musulmans devaient être victimes. Leur caserne a été incendiée, et la main de Dieu les a précipités au-devant du glaive de la justice.

» Une bande de factieux avaient péri les armes à la main, mais leurs complices et leurs instigateurs devaient partager leur sort. Des perquisitions sévères ont été dirigées contre eux. Les uns, convaincus de participation à la révolte, sont déjà punis, les autres ne peuvent échapper au châtiment qu'ils ont mérité. Après tant de troubles et de calamités suscités par les janissaires, reconnaissons que leur odjak, loin de remplir aujourd'hui le but de son institution, n'est plus qu'un corps inutile et indiscipliné, devenu l'asile de l'esprit de turbulence et de sédition, dans lequel le nombre des méchants dépasse celui des bons : les infidèles mêmes s'y étaient introduits, et, parmi les rebelles qui viennent de subir leur peine, on a trouvé des hommes qui portaient sur leur bras, avec la marque du 75e orta, la croix des giaours.

» Si l'on voulait conserver désormais le nom de janissaire, quel moyen pourrait-on adopter pour en réformer les abus ? Aucun ne serait efficace. C'est une vérité incontestable.

» En conséquence, le mufti, le vizir, les oulémas, tous les grands officiers, réunis aujourd'hui en assemblée générale dans la mosquée du sultan Ahmed, près de l'étendard du Prophète, ont décidé à l'unanimité que l'odjak des janissaires serait aboli et régénéré sous une autre forme; que le nom de janissaire serait supprimé ; qu'on organiserait pour les remplacer des troupes nouvelles capables de tenir tête à l'ennemi sur le champ de bataille et de servir utilement la religion et la monarchie ; que ces troupes porteraient le nom de *soldats victorieux de Mahomed*. L'illustre vizir Husseïn-Pacha a été créé leur général en chef. Il s'installera dans l'hôtel de l'aga, qu'on appellera désormais l'hôtel du séraskier-pacha. Les casernes qui seront construites à l'avenir et les postes de Constantinople et de l'extérieur seront occupés par les nouvelles troupes régulières. Les titres de tous les grades d'officiers des janissaires sont également abrogés. L'aga Mohammed-Djélal-Eddin est nommé capidji-bachi et grand écuyer. L'intendant général est élevé au rang de mirmiran et attaché à la personne du séraskier-pacha ; les autres officiers sont faits capidjis-bachis, et les capitaines écuyers du sultan. Chacun d'eux recevra en outre, de Sa Hautesse, des bienfaits proportionnels à son état. Les anciens officiers supérieurs conservent leurs bénéfices militaires, transformés en fiefs, et continueront à être employés au service du monarque. Enfin, les propriétaires de billets de solde seront, comme par le passé, exactement payés, leur vie durant, sur la présentation de leurs billets ; leurs intérêts ne souffriront aucun préjudice.

» Peuple de Mahomet, hommes de loi, hommes de guerre, souvenez-vous désormais que vous êtes les membres d'une même famille ; regardez-vous comme des frères. Grands, soyez envers les petits humains et compatissants ; petits, montrez aux grands du respect et de la déférence : travaillez tous d'un commun accord à exalter la parole de Dieu, à faire fleurir la religion du coryphée des prophètes, et que votre union, formée pour ce noble but, se perpétue dans les siècles à venir. Qu'aucun individu ne se permette une action, une parole contraire au vœu général, ou à l'instant il sera frappé par le glaive de la loi.

» C'est ainsi qu'a parlé l'auguste assemblée. Aussitôt la main a été mise à l'œuvre pour exécuter ses résolutions, et l'on a expédié des firmans adressés à toutes les autorités des provinces musulmanes d'Europe et d'Asie.

» Cadi de Constantinople, vous réunirez au grand tribunal les imans de tous les quartiers, vous leur communiquerez cet ordre, et vous leur en délivrerez des copies, qu'ils liront dans les mosquées. En faisant connaître aux fidèles les dispositions précédentes, ils leur en démontreront les précieux avantages ; ils leur diront que le devoir des vrais croyants, dans cette circonstance, est de remercier le gouvernement de ses bienfaisantes intentions, de vivre tranquilles et satisfaits à l'ombre de la puissance du sultan, et de ne songer qu'à prier le ciel pour la conservation de leur généreux monarque. Vous-mêmes, veillez à ce que les imans remplissent avec soin cette mission, et continuez à déployer votre zèle pour faire observer les préceptes de notre sainte loi. »

« Obéissance à l'ordre du maître ! » dirent quelques musulmans dévoués. Ces mots furent répétés sur-le-champ par tous les autres. On entendait retentir de toutes parts des voix qui criaient : « Que Dieu conserve notre sultan, pour la gloire de la religion et de la monarchie ! Qu'il l'aide à faire le bonheur des fidèles et à exterminer les méchants ! *Amen ! Amen !* » Ces vœux percèrent les voûtes de la mosquée, *traversèrent les espaces célestes, et parvinrent jusqu'au trône du Tout-Puissant.*

Les firmans destinés à être répandus dans les provinces et adressés aux pachas et aux autres gouverneurs étaient conçus dans les mêmes termes ; seulement ils contenaient un paragraphe additionnel où il était dit :

« Dans toutes les places frontières et citadelles des villes occupées par des janissaires, les marmites, ustensiles et effets de toutes sortes qu'ils appellent propriété du régiment, et qui sont en réalité la propriété de l'État, seront retirés de leurs mains et remis entre celles des autorités, ainsi que la poudre et les munitions de guerre. On dressera du tout une note détaillée, qui sera envoyée immédiatement à Constantinople avec les objets eux-mêmes en nature. Les commandants de province et de district feront évacuer tous les forts gardés par les janissaires, en prendront possession et y mettront une garnison de solats à eux. Le nom de janissaire ne doit plus être prononcé.

» Qu'unis désormais par les mêmes sentiments de dévouement à la religion et au trône, tous les musulmans ne fassent plus, pour ainsi dire, qu'un seul homme ; qu'ils concourent à l'envi au bien public ; que les habitants des provinces, soumis à leurs magistrats civils et religieux, secondent leurs efforts et les aident à châtier les perturbateurs. »

Avant d'expédier ce firman dans les lieux où le nombre des individus affiliés à la milice des janissaires était le plus considérable, tels que Damas, Alep, Andrinople, Erzeroum, la Bosnie, le grand vizir eut soin de prévenir le gouverneur du projet de suppression de l'odjak. Il leur prescrivit, s'il se trouvait dans leurs gouvernements des hommes dangereux, de la part desquels ils pussent craindre quelque mouvement séditieux, de prendre des mesures soudaines et efficaces pour se débarrasser d'eux et les expulser du pays, sans leur laisser le temps de se reconnaître. Ces avis volèrent de toutes parts, portés par des Tatares aussi rapides que les vents.

Le soir de la même journée, le grand vizir, d'après l'ordre du sultan, alla prendre avec respect, dans la chaire de la mosquée, l'étendard béni du ciel, et, suivi d'un nombreux cortége, il se rendit au sérail. Il franchit, accompagné seulement du mufti, des principaux oulémas et officiers, la porte nommée porte *intermédiaire*, qui conduit à la partie du sérail habitée par le sultan, et se trouva en présence de Sa Hautesse. Le monarque, sortant de la porte de la *Félicité* et s'avançant vers le drapeau, inclina plusieurs fois son front devant ce signe glorieux, le prit des mains du grand vizir et du mufti, et le planta sous le fronton saillant de la porte de la Félicité, à l'endroit où l'on place ordinairement son trône, heureux de l'avoir porté, comme le vaillant Khaled, d'un bras victorieux. Des officiers de l'intérieur du palais, *porte-hache* à la longue chevelure, furent chargés de veiller sur l'oriflamme. On étendit dessous un tapis précieux aux couleurs variées ; alentour on brûla de l'ambre et de l'aloès, et l'on récita des versets du Coran jusqu'au moment de la replacer dans le salon destiné à sa garde.

Une grande entreprise, dont la difficulté avait paru longtemps insurmontable, venait d'être heureusement achevée par le secours du Très-Haut. Le nom des janissaires n'existait plus ; leur caserne appelée les *Chambres-Neuves* était consumée. La démolition des *Chambres-Vieilles* était commencée et allait bientôt compléter la destruction des foyers de l'incendie. Ainsi se trouveraient justifiées ces paroles du Coran : *Ils ont comploté et nous avons préparé leur perte en silence. Voyez quelle a été l'issue de leurs trames. Nous les avons anéantis, leurs habitations sont là, ruinées et désertes, parce qu'ils ont été coupables. Il y a dans cette catastrophe un grand exemple pour les hommes qui pensent.*

Le sultan, après être resté quelque temps devant l'étendard, tandis que le professeur Ahmed-Effendi prononçait à haute voix une prière, se rendit dans la salle du divan, nommée coupole impériale, et reçut les hauts dignitaires. A la droite du trône se plaça le grand vizir, qui est le bras droit de la monarchie, et près de lui Durri-Zadé-Abdallah-Effendi ; à gauche du trône, le mufti en fonctions et les muftis ses prédécesseurs, les grands juges de Roumélie et d'Anatolie, le premier médecin Behdjet-Effendi, le cadi de Constantinople Sadik-Effendi, le chef des émirs nouvellement nommé, Ahmed-Rachid-Effendi, et les autres principaux oulémas ; en face du sultan, le ministre de l'intérieur Ahmed-Khoulomi-Effendi, le ministre des finances Taher-Effendi, le ministre des affaires étrangères Mohammed-Seïda-Effendi, le nihandji du divan Athallah-Effendi, l'inspecteur de l'hôtel des monnaies Assad-Effendi, le garde des archives Naman-Effendi, l'inspecteur des poudrières Nedjib-Effendi, et autres chefs de l'administration. Chacun d'eux, après avoir eu l'honneur de baiser le bas de la robe de Sa Hautesse, se tint debout dans une posture respectueuse. Le sultan fit un signe au grand vizir et aux oulémas pour leur permettre de s'asseoir. Ensuite ce monarque inspiré de Dieu, source du bonheur des hommes, fondateur du temple de la justice, destructeur des pagodes de l'hérésie, ouvrit sa bouche éloquente et répandit sur l'assemblée les perles précieuses de ses paroles :

« Louange au Tout-Puissant, dit-il, salut et bénédiction au Prophète! L'arbitre suprême des événements de ce monde a daigné m'accorder à moi, son humble serviteur, une victoire refusée à mes glorieux ancêtres, dont le paradis est aujourd'hui le séjour. Il vous a fait à vous-mêmes la grâce de vous employer à ce grand ouvrage. Je vous remercie de votre zèle. Jusqu'à présent, dans plusieurs circonstances difficiles, les janissaires avaient éprouvé de ma part une indulgence forcée ; j'avais dû souffrir en silence leurs prétentions insolentes. Enfin, ils sont détruits, et marqués, comme les sectes impies, du sceau réprobateur de l'histoire. Les obstacles qu'ils opposaient à toute amélioration n'existent plus, et cette pierre d'achoppement qui barrait la voie publique est rejetée à l'écart. En reconnaissance de ce bienfait de la Providence, je veux désormais, secondé par vos efforts unanimes, ne plus m'occuper qu'à faire le bien de mes peuples ; à décorer l'administration de mon empire des ornements de la sagesse et de l'équité, comme on pare le front d'une jeune épouse ; à reconstruire, sur les bases de la religion et d'après les principes de la foi, l'édifice du repos de mes sujets renversé par les coups des factieux.

» Un usage que légitimait la nécessité de couvrir le trésor des sommes excessives absorbées par les janissaires a existé jusqu'à ce jour. Le fisc s'emparait souvent des successions des particuliers riches, quoiqu'ils n'eussent occupé aucunes fonctions rétribuées par l'État. J'abolis à l'avenir ces sortes de confiscations. Je ne veux plus que dans ma cour, asile de la justice, on entende le tambour de l'iniquité et les cris de la spoliation.

» Vous, recherchez quelles sont les améliorations diverses dont notre mode de gouvernement est actuellement susceptible, et faites parvenir vos avis au pied de mon trône ; je m'empresserai de les suivre. Je sais qu'il faut du temps et de la réflexion pour reconnaître et adopter les mesures les plus sages ; vous demeurerez tous dans mon palais jusqu'au moment où vous aurez résolu les questions importantes qui vont fixer votre attention. Examinez-les avec soin, avec maturité, et surtout avec une parfaite unité de volonté. »

Le sultan, après ce discours, s'informa avec bonté de la santé de ses fidèles serviteurs, et adressa à chacun d'eux quelques mots obligeants. Un antique usage condamnait les muftis sortant de charge à garder leur maison sans pouvoir rendre ni recevoir de visites. Sa Hautesse leur dit : « Je vous permets de jouir dorénavant en liberté du commerce de vos amis. » Cette faveur, dont tous les muftis devaient profiter à l'avenir, combla de joie les oulémas, qui en témoignèrent leur profonde reconnaissance.

Ensuite le sultan fit un signe. Tous les assistants se levèrent, vinrent l'un après l'autre baiser une seconde fois le bas de sa robe, sortirent de la salle et se rangèrent en haie à l'extérieur. Le sultan passa au milieu d'eux, saluant à droite et à gauche, et rentra dans ses appartements intérieurs, laissant tout le monde heureux d'avoir attiré ses regards. Il s'installa dans le logement des porte-glaive, situé près de la mosquée du sérail, dans l'endroit nommé Utchundjit-Yéri, et demeura en ce lieu tout le temps que durèrent les délibérations du conseil. Seulement, cédant à sa tendresse pour son noble fils, héritier présomptif de la couronne, et pour les princesses ses filles, il allait de temps à autre passer la nuit au palais de Beschiktach.

Peu de temps après que Sa Hautesse eut quitté la salle du divan, son premier valet de chambre, Aboubekr, vint, d'après ses ordres, assigner des logements aux oulémas. Le mufti et Abdallah-Effendi furent placés chez l'intendant du trésor du sultan. Les grands juges de Roumélie et d'Anatolie, en fonctions ou hors de charge, devaient être tous logés dans la grande salle de réunions des officiers du palais; mais plusieurs, en considération de leur grand âge, obtinrent la permission de retourner chez eux. Les autres passèrent, à tour de rôle, une nuit dans leurs maisons. Le grand juge de Roumélie, Aref-Beg, pour examiner les procès portés à son tribunal, restait à son hôtel pendant le jour et revenait chaque soir au sérail. Le Cadi de Constantinople, afin de pouvoir vaquer aux affaires et d'être en même temps à proximité des membres du conseil, s'établit dans les bâtiments attenants à Sainte-Sophie, chez l'administrateur de cette mosquée.

Dans la première cour du sérail, c'est-à-dire dans le vaste espace compris entre la porte impériale et la porte intermédiaire, on dressa une multitude de tentes de grandeurs diverses, pour le grand vizir, son substitut, les ministres, le chef des huissiers, tous les secrétaires d'État et hauts dignitaires, l'inspecteur des poudrières, les capidji-bachis, les chefs des bureaux de l'administration et leurs employés, les écuyers et les personnages qui viendraient visiter les fonctionnaires. Le ministre des finances était installé dans la galerie nommée intervalle entre les deux portes, et consacrait chaque jour, ainsi que les autres ministres, une partie de son temps aux soins des affaires de son département.

Je donne le résumé des principales réformes et améliorations qui furent le résultat de ces délibérations.

Sur la question des confiscations, les ouvrages les plus estimés de jurisprudence, les décisions des plus doctes muftis ont depuis longtemps consacré, parmi les hommes de loi, l'opinion que, si les individus ont amassé des richesses provenant de sommes tirées du trésor public ou acquises par des voies illégitimes, le sultan peut les saisir dans quelques mains qu'elles se trouvent et les employer à l'entretien des troupes. Les oulémas et le mufti actuel ont émis leur avis sur ce point. On a proposé au mufti les questions suivantes :

« Lorsqu'un officier qui reçoit des sommes du trésor pour payer les hommes placés sous son commandement a gardé pour lui une partie de l'argent ou acquis des richesses par d'autres moyens dans l'exercice de ses fonctions, le sultan a-t-il le droit de confisquer ses biens et de les verser dans le trésor ? »

Le mufti a répondu : « Oui, il en a le droit. »

« Si des particuliers, non fonctionnaires du gouvernement, gagnent des richesses dans le commerce, le sultan peut-il, sans qu'il y ait détresse du trésor, s'emparer de leurs biens, sous prétexte de satisfaire au besoin des troupes ! »

La réponse a été : « Non, il ne le peut pas. »

Les droits du sultan étaient ainsi clairement expliqués. Il peut reprendre dans les successions les sommes sorties du trésor, l'argent gagné dans les fonctions publiques et par voies illicites. En renonçant à toute prétention sur l'héritage des particuliers, il se montrait scrupuleux observatenr de la loi. Des ordres furent expédiés dans les provinces pour annoncer l'abolition des confiscations de cette sorte.

Les hommes instruits dans la science de l'économie politique savent que les fonctionnaires publics, l'armée, les industriels et les agriculteurs sont les quatre éléments constitutifs du corps social, dont l'âme réside en la personne du souverain. Si l'un de ces éléments est absorbé par les autres, la société est souffrante et malade. Le soin de maintenir dans son intégrité cette organisation naturelle, et particulièrement d'attacher la population agricole au sol qu'elle cultive, en lui procurant la sécurité et le calme nécessaires pour vaquer à ses utiles travaux, avait toujours occupé la pensée des princes ottomans. Mais, depuis quelque temps, divers obstacles, surtout la force et le nombre des janissaires, dont la funeste influence pesait sur toutes les parties de l'empire, arrêtaient les ressorts de la machine gouvernementale, et ne permettaient pas même l'espoir d'en rétablir le jeu régulier. Tandis que la masse des habitants de Constantinople prenait tous les jours des accroissements excessifs, les alentours se dépeuplaient. Une multitude d'hommes, dont la terre réclamait les bras, désertaient leurs villages, les uns par esprit d'inquiétude et d'ambition, les autres par nécessité. Ils affluaient dans la capitale, y portaient la confusion et le désordre, vivaient de rapines, et les honnêtes gens n'étaient pas plus en sûreté dans Constantinople que dans un bois de voleurs.

Pour éviter les inconvénients et les dangers de ces agglomérations trop considérables dans les capitales, quelques anciens monarques avaient choisi de petites villes pour leur résidence. D'autres, qui faisaient leur séjour dans des villes de premier ordre, avaient la précaution de retrancher de temps en temps le superflu de la population et d'éloigner les bouches inutiles. A Constantinople, notamment, cette mesure était jadis employée à des intervalles assez rapprochés. Depuis longues années les janissaires n'avaient point permis au gouvernement d'y avoir recours. En ce moment la chute de leur puissance laissait le sultan libre de pourvoir à la tranquillité et au bien-être de ses sujets en purgeant la capitale de la canaille qui avait jusqu'alors trouvé un appui dans l'odjak. Les conseillers du trône proposèrent de faire au plutôt cette épuration, et Sa Hautesse en donna l'ordre.

Le jour même où l'étendard du Prophète fut planté devant la porte de la Félicité, deux cents portefaix et mercenaires, signalés comme dangereux, furent embarqués sur des *mahones* et transportés à Scutari. Les jours suivants, un grand nombre de gens sans aveu furent ramassés dans tous les quartiers de la capitale et conduits au kiosque du bord de l'eau. Là, ils reçurent des passe-ports et des provisions, et on dirigea dans des bateaux, vers Nicomédie, ceux qui appartenaient aux provinces d'Anatolie, et vers Gallipoli ceux qui étaient natifs des contrées d'Europe. Ces déportations continuèrent jusqu'au moment où le drapeau de Mahomet fut replacé dans le lieu ordinaire où on le conserve. Le nombre des hommes dangereux au repos public qui furent ainsi renvoyés dans leurs pays s'éleva à plus de vingt mille. Par leur expulsion, *le jardin de la capitale se trouva délivré des plantes nuisibles qui étouffaient les bonnes*, et des bras vigoureux furent rendus à la culture des campagnes. Les troupes de *yamaks* chargées de la garde des châteaux du Bosphore, qui avaient été autrefois la cause principale de la catastrophe dans laquelle le sultan Sélim perdit la vie, n'avaient point trempé dans le dernier mouvement des janissaires. A la vérité, la rébellion avait été si soudainement comprimée qu'elle n'avait pu servir d'épreuve à leur fidélité. Mais, enfin, le jour du combat, elles s'étaient présentées au quartier de Mohammed-Izzet-Pacha, placé à Beïcoz, sur la rive asiatique du canal, et avaient témoigné de bonnes dispositions. Le sultan leur tint compte de cette démonstration et répandit sur eux ses largesses.

Mais la prudence commandait de ne point oublier cette maxime : « Quand votre ennemi se tient en repos, ne vous laissez pas séduire par cette apparence de calme. La haine qu'il garde au fond de son cœur fera explosion à la première occasion favorable. » La défiance que devait naturellement inspirer la faute passée des yamaks, jointe à la convenance de remettre les châteaux entre les mains des soldats de Mahomet, détermina à licencier ces troupes. Ceux des yamaks qui voulurent s'enrôler dans l'armée nouvelle y furent admis ; les autres furent embarqués et envoyés dans le Laristan, leur patrie.

Les anciens corps de cavalerie nommés *sipahis*, *silihdars*, *euloufedjis* de la droite, *euloufedjis* de la gauche accompagnaient les sultans lorsqu'ils allaient à la guerre. Chacun d'eux était chargé d'un service spécial, et avait mérité des avantages et des priviléges particuliers. Autrefois ces corps de cavalerie avaient rendu de grands services à l'État. Mais leur discipline s'était relâchée, et les plus grands abus s'étaient introduits parmi eux. Leur turbulence, leurs désordres, les vexations odieuses qu'ils exerçaient sur les rayas dans les provinces, les avaient rendus non moins dangereux que les janissaires. Leur histoire était devenue une longue suite de concussions, de révoltes et d'assassinats. Enfin ils avaient été comprimés en 1067 (1656) par la sagesse et l'énergie du grand vizir Keuprili-Mohammed-Pacha, qui en fit périr un grand nombre. Depuis cette époque ils n'avaient pu se relever de leur abaissement. Mais leur esprit était demeuré le même. Ils ont pris part à toutes les séditions des janissaires et ont donné de nouvelles preuves de leurs sentiments toujours hostiles au gouvernement, dans la campagne de 1202 (1787), lorsqu'ils refusèrent d'obéir aux ordres du général en chef qui les appelait au quartier d'hiver de Chumla.

Ces corps de cavalerie démoralisés n'étaient plus propres

à aucun service utile. Les sommes considérables qu'absorbait leur solde étaient pour l'État des pertes sans compensation. Le conseil proposa de les licencier; d'obliger tous les cavaliers à qui la paye serait conservée de se présenter devant le grand vizir, pour constater leur identité avec l'individu désigné sur le billet de solde; d'accorder des pensions sur les douanes aux officiers et anciens ; de supprimer leurs bureaux d'administration et d'abolir les noms de *sipahis, silihdars, euloufedjis*, comme on avait aboli le nom des janissaires.

Le sultan approuva ces dispositions par un rescrit impérial, et des firmans furent expédiés dans les provinces, pour faire connaître que cette cavalerie inutile avait cessé d'exister. Ces ordres furent reçus par la nation comme un bienfait. *Ils firent reverdir dans toutes les contrées musulmanes l'arbre de la satisfaction, et les âmes des anciens monarques ottomans s'en réjouirent dans le paradis.*

Le corps des armuriers (*djébedjis*) avait aussi un nom des plus glorieux dans les armées musulmanes. Mais la contagion de l'indiscipline avait de même gagné ces régiments. Le registre de leur belle organisation avait été brûlé par le feu des révoltes. Les armuriers avaient trempé dans les séditions des janissaires et abandonné la cause du gouvernement pour soutenir celle des factieux. D'après l'avis unanime du conseil, il fut résolu que tous les officiers et employés administratifs de ces régiments seraient congédiés. Le nom des djébedjis, par une légère modification, fut transformé en celui de djébekhanedjis, et l'on fixa le mode de leur organisation nouvelle par des règlements en rapport avec le système militaire adopté.

Les officiers des djébedjis n'avaient point été complices de la dernière révolte des janissaires. En les licenciant, on ne devait pas laisser sans récompense leurs anciens services. La générosité du sultan leur accorda des pensions convenables.

Les bostandjis, casernés dans l'intérieur du sérail aux postes nommés Porte du Canon, Kiosque du bord de l'eau, Remise des bateaux, Fontaine froide, etc., et chargés de la garde des châteaux de plaisance du sultan à Beschiktach, Ortakeuï, Bébek, Calender, Buyukdéré, Scutari, Ayasma, Kiat-Hana et autres lieux, faisaient partie de la maison militaire de Sa Hautesse. Le temps avait aussi introduit le désordre parmi eux. *L'arbre de leur activité avait été fané par l'automne de la paresse.* Leur nombre était considérablement diminué, ils n'étaient plus capables de rendre à l'État les services qu'il attendait d'eux. On les renforça de nouvelles recrues, on leur donna la même organisation qu'aux autres corps, et on exigea d'eux la même instruction.

Le corps des gardiens de tentes et pavillons, des *mehters*, avait souffert aussi du contact des janissaires et avait besoin d'une entière réforme. Le conseil proposa de le reconstituer, et le sultan adopta les mesures convenables.

On licencia aussi les quatre régiments de *solaks*, qui appartenaient au corps des janissaires et en même temps à la garde impériale, pour les refondre entièrement. La compagnie des *peïks* fut dissoute et reformée d'après un meilleur système. Les ortas qui restaient encore du corps des janissaires, les adjemi-oglans, la compagnie des chadis, dont l'emploi était de charrier le bois nécessaire aux cuisines du sérail, furent supprimés. Leur commandant reçut, avec le grade d'écuyer, le titre d'intendant du bois de chauffage, et continua d'être chargé de cet approvisionnement.

Les régiments d'artillerie et les soldats du train, dont la fidélité avait souvent été éprouvée, ne subirent point de changements. Seulement leurs officiers, qui portaient, comme ceux des janissaires les noms de *tchorbadji*, *oda-*

bachi, cuisinier-maître, etc., prirent des dénominations semblables à celles des officiers des soldats de Mahomet.

Enfin on s'occupa de former une cavalerie. Par les ordres du sultan, on construisit une école de médecine, une fabrique d'armes, un atelier pour la confection des voiles ; on pratiqua un canal dont l'eau fut destinée à faire tourner, été comme hiver, les roues des machines employées dans la poudrière. On jeta encore les bases de plusieurs autres établissements utiles.

Enfin, on résolut de détruire entièrement la secte odieuse des derviches bektachis, que des rapports anciens et une sorte de solidarité traditionnelle unissaient intimement avec le corps des janissaires. Lorsque le sultan Orkan, fils et successeur d'Osman, qui a donné son nom à la glorieuse race des Osmanlis, fonda cette institution militaire, il voulut lui imprimer le sceau de la religion sainte. Un cheik vénéré, Saïd-Mohammed plus connu sous le nom d'Hadji-Bektach, patron de la secte des derviches *bektachis*, consacra par ses prières les *ieni-tcheri* (milice nouvelle, nom que les Européens ont transformé en celui de janissaires). Le vénérable derviche bénit la troupe en posant la manche de sa robe sur la tête des officiers, et, s'adressant à Orkan d'un ton inspiré : « La milice que tu viens de créer, dit-il, s'appellera *ieni-tcheri* ; elle sera victorieuse dans les combats : son visage sera blanc (couleur de la gloire et du bonheur chez les Turcs), son bras redoutable, son sabre tranchant et sa flèche acérée. » C'est en souvenir de cette bénédiction que le bonnet des janissaires portait le morceau de feutre tombant par derrière, et qui représente la manche du derviche Bektach.

Ce récit, qui d'ailleurs n'est pas parfaitement authentique, servit de prétexte aux derviches bektachis pour former depuis une intime union avec les janissaires et souffler parmi eux le mauvais esprit. Cette union était devenue si étroite qu'un prétendu représentant de Hadji-Bektach, avec les sourcils rasés et les cheveux longs, résidait ordinairement dans la caserne du 91e orta. Quand le derviche bektachi, gardien de la chapelle sépulcrale du patron, venait à mourir, celui qui devait le remplacer venait à Constantinople. Les janissaires le conduisaient chez leur aga, qui lui mettait sur la tête le turban nommé *tadj* (couronne); ensuite on le menait en pompe à l'hôtel du grand vizir, où on le faisait revêtir d'un feredjé. Jusqu'au moment de son départ de Constantinople pour retourner à son poste, il était traité avec les égards les plus recherchés par les janissaires, comme un hôte chéri et vénérable. L'esprit de corruption, de révolte et de rapine s'était introduit dans cette secte impie comme chez les janissaires, dont on les avait vus constamment fomenter et attiser encore les désordres et les séditions. De leur côté, forts de l'appui de leurs affiliés, ils se livraient aux actes les plus coupables et aux plus exorbitantes prétentions. Dans toutes les provinces musulmanes, ils s'attachaient à séduire l'esprit grossier du peuple, et, sous prétexte que les mots de *baba* et d'*abdal* désignaient exclusivement les bektachis, ils s'emparaient des chapelles et monuments sépulcraux des santons, appartenant aux ordres des *nakichbendis*, des *caderis*, etc. En Égypte, par exemple, il existe, non loin du Caire, un couvent situé sur le bord du Nil, fondé par le célèbre commentateur de Bokhari, le molla Aïny, que tout le monde sait avoir été un des plus savants docteurs nakichbendis du huitième siècle. Les bektachis en avaient pris possession en disant : « *Aïny-Baba* était un des nôtres. » De même ils s'étaient approprié, à Brousse, la chapelle du saint *nakichbendi* nommée Ramdhan-Baba.

Dans toutes les provinces, les bektachis enlevaient de jeunes garçons et de jeunes filles pour les enfermer dans leurs infâmes couvents (*tekié*), véritables tavernes, sentines de corruption. Là leur occupation ordinaire pendant les jours de ramazan était de manger et de boire du vin. Au lieu d'accomplir les préceptes de la religion, ils se livraient à tous les genres de débauche. Dans les assemblées qu'ils avaient coutume de tenir pendant certaines nuits du mois de moharem, nommées *nuits de deuil*, ils passaient le temps à chanter des poésies obscènes.

Les annales de l'histoire ottomane sont remplies des témoignages de leur perversité. J'en citerai seulement quelques exemples :

Sous le règne du sultan Soliman, un imposteur nommé Calender, qui se disait enfant de Hadji-Bektach, avait réuni autour de lui plus de trente mille sectaires et levé l'étendard de la révolte contre le prince des vrais croyants. Le général Ibrahim-Pacha, envoyé avec une armée considérable, le mit à mort et anéantit son parti ; mais le faux disciple de Bektach, avant de succomber, avait ôté la vie à un grand nombre de fidèles musulmans.

Dans la campagne de 1102 (1690), un bektachi s'introduisit de nuit dans le camp musulman ; allant de l'un à l'autre, il disait aux soldats : « Insensés que vous êtes, pourquoi exposer votre vie ? Le sultan Osmanli s'amuse dans son sérail ; le *kral* (roi) des Francs se livre aux plaisirs de son côté. Pendant ce temps, vous courez par monts et par vaux, vous versez votre sang ; à quoi bon ? vous ne le savez pas plus que moi. »

Par ces discours, il refroidit l'ardeur des troupes et se hâta de s'enfuir. Le général Codja-Yousouf-Pacha, instruit du fait, promit vingt mille piastres à celui qui lui amènerait le traître, mais on ne put le retrouver.

En l'année 1226 (1811), Yassandi-Zadé-Effendi, ambassadeur de la Sublime Porte près de la cour de Perse, était logé dans un hôtel de la ville où le schah fait sa résidence. Aïn-Bektachi se présenta devant lui et lui dit avec orgueil : « J'ai été autrefois à Constantinople et j'ai eu les plus intimes relations avec les janissaires : j'étais leur conseiller et l'agent principal de tous leurs mouvements. C'est moi qui ai enflammé leur courage lorsqu'ils ont renversé le sultan Sélim et tué Mustapha-Baraictar. Au moment où ils ont attaqué le sérail, j'étais à leur tête une hache à la main ; j'ai rendu d'immenses services à l'odjak. »

A son retour à Constantinople, en 1236 (1820), Yassandi-Zadé, investi de la dignité de mufti, et se rappelant toujours avec indignation cet atroce propos, se dit en lui-même : « Ce scélérat est peut-être encore aujourd'hui parmi les janissaires. » De concert avec le vizir Saleh-Pacha, il fit faire des perquisitions secrètes, et l'on acquit la certitude qu'en effet le derviche était logé dans l'odjak, qu'il excitait la turbulence des janissaires et les poussait à entraver toutes les opérations du gouvernement par des demandes et des prétentions insolentes. Craignant pour sa sûreté, il avait soin de ne sortir qu'accompagné de quatre ou cinq cuisiniers maitres. Cependant on parvint à le faire saisir par l'aga, qui l'envoya à l'hôtel du grand vizir ; on le fit partir à l'instant pour la Perse : il était malade et mourut en chemin. Lorsque les janissaires apprirent son aventure, ils accoururent en grand nombre à l'hôtel de l'aga et se mirent à crier : « On a exilé notre doyen et notre ami ; il faut absolument qu'on le rappelle. » Pour les réduire au silence, on leur signifia un fetva du cheik-ul-islam qui légitimait l'exil du derviche. Ils n'en continuèrent pas moins leurs clameurs et obligèrent le gouvernement à leur accorder pour satisfaction la déposition de plusieurs officiers.

Beaucoup de bektachis s'étaient réunis aux janissaires sur la place de l'Atméidan le jour de la dernière insurrection. D'autres avaient parcouru la ville et les environs pour chercher à soulever le peuple. Après la destruction de l'odjak, la société, complice des bektachis, devait être frappée à son tour, et tous les bons musulmans réclamaient cette mesure.

En exécution de la volonté de Sa Hautesse, le grand conseil s'assembla dans la mosquée du sérail, située en dedans de la porte de la Félicité. Le cheik-ul-islam prit le premier la parole, et, s'adressant aux oulémas, il dit : « Vous savez que l'illustre Ali demanda un jour au Prophète quelle était la meilleure des œuvres, et que Mahomet répondit : « C'est de louer Dieu et de célébrer son unité. » Ces mots, plusieurs passages du Coran, et les actes eux-mêmes du Prophète, montrent le mérite attaché aux réunions qui ont pour objet de louer hautement la Divinité. Les différents ordres religieux institués pour ce but, et qui dérivent de l'association pieuse créée par Ali, sont donc des ordres saints et respectables. Hadji-Bektach et les autres dévots personnages qui les ont fondés étaient des hommes de Dieu, de véritables orthodoxes : il n'y a rien à dire contre eux ni contre leurs instituts. Mais les membres de ces sociétés doivent en observer les règles primitives, et pratiquer avec une exactitude rigoureuse les préceptes de la religion. Une omission, une action qui serait seulement blâmable de la part d'un autre musulman, devient criminelle quand elle est commise par ces hommes auxquels est imposée l'obligation d'une vie plus pure, de mœurs plus austères. Cependant, des ignorants, se couvrant du nom de Hadji-Bektach, qu'ils appellent leur patron, se livrent sans frein à leurs passions. Loin d'accomplir les devoirs de l'islamisme, ils déclarent que les prohibitions faites par le Coran, les pratiques religieuses qu'il recommande, sont de pures chimères ; ils se plongent dans la débauche et l'impiété. Du moins la voix publique les en accuse. Vous, doyens et membres d'ordres pieux et réguliers, quelles notions avez-vous sur leur conduite et leurs doctrines ?

» — Nous n'en avons aucune, répondirent quelques cheiks, jamais nous n'avons été en relation avec eux. »

D'autres témoignèrent qu'ils avaient souvent entendu parler des scandales que donnaient aux musulmans, dans le bourg de Scutari, ces faux disciples de Bektach.

Plusieurs oulémas parlèrent successivement et dirent qu'il était généralement reconnu que la congrégation des bektachis professait des maximes contraires à la loi du Coran ; que, dans le cas même où il serait impossible d'avoir la preuve des actes ou paroles coupables de chaque bektachi individuellement, il fallait toujours décider du sort de cette société prise en masse ; que, quant aux chefs principaux, Candji-Baba, Ahmed et Saleh, ils étaient suffisamment convaincus, par la notoriété publique, de violer habituellement les préceptes du jeûne et de la prière, d'outrager dans leurs discours les premiers successeurs de Mahomet, et que pour ce crime ils méritaient la mort.

Yassandji-Zadé, ancien mufti, ajouta que le gouvernement avait le droit, en cette circonstance, de supprimer, par simple mesure politique, l'ordre des bektachis, qu'il n'était pas même nécessaire de s'assurer de leur culpabilité individuelle.

Diverses opinions furent ensuite exprimées sur la convenance de détruire les couvents de bektachis de construction récente, et de conserver seulement les anciens, en y plaçant d'autres religieux attachés aux croyances orthodoxes. On discuta quelle serait la base de distinction des couvents en anciens et nouveaux ; à quelle époque devrait remonter la fondation de ces établissements pour qu'ils fussent rangés dans l'une ou l'autre de ces catégories.

Enfin l'assemblée décida que Candji serait exécuté publiquement à Scutari, Ahmed à Tophana, Saleh devant la grande porte du sérail ; qu'on placerait sur leurs corps des écriteaux indiquant que leur châtiment avait été prononcé par les ministres de la religion à cause de leurs croyances impies; que les couvents de bektachis fondés depuis plus de soixante ans seraient conservés; que ceux de fondation plus récente seraient démolis à la diligence du mufti et du grand vizir; que les prétendus derviches et leurs doyens, habitants de ces couvents anciens et nouveaux, subiraient un interrogatoire et un examen sévère de leurs doctrines; que ceux dont la religion et la politique réclameraient la punition seraient traités comme ils l'auraient mérité; que, s'il se trouvait parmi eux des hommes orthodoxes et inoffensifs, ils seraient laissés tranquilles; que les autres, reconnus hérétiques, seraient transportés à Caïsarieh, Berki et autres lieux, qui sont le séjour d'un grand nombre de docteurs *sunnis*, afin qu'ils ne puissent propager leurs erreurs dangereuses; qu'on éloignerait, dès le moment actuel, tous ces hommes irréligieux de Constantinople; que quant à ceux qui habitaient les provinces ottomanes d'Asie et d'Europe, on prendrait un parti à leur égard dans une prochaine assemblée.

Cette résolution fut aussitôt transmise au sultan. Il l'approuva et traça de sa main quelques lignes pour en ordonner la prompte exécution. Seulement, il y ajouta que tous les couvents de bektachis de Constantinople seraient détruits, sans distinction de la date de leur fondation.

En conséquence, le 4 de zilhidgé, les trois chefs eurent la tête tranchée aux endroits fixés pour leur exécution, et des commissaires envoyés par le mufti et le grand vizir firent démolir les couvents de Chéhidlik près du château d'Europe, sur le Bosphore; d'Eukuz-Liniani, de Cara-Aghadj, des Sept-Tours, de Sudlidjé, d'Eyoub, de Scutari, de Nerdubanli-Keuï et de Djamlidjé. Les chapelles sépulcrales élevées auprès de ces établissements furent les seuls bâtiments qu'on épargna. Les livres qu'on trouva dans les tekiés furent apportés aux hôtels du mufti et du grand vizir.

On conduisit les derviches à la prison de l'hôtel des Monnaies. Ensuite ils furent interrogés l'un après l'autre par le mufti. Leurs doyens, à l'exemple des hérétiques Persans, cherchèrent à s'envelopper du manteau de la vraie foi, et voulurent établir la pureté de leurs croyances. Ils dirent qu'ils étaient *sunnis*. Les derviches, sans pouvoir répondre d'une manière satisfaisante aux questions qui leur furent adressées sur les dogmes et les préceptes de l'islamisme, protestèrent aussi contre l'imputation d'hérésie. Mais leur conduite connue démentait leurs assertions. Les actes et les discours impies reprochés à la congrégation entière par la voix publique nécessitaient, dans l'intérêt général, l'abolition de leur ordre. La politique commandait également de le détruire.

Leurs livres, après un examen attentif, furent retenus par le mufti. On exila les supérieurs de ces couvents avec une partie de leurs derviches à Caïsarieh, Khadim, Berki, Ancasia, Guzel-Hissar et Baba-Tira. Les autres bektachis, auxquels on permit de rester à Constantinople, furent obligés de quitter le costume particulier dont ils avaient coutume de s'affubler, pour ne plus choquer la vue des fidèles.

Dans la plupart des tekiés qu'on venait de raser on avait trouvé des cruches pleines de vin, que les derviches n'avaient pas eu le temps de cacher. On découvrit même, dans un endroit secret de la maison de Candji-Baba, des pots remplis de cette liqueur proscrite, dont les bouchons étaient faits avec des feuilles du Coran.

La capitale était ainsi délivrée de la présence de ces derviches impurs, on prit, le 26 de zilhidjé, une décision relative aux couvents de bektachis des provinces de Roumélie et d'Anatolie. Des commissaires furent envoyés promptement pour la faire exécuter. Voici en quels termes s'exprimait le firman dont était porteur Ali-Beg, premier *mirakor*. Les autres étaient sur le même modèle.

« Depuis longtemps des hérétiques, se prétendant faussement disciples de Hadji-Bektach, se livrent à des actes réprouvés par la religion, traitent de chimères les défenses faites par le livre saint, négligent la prière et osent attaquer dans leurs discours les premiers successeurs de Mahomet, les amis de Dieu. Ils se sont multipliés dans les contrées ottomanes, et des musulmans ignorants, séduits par leurs paroles perfides, se détournent des voies de la religion, pour entrer dans le chemin de l'erreur. Il fallait faire cesser ce scandale, et sauver les musulmans du péril qui menaçait leur foi.

» Nous avons convoqué une assemblée composée du mufti en fonctions, des ex-muftis, des oulémas, des doyens des ordres réguliers nakichbendi, caderi, movlevi, saadi, khalvéti. Elle s'est convaincue de la conduite et des doctrines coupables des bektachis et a médité sur les mesures qu'il convenait de prendre à l'égard de cette congrégation. Elle a décidé que la loi religieuse et la saine politique exigeaient la mort des principaux chefs; que les moins criminels devaient être exilés dans des lieux habités par un grand nombre de docteurs orthodoxes, où ils seraient interrogés sur leurs doctrines par les muftis et les oulémas; que leurs tekiés, foyers d'hérésie, devaient être détruits. Nous avons donné un rescrit impérial pour faire exécuter cet arrêt. Parmi les bektachis de Constantinople, ceux que la notoriété publique désignait plus particulièrement à la vengeance de la loi ont été mis à mort. Les autres ont été expulsés et envoyés dans différentes villes, où ils seront examinés par des hommes de loi. Leurs couvents sont démolis à Constantinople et dans les environs. La capitale est purifiée. Il nous reste à nous occuper des provinces.

» Mes glorieux ancêtres ont accordé autrefois à quelques

saints personnages des terres et des villages, constitués en *vakfs*, pour l'entretien des chapelles et couvents fondés par ces hommes vénérables, et destinés à être habités par des religieux voués à célébrer les louanges de Dieu. Depuis longues années, la congrégation des bektachis, forte de l'appui des janissaires, s'est attribué, sous de spécieux prétextes, la possession de ces couvents et de ces chapelles, et s'est emparée de leurs revenus. Elle a même, pour multiplier ses moyens d'égarer le peuple, construit de nouveaux couvents en divers endroits, et a su obtenir des donations pour ces établissements qu'elle a consacrés à la débauche.

» Au moment où, secondé par l'assistance divine, nous venons de raffermir les bases de la religion et de la monarchie en détruisant le corps des janissaires, qui portait le trouble dans l'État, nous devons achever l'œuvre en tournant notre attention vers le soin de faire accomplir ponctuellement les préceptes de la loi, de punir ceux qui s'en écartent, d'abolir une société hérétique qui cherche à entraîner les musulmans dans ses fausses croyances. Telle est l'obligation que nous impose le titre de prince des fidèles, de protecteur de l'islamisme.

» Nous avons donc pris l'avis du mufti et des oulémas ; nous leur avons demandé quels sont les droits du souverain sur les biens donnés aux couvents et chapelles par les anciens sultans, et sur les terres et villages que les bektachis se sont fait léguer depuis une époque récente. La réponse était dictée par les principes qui régissent la matière. Si la possession d'une terre appartenant originairement au domaine de l'État n'a pas été acquise par acte régulier, on ne peut la convertir en bien ecclésiastique. Si la possession est régulière, la donation faite à des novateurs hérétiques est illégale. Si la donation est validée par la moralité des donataires, à leur mort, dans le cas où leurs représentants seraient des hérétiques, le sultan peut disposer de la terre. Il peut aussi reprendre, comme appartenant à l'État, les terres constituées en biens ecclésiastiques, dont les possesseurs ne se conforment pas aux conditions à eux prescrites par les donateurs. Les livres les plus estimés de jurisprudence s'accordent à dire : « Les donations faites à des novateurs sont nulles. Quand la donation d'une terre n'est point valable, et que le donateur est mort, la terre revient au domaine de l'État. Le sultan en dispose, et en assigne les revenus à ceux qu'il juge dignes d'en jouir. »

Voici sur ce point les décisions rendues par le mufti actuel, le docte molla Mohammed-Taher, et signées de sa main.

Question : « Zeid, un des anciens sultans, a donné au supérieur et aux derviches d'un couvent des terres et villages dont il a consacré les revenus à leur entretien. Les religieux meurent : leurs successeurs sont des hérétiques qui boivent du vin, se livrent à la débauche, et ne méritent point la jouissance de ces donations. Le sultan actuellement régnant a-t-il le droit de reprendre ces terres et villages, et de faire un autre emploi de leurs produits ?

Réponse : « Oui, il en a le droit. »

Question : « Zeid, un des plus anciens sultans, a donné des terres et des villages à Amrou. Devenu propriétaire de ces immeubles, Amrou les a convertis en biens ecclésiastiques, et en a légué le produit au supérieur et aux derviches d'un couvent. Ces religieux meurent : leurs successeurs sont des débauchés et des novateurs. Le sultan actuellement régnant a-t-il le droit de reprendre ces terres et villages, et de faire un autre emploi de leurs produits ? »

Réponse : « Oui, il en a le droit. »

» Conformément à ces fetvas, vous, notre premier mirakhor, Ali-Beg, à qui nous confions l'exécution de nos ordres, par la confiance que nous inspire votre caractère; vous, auquel ont été adjoints un molla désigné par le mufti et un écrivain des bureaux du département des finances; vous, qui avez entre les mains des registres tirés de nos archives et des différents bureaux d'administration, indiquant les noms de plusieurs couvents et chapelles des provinces de Roumélie; accompagné des coopérateurs qui vous sont donnés pour cette mission, vous quitterez Constantinople sur-le-champ. Vous vous rendrez d'abord à Andrinople; là, de concert avec Mohammed-Assad-Pacha, gouverneur de Tcharmen, vous expulserez des tekiés de Kizil-Deli-Sultan les bektachis qui s'y trouvent, suivant le rapport de ce vizir; vous prendrez connaissance du nombre et de l'importance des immeubles légués à ces couvents, tels que villages, terres, moulins, ainsi que des bestiaux et provisions de toutes sortes qu'ils renferment, pour être statué ultérieurement sur ces propriétés. Notre intention est de destiner au casernement des corps de soldats de Mahomet qui pourront par la suite être formés dans ces contrées les bâtiments spacieux et commodes de quelques-uns de ces établissements, et de transformer les grandes salles en mosquées. Vous ne les démolirez donc pas; vous les laisserez subsister dans l'état où ils sont. Vous dresserez une note détaillée des villages, terres, maisons, moulins, bestiaux et autres propriétés qui en dépendent, et vous l'enverrez à ma Sublime Porte.

» Quant aux seize couvents de bektachis situés aux environs d'Andrinople, d'après les renseignements fournis par le même vizir Mohammed-Assad, à ceux qui sont indiqués dans les registres remis en vos mains, et à tous les autres anciens et nouveaux couvents qui peuvent exister dans la province, vous prendrez des informations exactes sur la conduite des derviches et supérieurs qui les habitent, sur les villages, terres et autres donations dont ils jouissent.

En vous livrant à cette enquête, vous aurez soin de ne pas molester les musulmans voisins de ces établissements. Vous examinerez tous les livres et papiers des bektachis, et vous ferez subir à chacun d'eux individuellement un examen devant la justice. Ceux qui seront convaincus d'hérésie seront punis par le bannissement ou par tout autre châtiment que la loi prononcera. Les oulémas se consulteront entre eux sur l'emploi le plus utile aux musulmans qu'on pourra faire des couvents et chapelles devenus vides par l'expulsion des bektachis ; ils discuteront la question de savoir si ces bâtiments devront être transformés en mosquées, en colléges, en écoles, ou donnés à des sociétés orthodoxes qui y établiraient des hommes pieux et respectables. Lorsqu'ils auront fixé leur opinion à cet égard, et réclamé l'action de l'autorité administrative, le gouvernement s'empressera de satisfaire leur vœu. A cet effet, ils adresseront à ma Sublime Porte une note indicative des couvents et de la destination qu'ils auront jugé convenable de leur assigner.

» Les chapelles et couvents fondés à une époque récente par des individus qui n'avaient aucun caractère de sainteté, établissements dont la conservation ne saurait qu'être nuisible, seront détruits. Pour ce qui concerne les couvents anciens, ceux même qui seraient sans utilité peuvent être provisoirement laissés intacts ; mais les donations qui leur ont été faites autrefois, étant passées entre les mains d'hommes hérétiques et impies, sont nulles d'après la décision du mufti. Nous statuerons plus tard sur l'emploi à faire des produits des villages, terrains, etc., etc., compris dans ces donations, et dont vous nous aurez envoyé l'état.

» Il existe dans quelques maisons de bektachis des chapelles sépulcrales dédiées à de saints personnages. Les magistrats, muftis ou oulémas désigneront un homme pieux et de mœurs pures pour être gardien de ces monuments, et on lui délivrera un brevet revêtu des formalités requises.

» Remplissez avec zèle la commission qui vous est confiée; apportez une attention scrupuleuse aux recherches et examens que nous vous recommandons; attachez-vous strictement aux préceptes de la loi et aux principes de l'équité; gardez-vous d'opprimer ceux qui sont orthodoxes, de les inquiéter au sujet des donations dont ils jouissent légitimement, et de condamner qui que ce soit sans vous être convaincu de sa culpabilité. C'est pour vous intimer ces ordres que nous vous avons donné le présent firman. »

LIVRE V

TIMOUR

Le loisir de la mer et l'aspect des lieux où s'étaient déroulées les grandes scènes de l'empire ottoman me reportèrent, dans le passé de l'islamisme, aux catastrophes analogues à celle que je viens de décrire. Je ne pus lire sans une profonde émotion l'histoire de Timour, qui avait mis cet empire naissant sur le précipice de sa ruine. L'histoire européenne n'a rien de plus grandiose et de plus dramatique que cette vie de Bajazet-Ildérim. Nos lecteurs nous permettront de porter leur imagination sur ce qui occupait alors la nôtre. Nous empruntons ce récit presque en entier à un des plus magnifiques cours d'histoire que possède l'Orient : celle de l'empire ottoman, par M. de Hammer :

Le fer subjugue le monde. Timour (*le fer*) était le nom significatif du fils de Taraghaï, prince tatare, issu au quatrième degré de Karatschar Novian, grand prince et vizir de Djaghataï, fils de Djenghiz-Khan. Timour naquit dans l'année qui vit mourir le sultan Abou-Saïd-Behadir-Khan, dernier grand souverain de la famille de Djenghiz, et s'éclipser avec lui la grandeur de l'empire mogol (736-1335).

C'est un grand bonheur pour l'humanité que, de tant de conquérants qui ont rêvé une domination universelle, un très-petit nombre aient atteint leur but ; encore est-il vrai de dire que ceux-ci n'ont jamais entièrement accompli leur œuvre de destruction. A peine compte-t-on six ou sept de ces hommes au bras de fer qui méritent réellement le nom de conquérants du monde. Le premier, Sésostris, appartient à une époque si reculée de l'histoire, que les mythes grecs le confondent avec Dyonise, et ceux des Orientaux avec Djem Ier ou Iskender-Soulkarneïm (*Alexandre à deux cornes*). Djemebid (Djem II ou Déjocès), fondateur de l'empire de Médie, et Cyrus (Keïkhosrow), fondateur de l'empire persan, ne réalisent pas pour les peuples d'Orient le type du conquérant puisqu'ils leur refusent le titre de *souverain à deux cornes*, titre qui indique non-seulement le courage, mais aussi la domination sur deux parties du monde. Ce titre, ils ne l'accordent pas même à Alexandre le grand (*Iskender*), bien que l'histoire ancienne d'Orient le reconnaisse comme conquérant du monde. L'histoire moyenne de l'Asie cite à peine le nom d'Attila ; toute son attention se concentre sur Djenghiz-Khan, ce fléau des nations, et sur Timour, qui passa comme un météore sanglant sur tout le continent asiatique, depuis les Indes jusqu'aux bords de l'Archipel.

Si l'histoire de Sésostris et celle de Cyrus, enveloppées dans les ténèbres du mythe, pâlissent à côté de l'histoire plus positive d'Alexandre, qu'environne l'éclat de la civilisation grecque, les chefs barbares des Huns et des Mogols, Attila et Djenghiz-Khan, s'effacent de même devant la grande physionomie du Tatar Timour. C'est que

Timour, en contact avec la civilisation des Persans, sut, pour nous servir de l'expression des auteurs turcs, gouverner le monde qu'il avait conquis. La domination d'Attila et d'Alexandre ne survécut pas à ces deux conquérants. La puissance de Djenghiz-Khan passa en héritage à sa famille, qui la conserva pendant deux siècles; mais, divisée entre ses quatre fils, elle s'affaiblit nécessairement et disparut peu à peu. Celle de Timour, au contraire, se maintint, longtemps encore après sa mort, à peu près intacte; car ses descendants, après avoir joui pendant tout un siècle de l'héritage paternel dans la Transoxane et en Perse, régnèrent encore dans l'Inde pendant trois cents ans et presque jusqu'à nos jours.

Avant de faire le récit des événements qui signalèrent l'apparition de Timour, nous essayerons de tracer son portrait d'après celui que nous ont laissé les historiens orientaux. Timour était boiteux, non de naissance, mais par suite d'une blessure qu'il avait reçue au siége de la capitale du Sistan, peu de temps avant son événement au trône. C'est pour cela qu'on lui donna le nom de Timour-Lenk (*Timour le Perclus*), dont les historiens européens ont fait Tamerlan. Malgré cette infirmité, il avait la taille élancée et la démarche fière. Sa tête volumineuse, son front haut et large, annonçaient des facultés éminentes. Sa chevelure naturellement blanche comme celle du célèbre Sam, héros de l'histoire persane, offrait avec la fraicheur de son teint un bizarre contraste. A chacune de ses oreilles pendait une perle de grande valeur. Ennemi déclaré de la gaieté, sa gravité ne se démentait jamais. La franchise était une de ses qualités dominantes; son horreur pour l'hypocrisie était telle qu'il préféra toujours la vérité la plus dure au mensonge le plus flatteur; et il faut convenir que sur ce point le guerrier tatar valait mieux qu'Alexandre, qui, pour une vérité qui lui déplut, assassina son ami Clytus, et livra au supplice Antisthènes. Timour avait pour principe de ne jamais abandonner un projet, de ne jamais révoquer un ordre. Ce qu'il avait décidé était pour lui comme accompli ; si sa persistance avait des conséquences fâcheuses, il ne s'en applaudissait pas moins. D'ordinaire il comptait peu sur la fortune, et en acceptait toutes les chances avec résignation. Il n'aimait ni les poëtes ni les bouffons, mais il avait en grande considération les médecins, les astronomes et les jurisconsultes, qu'il se plaisait à entendre disserter. Les cheiks surtout, renommés par leur sainteté, et dont les prières avaient attiré sur ses armes la faveur divine, trouvaient en lui un zélé et magnifique protecteur. Une de ses passions était le jeu des échecs, dans lequel il n'avait point de rival. En temps de paix, comme en guerre, la biographie des guerriers célèbres et l'histoire de leurs expéditions étaient sa lecture habituelle. Chose étrange ! malgré l'instinct naturel qui le portait vers l'étude et la réflexion, malgré sa vénération pour les savants, toute son instruction se bornait à savoir lire et écrire, et, bien que sa prodigieuse mémoire lui permît de retenir ce qu'il avait lu ou entendu une seule fois, il ne parlait que trois langues, le persan, le turc et le mogol. La Tora, ou code de Djenghiz-Khan, fut, toute sa vie, l'objet de sa prédilection et de son respect ; il la préférait même au Coran ; ce qui enhardit quelques légistes à déclarer infidèles ceux qui préféraient la loi faite par les hommes à la loi envoyée par Dieu. Sa propre législation, *Touzoukat* (instituts politiques et militaires de Timour), n'est, du reste, que le complément de la Tora : elle embrasse, entre autres points importants, l'organisation des armées, la hiérarchie civile et militaire et l'administration intérieure de la justice et des finances. Ses lois, quoiqu'elles ne révèlent pas dans leur auteur la philosophie d'Antonin ni le savant pédantisme de Constantin, n'en prouvent pas moins qu'il possédait à un degré éminent l'art d'organiser et de gouverner. Ces ordonnances, qui contiennent une foule de hauts enseignements, ont servi de modèle à deux des descendants de Timour qui régnèrent dans l'Inde, Schah-Baber, le premier des Grands Mogols, et Schah-Ekber, le plus puissant d'entre eux, pour la rédaction de leurs codes et de leurs commentaires.

L'espionnage était le principal ressort du gouvernement de Timour. Ses agents parcouraient tous les pays sous mille déguisements. Le plus souvent c'étaient des derviches qui l'instruisaient en secret des forces et des projets de ses ennemis, des intrigues de leurs cours, de l'état des villes et des forteresses qu'ils étaient chargés de visiter ; de telle sorte que souvent il était mieux au courant de ce qui se passait dans les royaumes étrangers que les souverains mêmes de ces royaumes. Tout ce que ses agents, voyageurs, derviches ou autres, lui apprenaient des pays étrangers, était inscrit sur des registres ou marqué sur des cartes topographiques qui restaient toujours sous ses yeux.

Le dévouement des soldats de Timour pour sa personne était tel qu'ils lui faisaient non-seulement le sacrifice de leur vie, mais celui de tout leur butin et de tous leurs biens toutes les fois qu'il l'exigeait, chose à coup sûr extraordinaire de la part de hordes barbares vivant de brigandage. Ils lui obéissaient aveuglément et sans restriction, si bien qu'il lui eût suffi d'un simple ordre du jour pour se faire reconnaître comme prophète des Tatars. Il réussit à adoucir les mœurs rudes et sauvages et la farouche cruauté de ses troupes, assemblage d'une multitude de peuplades diverses, en appelant dans son camp une foule de poëtes, de savants, de musiciens et de sofis qui l'accompagnaient dans ses plus lointaines excursions.

Timour avait passé sa jeunesse dans des exercices violents et guerriers, c'est-à-dire à la chasse et dans des expéditions partielles. Il n'avait que vingt-sept ans lorsqu'il secourut l'émir Husseïn, prince de la famille Djaghataï, contre Timourtogtouk-Khan, prince du Turkestan, qui ravageait, à la tête d'une armée de Gètes, les provinces de Husseïn. Ce souverain, qui régnait sur le Khorassan et le Mawereinnehr (pays en deçà et au delà de l'Oxus) et résidait tantôt à Herat, tantôt à Balkh (763-1361), accorda la main de sa sœur, Tourkan-Khan, au jeune héros dont la valeur venait de consolider son trône. Quatre ans après, la mort de Tourkan-Khan rompit les liens qui unissaient Timour au prince de Khorassan. La guerre éclata entre le beau-frère et le gendre, son vassal, et ne fut un instant suspendue que pour recommencer plus sanglante et plus acharnée. Les hostilités ne se terminèrent que par la prise de Balkh et par la mort d'Husseïn, tué par les émirs de l'usurpateur. Rien ne s'opposa plus alors à ce que Timour montât sur le trône.

Balkh, résidence d'Husseïn, fut pillée et son palais détruit; les habitants furent en partie livrés au supplice, en partie réduits en esclavage; les femmes et les enfants devinrent le partage des soldats du vainqueur. Des huit femmes dont se composait le harem d'Husseïn, Timour en choisit quatre pour lui, dont deux devinrent ses épouses, et donna les autres à ses émirs et compagnons d'armes. Tels furent les préludes du grand drame dont l'Asie devait être bientôt le théâtre et Timour le héros.

Timour, au lieu de Balkh à moitié détruite, choisit pour résidence Samarcande, qu'il entoura d'une ceinture de murailles et qu'il embellit de palais et de jardins. Il est à remarquer que, pendant les trente-six ans de guerres et de conquêtes presque non interrompues qui remplirent la vie de Timour, il ne revint que neuf fois à Samarcande pour donner du repos à son armée et la préparer à de nouvelles fatigues.

L'assemblée générale des peuples tatars (*Kouroultaï*) consacra l'usurpation de Timour, en le proclamant héritier légitime d'un sceptre brisé par lui. Le cheik Bereket, qui lui avait prédit sa grandeur, lui remit l'étendard et le tambour, symbole de la souveraineté, et au nom de Timour (fer), que lui avait donné son père à cause de sa force extraordinaire, il ajouta ceux de Gourgan (grand souverain), de Sahib-Kiran (maître du temps) et de Djihanghir (conquérant du monde), noms significatifs que ne démentit pas le héros tatar pendant son long règne. La devise du sceau de Timour était formée de ces deux mots : *équité, salut*, qui peuvent se traduire par ceux-ci : *on n'est grand que par la justice.*

Timour réunit sur sa tête les couronnes de vingt-sept pays soumis à neuf dynasties dont il prit la place ; savoir, celles : 1° de la dynastie de Djaghataï, dont le dernier rejeton, Hussein, succomba sous ses coups ; 2° des Djètes ou Gètes dans le Turkestan et le Mogholistan ; 3° du Kowaresm ; 4° du Khorassan ; 5° de la Tatarie dans le Tataristan et le Descht-Kiptschak ; 6° de la dynastie des Ilkhans dans l'Irak arabe ; 7° de la dynastie des fils de Mozaffir dans l'Irak persan ; 8° de l'Inde ; 9° de la dynastie des Ottomans. Son empire s'étendait à l'est jusqu'à la grande muraille de la Chine, au nord jusqu'au centre de la Russie ; il avait pour bornes, à l'ouest la Méditerranée, et au sud l'Égypte. Des royaumes qu'il possédait, quelques-uns ne lui avaient coûté qu'une bataille ; d'autres, et c'est le plus grand nombre, ne s'étaient soumis à sa domination qu'après une résistance opiniâtre. Parmi ces derniers, il faut compter le royaume des Gètes, dont la possession ne fut acquise à Timour qu'après sept pénibles campagnes ; le Khowaresm, qui repoussa quatre fois les armées du conquérant, et ne céda qu'à la cinquième, et enfin les États des princes tatars Ouroust et Tokatmisch, dont la conquête nécessita deux expéditions. L'Hindoustan fut soumis dans une seule campagne. De toutes les guerres qu'il entreprit, celles de l'Asie occidentale furent les plus sanglantes et les plus longues. La première, en effet, dura trois ans, la seconde cinq, et la troisième, qui décida du sort de Bayézid, se prolongea durant sept années consécutives. Nous dirons peu de choses des dix-huit campagnes que nous venons d'énumérer : nous raconterons avec plus de détails la guerre de Sept ans, dont le théâtre fut d'abord les frontières de l'empire ottoman, et plus tard le cœur même de cet empire.

Les sept expéditions de Timour contre les Gètes et ses cinq campagnes contre le schah de Khowaresm, Husseïn-Sofin, donnèrent lieu à de fréquents échanges d'ambassades, aussi bien qu'à plusieurs traités de paix et à de nombreuses négociations ayant pour but d'affermir sa puissance par des alliances et des mariages. Ainsi, dès sa première tentative contre les États de Husseïn, Timour lui demanda, par ambassadeur, la main de sa fille Khanzadé pour son fils aîné, Djihanghir. Husseïn n'osa refuser, et le mariage fut célébré.

Si quelque chose peut donner une idée du faste et de la richesse des souverains de l'Orient, c'est à coup sûr la splendeur des fêtes qui eurent lieu à cette occasion, fêtes non moins brillantes que celles que donnèrent, au mariage de leurs enfants, les califes Mamoun et Motedhad. Les présents de noces de Khanzadé consistaient en un trône d'or, en plusieurs magnifiques couronnes, en bracelets, boucles d'oreilles, colliers et ceintures d'un grand prix, en vases remplis de diamants et de perles, en lits, sofas, baldaquins et tentes splendides. L'air était embaumé de musc et d'ambre. Les grands de l'empire faisaient pleuvoir sur la fiancée des perles et des pièces d'or, en signe de bienvenue. La terre, sous ses pas, était couverte de tapis brodés d'or. Dans chaque ville que traversait la jeune épouse, les cheiks, les cadis, les imans et les mollas accouraient se prosterner devant elle. Mêmes fêtes, mêmes réjouissances à son arrivée à Samarcande. L'intérieur de la tente où se célébra le mariage (775-1373) représentait la voûte du ciel, et une quantité innombrable de diamants figuraient les étoiles. Les rideaux de cette tente étaient de drap d'or, et la pomme qui la surmontait d'ambre fin. Des cafetans, des châles, des habits et de riches étoffes furent distribués aux officiers de la cour et aux personnages conviés à la fête. Enfin les astronomes désignèrent le moment où devait avoir lieu la cérémonie nuptiale, qui se fit avec une pompe telle qu'on n'en avait pas vu de pareille depuis les périodes les plus glorieuses du califat.

L'année suivante fut célébré, mais avec moins de faste, le mariage de Timour avec la princesse Dilschadaga, qu'il avait faite prisonnière dans sa seconde expédition contre son père, le sultan des Gètes. Outre les femmes dont nous avons déjà fait mention, Timour épousa, après la mort de Tourkan, Touman-Aga, fille de l'émir Mousa. Ce fut pour plaire à cette princesse qu'il réunit les douze jardins royaux de Samarcande en un seul appelé Baghi-Bihischt (jardin du Paradis).

Mais ces liens de parenté que le sultan des Gètes et le schah de Khowaresm avaient, non sans intention, contractés avec l'empereur tatar, ne purent les mettre à l'abri des attaques de ce dernier, ni les préserver d'une ruine complète. L'imprudent souverain du Khowaresm, ayant, au mépris de l'inviolabilité des ambassadeurs, jeté en prison l'envoyé de Timour, eut à se défendre, pour la quatrième fois, contre le conquérant irrité, qui l'assiégea pendant trois mois et demi dans Khowaresm, sa capitale. Fatigué des lenteurs du siége, Timour provoqua, sous les murs de la place, le beau-père de son fils en combat singulier.

Celui-ci ayant refusé, la ville fut prise d'assaut et livrée au pillage (781-1379). Tous les cheiks, les savants, les artistes et les ouvriers furent emmenés à Kesch, ville natale de Timour, qui reçut, à cette occasion, le nom honorifique de *dôme des sciences et de la civilisation*, et devint la seconde capitale de l'empire tatar.

Trois événements douloureux vinrent frapper Timour au milieu de ses triomphes et distraire un moment son attention, absorbée jusque-là par l'organisation de ses nouveaux États. Akabeg, sa fille chérie, mariée au fils d'Émir-Mousa, son beau-père, son fils aîné Djihanghir et sa sœur Tourkan-Khatoun moururent à peu de distance l'un de l'autre. Le vaillant empereur, atteint dans ses affections les plus chères, tomba dans un profond abattement. Mais la lecture du Coran et de la Sunna, que lui firent les cheiks et les légistes, ne tarda pas à le rappeler à lui-même et à le rendre aux affaires.

Après la conquête du Khowaresm, Timour ne dissimula plus le désir qui le tourmentait de régner sur le monde entier. Souvent on l'entendait répéter la parole du poëte, qui dit que : « De même qu'il n'y a qu'un seul Dieu au ciel, il ne doit y avoir qu'un seul maître sur la terre, et que tous les royaumes de l'univers ne sauraient satisfaire l'ambition d'un grand souverain. » Déjà maître du Touran (pays situé au delà de l'Oxus), il conçut le projet de s'emparer de l'Iran (pays situé en deçà de l'Oxus), c'est-à-dire de la Perse. Une foule de dynasties s'étaient élevées dans les vastes limites de cet empire, sur les débris de celui de Djenghiz-Khan. Deux souverains se partageaient la domination du Khorassan, la province la plus orientale de l'empire persan : la partie méridionale était soumise à Ghayâsseddin-Pir-Ali, prince de la dynastie de Kourt ; et la partie septentrionale, à Kodja-Ali-Moueyid, de la dynastie des Serdebars, qui régnait sur le Khorassan depuis la mort d'Abou-Saïd, dernier grand souverain de la famille de Djenghiz-Khan. Moueyid fit sa soumission au conquérant tatar, qui le maintint, par un diplôme, dans sa principauté, sous la condition qu'il l'accompagnerait dans toutes ses expéditions en qualité de vassal. Ghayasseddin, au contraire, prit la courageuse résolution de défendre ses possessions contre des forces vingt fois plus considérables que les siennes. Mais après la chute de Fouschendj, sa principale forteresse, Hérat, sa capitale, se rendit à discrétion, et échappa ainsi à une destruction complète. Les trésors que les princes de la dynastie de Kourt et de Ghour avaient amoncelés dans cette ville pendant plus de deux siècles furent transportés à Kesch, ainsi que les portes en fer de Hérat, remarquables par la beauté de leur travail. Timour n'eut pas si bon marché des autres places du pays, qui ne se soumirent qu'après une résistance opiniâtre. Parmi elles se firent distinguer Schabour-Khan, Kabouschan, et Kakahah (la moqueuse), ainsi appelée parce qu'elle se jouait, pour ainsi dire, des efforts de l'ennemi. Les grandes villes des États de Ghayasseddin, telles que Nischabour, Sebzewar et Tous, se rendirent sans coup férir. Tous, appelée aussi Meschied (le sépulcre), parce qu'elle renferme les tombeaux d'un grand nombre de musulmans célèbres, est un lieu de pèlerinage et de rendez-vous pour les caravanes. C'est là que repose l'iman Riza, le huitième des douze imans descendants immédiats du Prophète; Haroun-al-Raschid; Aboud-Moslim, guerrier sanguinaire, dont la valeur arracha à la famille d'Ommia le trône du califat, pour y asseoir la famille d'Abbas, et qui avait fait périr un demi-million d'hommes, autant sous le glaive du bourreau que sur le champ de bataille; le célèbre Nisamould-Mulk, vizir de Melek-Schah, profond mathématicien, poëte persan renommé, et implacable ennemi des *Assasssins*; Nassireddin, fondateur de l'observatoire de Meragha et fameux astronome; enfin Firdewsi, le plus grand poëte épique de l'Orient. A son entrée dans la ville de Tous, Timour se dirigea vers le tombeau d'Abou-Moslim. Arrivé devant le mausolée, il descendit de cheval et implora avec ferveur la bénédiction du héros et sa protection pour ses expéditions futures. On serait tenté de croire que la prière du conquérant tatar fut entendue par l'esprit du farouche Moslim, car il sembla, dès ce moment, agir sous l'inspiration d'un génie malfaisant, et avoir pris à tâche de suivre aveuglément les traditions sanglantes du guerrier dont il avait évoqué les mânes. On sait que, pour punir les habitants révoltés de Sebsewar, Timour conçut l'infernale pensée d'élever des tours vivantes avec leurs corps. Deux mille hommes furent les pierres de taille qui servirent à l'édification de cet horrible monument. Les malheureux furent placés les uns sur les autres, et les intervalles laissés entre eux furent bouchés avec de la terre glaise et de la chaux.

A peine maître du Khorassan, du Sistan, du pays des Afghans et du Saboulistan, que la mémoire du vaillant Roustem n'avait pu protéger contre l'ambition de l'empereur tatar, Timour tourna ses armes, partout victorieuses, contre la Perse (788-1386). Ce royaume était alors gouverné par les dynasties de Mozaffer et des Ilkans. La première régnait sur l'Irak persan et le pays de Fars (la Perse proprement dite); la seconde sur l'Irak arabe et l'Aderbaïdjan (l'ancienne Atropatène). A la nouvelle de l'approche de Timour, Schah-Schedjâ, prince de la famille Mozaffer, lui envoya, en signe de soumission, une ambassade avec de riches présents.

Timour assura le prince de ses intentions bienveillantes, et lui demanda, comme gage d'une paix durable, une princesse de sa famille pour Mirza-Pir-Mohammed, fils de Djihanghir, son fils aîné. Une demande en mariage de la part de Timour était d'un sinistre augure, car d'ordinaire celui à qui pareille demande était adressée pouvait d'avance faire le sacrifice de son indépendance. Néanmoins, Schah-Schedjâ consentit. Plus hardi, le sultan Ahmed, fils du cheik Oweis-Djelaïr, se prépara à une vigoureuse résistance. Il s'était fortifié dans sa résidence, Sultanieh; mais, forcé d'abandonner cette place, il se réfugia d'abord à Tebris et ensuite à Bagdad. Toutes les provinces les plus septentrionales de la Perse, entre autres le Manzanderan, les districts de Reï et de Roustemder, tombèrent au pouvoir de Timour, qui, après avoir soumis Sultanieh, Tebris et Nakhdjiwan, passa les eaux impétueuses de l'Araxe à Djoulfa, ville célèbre par son magnifique pont, dont les arches ont cinquante à soixante aunes de hauteur, et dont les abords sont défendus par de profonds ravins. Kars, ville frontière de l'empire ottoman, et dont les fortifications sont taillées dans le roc, ouvrit ses portes au conquérant, au bruit des timbales et du cri de guerre des Tatars : « *Sürün* ! » (en avant!) Toute la Géorgie et Tiflis, sa capitale, firent leur soumission. Dès lors, la campagne était achevée, et Timour, pour célébrer sa nouvelle conquête, ordonna une grande chasse.

Ce fut dans les belles plaines de Karadagh, où Timour avait pris ses quartiers d'hiver, qu'il reçut le serment de fidélité du prince de Géorgie. Ce souverain ne put conserver son titre et ses domaines qu'en abjurant la foi chrétienne et en livrant au conquérant, entre autres choses curieuses, une cotte de mailles que le roi David avait, suivant la tradition et le Coran, fabriquée de ses propres mains.

L'orgueil et l'amour-propre de Timour furent singulièrement flattés de la soumission du prince de Schirwan, qui eut lieu peu de temps après. Ce prince vint en personne faire hommage au conquérant et lui offrir les présents auxquels on attache le plus de prix en Orient, présents qui, par une attention plus délicate du vassal, étaient tous au nombre de neuf, nombre sacré des Tatars. Ils consistaient en neuf sabres, neuf arcs, neuf tentes, neuf baldaquins, neuf châles, neuf pièces de riches étoffes, neuf chevaux de noble race, neuf esclaves du sexe féminin, et quant à ceux du sexe masculin, ils n'étaient que huit, attendu que le prince se présentait en qualité du neuvième. Cette franchise, dit Cherefeddin, plut beaucoup à l'empereur, qui non-seulement combla le prince de faveurs et de biens, mais lui donna en propre le royaume de Schirwan.

Tout fléchissait sous les coups du redoutable empereur. Les princes de Ghilan, qui jusqu'alors s'étaient crus libres dans leurs forêts et derrière leurs marais, vinrent se prosterner devant Timour. Les princes de l'Arménie et de la Mésopotamie s'étant abstenus de rendre hommage au conquérant, celui-ci leur envoya des ambassadeurs pour les sommer de se soumettre. L'Arménie était alors gouvernée par un prince du nom de Taherten, qui avait fait d'Erzendjan sa capitale. En Mésopotamie régnait la dynastie du Mouton-Noir. L'héritier de cette famille, qui résidait à Diarbékir, ne tint aucun compte des menaces de Timour, et se disposa à se défendre ; mais, trop faible pour résister seul aux forces imposantes du conquérant, il vit sa témérité punie par la prise de deux de ses principales villes, Akhlat et Adil-Djouwas, après que les hordes tatares eurent dévasté la belle plaine de Mousch. Wan, place fortifiée, qui jusque-là n'avait jamais ouvert ses portes à un vainqueur, fut emportée après vingt jours d'une héroïque résistance ; ses défenseurs furent précipités du haut des remparts, les bras liés sur le dos. Les fortifications, dont une tradition attribuait la construction à Schedad, fils d'Aad, furent rasées ; leur solidité était telle qu'un touman entier, c'est-à-dire un corps de dix mille hommes, travailla tout un jour inutilement pour y ouvrir une brèche. La chute de Wan décida Taherten à faire sa soumission. Timour lui laissa son titre et ses domaines, le prince étant venu de son propre mouvement se reconnaître son vassal.

A quelque temps de là eut lieu une effroyable catastrophe, à laquelle présida le conquérant en personne. Le schah Schedjâ, prince de la dynastie Mozaffer, avait en mourant recommandé son royaume et sa famille à la générosité de Timour; mais son fils, Seïnol-Abidin, ayant refusé d'obéir à l'ordre que lui avait donné l'empereur de paraître à sa Sublime Porte, ce dernier passa avec ses troupes dans la partie méridionale de la Perse, et s'empara, sans coup férir, de l'Irak persan, dont la capitale, Ispahan, se rendit à discrétion. Dans un des faubourgs de cette ville vivait un forgeron du nom d'Ali-Koutschapa, qui gémissait de voir sa patrie courbée sous le joug étranger. Il se souvint de Kawé, forgeron comme lui, qui jadis avait fait de son tablier de cuir l'étendard de la liberté et marché à la délivrance des peuples tremblant sous la tyrannie de Schek. Ce souvenir enflamma le courage de Koutschapa, qui résolut d'imiter un si noble exemple. Une nuit, il éveille, au roulement du tambour, les habitants d'Ispahan, et les excite à se révolter contre les commissaires tatars envoyés pour prendre possession de la ville. Son éloquence persuade la foule, encore émue de l'humiliation qu'elle avait subie. On court aux armes, on se précipite sur la garnison encore peu nombreuse, et le carnage commence. Trois mille Tatars furent massacrés dans ce soulèvement spontané. A la nouvelle de cet événement, Timour, furieux, donna l'ordre de reprendre la ville et de la saccager, et, pour qu'aucun soldat de son armée ne restât inactif dans le drame terrible qui se préparait, il fit publier que chacun d'eux eût à rapporter un certain nombre de têtes. Toutefois, le quartier de la ville où résidaient les cheiks et les légistes fut excepté de la proscription générale et placé sous la garde d'un détachement auquel on enjoignit de protéger spécialement la maison de Khodjâ-Imameddin-Waïz, bien que ce savant illustre fût mort depuis plus d'un an. Le sanguinaire conquérant n'oublia pas un seul instant, même au milieu de l'horrible boucherie qui eut lieu, le respect qu'il professait pour les savants et les religieux, semblable en cela à Alexandre, qui, lors de la prise de Thèbes, mit la maison de Pindare à l'abri de la dévastation et du pillage. Les ordres impitoyables du chef tatar furent fidèlement exécutés, le sang coula à flots dans Ispahan. Les soldats, repus de carnage, pour s'épargner la peine de couper eux-mêmes les têtes qu'ils étaient tenus de livrer, les achetaient avec le fruit de leurs rapines. D'abord chaque tête se vendit vingt kopecs ; bientôt le prix tomba à un demi-kopec, et vers la fin on n'en voulait plus. On porte à plus de soixante-dix mille le nombre des habitants d'Ispahan qui périrent dans ce massacre ; leurs têtes servirent à élever des tours au milieu des places publiques.

Effrayée par ces sanglants préliminaires, Schiraz fit sa soumission. Là, Timour reçut une espèce d'ovation qu'il ne dut qu'à la terreur semée au loin par son dernier exploit. Les grands de l'empire, les gouverneurs des provinces, les princes de la famille Mozaffer, les souverains de Kerman et de Yesd, les Abatéges de Loristan et les princes de Laristan, qui se glorifiaient de descendre du héros persan Gourghin-Milad, se réunirent à Schiraz et vinrent, dans le palais appelé *le trône Karadja*, se prosterner devant Timour, au nom duquel se fit dès ce moment la prière publique. Des lettres de victoire, dans lesquelles les mounschis (secrétaires du divan) avaient rivalisé de servilisme et de basse flatterie, furent expédiées par ordre de l'empereur à Samarcande, aux princes de Khowaresm, à Khorassan et dans toutes les autres possessions du souverain tatar, pour y être lues du haut des chaires publiques par les khatibs (prédicateurs).

Pendant la guerre de Perse, le schah de Khowaresm avait levé l'étendard de la révolte et forcé les gouverneurs tatars à se réfugier chez Tokatmisch, khan des Tatars de Kiptschak. Dès que la tranquillité fut rétablie dans le pays de Fars nouvellement conquis, Timour se dirigea, pour la cinquième et dernière fois, sur le khowaresm, rasa les murs de la capitale, en fit ensemencer le sol, et transplanta toute la population à Samarcande, où il fit quelque temps après son entrée triomphale.

Après avoir célébré avec pompe les mariages de Pir-Mohammed-Mirza, de Miran-Schah-Mirza et de Schahrokh-Mirza, il se prépara à marcher contre Tokatmisch, souverain de la Grande Tatarie. Douze ans auparavant, ce prince, attaqué et pressé par Orouz-Khan, autocrate tatar de Russie, avait imploré les secours de Timour, qui l'avait sauvé d'une ruine certaine et rétabli sur le trône de Kiptschak.

Tokatmisch et Ourouz-Khan étaient tous deux issus de Djoudji, fils de Djenghiz-Khan. Or, ce conquérant avait de son vivant donné la souveraineté de la Grande Tatarie à Djoudji ; celle de la Transoxane, du Khowaresm et du Turkestan à Djaghataï et celle de la Chine et du Khataï à son fils aîné Oghtaï, avec le titre de grand khan. Timour, devenu maître de Djaghataï, par la prise de Balkh, avait confié le gouvernement du pays à un des khans indigènes, Siourgoutmisch, qui administra en son nom, et à la mort duquel il permit que Mohammed, son fils, lui succédât dans cette dignité purement honorifique. Tokatmisch, au contraire, régnait réellement sur le Kiptschak, sous la protection de Timour, à la vérité, mais dans une indépendance à peu près complète. Néanmoins, cette protection lui pesait au point qu'il chercha à s'y soustraire par la force des armes. Au premier bruit des préparatifs de guerre qui se faisaient dans le Kiptschak, Timour envoya dans toutes les provinces de son vaste empire des tawaschis (enrôleurs) pour réunir le nombreux corps de réserve. En même temps il convoqua une assemblée générale de la nation (*Kouroultaï*), par laquelle il fit déclarer que chaque chef de régiment eût à compléter le nombre de ses hommes et à les entretenir à ses propres frais. Cette mesure était de la plus haute importance, en ce qu'elle devait avoir pour résultat non-seulement d'augmenter la masse des forces de l'empire, mais encore de diminuer l'extrême richesse des généraux ; ce qui eut lieu en effet.

Timour passa tout l'hiver qui précéda cette assemblée à la chasse aux cygnes, sur les lacs et dans les marais qui avoisinent Boukhara, plutôt afin que cet ancien usage des princes de la famille de Djenghiz-Khan ne tombât pas en désuétude, que dans le but d'oublier au milieu de ces plaisirs les fatigues de la guerre. Ce fait, bien qu'en apparence insignifiant, n'en a pas moins une certaine importance, en ce qu'il prouve l'infatigable activité de Timour, ainsi que le soin qu'il prenait d'entretenir dans son armée le goût de ces exercices guerriers et de donner pour fondements à sa dynastie les usages établis par son puissant prédécesseur.

A la même époque, l'empereur tatar célébra le mariage de sa fille unique Sultan-Bakht et ceux de ses petits-fils Mirza-Aboubekr, fils de Miran-Schah, et Mirza-Omar, fils de Djihanghir.

Vers la fin du mois de janvier de l'année suivante (793-1390), Timour partit de Taschkend, sur le Sirr, accompagné de sa cour et de son armée, après avoir envoyé son harem, à l'exception de la favorite Tscholpan (*Étoile du matin*), fille du Gète Hadji-Beg.

La pluie et la neige, qui tombaient en abondance, forcèrent l'armée à s'arrêter à Karasouman. Là, Timour reçut une ambassade de Tokatmisch; les envoyés furent introduits en courant, suivant le cérémonial tatar, et, après s'être prosternés jusqu'à terre, remirent au conquérant, de la part de leur maître, une lettre d'excuses, accompagnée d'un oiseau de proie nommé tschonkar, et d'un présent de neuf chevaux d'une agilité extraordinaire. Malgré cet acte de soumission, Timour, après avoir pris connaissance de la lettre de son vassal rebelle, rappela aux ambassadeurs l'important service qu'il avait rendu à leur maître alors qu'il était près de succomber sous les coups d'Ourouz-Khan. Il insista sur l'ingratitude et la déloyauté de son protégé, et termina en disant qu'il recevrait le châtiment qui lui était dû, menace terrible qui équivalait à un arrêt de mort.

L'armée se remit en marche, et, après avoir passé par Jassy, Karatschouk et Sabran, elle atteignit le Koutschouk-tagh (Petite-Montagne) et l'Ouloutagh (Grande-Montagne). L'empereur monta sur la cime de la dernière, pour embrasser d'un coup d'œil, de ce point élevé, les immenses steppes de la Grande Tatarie. Tandis qu'il contemplait la nappe ondoyante de verdure qui se déroulait à ses yeux, ses soldats apportèrent auprès de lui des pierres avec lesquelles ils élevèrent une tour destinée à consacrer le souvenir de cette mémorable expédition.

Pour remédier au manque de vivres qui commençait à se faire sentir, Timour ordonna une chasse générale à laquelle toute l'armée prit part, puis il passa ses troupes en revue. La tête couverte d'un turban orné de rubis, une massue d'or à tête de bœuf à la main, à l'imitation des anciens rois de Perse, qui se servaient de cette arme en souvenir de celle de Féridoun, l'empereur parcourut le front de ses innombrables bataillons. Suivant l'usage observé dans les revues des armées tatares, les chefs se mirent à genoux, en tenant leurs chevaux par la bride, et baisèrent la terre, en mêlant à leur prière ordinaire des formules de louange et de bénédiction. Après avoir aussi reçu les hommages et les vœux de ses fils, de ses petits-fils et de ses autres généraux, et les avoir félicités sur la bonne tenue et la discipline de leurs toumans, hézares et sades ([1]), il donna le commandement de l'avant-garde de l'armée à son petit-fils Mirza-Mohammed, en lui recommandant la plus grande vigilance et une extrême célérité, qualités indispensables dans le poste qu'il allait occuper.

Un combat sanglant d'avant-garde était le prélude d'une bataille générale. Dans cette rencontre périrent quatre des plus habiles généraux de Timour : Herimulk, Ramazan-Khodja, Erlat et Aïkoutimour ; néanmoins la victoire resta aux troupes de l'empereur. Fier de ce premier triomphe, présage de succès plus importants, Timour combla les chefs de son armée de présents et d'honneurs, et conféra à un grand nombre d'entre eux le titre de tarkhan, qui donnait à celui qui en était revêtu le droit d'entrer chez le prince à tous les moments de la journée. Le fils du grand vizir Haladjighaï, mort dans le combat, fut confirmé dans les charges et les titres de son père, et on lui confia le grand sceau de l'empire et celui du cabinet de l'empereur, appelé le sceau *du papillon*.

Six jours après, le temps jusque-là pluvieux s'étant éclairci, Timour se disposa à attaquer l'ennemi avec toutes ses forces le 15 redjeb 793 (5 juillet 1390). Au lieu de suivre l'ordre de bataille accoutumé, c'est-à-dire la division en aile droite, aile gauche et centre, il partagea son armée en sept corps, dont l'un devait servir de réserve à l'autre. Lorsque toutes les dispositions furent prises, le

([1]) Régiments, bataillons, compagnies.

chérif Seid-Beréké, qui le premier avait prédit à Timour sa puissance future, se prosterna, la tête découverte, en face de l'armée, et invoqua la bénédiction du ciel; puis, jetant une poignée de poussière du côté des ennemis, il s'écria : « Ainsi vos visages seront noircis par l'affront de la défaite ! » S'adressant ensuite à Timour : « Marche maintenant, lui dit-il, où il te plaira ; tu seras vainqueur ! » A ce moment un cri général de *Sürün !* (en avant !) couvrit le bruit des trompettes qui sonnaient la charge. Rien ne résista à l'impétuosité des soldats de Timour. Tokatmisch, effrayé, prit la fuite avec ses généraux, dont plusieurs étaient issus de Djenghiz-Khan. Le vainqueur détacha de tous les corps de l'armée sept cavaliers sur dix à la poursuite de l'ennemi ; lui-même les suivit avec les troupes qu'il avait conservées auprès de lui. Il s'arrêta dans la belle plaine d'Ourdepé, sur les bords du Volga. Là, il dressa ses tentes avec un luxe inusité ; son camp, qui avait trois farasanges de diamètre, était entouré d'un rideau de riche brocart parsemé de fleurs d'or. Une immense quantité de bestiaux et d'esclaves, qui constituait la partie la plus précieuse du butin, fut amenée des rives et des îles du Volga au camp de l'empereur ; les plus belles filles passèrent dans son harem, et le reste fut distribué aux émirs ; cinq mille jeunes garçons, remarquables par leur beauté, furent destinés au service intérieur de la cour. Timour donna ensuite une fête magnifique, la plus belle dont les histoires du Touran fassent mention. Le conquérant, assis sur le trône des souverains de la Grande Tatarie, était entouré des beautés de son harem ; mille chants de victoire et d'amour se succédaient sans interruption. Les musiciens rivalisaient d'imagination et de talent, et improvisaient des chansons en l'honneur du héros triomphant. Les mets les plus savoureux étaient servis, dans des assiettes d'or enrichies de diamants, par les plus beaux garçons et les plus belles filles. Ce fut, en un mot, un spectacle éblouissant et tel que sa magnificence étonne même dans l'histoire d'un conquérant asiatique.

Timour passa également l'hiver suivant à Samarcande dans des fêtes continuelles. Mais au commencement du printemps de l'année 794 (1391), il se remit en campagne pour renouveler ses invasions en Perse, et cette fois il ne déposa les armes qu'après cinq ans d'une lutte terrible et acharnée. La conquête du Mazenderan, qui eut lieu vers la même époque, fut signalée par l'héroïque résistance des villes d'Amoul, de Sari, de Mahanassar, et par le massacre de tous les fedayis ou Assassins. Depuis que Houlagou avait pris et détruit toutes leurs forteresses, ces fanatiques étaient restés dans ce pays et avaient fait tomber sous leurs poignards plusieurs chefs de l'armée de Timour. Tel général de cette armée avait à venger sur eux la mort d'un fils, tel autre celle de son père. Des ressentiments particuliers vinrent donc se joindre à la raison d'État pour anéantir cette secte sanguinaire, dont les membres périrent tous à Amoul. La plume se refuse à peindre cet horrible massacre. L'historien persan qui en parle se refuse même à en faire le récit. Il se borne à dire que la vengeance du conquérant fut effroyable, et que de toutes les scènes de carnage dont l'histoire a consacré le souvenir, aucune ne peut se comparer à celles qui ensanglantèrent la ville d'Amoul.

Du Nord de la Perse, Timour porta ses armes dans les provinces méridionales, telles que le Loristan et le Khousistan ; il se dirigea même sur le pays de Fars, où jusqu'à ce jour il avait laissé six princes de la dynastie de Mozaffer régner en paix sur quelques villes. Il pénétra dans cette province en quittant le Khousistan, par les défilés des monts Hetzardara, et mit aussitôt le siége devant le château de Kalaïsefid (Château-Blanc), réputé inexpugnable. Il parvint à s'en rendre maître en brisant à coups de hache les rochers qui l'environnaient, et en se frayant un passage jusqu'à la forteresse.

Après ce premier succès, Timour changea de route, et, traversant la délicieuse vallée de Schâbbewan, un des quatre paradis de l'Asie, il marcha à la rencontre de Schah-Mansour, descendant de Mozaffer, qui venait de s'emparer des possessions des cinq autres princes de cette famille. Le conquérant tatar, après avoir failli tomber sous le glaive de son adversaire, resta vainqueur. Son petit-fils Schah-rokh-Mirza, âgé de dix-sept ans, joignit Schah-Mansour, le terrassa et lui coupa la tête, qu'il jeta aux pieds de Timour en prononçant la formule usitée : « Ainsi doivent rouler aux pieds de ton cheval les têtes de tous tes ennemis. » L'empereur embrassa ses fils et ses petits-fils, et reçut les félicitations des émirs, qui, suivant l'usage mogol, lui présentèrent à genoux une coupe d'or, après avoir neuf fois frappé la terre de leur front.

Cette bataille était à peine terminée, qu'une nouvelle armée persane parut sur les derrières des troupes tatares; mais elle fut repoussée et se retira sur le château de Kalaï-fourkh (Château-Rouge).

Bientôt après, Timour entra en triomphateur dans la ville de Schiraz. Les trésors de Schah-Mansour furent confisqués et distribués aux émirs ; et quant aux habitants, ils ne rachetèrent leur vie qu'au prix de sommes énormes. Les princes Mozaffer furent faits prisonniers, et ensuite exécutés, à l'exception de deux auxquels leurs parents avaient fait crever les yeux, et qui purent aller vivre en paix à Samarcande. Les savants et les artistes furent transportés des rives du Roknabab sur celles du Djihoun. Enfin le gouvernement du royaume de Perse, tel que l'avait jadis possédé Houlakou-Khan, frère de Koubraï, grand khan des Mogols, fut confié à Miran-Schah, fils du vainqueur. Le diplôme que lui remit Timour portait en guise de signature, et suivant l'usage des empereurs mogols, l'empreinte de la main du souverain imbibée d'encre rouge.

L'armée tatare quitta le Faristan, pour se diriger à l'ouest. Elle envahit le Kurdistan, le traversa dans toute son étendue, et pénétra jusqu'à Bagdad, où résidait Ahmed-Djelaïr, prince de la dynastie d'Ilkhan. A son passage dans la ville d'Akboulak, située non loin d'Arbela, où la fortune donna à Alexandre la domination de la Perse, Timour reçut l'ambassadeur du prince de Bagdad, le mufti et célèbre légiste Noureddin-Abdourrahman-Isferaïni. Cet envoyé était chargé d'assurer Timour de l'amitié de son maître et de lui offrir de sa part des présents consistant en animaux et en objets précieux, tous au nombre de neuf, et parmi lesquels on admirait surtout des cerfs, des léopards et des chevaux arabes avec des selles d'or. Néanmoins, comme l'ambassadeur n'était pas autorisé par son maître à renoncer en son nom aux deux droits régaliens, celui de battre monnaie à son effigie et de se faire nommer dans la prière publique, Timour, tout en témoignant à Noureddin personnellement la plus haute estime, à cause de sa réputation de savant, fut peu sensible aux assurances de respect et d'amitié de Djelaïr. Il congédia l'envoyé avec une réponse évasive, et le suivit pas à pas avec son armée, dans l'espoir de surprendre le sultan dans sa résidence avant qu'il eût pu être informé de ses intentions. En effet, à peine Djelaïr avait-il rompu le pont sur le Tigre et coulé bas les vaisseaux qui couvraient le fleuve, que Timour parut devant les murs de Bagdad, qui lui ouvrit ses portes sans tenter la moindre résistance. Une galère du sultan que l'on nommait le Soleil servit à transporter l'empereur sur la rive opposée. La cavalerie passa le fleuve à la nage, et Timour, à la tête de ses escadrons d'élite, poursuivit le sultan qui fuyait vers l'Euphrate. Au moment où il l'atteignit dans la plaine de Kerbela, il n'avait plus autour de lui que quarante-cinq émirs, dont les excellents chevaux avaient seuls pu résister à une course aussi rapide. Malgré la supériorité des forces du sultan, il l'attaqua par trois fois et resta vainqueur. Néanmoins Djelaïr parvint à s'échapper, laissant au pouvoir de Timour ses femmes et son fils. Les artistes et les savants de Bagdad furent envoyés à Samarcande, comme l'avaient été ceux de Khowaresm et de Schiraz. Dans le nombre se trouvait le célèbre Khodja-Abdoul-Kadir, auteur d'une théorie de la musique. La nouvelle de la conquête de Bagdad fut proclamée dans toute l'Asie par des lettres de victoire.

Timour passa deux mois à Bagdad. Là, il s'occupa de réformer quelques abus qui, pendant la dernière expédition, s'étaient introduits dans son armée. Il réprima la licence des mœurs de ses soldats, et, pour mettre une fin à leurs débauches, il fit jeter dans le Tigre tout le vin qui se trouvait à Bagdad.

Pendant son séjour dans cette ville, l'empereur tatar députa au sultan Barkok, souverain de l'Égypte et de la Syrie, le savant cheik Sawé, en qualité d'ambassadeur. Dans la lettre qu'il lui fit remettre, il lui disait, qu'étant envoyé par la Providence pour sauver l'empire près de tomber en ruines entre les mains des descendants de Djenghiz-Khan, il désirait entretenir avec lui des relations d'amitié par l'entremise d'ambassadeurs, et donner à ses États, ainsi qu'aux siens propres, de nouveaux éléments de prospérité par la liberté du commerce.

La prise de Bagdad n'avait coûté aucun effort à Timour, mais il n'en fut pas de même des autres places fortes de la Mésopotamie. Tekrit, qui, par la solidité de ses fortifications, passait pour être à l'épreuve de toutes les machines de guerre; Roha ou Edessa, bâtie par Nemrod, et célèbre par le four ardent dans lequel, suivant la croyance des musulmans, fut jeté Abraham ; Hosn-Keif, place qui n'est accessible que d'un côté, et qui, grâce à une source abondante qui jaillit dans l'intérieur de ses murs, est constamment pourvue d'eau ; enfin, Mardin, qui reconnaissait pour maître le sultan Isa, de la dynastie d'Ortok, résistèrent à toutes les attaques du conquérant tatar. Il dut se contenter de la promesse d'un tribut annuel de la part de ces villes et des présents qu'elles lui offrirent.

Le chagrin que lui firent éprouver et cette résistance et la mort de son fils Omar-Cheik céda à peine au plaisir que lui causa la naissance d'un petit-fils, le princeOuloug-Beg, devenu plus tard célèbre dans la science astronomique. Néanmoins, Timour reprit bientôt toute son ardeur, et chercha dans de nouvelles conquêtes un dédommagement à l'humiliation qu'il avait subie sous les murs de Mardin. Amid, capitale du Diarbékir, fut prise d'assaut et livrée au pillage. Elle eût même été rasée, si la solidité de ses fortifications, taillées dans le roc, n'eût pas résisté à tous les efforts des Tatars, qui ne purent démolir que les créneaux des murs de la place. Par une bizarre contradiction, Timour donna vingt mille kopecs pour la construction de deux dômes sur les tombeaux du prophète Jonas et de saint Sergius, qu'il visita en pèlerin, distribuant partout sur son passage de riches aumônes aux pauvres de la ville. Ce respect pour la science et la religion, qui contrastait d'une manière si étrange dans Timour avec sa cruauté farouche et la soif de sang qui le dévorait, constitue un des traits principaux du caractère de ce guerrier, véritable type du conquérant asiatique.

A la conquête de la Mésopotamie et du Kurdistan succéda celle de la Géorgie et de l'Arménie. Timour ouvrit la campagne par la prise d'Alandjik. Le prince de cette ville, Kara-Yousouf, de la dynastie du Mouton-Noir, s'enfuit à la nouvelle de l'approche de l'armée tatare. Dans la plaine qui s'étend aux environs d'Akhlath, ancienne résidence de plusieurs princes turcomans, l'empereur reçut le serment de fidélité des begs Adildjouwaz et Taherten, qui vinrent se reconnaître ses vassaux. Ce dernier, qui, vu le voisinage des Ottomans, craignait, non sans raison, de perdre Erzendjan, sa capitale, la reçut de Timour en toute souveraineté. Le diplôme qui le confirmait dans sa possession, et sur lequel l'empereur avait apposé sa main trempée dans l'encre rouge, fut accompagné du don d'une magnifique couronne garnie de perles.

Après cette solennité, Timour célébra, sur les montagnes de Mingœl ou Bingœl (les mille lacs), la naissance du prince Ibrahim, second fils de Schahrokh, et ses victoires dans la Géorgie. Le souverain, le front ceint d'un turban impérial et la massue en main, assistait sur son trône à cette fête splendide. Autour de lui étaient rangées les beautés de son harem, à droite les chanteurs, à gauche les musiciens. Neuf tschaouschs à cheval présidaient aux plaisirs de cette journée. Les échansons présentaient aux convives, dans des vases de cristal et dans des coupes d'or, le vin rouge de Schiraz et la liqueur dorée du Liban. Ces réjouissances furent immédiatement suivies d'autres non moins brillantes données par la nourrice et la première gouvernante du prince nouveau-né ; de telle sorte que, pendant trois semaines, toute pensée de guerre s'effaça au bruit de la danse et au fracas de joyeux banquets.

Cependant Timour n'oubliait pas qu'il avait laissé la conquête de la Géorgie inachevée, et son armée se remit en marche. A peine la campagne était-elle rouverte qu'il apprit qu'une armée tatare, commandée par Tokatmisch, avait pénétré, par le défilé du Caucase appelé la *Porte de fer*, dans le Schirwan, et parcourait cette province le fer et la flamme à la main. « Il vaut mieux, dit Timour aux ouzbeks qui lui apportèrent cette nouvelle, il vaut mieux que le gibier vienne de lui-même se jeter dans nos filets, que d'être obligés d'aller le chercher : un vieux faisan ne craint pas le faucon, et, lorsque la sauterelle est devenue assez grande pour que ses ailes soient couleur de sang, elle rend coup pour coup au moineau qui veut la dévorer. »

Sans s'émouvoir des dispositions menaçantes du prince de Kiptschak, Timour établit ses quartiers d'hiver dans la plaine de Mahmoudabad. Il chargea cependant Schemseddin-Almalaghi, le plus habile et le plus éloquent négociateur de toute l'armée, de porter à Tokatmisch une lettre dans laquelle il lui offrait la paix ou la guerre. Tokatmisch, mal conseillé par ses courtisans et par les princes qui l'entouraient, rejeta les propositions pacifiques de Timour, et la guerre, un moment suspendue, recommença aussi acharnée qu'auparavant. Cette fois elle eut pour théâtre les rives occidentales de la mer Caspienne. On se rappelle que la première campagne contre le prince du Kiptschak avait eu lieu dans le pays situé à l'est de cette mer.

Une bataille décisive, qui termina le règne de Tokatmisch, se donna sur les bords du Térek. Avant de lancer ses hordes contre l'ennemi, Timour les passa en revue. Il inspecta minutieusement les armes de tous ses bataillons, pour s'assurer si chaque soldat avait son épée, sa lance, son arc, sa cuirasse, sa massue et ses filets. Cela fait, il se plaça à la tête de vingt-sept escadrons de cavalerie d'élite, et se précipita en personne à la rencontre de l'ennemi, qu'il ébranla et mit en fuite. Il le poursuivit jusqu'aux rives du Volga, que Tokatmisch avait déjà atteint et traversé avec ses aghleus et ses nowrans. Le vainqueur ne s'arrêta qu'au gué de Touraton. Là, il déclara son adversaire déchu du trône du Kiptschak et désigna pour le remplacer l'aghleu Koritschak, fils d'Ourouz-Khan, qui, en sa qualité de vassal, se trouvait parmi ses guerriers. Il lui donna l'investiture de ses nouveaux États en le couvrant d'un manteau et en lui entourant les reins d'une ceinture d'or ; puis il l'envoya en avant sur l'autre rive du Volga, accompagné d'une garde d'ouzbeks. Lui-même passa ce fleuve, puis le Don, puis le Dniéper, et, se dirigeant vers le nord, il ravagea la petite et la grande Russie et pilla Moscou. Le butin qu'il fit dans cette ville était immense et consistait principalement en lingots d'or et d'argent, en fourrures de martre, de zibeline, d'hermine, d'écureuil de Sibérie, de lynx tigré, de renard rouge et bleu et d'ours blanc. Une division de l'armée tatare parcourut la partie méridionale du pays jusqu'à Azof et Kouban. De là elle repassa en Géorgie, afin de réduire les châteaux forts de ce royaume. Astrakan, ville située à l'embouchure du Volga, et Séraï, alors capitale du Kiptschak, assise sur le Volga, dans l'intérieur du pays, furent livrées aux flammes et leurs habitants réduits en esclavage. Madjar, autre cité tatare, sur le Térek, fut saccagée. Pendant que Timour dévastait ainsi la contrée qui s'étend entre le Dniéper et le Volga, ainsi que les pays compris entre les côtes de la mer d'Azof et de la mer Caspienne, son fils, le sultan Mohammed-Mirza, soumettait à ses armes tout le littoral du golfe Persique et le royaume d'Hormouz. Enfin, après cinq ans de guerres et de conquêtes, Timour rentra dans sa capitale, chargé d'un immense butin, et traînant à sa suite une armée d'esclaves. Les impératrices, ses épouses, les princesses et les femmes de ses fils l'attendaient sur les bords de l'Oxus. Suivant un antique usage observé pour fêter la bienvenue des princes, elles firent pleuvoir sur sa tête, à son arrivée, des pièces d'or et des pierres précieuses, et lui offrirent en présent mille chevaux et mille mulets richement harnachés. Le conquérant se rendit d'abord à Kesch, sa ville natale, pour y visiter les tombeaux de son père, Taraghaï, et de son fils, Djihanghir, et ceux de plusieurs hommes renommés par leur piété. A cette occasion, il fit de riches aumônes aux pauvres et distribua une grande partie du butin aux savants et aux lecteurs du Coran.

Aux premiers jours du printemps suivant, il quitta le magnifique palais appelé Akseraï (Palais-Blanc), qui embellissait sa ville natale, et fit son entrée triomphale à Samarcande, où il descendit dans sa maison de plaisance, appelée Baghi-Schoumal (Jardin septentrional). Après s'être reposé de ses longues fatigues, il consacra ses loisirs à des soins non moins importants : il fit élever dans sa capitale un nouveau palais tout de marbre blanc de Tébriz, à demi transparent. Cette splendide demeure, que le souverain avait ornée de peintures à fresque, fut donnée à sa petite-fille Beghisi, fille de Mirandasch. Le palais appelé Baghi-Bihischt (le Jardin du Paradis) avait de même été donné à son épouse Toumanaga. Reportant ensuite toute son attention sur les affaires de l'empire, Timour, dans la crainte qu'après sa mort l'ambition rivale de ses fils ne fit naitre la guerre civile dans ses États, résolut de donner de son vivant à son fils Schahrokh, qui jusqu'alors avait gouverné le Khorassan à son entière satisfaction, la souveraineté de cette province, qui, par sa situation, lui semblait la plus propre à devenir le siége de l'empire. Afin de le mettre en état de déployer dans toutes les circonstances des forces suffisantes, il réunit à cette province celles de Sistan et de Mazendaran, y compris les villes de Firouz-Kouh et de Reï, puis il proclama Schahrokh roi absolu. Il avait déjà donné de la même manière à Miran-Schah le royaume d'Houlakou, c'est-à-dire l'ancienne Médie et l'ancienne Mésopotamie, et à Omar-Cheik le royaume de Perse proprement dit. En distribuant ainsi les royaumes conquis parmi ses fils, dont un régnait à l'est, dans le Khorassan, un autre à l'ouest, dans l'Irak, un troisième au nord, dans l'Aderbaïdjan, et un quatrième au sud, dans le pays de Fars, Timour avait pour but de suivre l'exemple de Djenghiz-Khan, dont la politique avait surtout consisté à partager ses conquêtes entre les membres de sa propre famille, et à y rattacher par des mariages ceux des dynasties étrangères. C'est ce qui explique le rôle important que jouaient les fêtes de noces dans l'histoire de Timour.

A l'époque de sa rentrée à Samarcande, Timour, pour donner une nouvelle sanction à ce principe, célébra le mariage de la princesse Beghisi, sa petite-fille, avec le prince Iskender-Mirza, et le sien avec Toukelkhanûm, fille de Keser-Khopja, aghleu des Mogols, quoiqu'il fût alors âgé de soixante-trois ans, et qu'il eût déjà huit femmes légitimes. Toujours magnifique dans ses largesses, il donna à sa nouvelle épouse le plus beau jardin de Samarcande. Ce jardin, le dernier qu'il eût fait faire dans sa capitale, portait le nom de Dilkûscha (*qui ouvre le cœur*).

La jeune fiancée ne pouvait, malgré la puissance de ses charmes, faire oublier au vieux guerrier son but de domination universelle. Cette passion de conquêtes le possédait entièrement : c'était chez lui une idée tellement puissante, qu'elle ne l'abandonnait jamais, et que, même pendant les préparatifs de ses noces, il disposa tout pour une nouvelle et importante expédition. A peine sorti du lit conjugal, il assembla de nouveau ses armées pour envahir les fertiles contrées de l'Inde. Il est à remarquer que tous les grands conquérants de l'Asie se sont proposé pour but de leurs efforts la conquête de ces riches provinces. Ninias, Sésostris, Darius et Alexandre l'essayèrent, mais vainement : ils ne purent en soumettre qu'une partie ; Djenghiz-Khan n'atteignit que ses frontières ; Mahmoud, fils de Sebekteghin, imposa seul sa loi à cette vaste contrée. La division qui, à la mort de Firouz-Schah, dernier souverain de la péninsule comprise entre l'Indus et le Gange, éclata parmi les prétendants au trône, et les guerres civiles qui désolèrent l'Inde, furent le prétexte de cette nouvelle usurpation, et engagèrent Timour à tenter la conquête d'un royaume qui depuis longtemps était l'objet de son ambition. D'après les ambassades que les princes mogols et tatars, ceux du Kiptschak, des Djètes, des Kalmouks, de la Perse, de l'Arabie et même de Cachemire envoyèrent dans cette circonstance à Timour pour le féliciter de son entreprise, on peut juger de la puissance que le conquérant avait alors et de la terreur qu'inspirait son nom.

Dans les premiers jours du neuvième siècle de l'hégire, il arriva sur les bords de l'Indus, à l'endroit même où Djélaleddin-Mankberni, schah du Khowaresm, poursuivi par Djenghiz-Khan, avait passé le fleuve à la nage, et où le conquérant mogol, s'arrêtant dans sa marche dévastatrice, retourna sur ses pas. Là, Timour congédia les ambassadeurs, les chargeant de dire à leurs maîtres qu'ils avaient été témoins du passage de l'Indus par son armée, passage que Djenghiz-Khan n'avait pas tenté. A l'exemple d'Alexandre, il traversa les cinq bras du Penjab, et l'Hyphasis, sur les rives duquel le roi de Macédoine avait érigé des autels pour marquer les limites de ses conquêtes. Timour dépassa ces limites et se dirigea sur Dehli, résidence du sultan Mahmoud. On n'avait pas encore livré de bataille générale, et déjà l'armée traînait à sa suite plus de cent mille esclaves indiens, la plupart Guèbres ou adorateurs du feu. Les généraux ayant fait observer que cette foule immense de prisonniers pourrait compromettre le succès du combat décisif qu'on était sur le point de livrer, Timour donna l'ordre barbare d'un massacre général. Pour ajouter à la cruauté de cette résolution, il voulut que chefs et soldats tuassent leurs esclaves de leurs propres mains. Ceux qui n'obéiraient pas devaient être punis de mort et leurs biens livrés, ainsi que leurs harems, à ceux qui les dénonceraient. En moins d'une heure plus de cent mille prisonniers périrent sous le glaive des soldats mogols. Le savant Nassireddin-Oumour, homme doux et bienveillant, qui répugnait même à verser le sang d'un animal, fut forcé, pour ne pas encourir le terrible châtiment promis à la désobéissance, d'égorger quinze de ses esclaves indiens. Les astrologues et les devins qui accompagnaient le sanguinaire conquérant dans toutes ses expéditions, osèrent pour la première fois, dans cette circonstance, déclarer que les astres ne leur paraissaient pas favorables. Timour déjoua leur supercherie en leur répondant par cette sentence qui dit que ni joie, ni peine, ni bonheur, ni malheur ne dépendent des étoiles, mais de la volonté de Dieu, créateur des astres et des hommes. Il ajouta que les reflets des astres lui importaient peu, et qu'il n'hésiterait jamais à exécuter ses projets, surtout lorsqu'il n'avait rien négligé de ce qui pouvait en assurer le succès.

Cependant, tout en faisant peu de cas des prédictions des astrologues, il ouvrit le Coran pour y lire l'horoscope du jour. Le passage sur lequel il tomba lui promit victoire et conquête. La parole du Prophète s'accomplit en effet. L'armée indienne fut complétement défaite, et l'empereur entra triomphant à Dehli. La ville fut livrée au pillage, et la population, quoiqu'elle n'opposât aucune résistance au vainqueur, fut impítoyablement massacrée. A l'aspect de leur capitale ainsi saccagée, les Guèbres qui avaient échappé au premier carnage, animés par le courage du désespoir, jetèrent de leurs propres mains, dans leurs maisons, les brandons de leurs autels renversés, et attendirent la mort au milieu de leurs demeures embrasées. La ville de Myrthé eut un sort non moins déplorable. Tous les habitants furent écorchés vifs, leurs femmes et leurs enfants réduits en esclavage, et la place, une des plus fortes de tout le royaume, et dont le grand souverain de l'Inde, Tourmehschirin, n'avait jamais pu s'emparer, fut réduite en cendres. Le butin fait à Dehli par les hordes de

Timour était immense. Il se composait principalement d'or, d'argent, de bijoux de toute espèce, de diadèmes magnifiques, de ceintures enrichies de diamants de Golconde, de rubis de Bedakhschan et de saphirs de Ceylan. Un nombre considérable d'éléphants et de chameaux tomba aussi au pouvoir des vainqueurs. Quant aux esclaves, chaque soldat en avait au moins cent cinquante, et chaque maraudeur plus de vingt. Dix rangs d'éléphants accompagnèrent les lettres de triomphe que Timour envoya aux souverains de Perse, de Médie, d'Arménie et à plusieurs autres princes de l'Asie Mineure. Plusieurs milliers d'artistes et d'ouvriers, parmi lesquels un grand nombre de tailleurs de pierre et de maçons, furent distribués aux princes et aux émirs mogols, afin qu'ils les employassent à la construction d'une grande mosquée qu'ils avaient fait vœu d'élever à Samarcande, en mémoire de l'heureuse issue de cette mémorable expédition. Une quantité prodigieuse de sculptures et d'idoles indiennes fut transportée dans la capitale de l'empire mogol pour y être employée à la construction de ce monument. Timour suivait en cela l'exemple des conquérants qui l'avaient précédé. Avant lui, Cambyse avait envoyé des architectes égyptiens en Perse pour y élever le magnifique temple et le palais plus somptueux encore de Persépolis ; et Mahmoud, le conquérant de l'Inde, avait fait étendre sur le seuil de la mosquée de Ghasna l'idole de la pagode de Soumenat, afin que les fidèles, en entrant dans le saint temple, foulassent aux pieds les faux dieux.

Timour poursuivit les malheureux Indiens jusqu'aux sources du Gange. Arrivé près du défilé de Kulmaul, formé par d'énormes masses de rochers, il sacrifia à son féroce fanatisme les adorateurs du fleuve sacré, dont les eaux se changèrent, par ordre du conquérant, en flots de sang. Une grande chasse aux lions, aux léopards, aux rhinocéros, aux cerfs bleus, aux paons sauvages et aux perroquets, termina cette fois la guerre si heureusement conduite par Timour, par une dérogation à l'usage qui voulait que ces sortes de chasses fussent le prélude des expéditions guerrières. Timour, parvenu aux frontières de la belle vallée de Cachemire, retourna à Samarcande, où, pour transmettre à la postérité le souvenir de cette campagne sanglante contre les idolâtres, il commença la construction de la superbe mosquée dont nous avons parlé, construction qui fut confiée à des artistes indiens et persans.

Une seule année avait suffi à l'empereur tatar pour conquérir l'Inde (801-1399). Dans la même année, la mort de Khasi-Bourhaneddin, prince de Siwas (Sebaste), et du sultan d'Égypte Berkouk, fournit à l'insatiable ambition de Timour une occasion de tenter de nouvelles conquêtes. Cette fois, ses regards se tournèrent vers les contrées qui s'étendent, à l'ouest de l'Asie, depuis le Pont jusqu'à la frontière de Syrie. Il se mit en marche, suivi, comme d'ordinaire, de hordes innombrables. La guerre qu'il commençait devait durer sept ans, comme ses deux campagnes précédentes en Perse. Outre les motifs d'ambition qui animaient le farouche conquérant, les désordres qui pendant son absence avaient éclaté dans les divers gouvernements de ses fils, et la division qui régnait entre les rois et les gouverneurs de l'Aderbaïdjan, et du pays de Fars, rendaient nécessaire sa présence dans la partie occidentale de son empire. Dans l'Aderbaïdjan, ces désordres avaient pour cause les débauches de Miran-Schah, dont les excès en tous genres, ou, suivant quelques historiens, une chute de cheval, avaient dérangé les facultés intellectuelles. Entouré de musiciens et d'ivrognes, Miran-Schah menaçait à chaque instant de la mort ses vizirs et son épouse Khanzadé. Ses folles entreprises contre Bagdad, où le prince

Ahmed-Djelaïr, que Timour en avait expulsé, était parvenu à retourner, avaient plus d'une fois compromis la dignité et même l'existence de la satrapie. Dans le pays de Fars, Pir-Mohammed avait attenté aux jours de son frère Roustém et de plusieurs autres grands du royaume par le poison. Tant d'excès et de crimes méritaient un sévère châtiment. Néanmoins, Timour, qui joignait à un caractère naturellement cruel une indulgence toute paternelle pour ses enfants, accusait plutôt ceux qui faisaient la société habituelle de ses fils que ces derniers eux-mêmes. C'étaient ces perfides conseillers qui, suivant lui, avaient entraîné les princes dans la débauche. Aussi toute sa colère tomba-t-elle sur eux. Il envoya quelques-uns de ses émirs, munis de pleins pouvoirs, rétablir l'ordre dans les pays théâtre de ces déportements. Les favoris de Miran-Schah, les musiciens surtout, furent jetés en prison. Parmi les personnages atteints par la justice des vizirs se trouvait le poëte Mohammed-Kouhistani, l'un des esprits les plus brillants et les plus distingués de l'époque. Quant aux empoisonneurs qui avaient poussé au crime le prince de Schiraz, et dont le plus grand nombre étaient des Persans de la tribu Tadjik, ils eurent la tête tranchée.

Timour, après avoir confié le gouvernement de Samarcande à son petit-fils Mohammed-Sultan, et celui d'Andrekan à un autre de ses petits-fils, le prince Iskender, se dirigea sur Hérat en passant par Kesch, Kermed et Balkh. Dans toutes ces villes il visita les tombeaux des grands cheiks, et distribua de riches aumônes pour disposer le ciel en sa faveur. Sa protection lui paraissait acquise, car il reçut en chemin la nouvelle de la mort de quelques princes ennemis, et de troubles sérieux dans plusieurs États voisins. Timour-Kotlough-Aghleu, le prince tatar que Timour avait placé sur le trône de Tokatmisch, s'était révolté contre l'autorité de son bienfaiteur; l'idolâtre

Toungouz-Khan, empereur de Chine, Thizr-Khodja-Aghleu, prince mogol des Djètes, étaient morts presque en même temps que Khazi-Bourhaneddin, de Siwas, et Berkouk, sultan d'Égypte, et ces événements avaient donné lieu, dans les États de ces princes, à des désordres qui ne pouvaient manquer de favoriser les projets de Timour. Ce qui surtout invitait l'empereur tatar à envahir ces royaumes, c'était la faiblesse des successeurs des souverains défunts, faiblesse que les dissensions intestines ne faisaient qu'augmenter. Un des petits-fils de Timour, Iskender-Mirza, enfant de quinze ans, à qui son grand-père avait confié le gouvernement d'Andrekan, se hâta de mettre à profit l'agitation qui avait succédé dans le royaume des Djètes à la mort de Thizr-Khodja. Il conduisit son armée à Khoten, capitale du Turkestan : de cette ville il se dirigea sur Kaschghar, où il passa l'hiver. Là, il donna quelque repos à son armée et instruisit Timour de sa brillante conquête en lui envoyant, comme trophée de ses victoires, neuf des plus jolies filles mogoles. Neuf autres jeunes filles furent également envoyées par Iskender-Mirza à son cousin, le gouverneur de Samarcande ; mais celui-ci, jaloux de la gloire que le jeune prince avait acquise sans lui, refusa le présent et le lui renvoya.

Tandis que le petit-fils de l'empereur portait ses armes victorieuses dans le Turkestan, Timour hivernait sur la côte occidentale de la mer Caspienne, dans la belle et vaste plaine de Karabagh. Toutefois, il employait les instants de repos que lui laissait cette halte forcée, à méditer sur le plan qu'il suivrait au retour de la belle saison. Melek-Gourghin, prince de Géorgie, impatient de secouer le joug étranger, venait de se révolter contre l'autorité de Timour. L'empereur, avant de se décider à entrer en campagne, réunit les chefs de son armée en kouroultaï (assemblée générale); il fut résolu qu'on marcherait d'abord contre le rebelle. Dès les premières démonstrations belliqueuses, le prince de Schiwan, Cheik-Ibrahim et Sidi-Ahmed, de Scheki, vinrent, en fidèles vassaux, baiser la terre devant le conquérant. Timour les congédia en leur faisant remettre des vêtements d'honneur. Taherten, prince d'Erzendjan, qui offrit au conquérant de riches présents, et s'humilia devant lui, à l'exemple des princes de Schirwan et de Scheki, fut, en récompense de sa soumission, solennellement confirmé dans sa principauté. Timour, pour lui donner un témoignage de sa considération et de son amitié, lui offrit de sa propre main l'étendard à queue de cheval et deux timbales, insigne de sa dignité de prince vassal de l'empire. Melek-Gourghin, au contraire, se croyant inattaquable dans les cavernes de ses montagnes, résista à toutes les menaces de Timour, et refusa obstinément de lui livrer le fils d'Ahmed-Djelaïr, souverain de Bagdad, qui s'était réfugié chez lui. Pour le chasser de ses retraites inexpugnables, Timour usa du moyen dont il avait déjà fait usage lorsqu'il franchit les hautes montagnes de l'Inde. Dans cette première circonstance, il avait imaginé de placer ses soldats dans d'immenses corbeilles qui, suspendues à des cordes de cent cinquante aunes de long, les descendaient au moyen de poulies, de hauteur en hauteur, jusqu'au pied des montagnes les plus escarpées. Timour lui-même avait fait cinq fois ce voyage périlleux, avant de parvenir dans la vallée de Cachemire. Mais l'emploi de ces corbeilles et de ces échafaudages aériens était encore plus dangereux en Géorgie. Pour attaquer les ennemis retranchés dans leurs cavernes, les soldats étaient descendus du haut des rochers à pic jusqu'à l'entrée de ces retraites inaccessibles. Tant qu'ils flottaient dans les airs, ils faisaient pleuvoir sur les troupes du prince de Géorgie une grêle de traits, et, quand ils voyaient les rangs de ces derniers suffisamment éclaircis, ils s'élançaient de leurs corbeilles au milieu des ennemis consternés. Lorsqu'ils ne pouvaient aborder ces antres profonds, ils y jetaient du feu, et tout ce qui s'y trouvait, hommes, vivres, armes, devenait la proie des flammes.

Chassés de leurs cavernes, les Géorgiens se crurent encore moins en sûreté dans leurs forteresses; quinze d'entre elles, ainsi que Tiflis, capitale du pays, tombèrent au pouvoir de Timour. En revenant des montagnes du Caucase, le vainqueur s'empara encore de sept autres forteresses dont les murs furent rasés et les habitants passés par les armes.

Tandis que Timour ravageait le nord de l'Asie, la trahison faillit lui ouvrir les portes de Bagdad. L'Ilkhan Ahmed-Djelaïr, après avoir été expulsé de cette ville lors du premier passage de l'empereur, avait cherché un asile auprès du sultan d'Égypte Berkouk. Pendant l'expédition de Timour dans l'Inde, ce prince retourna dans sa résidence. Ayant pris pour la seconde fois possession du trône, Djelaïr avait donné l'hospitalité non-seulement à Kara-Yousouf, prince turcoman de la dynastie du Mouton-Noir, que Timour venait de chasser de sa principauté de Diarbékir, mais aussi au gouverneur de Kouhistan, Scherwan, qui s'était révolté contre l'autorité de l'empereur, son maître. Scherwan, soit que sa rébellion ne fût en réalité qu'un moyen détourné de parvenir à son but, soit qu'il voulût reconquérir la faveur de son souverain en lui rendant un service signalé, soit enfin qu'il eût l'espoir secret de fonder une principauté indépendante, séduisit les émirs de l'Ilkhan, en leur distribuant des sommes énormes, et les décida à livrer Bagdad aux troupes de Timour. Malheureusement la liste des conjurés, en tête de laquelle se trouvait le nom de la vieille nourrice de Djelaïr, Wefa-Khatoun, tomba, par l'imprudence du secrétaire de Scherwan, entre les mains du prince. Les têtes de deux mille officiers coupables ou suspects et celle de Scherwan furent aussitôt livrées aux bourreaux ; et quant à Wefa-Khatoun, elle périt étouffée entre des coussins. Djelaïr tua de sa propre main un grand nombre de femmes de son harem et de fonctionnaires de sa cour, dont les corps furent précipités dans le Tigre. Lorsque sa rage fut assouvie, il quitta secrètement son palais, accompagné seulement de six fidèles serviteurs, et se rendit dans les États de Kara-Yousouf, voisins de Bagdad. Il revint cependant suivi des troupes du prince de Diarbékir, auquel il avait promis le pillage de sa propre capitale. Mais lorsque Timour, qui revenait de son expédition de Géorgie, marcha sur Siwas, pour venger la mort de Bourhaneddin, non sur le véritable meurtrier, mais sur les habitants de cette ville, Ahmed-Djelaïr et Kara-Yousouf s'enfuirent en Syrie, pour passer de là en Égypte. Arrivés à Haleb, où Timourtasch, gouverneur du sultan Berkouk, les empêcha, les armes à la main, de continuer leur route, ils se rendirent tous deux auprès de Bayézid-Ildérim. L'hospitalité que le sultan ottoman accorda aux princes fugitifs et la conquête faite par les Turcs de la principauté d'Erzendjan, que Timour avait tout récemment donnée à Taherten, furent les motifs de la lutte sanglante de Bayésid contre le redoutable empereur.

La prise de Siwas et d'Erzendjan, dont nous avons parlé en même temps que de celle de Tokat et de Sinope, nous amène à dire quelques mots des souverains de la première de ces villes, les deux Bourhaneddin (le père et le fils).

Ahmed-Bourhaneddin (*preuve de la foi*) avait été nommé juge par le prince de Caïsarieh. Après la mort de ce dernier, Bourhaneddin et les émirs du prince se partagèrent ses possessions ; l'émir Hadji-Gheldi s'empara de la ville de Tokat ; le cheik Medjik du gouvernement d'Amassia, et Bourhaneddin s'érigea en souverain à Siwas. Ahmed-

Bourhaneddin et son fils Eboul-Abbas, alors en guerre avec Bayézid, à cause de la protection qu'ils avaient accordée aux fils des prince de Kermian et de Menteschê, chassés de leurs États par le sultan ottoman, avaient un autre ennemi, moins puissant, il est vrai, mais tout aussi dangereux, dans Kara-Youlouk (*la sangsue noire*), Turcoman de la tribu du Mouton-Blanc, plus tard fondateur de la dynastie de ce nom. Quoique les liens de parenté l'attachassent à Kara-Yousouf, souverain de la dynastie du Mouton-Noir, d'autres liens plus puissants, ceux de l'intérêt, unirent Kara-Youlouk à Timour. Lorsque ce conquérant envahit pour la première fois l'Asie Mineure, le prince de la dynastie du Mouton-Blanc lui avait servi de guide. Les mêmes considérations d'intérêt personnel le déterminèrent à combattre, à la suite des Mogols, les troupes de son parent Kara-Yousouf, celles du sultan d'Égypte, et à porter la guerre dans les États d'Eboul-Abbas-Bourhaneddin, qu'il fit prisonnier et qu'il livra ensuite à la mort. A la nouvelle de la fin tragique de leur prince, les habitants de Siwas se soumirent à la domination de Bayézid, qui leur envoya pour gouverneur son fils Souleïman, accompagné de cinq émirs de son armée. Ce fut immédiatement après que le sultan s'empara de la ville voisine d'Erzendjan, d'où il chassa Taherten.

Revenons à Timour, que nous avons laissé en Géorgie. Après la difficile et glorieuse expédition contre Melek-Gourghin, le conquérant passa l'été dans la plaine de Karabagh, pour donner quelque repos à ses troupes exténuées de fatigue, et pour se préparer à de nouvelles conquêtes à l'ouest et au midi de l'Asie Mineure. Pendant son séjour dans cette plaine, les princes dépossédés par Bayézid s'échappèrent de leur prison pour venir implorer la protection de Timour et se reconnaître ses vassaux. L'un d'eux, le prince de Kermian, était parvenu à s'enfuir d'Ipsala et à se rendre auprès de l'empereur en conduisant des singes à travers toutes les provinces de l'empire ; un autre, le seigneur de Menteschê, avait gagné le camp mogol à la faveur d'une longue et épaisse chevelure qui le rendait méconnaissable ; un troisième, le prince d'Aïdin, avait atteint les frontières de l'empire ottoman en faisant sur sa route le métier de danseur de corde. Tous ces princes vinrent solliciter l'appui de Timour contre Bayézid.

Taherten surtout, auquel le sultan avait enlevé son harem et ses trésors, se plaignait amèrement de ce mépris manifeste des lois de l'islamisme. Timour, cédant aux instances des nobles fugitifs, envoya à Bayézid une ambassade chargée de lui remettre une lettre pleine de menaces. Bayézid, furieux, voulut d'abord livrer au supplice le porteur de cette lettre ; mais le grand cheik Bokhari et le célèbre légiste Fenari l'en dissuadèrent en lui rappelant le principe de l'inviolabilité des ambassadeurs. Timour abandonna son camp et entra le premier jour de l'an 803 de l'hégire (22 août 1400) sur le territoire ottoman, en se dirigeant sur Siwas.

Siwas (l'ancienne Sebaste), entièrement reconstruite par le souverain seldjoukide Alaeddin le Grand, était non-seulement une des plus fortes villes de l'Asie, mais encore une des plus peuplées ; car elle comptait à l'époque de l'invasion de Timour plus de cent mille habitants. Elle était entourée d'un mur élevé et de larges fossés ; le nombre et l'intrépidité de ses défenseurs étaient en harmonie avec la solidité de ses fortifications : tout concourait, en un mot, à en faire une ville pour ainsi dire imprenable. Tous ces avantages ne purent néanmoins la préserver de la catastrophe dont la menaçait la colère de l'empereur tatar. Comme un fossé profond et rempli d'eau la défendait de trois côtés, l'armée ne put l'attaquer que du côté ouest, en minant les fortifications et en élevant des digues ; huit mille mineurs pénétrèrent sous les fondations des remparts, en ayant la précaution de soutenir les murs au moyen d'énormes poutres, et de prévenir les éboulements à l'aide de fortes planches. Lorsque les cavités étaient suffisamment grandes, les mineurs en se retirant mettaient le feu aux planches et aux poutres, et d'immenses portions de murailles s'écroulaient avec fracas. Ainsi disparurent peu à peu les tours et les remparts de la place. Après dix-huit jours de siége, les habitants, voyant que toute résistance était désormais inutile, implorèrent la générosité du vainqueur, qui ne consentit qu'à épargner les musulmans. Les chrétiens, et particulièrement les cavaliers arméniens, qui, au nombre de quatre mille, avaient opposé à l'armée assiégeante la plus héroïque résistance, devaient, aux termes de la capitulation, être réduits en esclavage. Mais, au mépris de la foi jurée, le barbare les distribua à ses soldats avec ordre de les enterrer vivants. Alors eurent lieu des scènes de carnage et de supplice telles que l'histoire n'en rapporte pas de semblables. Jamais Djenghiz-Khan, jamais Timour lui-même n'avaient porté si loin la férocité ; bien des villes avaient été détruites et leurs habitants massacrés, mais dans aucune d'elles la colère du vainqueur ne s'était signalée par des actes d'une barbarie aussi raffinée. Les chrétiens furent jetés dix à dix dans de larges fosses, la tête fixée au moyen de cordes entre les cuisses, puis on recouvrit les fosses d'un plancher qu'on surchargea de terre, afin que les malheureux suppliciés trouvassent au fond de ces horribles tombes une mort lente et certaine. Là ne se borna pas la vengeance du sanguinaire conquérant : il fit exécuter les plus vaillants habitants de la ville, disant que si on les laissait vivre, la contagion du courage gagnerait leurs concitoyens. Il fit également mettre à mort tous les lépreux, afin, prétendait-il, qu'ils ne pussent pas communiquer leur maladie au reste de la population ;

enfin les femmes, les enfants et les vieillards même ne furent pas épargnés. Ertoghrul, fils de Bayézid, fut du nombre des victimes qui payèrent de leur vie leur courageuse résistance. Timour lui fit trancher la tête, après l'avoir ignominieusement traîné à sa suite pendant plusieurs jours.

La chute de Siwas retarda celle de Byzance, car le sultan dut, à la réception de cette fatale nouvelle, abandonner le siége de cette ville, commencé depuis si longtemps. Cette circonstance donna quelques instants de liberté et de repos à Paléologue, qui avait sans doute déjà fait le sacrifice de sa capitale et de sa couronne. Le sultan passa en Asie, doublement affecté de la perte de la plus forte place de son empire et de la mort du plus vaillant de ses fils. L'horrible vengeance de Timour était sans cesse présente à sa pensée, et sa tristesse s'exhalait souvent en paroles touchantes. Chalcondyle dit qu'un jour, pendant sa marche en Asie, ayant entendu un berger chanter tranquillement et en s'accompagnant de son chalumeau, Bayézid s'écria : « Chante-moi cette chanson : *Tu ne dois pas laisser prendre Siwas, ni laisser périr ton fils!* »

Avant que Bayézid eût atteint les frontières orientales de son empire, Timour avait déjà envahi toute la partie méridionale de l'Asie Mineure, semant partout la désolation et la terreur. Aux griefs que le conquérant tatar avait contre le souverain ottoman, venaient s'en joindre d'autres non moins graves contre le sultan d'Égypte Ferroudj. Son père, Berkouk, que Timour avait sommé de reconnaître sa souveraineté, avait pour toute réponse fait décapiter le savant cheik Sawé, l'un des ambassadeurs tatars. Ferroudj luimême retenait depuis longtemps dans les fers Oltamisch-Koutschin, gouverneur d'Awenik, et l'un des meilleurs généraux de Timour. Ce vaillant guerrier, fait prisonnier par Kara-Yousouf, prince turcoman de la dynastie du

Mouton-Noir, dans un combat livré sous les murs d'Awenik, avait été envoyé par le vainqueur au sultan d'Égypte, qui avait accepté le présent. Timour ayant fait demander à Ferroudj satisfaction du meurtre de son premier ambassadeur, et réclamer par une seconde ambassade la mise en liberté de son général, ses envoyés avaient été, à leur arrivée à Haleb, dernière place frontière du sultan d'Égypte en Syrie, chargés de fers et jetés en prison. Irrité de cette nouvelle violation du droit des gens, Timour se dirigea aussitôt sur Haleb. Chemin faisant, il prit d'assaut Malatia, ainsi que Bohesna, qui, bien que défendue par un fort inexpugnable situé sur un rocher escarpé, se rendit après une faible résistance. Il attaqua également Kalâter-Roum ; mais, voyant qu'il ne parviendrait à se rendre maître de cette place qu'après un long et pénible siége, il continua sa marche. Par compensation, Aïntab lui ouvrit volontairement ses portes.

Arrivé devant les murs de Haleb, Timour se trouva en présence de l'armée égyptienne, composée de toutes les troupes disséminées dans les villes de la Syrie. Le moment était décisif, l'empereur résolut de livrer bataille. Pour diriger lui-même ses hordes, il se plaça au centre, derrière un rempart d'éléphants richement harnachés, du haut desquels les arbalétriers et les artificiers lançaient des flèches enflammées et du feu grégeois. Au commencement du combat, ces animaux restèrent immobiles ; mais lorsque la mêlée devint générale, ils se précipitèrent avec fureur contre les ennemis ; ils les saisissaient avec leurs trompes, les lançaient en l'air et les foulaient aux pieds lorsqu'ils étaient retombés à terre. Les Égyptiens, consternés, prirent la fuite, et comme tous couraient à la fois et dans un désordre extrême vers les portes de la ville, les Tatars en firent un affreux carnage. Arrivés près des murs, les fuyards se jetèrent l'un sur l'autre dans les fossés, qu'ils remplirent jusqu'aux bords, de telle sorte qu'un seul coup de lance donné au hasard suffisait pour transpercer plusieurs corps. Les vainqueurs pénétrèrent aisément dans la ville au moyen de cette espèce de pont que la frayeur de l'ennemi leur avait préparé. La place fut livrée au pillage, et tous les habitants, sans distinction d'âge ni de sexe, furent passés par les armes. Le fort qui domine la ville ne se rendit qu'après que tout espoir de salut fut perdu. Timour en prit possession et y resta deux jours pour admirer du haut des remparts le magnifique paysage qui, de ce point élevé, se déployait à la vue. Il envoya de là le fils du gouverneur de la place, son captif, au sultan d'Égypte, pour lui proposer d'échanger Otlamisch contre les généraux Timourtasch et Schadim, Grecs de naissance, faits prisonniers dans la bataille.

Pendant le court séjour de l'empereur dans la citadelle de Haleb, il employa ses loisirs à des occupations dignes de son caractère féroce. Il fit assembler en sa présence les légistes de la ville, et s'amusa à leur adresser des questions captieuses, afin de pouvoir trouver dans leurs réponses des motifs de satisfaire sa soif de sang. « Il faut, leur dit-il, que vous résolviez des questions auxquelles mes légistes de Samarcande, de Boukhara et de Hérat n'ont pas su répondre. » Le grand juge de Habel abandonna cet honneur dangereux à Ibn-Scholmé, l'historien de la ville, disant que c'était au mufti le plus savant et au professeur le plus habile de Haleb de résoudre les questions de l'empereur. Celui-ci, se tournant vers le mufti, lui dit alors : « Quels sont les martyrs qui ont succombé dans la bataille ? » Ibn-Scholmé se tira d'embarras en répétant les paroles du Prophète, qui, à la même question que lui avait faite un Arabe, avait répondu : « Ce sont ceux qui ont combattu pour la parole de Dieu. » Cette adroite réponse disposa favorablement Timour, qui dit : « Je ne suis que la moitié d'un homme, et cependant, j'ai soumis la Perse, l'Irak et l'Inde. — Remercies-en Dieu et ne tue personne, répliqua le mufti. — Dieu m'est témoin, reprit Timour, que je ne fais mourir personne avec préméditation. Mais vous-mêmes, vous assassinez vos âmes. Je le jure, continua-t-il, je ne tue personne ; et quant à vous, je vous garantis votre vie et vos biens. » Cette déclaration rassura les cheiks et les professeurs qui, s'enhardissant par degrés, parlèrent librement comme du haut de leurs chaires, jusqu'à ce que le grand juge leur imposât silence, en leur disant : « Laissez parler le mufti, lui seul sait ce qu'il dit. » Timour demanda en second lieu aux légistes assemblés ce qu'ils pensaient de Moawia qui avait dépouillé Ali du califat, et de Yézid qui avait fait périr Husseïn fils d'Ali. Un juge de la doctrine des Sunnites répondit : « Ils firent la guerre sainte pour la vraie foi. » Timour, furieux, répliqua : « Moawia était un tyran et Yézid un criminel, et vous, habitants de Haleb, vous êtes aussi coupables que ceux de Damas qui ont assassiné Husseïn. » Ibn-Schohné s'empressa d'excuser son collègue, en disant qu'il n'avait fait que répéter ce qu'il avait lu. Satisfait de cette explication dictée par la crainte, le conquérant donna des éloges au juge, dont il vanta la loyauté et la droiture, et au mufti, dont il appréciait, disait-il, l'éloquence et les talents ; puis il leur demanda leur âge ; et le moment de la prière du soir étant venu, il pria avec les légistes, tantôt s'asseyant, tantôt se mettant à genoux, tantôt se prosternant avec eux.

Le jour suivant, chassé de la forteresse par les cris lamentables des malheureux prisonniers qu'on y avait entassés et qu'on torturait de mille manières, Timour se rendit au palais du gouverneur de la ville. Tandis que, suivant l'usage mogol, il célébrait sa victoire par un splendide festin, et que les salles du palais retentissaient des éclats de la joie d'une soldatesque gorgée de vin, le sang coulait à flots dans les rues. C'étaient de nouveaux corps de l'armée tatare qui saccageaient la ville. Maisons, écoles et mosquées, tout fut ravagé, et le pillage dura quinze jours.

La veille de son départ, Timour manda une seconde fois le grand juge ainsi que le mufti pour les questionner encore sur Moawia et Yézid. L'historiographe répondit suivant la manière de voir du conquérant : « que, sans aucun doute, le droit avait été du côté d'Ali, et que Moawia n'était pas le calife légitime, le Prophète ayant dit : « Le « califat ne durera que trente ans après ma mort. » Mais, ajouta le mufti, d'après l'opinion d'un des plus célèbres légistes, les souverains illégitimes peuvent valablement conférer à qui leur plait les fonctions de juge. » Cette reconnaissance de ses actes gouvernementaux plut beaucoup au tyran usurpateur, à tel point qu'avant de partir, il recommanda spécialement le cadi et le mufti aux huit émirs qu'il chargea du gouvernement de Haleb. Enfin il quitta la ville pour se diriger sur Damas ; mais à peine était-il sorti de Haleb, qu'il y envoya, ainsi qu'il avait coutume de le faire pour toutes les villes emportées les armes à la main, l'ordre de faire tomber un certain nombre de têtes, en souvenir de sa conquête. Pour la troisième fois le mufti et le juge furent sommés de comparaitre devant Timour. Son molla leur apprit qu'on exigeait d'eux un fetva dans lequel l'exécution du gouverneur de Damas, qui avait mis à mort le premier ambassadeur de Timour, serait déclarée légale. Ibn-Schohné eut le courage de répondre : « Comment se fait-il qu'on tranche la tête à tant de musulmans sans demander préalablement un fetva, et au mépris du serment qu'on a fait de ne tuer personne, si ce n'est ceux qui auraient commis quelque faute ? » Le molla communiqua cette réponse à Timour qui prenait son repas à quelques pas de là. Loin d'entrer en fureur, le tyran fit présenter au juge et au mufti des mets de sa table ; puis il les fit congédier par un de ses émirs, qui leur déclara de sa part qu'il n'avait pas ordonné qu'on tuât les musulmans, mais bien des assassins, afin de ne point déroger à l'usage d'élever avec les têtes des vaincus un monument en son honneur; que ses ordres avaient été mal compris, et que, du reste, quant à eux, ils pouvaient se retirer en toute sécurité partout où ils voudraient.

Après la conquête de Haleb, Hama, Homs et d'autres places fortes de la Syrie tombèrent au pouvoir des Tatars. Timour se dirigea ensuite sur Balbek (Héliopolis). Cette ville alors très-peuplée, aujourd'hui en ruines, fournit à l'armée mogole d'amples approvisionnements. A une journée de marche de Balbek, dans les magnifiques temples de laquelle Timour ne vit que l'œuvre des démons, se trouve le tombeau de Noé, que le conquérant visita; puis il se dirigea sur Damas, où le sultan d'Égypte s'était rendu en personne. A la nouvelle de l'approche de Timour, Ferroudj lui envoya un ambassadeur déguisé en derviche et accompagné de deux jeunes gens. Arrivés au camp tatar, les envoyés ayant paru suspects au secrétaire de l'empereur, furent saisis et fouillés. On trouva dans leurs bottines des poignards empoisonnés. Ils avouèrent alors avoir été chargés par le sultan d'assassiner Timour pendant qu'il leur donnerait audience. L'ambassadeur périt par ces mêmes poignards; les jeunes gens eurent le nez et les oreilles coupées. Timour leur laissa la vie, car il voulait leur remettre pour Ferroudj une lettre dans laquelle il offrait la paix à son adversaire, à la condition qu'il se reconnaitrait son vassal en faisant battre monnaie à son coin et prononcer son nom dans la prière publique. Néanmoins il changea d'avis et envoya à Ferroudj un de ses émirs. Le sultan rejeta avec fierté les propositions de l'empereur; il répondit qu'il consentirait seulement à rendre la liberté à Otlamisch. Timour continua alors sa marche sur Damas, et défit, dans une seconde bataille tout aussi sanglante que celle de Haleb, le reste de l'armée égyptienne, dont les faibles débris s'enfermèrent dans les murs de Damas. Parmi les prisonniers faits par les soldats de Timour, se trouvait le neveu de l'empereur Husseïn-Mirza, qui, quelque temps auparavant, s'était réfugié avec plusieurs conjurés à la cour de Ferroudj. Nous avons dit que Timour, malgré sa férocité naturelle, se montrait d'ordinaire très-indulgent pour les membres de sa famille. Le traître Husseïn, suivant une loi disciplinaire de Djenghiz-Khan, reçut pour toute punition un certain nombre de coups de bâton.

Pendant le siége de Damas, Timour visita les tombeaux des deux épouses du Prophète, Oumm-Selma et Oumm-Habida, ainsi que celui de Belal, muezzin de Mohammed, tous trois situés dans les environs de la ville. Il accueillit avec des témoignages de respect les cheiks et les savants que lui députèrent les habitants de Damas. Il les fit asseoir à sa table et ne cessa, pendant tout le repas, de les engager à manger de la viande bouillie, son mets favori. Parmi eux se trouvait Ibn-Khaledoun, le célèbre historien arabe, qui, comme Montesquieu, expose dans la préface de son ouvrage, avec une haute philosophie et une rare impartialité, les causes de la prospérité et de la décadence des empires. Timour, très-versé lui-même dans l'histoire, aimait à s'entretenir avec l'homme qui avait écrit les annales des royaumes fondés par les Arabes en Espagne et en Afrique. Ibn-Khaledoun n'avait d'abord excité l'attention du conquérant que par sa coiffure singulière, qui annonçait un étranger. Mais bientôt Timour écouta avec bienveillance les compliments flatteurs de l'adroit historien qui, entre autres choses, lui avait dit qu'il n'avait trouvé en Orient, ni en Occident, ni dans l'antiquité, ni dans les temps modernes, un souverain qui méritât ce nom autant que lui.

La bienveillance avec laquelle le conquérant avait accueilli la députation enhardit le gouverneur de Damas à traiter de la reddition de la ville, qui se racheta du pillage par le payement d'un million de ducats. Pour réunir cette somme exorbitante, Timour fit fermer sept des portes de cette riche cité, et placer à la huitième des hommes chargés de recevoir la contribution de chaque habitant à son passage. A l'exemple de la ville, la citadelle se rendit lorsqu'elle vit l'eau de ses fossés s'écouler par les saignées qu'on y avait pratiquées, et les échafaudages placés sous les murs minés près d'être livrés aux flammes. La garnison, composée en grande partie de mamelucks tscherkassiens et de nègres, fut distribuée aux émirs. Quant aux artistes, aux ouvriers et aux savants de la ville, ils furent dirigés sur Samarcande. Parmi les artistes se trouvaient les habiles fabricants de ces armes de Damas, si célèbres par la beauté et la solidité de leur acier. De nouvelles médailles furent frappées au coin de Timour, et quelques pièces furent ajoutées aux lettres de triomphe que des courriers tatars portèrent à tous les souverains de l'Asie. Des dômes magnifiques furent élevés par ordre du conquérant sur les tombeaux des deux saintes épouses du Prophète. Malgré la dureté du marbre blanc qu'on employa à leur construction et la richesse des sculptures dont on les orna, les deux monuments furent terminés dans l'espace de quinze jours, grâce aux soins des princes et des émirs chargés de veiller à la prompte exécution des travaux. A cette occasion, Timour fit éclater un jour, dans son conseil privé, sa colère contre les habitants de Damas qui, dit-il, avaient autrefois maltraité les prophètes et surtout Ali et son fils Husseïn, et avaient non-seulement laissé croître l'herbe sur les sépultures des épouses de Mohammed, mais encore négligé de les couvrir d'une coupole, pour mettre des tombes vénérables à l'abri des injures de l'air. Ce zèle pieux du conquérant pour Ali et Husseïn, ce ressentiment contre les descendants des premiers partisans de Moawia et Yézid, se communiquèrent d'abord aux membres du conseil, puis à l'armée, qui, oubliant la capitulation et le payement du million de ducats, pénétra dans la ville, la livra aux flammes et en massacra la population (9 schâban 803, — 25 mars 1401). Les étages supérieurs des maisons de Damas étant construits en bois, tous les efforts tentés pour arrêter l'incendie furent inutiles. En peu d'instants cette cité n'offrit plus que l'aspect d'un immense brasier. Le cèdre et le cyprès dont toutes les boiseries des appartements étaient faites, le sandarac et le sumac avec lequel ils étaient vernis, exhalaient dans l'air en brûlant un parfum qui se répandait à plusieurs lieues à la ronde. Timour, effrayé lui-même des conséquences du désastre, auquel il n'avait pris aucune part directe, chargea un émir de sauver au moins la grande mosquée des Ommiades, le chef-d'œuvre de l'architecture sarrasine. Mais le dôme de ce monument était recouvert en plomb, et la chaleur du feu ayant fondu le métal, des ruisseaux de lave brûlante coulaient du haut de la coupole. Tout secours était donc impossible, et le magnifique dôme fut consumé. Un seul minaret, celui qu'on désignait sous le nom d'Aarous, et sur lequel, suivant une légende musulmane, Jésus-Christ descendra lorsqu'il viendra juger les morts et les vivants dans la vallée de Josaphat, fut épargné par les flammes, quoique entièrement couvert en bois. Cette particularité fut considérée comme un miracle par les habitants d'alors, et l'est encore par ceux d'aujourd'hui.

Après la destruction de Damas, Timour établit son camp dans la superbe plaine de Ghouta, un des quatre paradis de l'Asie. Les trois autres paradis sont : la plaine de Samarcande, la vallée de Bewran, en Perse, et celle qui s'étend sur les rives de l'Euphrate, jusqu'auprès de la ville d'Obolla, non loin de laquelle le fleuve se jette dans le golfe Persique. Aucun de ces lieux enchantés n'a été exempt des ravages des hordes tatares; car Timour, lors de sa seconde expédition contre la Perse, avait, en partant de Samarcande, pénétré dans cet empire par la vallée de Bewran, et, à l'époque où nous sommes parvenu, il envoya de la vallée de Damas une division de son armée vers l'embouchure de l'Euphrate, avec ordre de passer par les ruines de Tadmor (Palmyre), où s'était réfugiée la race turcomane de Soutkadrs. Quant à lui, il prit le chemin de Hama, qu'il n'avait pas pillée lors de son premier passage, mais qui, cette fois, fut saccagée par ses troupes. De Hama, il se porta devant Mardin. Pendant qu'il assiégeait cette place, les princes Hossnkeïf et d'Erzen vinrent baiser la terre devant lui et se reconnaître ses vassaux. Ils reçurent des mains de l'empereur, en récompense de leur soumission, un cafetan, un cimeterre et une épée à poignée d'or. Isa-Tacher, prince de la famille d'Ortok, régnait à Mardin. Déjà, dans la campagne précédente, il avait dû son salut à la position inexpugnable de la ville et à la solidité de ses murs. Timour, qui tenait à honneur de se rendre maître d'une place contre laquelle ses premiers efforts avaient échoué, adressa au prince cette sommation indirecte et laconique : « Salut ! Nos relations restent ce qu'elles ont été ; mais je ne puis résister au désir de te voir chez toi. » Isa-Tacher répondit par ces paroles non moins laconiques et significatives : « Salut ! Nos relations resteront ce qu'elles ont été ; mais c'est avec terreur que je me rappelle le passé. » Il eut en effet la satisfaction de voir défiler au pied de ses rochers l'armée tatare qui se dirigeait sur Bagdad. Le siége de Bagdad fut un des plus pénibles que l'armée tatare eût entrepris, non-seulement parce que le gouverneur, Ferroudj, fidèle serviteur d'Ahmed-Djelaïr, se défendit avec une extrême opiniâtreté, mais encore à cause de la chaleur de l'été qui, dans les sables de l'Arabie, est toujours insupportable. Pendant un des jours les plus brûlants, au moment où les soldats de la garnison, hors d'état de soutenir les rayons ardents du soleil, venaient de quitter les remparts, en y laissant leurs casques au bout de leurs lances, et s'étaient réfugiés dans les caves et dans les casemates pour goûter un moment de repos, Timour ordonna un assaut général, et, en peu d'instants, l'émir cheik Noureddin planta son étendard orné d'une queue de cheval et surmonté d'un croissant sur les murs de la ville. Le gouverneur et sa fille, qui s'étaient enfuis sur le Tigre, furent rejoints; mais ils se précipitèrent dans le fleuve et se noyèrent. Leurs cadavres, ayant été retrouvés, furent jetés sur le rivage.

A l'exemple du khan mogol Holakou, qui avait anéanti le califat de Bagdad et ravagé cette superbe cité, Timour la livra aux horreurs du pillage et de la destruction, et la *ville du salut* ne fut bientôt plus qu'un monceau de ruines. Les mosquées, les écoles, les couvents et leurs habitants furent seuls épargnés. A l'exception des imans, des juges et des professeurs, tous les habitants, depuis l'âge de huit ans jusqu'à celui de quatre-vingts, furent impitoyablement massacrés. Chaque soldat de l'armée tatare, qui comptait quatre-vingt-dix mille hommes, dut fournir une tête pour sauver la sienne. Comme d'ordinaire, ces restes sanglants servirent à élever des pyramides devant les tours de la ville.

Timour ne tarda pas à quitter Bagdad; mais, avant de partir, il alla faire ses dévotions devant le mausolée du grand iman Abou-Hanifé, le premier des quatre imans sunites de l'Église islamite orthodoxe. Avec lui prièrent aussi ses épouses, qui, pendant leur voyage à la suite du conquérant, ne laissaient échapper aucune occasion de visiter les tombeaux des hommes les plus vénérés pour leur piété, et de s'attirer par là la considération et le respect des musulmans. Ainsi l'impératrice Toumanaga, que Timour fit alors venir de Samarcande auprès de lui, visita, chemin faisant, à Boukra, la sépulture du cheik Bakherzi, et, à Touz, celle du huitième iman, Ali-Riza. L'impératrice, sa fille Beghsiaga et sa cousine Sadekin rencontrèrent Timour à Aoudjan, où elles lui firent présent de vêtements brodés d'or, et répandirent sur sa tête de l'or et des diamants.

L'armée tatare, après avoir quitté Aoudjan, s'arrêta à Nakhdjiwan pour laisser à Timour le temps de visiter la forteresse voisine d'Alandjik, place de guerre dont la garnison s'était révoltée pendant l'expédition de Syrie, et qui venait d'être soumise pour la seconde fois. Pendant son séjour dans cette ville, l'empereur reçut le serment de fidélité du prince géorgien Melekgourghin. Immédiatement après il alla, en passant par Ghendjé et Berdâ, établir de nouveau ses quartiers d'hiver dans la plaine de Karabagh. Là, ses fils, ses petits-fils, ses nowians et ses émirs vinrent lui rendre hommage. Parmi la foule des princes et des généraux qui se pressaient pour baiser la terre devant lui, il accueillit avec des marques de considération particulière son petit-fils Mohammed-Mirza; il lui posa une couronne d'or sur la tête et lui fit présent de neuf rangs de chevaux; chaque rang était composé de neuf coursiers de même couleur et couverts de selles dorées. La présence des impératrices et des autres femmes du harem de Timour contribua à rendre plus brillante la fête qu'il avait improvisée.

A en croire Cherefeddin, auteur persan qui a écrit l'histoire de Timour, ce fut dans son camp de Karabagh que le conquérant reçut les premiers ambassadeurs de Bayézid, porteurs de propositions de paix et de soumission. Le même auteur affirme que l'empereur adressa, en réponse au sultan, une lettre autographe dans laquelle il le sommait de faire exécuter ou jeter en prison, ou tout au moins d'exiler le Turcoman Kara-Yousouf. Les historiens ottomans ne font aucune mention de ce fait; ils parlent seulement de la demande insultante que contenait la lettre de créance de Timour, remise au sultan par l'envoyé tatar Tschempaï Eltschikedé. D'après Cherefeddin, Timour, avant de congédier les ambassadeurs de Bayézid, leur donna, dans la plaine qui s'étend au delà de l'Araxe, le spectacle d'une grande chasse. Pour cerner les animaux de manière à ce qu'ils ne pussent s'échapper, l'armée fut disposée en cercle, et cette circonférence immense avait dans toutes ses parties six hommes de profondeur. La chasse terminée, Timour fit don aux envoyés de ceintures et de bonnets brodés d'or, puis il les congédia en leur déclarant que dès les premiers jours du printemps il paraîtrait sur les frontières de l'Asie Mineure, et que là il attendrait la réponse du sultan, qui, suivant sa teneur, amènerait la guerre ou la paix.

Timour employa le reste de l'hiver à réparer un ancien canal de l'Araxe, qu'il fit recreuser par ses soldats, et auquel il donna le nom de Berlas, en l'honneur d'un des princes les plus distingués de sa tribu.

Cependant le printemps était arrivé, et l'empereur n'avait pas encore quitté ses quartiers d'hiver; ont eût dit qu'il lui coûtait de se décider à une guerre ouverte avec les Turcs, dont la renommée militaire était arrivée jusqu'à lui. Il s'entretenait souvent avec ses émirs de l'opportunité et des chances d'une pareille guerre; mais deux événements qui eurent lieu à cette époque lui firent penser que le ciel ne lui avait pas encore retiré sa faveur, et l'affermirent dans sa première résolution. D'abord un nouvel héritier, Mirza-Ischóki, naquit à son fils Schahrokh. L'armée en reçut la nouvelle avec joie, et des fêtes brillantes vinrent égayer la cour, attristée par de longs mois d'hiver passés dans l'inaction. En second lieu, une comète d'une dimension extraordinaire, et dont les rayons semblaient avoir quatre aunes de long, apparut dans le firmament, se dirigeant de l'ouest à l'est. Pendant plus de trois mois ce météore éclaira la nuit toute la terre. Tous les peuples du continent asiatique et européen, depuis le Gange jusqu'au Rhin et au Tage, en furent effrayés. Les Grecs le nommaient *lampadios*, et le considéraient comme un présage de sanglantes batailles en Orient. Les astrologues et les compagnons d'armes de Timour l'acceptèrent comme un signe certain de leurs victoires dans l'Ouest.

Timour abandonna immédiatement son camp et se dirigea sur Awenik, où il attendit pendant deux mois le retour des ambassadeurs turcs. Perdant enfin l'espoir de les voir arriver, il se porta devant le fort de Koumakh, dont il avait formellement exigé la restitution dans sa lettre à Bayézid. Après un siége de dix jours, une troupe de soldats de Mekran, exercés à monter sur les rochers les plus escarpés, s'empara de la place. Sans perdre de temps, Timour traversa la plaine d'Erzendjan, où il confirma de nouveau Taherten dans sa souveraineté, puis il se dirigea vers l'Asie Mineure, en passant par Siwas. A son arrivée dans cette ville, il revit enfin l'ambassade turque, que conduisait l'envoyé tatar Eltschikedé. La lettre que Bayézid écrivait à Timour était, contre l'attente de celui-ci, une provocation formelle à la guerre. Le souverain ottoman sommait le conquérant tatar de comparaître devant lui, en lui déclarant que son refus serait puni du triple divorce de son harem; il ajoutait que si l'armée tatare pénétrait dans ses États sans le trouver prêt à punir cette agression, il se condamnerait lui-même à se séparer de son harem. Ce qui ajoutait à l'insulte de cette sommation impérieuse, c'était le mépris de toutes les formes diplomatiques qu'on remarquait dans la lettre du sultan. Ces formes, Timour les avait scrupuleusement observées dans sa missive à Bayézid ; il avait traité avec lui d'égal à égal, et avait eu soin de placer dans le titre de sa lettre le nom de son adversaire sur la même ligne que le sien ; seulement, ce dernier précédait le nom de Bayézid. Dans la lettre du sultan, au contraire, le nom de Timour figurait en lettres noires au-dessous de celui du sultan, écrit en lettres d'or. A la vue de cette première violation des usages diplomatiques, Timour, furieux, s'écria : « Le fils de Mourad est fou ! » Mais lorsqu'il eut pris connaissance du passage de la lettre dans lequel Bayézid le menaçait de le priver de son harem, sa colère ne connut plus de bornes. Chez les musulmans, en effet, parler du harem d'un homme, c'est lui faire une injure personnelle. Il refusa les présents de Bayézid, présents qui consistaient en chevaux et en oiseaux de chasse, au nombre de dix, autre insulte à l'empereur, car le sultan n'ignorait pas que le nombre *neuf* était le nombre sacré des Tatars. S'adressant ensuite à l'ambassadeur, Timour lui dit qu'il lui ferait trancher la tête, à lui et à sa suite, si la personne des représentants d'une nation n'était pas inviolable. Il ajouta que Bayézid, ayant manqué à sa parole, avait lui-même prononcé son arrêt, et qu'en conséquence il devait s'attendre à voir ravager les provinces ottomanes par ses invincibles légions.

Timour, résolu à marcher à la rencontre du sultan dans ses propres États, passa aussitôt une revue générale de ses troupes, revue à laquelle assistèrent les ambassadeurs ottomans. Dans cette circonstance, comme dans toutes celles de même nature, les chefs des régiments, en défilant devant l'empereur, descendirent de cheval, se mirent à genoux, en tenant leurs coursiers par la bride, et adressèrent au conquérant les compliments d'usage. Timour leur répondit par des éloges sur la bonne tenue de leurs soldats. Lorsque vint le tour de Mohammed-Sultan, récemment arrivé de Samarcande, l'empereur prodigua au prince ses félicitations pour l'idée qu'il avait eue d'habiller ses régiments de vêtements de même couleur. C'est là la première trace des uniformes en Asie : quelques escadrons de cavalerie avaient l'étendard et les drapeaux de couleur rouge ; les housses et les selles des chevaux, la cuirasse, la ceinture, le carquois, la lance, le bouclier, la massue, en un mot, toutes les armes des cavaliers de ces escadrons étaient également rouges ; le jaune était affecté à certains corps, le blanc à certains autres ; deux régiments portaient la cotte de mailles et la cuirasse. Nous ferons remarquer en passant que ce sont là les plus anciens régiments de cuirassiers dont les fastes militaires fassent mention. La revue dura depuis la pointe du jour jusqu'à midi. A ce moment, la musique ayant donné le signal de la prière, Timour descendit de cheval, fier d'avoir déployé devant les envoyés de son nouvel ennemi l'appareil de ses forces, et de leur avoir appris qu'il pouvait braver les menaces de leur maître. Cependant, de peur que le spectacle de cette armée formidable n'eût pas fait sur l'esprit des ambassadeurs toute l'impression qu'il en attendait, il les fit reconduire à cheval hors du camp à travers les rangs de ses soldats; puis il les congédia en s'adressant à eux en ces termes : « Dites à Bayézid que, malgré tous les griefs que j'ai contre lui, je consentirai à lui pardonner s'il veut rendre la liberté aux sujets du prince Taherten qu'il retient prisonniers, et m'envoyer un de ses fils, que je traiterai comme le mien. A ces conditions, l'empire de l'Asie Mineure lui restera sans contestations, et les habitants de ces contrées n'auront rien à redouter de ma colère. »

A peine les ambassadeurs turcs avaient-ils quitté le camp mogol, que Timour envoya des agents secrets à l'armée de

Bayézid, avec mission de détacher du sultan les soldats tatars qui servaient sous ses drapeaux ; ce qui devait être facile en les faisant rougir de courber leur front sous la domination des turcomans ottomans, dont le premier chef n'avait été qu'un affranchi des princes seldjoukides, et surtout en leur rappelant qu'ils allaient combattre contre des compatriotes et des frères.

L'esprit de mécontentement qui régnait déjà dans l'armée ottomane, et qui prenait sa source dans l'extrême sévérité de Bayézid et l'irrégularité avec laquelle les troupes recevaient leur solde, favorisa merveilleusement l'œuvre de séduction des espions tatars. Effrayés des dispositions des soldats, le vizir Ali-Pacha et son fils Ibrahim s'efforcèrent, dans un *divan à pied*, d'ouvrir les yeux à Bayézid sur les effets de sa parcimonie et sur les conséquences probables de sa témérité ; ils lui firent observer que les ennemis étant supérieurs en nombre, il faudrait leur faire une guerre d'escarmouches dans les montagnes, les défilés et les bois, guerre qu'on ne pourrait pas terminer par une bataille générale et décisive livrée en rase campagne. Ils le conjurèrent, s'il persistait dans son dessein, d'ouvrir au moins les trésors à ses soldats mécontents, seul moyen de ranimer leur courage et de les maintenir dans l'obéissance. Ce fut en vain ; Bayézid s'obstina à vouloir marcher à la rencontre des Tatars et à garder ses trésors. Un de ses généraux dit à ce propos que l'argent du sultan était sans doute déjà frappé au coin de Timour, puisqu'il n'osait pas le distribuer à ses troupes. Les soldats mêmes, poussés pas leurs officiers, firent au sultan des représentations dans le même sens. N'ayant pas voix délibérative dans le conseil, ils employèrent le langage symbolique, à la faveur duquel la vérité peut d'ordinaire, en Orient, arriver impunément jusqu'au trône. Une nuit, Bayézid demanda du miel pur ; on ne put en trouver, parce que les abeilles et les bourdons salissent le miel pendant la nuit. Profitant de cette circonstance, les sipahis envoyèrent au sultan une assiette de miel souillé, accompagné de ces lignes significatives : « Le miel ne peut se manger pendant la nuit, parce qu'il est sali par les abeilles et les bourdons ; il en est de même de l'argent gardé dans les coffres. Quand vient l'heure du malheur, il n'est plus temps d'en profiter. » Tous ces efforts, toutes ces ruses échouèrent devant l'obstination et l'aveuglement de Bayézid. Sourd à toutes les représentations, il se mit en marche avec une armée de cent vingt mille hommes pour aller en combattre une sept fois plus nombreuse.

Lorsque Timour apprit à Siwas que les troupes ottomanes étaient arrivées à Tokat, ville à laquelle la route de Siwas conduit à travers d'épaisses forêts, il mit ses hordes en mouvement et les dirigea vers le sud. Une marche de six jours le conduisit à Caïsarieh ; trois jours après, il atteignit Kirschehr, ville située sur les bords de l'Indjesou ; enfin le douzième jour après son départ de Siwas, il fit halte sous les murs d'Angora. A peine y avait-il établi son camp qu'il somma Yacoub, commandant de la garnison, de lui livrer la place ; mais celui-ci lui répondit en complétant ses préparatifs de défense. L'empereur, pour attirer Bayézid sur le terrain qu'il venait de choisir, commença aussitôt le siége de la place. Il fit d'abord détourner le cours de la petite rivière de Tschibukabad, qui fournit l'eau à la ville, en même temps qu'il faisait miner les murs. Mais à peine ces travaux étaient-ils entamés qu'il apprit que Bayézid n'était plus qu'à trois lieues d'Angora. A cette nouvelle, il se hâta de lever le siége et transporta son camp sur le bord opposé du Tschibukabad. Là, protégé d'un côté par la rivière, de l'autre par un fossé et une forte palissade, il put attendre l'ennemi en toute sécurité.

Bayézid, aveuglé par ses succès antérieurs, ne crut pas

nécessaire de prendre les mêmes précautions. Loin de là, pour prouver le peu de cas qu'il faisait de son adversaire, il alla camper au nord de la position de Timour, et il ordonna une chasse générale sur les plateaux élevés des environs. Malheureusement le pays que parcouraient les chasseurs manquait absolument d'eau ; aussi pendant une marche de quelques heures seulement, faite sous un soleil ardent, cinq mille hommes moururent-ils de soif et de fatigue. Lorsque, après une expédition de trois jours, Bayézid voulut rentrer dans son premier camp, il le trouva occupé par les Tatars ; pour comble de désappointement, la source qui se trouvait dans le voisinage, et qui aurait pu fournir de l'eau à l'armée ottomane, se trouva troublée et presque tarie par l'ennemi. Le combat était donc devenu une nécessité ; le sultan avait d'ailleurs trop d'orgueil et trop de confiance en ses forces pour l'ajourner. Ce fut dans la plaine de Tschibukabad, située au nord-est d'Angora, sur le terrain même où Pompée avait autrefois battu, au pied du mont Stella, l'armée de Mithridate, que les troupes ottomanes et tatares se rangèrent en bataille. Les deux armées, commandées, l'une par le sultan, l'autre par l'empereur en personne, toutes deux par les fils et petits-fils des deux souverains, et par les plus vaillants généraux de l'Europe de et l'Asie, présentaient ensemble une masse de près d'un million d'hommes.

Des sept fils qui restaient à Timour, deux étaient encore mineurs. L'aîné, Djihanghir, était mort depuis longtemps ; les quatre autres et cinq de ses petits-fils commandaient les neuf corps d'armée des Tatars. Du côté des Ottomans, les cinq fils de Bayézid étaient à la tête de cinq divisions de l'armée, et avaient sous leurs ordres les plus intrépides généraux de l'époque. Le prince Miran-Schah, l'aîné des fils vivants de Timour, commandait l'aile droite ; le prince Aboubekr, son fils, combattait sous lui ; l'aile gauche était confiée aux princes Schahrokh et Khadil, et sous eux commandait Schah-Husseïn, un des petits-fils de l'empereur, et le même qui, tandis qu'il était réfugié chez le sultan d'Égypte, avait été fait prisonnier à la bataille de Damas, et puni de sa trahison par la fustigation. Mirza-Mohammed-Sultan occupait, au centre, la place d'honneur qui eût été réservée à son père Djihanghir. A sa droite et à sa gauche, et sur une ligne un peu avancée, étaient placés quarante généraux à la tête de leurs régiments ; devant le prince, flottait l'étendard à queue de cheval, teint en rouge et surmonté d'un croissant en or. Omar-Cheik, oncle de Mohammed-Sultan, et ses fils Mirza-Pir-Mohammed et Iskender cambattaient sous ses ordres. Timour commandait la réserve, composée de quarante régiments.

Dans l'armée ottomane, le fils aîné du sultan, Souleïman-Schah, gouverneur d'Aïdin, de Saroukhan et de Karasi, conduisait les troupes asiatiques qui formaient l'aile droite; l'aile gauche était occupée par les troupes auxiliaires des Serviens, qui obéissaient à Lazar, fils de Wlak et beau-frère de Bayézid. Le sultan se tenait au centre avec ses fils Isa, Mousa et Mustafa, les généraux les plus expérimentés et dix mille janissaires et azabs. Un autre de ses fils, Mohammed, commandait la réserve.

A l'aile gauche des Ottomans, formée par les Serviens, étaient opposées du côté de l'ennemi les troupes composées des vassaux gardiens des frontières de l'empire tatar. On remarquait parmi leurs chefs Ibrahim-Schah, gouverneur de Schirwan ; Taherten, prince d'Erzendjan ; Kara-Osman-Bayender, prince du Diarbékir, tous trois à la tête de leurs corps de Turcomans. Trente-deux éléphants, que Timour avait amenés de l'Inde, étaient placés sur le front de ses bataillons.

A six heures du matin, les deux armées s'ébranlèrent : celle de l'empereur au son des trompettes et au cri de guerre de « *Surun !* » celle de Bayézid au bruit des tambours turcs et au cri de « *Allah !* » Timour, sur l'invitation d'un derviche, descendit de cheval, fit sa prière, puis donna le signal de l'attaque. Mirza-Aboubekr, qui commandait l'avant-garde de l'aile droite sous les ordres de son père Miran-Schah, se précipita avec fureur sur les derrières des Ottomans ; mais les Serviens le reçurent vigoureusement et le firent repentir de la hardiesse de cette manœuvre. En ce moment, Mirza-Mohammed-Sultan, commandant en chef du corps d'armée du centre, vint se prosterner aux pieds de l'empereur, pour obtenir l'autorisation de voler au secours de l'aile gauche, qui perdait déjà du terrain et paraissait en danger. Du côté des Ottomans, les troupes européennes combattaient avec un rare courage ; mais pendant que les Serviens faisaient à l'aile gauche des prodiges de valeur, les troupes d'Aïdin, qui formaient l'aile droite, ayant aperçu leur ancien prince dans les rangs ennemis, passèrent du côté des Tatars ; elles furent suivies par les contingents de Saroukhan, de Menteschê, de Kermian et par les soldats tatars que les agents secrets de Timour avaient séduits. Les Serviens étaient déjà séparés du corps d'armée commandé par Bayézid, lorsque leur vaillant chef, Étienne, à la tête de ses cavaliers lourdement armés, se fraya un chemin à travers l'ennemi et parvint, non sans avoir laissé dans le trajet un grand nombre des siens sur le champ de bataille, à atteindre le sultan, auquel il conseilla de fuir. En voyant le courage héroïque des Serviens, Timour s'écria : « Ces derviches (pauvres) se sont battus comme des lions. » Bayézid, opiniâtre jusqu'au bout, repoussa avec indignation le conseil d'Étienne et résista en héros à la tête de ses dix mille janissaires, avec lesquels il avait occupé le penchant d'une colline. Étienne, jugeant que la bataille était perdue et qu'il était impossible de sauver le sultan, couvrit la retraite de son fils aîné Souleïman, que le grand vizir Ali-Pacha, l'aga des janissaires Hasan et le soubaschi Aïnebeg avaient arraché de la mêlée. Ils s'enfuirent avec lui vers l'ouest pour gagner la mer, tandis que les émirs d'Amassia, plaçant au milieu d'eux le prince Mohammed, se dirigèrent au galop de leurs chevaux vers les montagnes situées à l'est. Abandonné par ses auxiliaires et par ses propres troupes, Bayézid repoussa pendant toute la journée, avec ses dix mille janissaires, les attaques de l'ennemi. Mais la fortune trahit son courage. Accablés par la chaleur et épuisés par une soif ardente, les janissaires tombèrent presque tous, les uns d'inanition et de fatigue, les autres sous le glaive des Tatars. Ce ne fut qu'à l'approche de la nuit que Bayézid, sur les instances de Minnet-Beg, se décida à fuir. Mais son cheval fit une chute, et Mahmoud, khan titulaire de Djaghataï et l'un des descendants de Djenghiz-Khan, le fit prisonnier (19 silhidjé 804 — 20 juillet 1402). Mousa, fils de Bayézid, les émirs Minnet-Beg, Mustafa-Beg, Ali-Beg, chef des eunuques, et Firouz-Beg, chef du harem, le beglerbeg Timourtasch et son fils Yakhschi-Beg tombèrent en même temps que le sultan au pouvoir de Timour. Les princes Souleïman, Mohammed et Isa étaient seuls parvenus à s'échapper; le premier s'était enfui, comme nous l'avons dit, vers la mer; le second à Amassia, et Isa vers le sud, dans la Caramanie; quant au cinquième fils de Bayézid, Mustafa, il disparut dans la bataille, sans qu'on pût ni acquérir la certitude de sa mort, ni savoir s'il avait pris la fuite.

Suivant l'historien byzantin Ducas, Timour, au moment où Bayézid prisonnier lui fut présenté, jouait aux échecs avec son fils Schahrokh et venait d'échanger son roi (schah) contre la tour (rokh) lorsque le sultan parut sur le seuil de la tente impériale. Cette circonstance fit donner au fils de Timour le surnom de Schahrokh, qui lui est resté. Ce surnom rappelait en effet que le schah des Ottomans avait échangé le trône contre un cachot dans une tour.

Les historiens persans, turcs et grecs disent que Timour accueillit le sultan prisonnier avec tous les égards dus au malheur. Le voyant accablé de fatigue et couvert de poussière, il le fit asseoir auprès de lui, lui parla avec bienveillance et lui assigna pour demeure trois tentes magnifiques. En outre, il lui assura par serment qu'il n'avait rien à craindre pour sa vie. Bayézid ayant demandé qu'on voulût bien s'informer de ses fils, et qu'on les lui donnât pour compagnons de captivité, l'empereur envoya aussitôt des commissaires dans toutes les directions; mais on ne trouva que le prince Mousa, qui fut amené, revêtu d'un habit d'honneur, en présence de Timour. Hasan-Berlaz, un des premiers émirs tatars et parent de l'empereur, et Tschempaï, qui, on se le rappelle, avait été précédemment envoyé à la cour du sultan en qualité d'ambassadeur, furent nommés chefs de la garde d'honneur de Bayézid. Nous parlerons plus loin des circonstances qui nécessitèrent un traitement plus sévère à l'égard de cet infortuné souverain, et de ce qui a donné lieu au conte de la cage de fer.

En général, il faut juger de l'importance d'une bataille d'après le nombre des combattants, les talents et la renommée des généraux, l'opiniâtreté et la durée de la lutte, le lieu qui en a été le théâtre, les progrès qu'elle a signalés dans l'art militaire, et, par-dessus tout, d'après les conséquences qu'elle a eues relativement à la destinée des princes qui y ont figuré et des empires dont on s'y est disputé la possession. Sous tous ces rapports, la bataille d'Angora est sans contredit une des plus importantes dont l'histoire fasse mention. En effet, des hordes innombrables, composées non-seulement de Tatars et de Persans, mais encore de chrétiens, tels que les Serviens, et d'apostats de toutes nations, tels que les dix mille janissaires, s'entre-choquèrent dans cette sanglante journée et se disputèrent la victoire depuis l'aube du jour jusqu'à son déclin. Ces hordes avaient pour chefs deux souverains également célèbres par les succès de leurs armes et par leur puissance, et sous leurs ordres commandaient, d'abord leurs fils et leurs petits-fils, tous gouverneurs d'une multitude de provinces depuis les frontières de la Chine jusqu'au Bosphore, puis une foule de généraux issus de sang impérial. Quant aux progrès que cette lutte gigantesque donna lieu de constater, il ne faut pas oublier de dire qu'on y vit paraître les premiers uniformes et les premiers régiments de cuirassiers. Sous le rapport de ses résultats et de ses conséquences, elle n'est pas moins mémorable ; car, si elle arrêta le char triomphal de Bayézid et si elle faillit par là amener la ruine de l'empire ottoman, elle marqua aussi le terme des conquêtes de Timour, qui, trois ans après, étant en marche pour conquérir la Chine, mourut, sans avoir accompli, dans cet intervalle de temps, aucune entreprise importante. Et si ce n'était pas assez pour éterniser le souvenir de la journée d'Angora, les événements historiques que rappelle le terrain sur lequel se livra la bataille suffiraient pour cela. Elle se donna en effet dans les montagnes situées au nord et dans le voisinage de la plaine d'Angora, plaine vaste et fertile que les ancêtres de Bayézid avaient reçue des souverains seldjoukides, pour faire paître leurs troupeaux, et où, dans l'antiquité, Pompée avait porté le dernier coup à la puissance de Mithridate.

Parmi les batailles sans nombre qui ont signalé les fastes de l'islamisme, celle qui donna à Timour l'empire ottoman d'Asie doit occuper la première place. Elle ne peut être comparée, pour la valeur qu'y déployèrent les armées rivales, qu'à la bataille d'Honaïne, où le Prophète résista si intrépidement aux forces supérieures des infidèles, et à celle où, dans la plaine de Korbela, son petit-fils, Husseïn, et ses braves compagnons d'armes tombèrent, exténués de soif et de fatigue, entre les mains de leurs ennemis.

La bienveillance avec laquelle Timour traita son prisonnier enhardit celui-ci à tenter de s'évader. Mohammed, l'un de ses fils, qui avait échappé par la fuite au désastre d'Angora, résolut de délivrer Bayézid, sur lequel on n'exerçait pas une surveillance rigoureuse. Des mineurs turcs s'introduisirent pendant la nuit dans le camp tatar, et commencèrent d'une tente voisine à creuser un chemin souterrain dans la direction de celle de Bayézid. Ils étaient déjà parvenus au milieu de cette dernière, lorsque la compagnie qui, dès les premiers rayons du jour, venait relever la garde du sultan, découvrit le travail des mineurs, et ce qui confirma les soupçons que fit naitre cette découverte, c'est qu'on trouva Bayézid et Firouz-Beg, le chef des eunuques, éveillés et debout. Les mineurs eurent le temps de prendre la fuite. Timour, violemment irrité de la tentative du sultan, l'accabla de reproches, et fit décapiter Khodja-Firouz, pour avoir favorisé l'entreprise. Dès ce moment, une garde plus nombreuse veilla sur le prisonnier, qui fut enchaîné pendant la nuit. Cette extrême sévérité et une fausse interprétation du mot turc *kafes*, qui signifie *cage* et aussi *chambre* ou *litière grillée*, ont donné lieu au conte de la cage de fer, que tous les historiens européens ont répété, en s'appuyant sur l'autorité du Byzantin Phranzes et du Syrien Arab-Schah. Comme cette fable a été, pendant plus de trois siècles, le texte de déclamations philosophiques, et comme le célèbre historien de la décadence et de la chute de l'empire byzantin a lui-même jugé à propos de discuter cette question, nous n'hésitons pas à l'examiner à notre tour, mais plus complétement et, s'il se peut, avec plus de vérité que Gibbon, qui n'a consulté sur ce point important ni le témoin oculaire Schildberger, ni les plus anciens chroniqueurs ottomans, tels qu'Aschikpachazadé, Neschri et Seadeddin. Nous aurons recours non-seulement aux historiens européens de l'époque et aux Byzantins, mais encore aux auteurs orientaux qui ont tracé le récit des guerres de Timour et aux écrivains ottomans.

L'écuyer bavarois Schildberger, qui, ayant été fait prisonnier à la bataille de Nicopolis, a raconté dans les plus petits détails le massacre des chrétiens, ne dit rien qui puisse faire soupçonner l'existence de la cage de fer en question. Or, comment supposer que cet historien eût passé sous silence un fait de cette nature, s'il eût été vrai, lui qui, après la journée d'Angora, dans laquelle il fut une seconde fois fait prisonnier, devint l'esclave de Schahrokh, puis de Miran-Schah, lui qui n'a omis dans son récit rien de ce qui peut nous donner une idée exacte de cette mémorable bataille, qui décrit avec un soin si scrupuleux la montagne sur laquelle se retira Bayézid avec les dix mille janissaires, lui, enfin, qui raconte dans toutes ses circonstances, dans tous ses accidents, la captivité du sultan? Et ce qui contribue surtout à rendre son témoignage irrécusable, c'est que les historiens byzantins et musulmans s'accordent parfaitement avec lui sur les détails de la bataille et sur les particularités qui ont précédé et suivi ce grand événement. Boucicault, dans ses mémoires publiés vers ce même temps, dit que Bayézid mourut dans d'horribles souffrances, ce dont on ne peut rien conclure, si ce n'est que la mort dans les fers est toujours cruelle, même lorsque aucune violence ne l'occasionne. Des trois historiens byzantins qui parlent avec détails de la captivité du sultan, Ducas et Chalcondyle, les seuls de tous ces chroniqueurs qui soient dignes de foi, ne font mention que de chaines dont on chargeait l'illustre prisonnier, et encore Ducas ajoute-t-il qu'on ne l'enchainait que la nuit pour lui ôter toute possibilité d'évasion. Phranzes, qui d'ordinaire est très-inexact dans le récit des faits qui ont eu l'Orient pour théâtre, parle seul d'une cage de fer. Les Persans, tant prosateurs que poëtes, qui ont écrit l'histoire de Timour, Cherefeddin de Yesd et le poëte épique Hatefi, auteur du *Timournameh*, se bornent à raconter l'accueil bienveillant que le vainqueur fit à son captif, et ne font pas plus mention d'une cage de fer que Lari et Djenabi, historiens graves et véridiques. Les contemporains Ibn-Hadj, auteur d'une *Biographie des hommes célèbres du huitième siècle de l'Hégire*, et Ibn-Scholmé, le même qui, à Damas, eut avec Timour une entrevue dont nous avons plus haut rendu compte, ne confirment pas davantage l'opinion de Phranzes. Le silence de ces six écrivains dément donc suffisamment l'assertion du Syrien Arab-Schah, qui commence chaque chapitre de son ouvrage par une injure contre Timour, et qui sacrifie toute vérité à la sonorité de sa prose rimée. Enfin, le plus ancien historien ottoman, Aschikpachazadé dit, d'après un témoin oculaire qui servait alors dans la garde d'honneur de Bayézid, et qui, plus tard, devint gouverneur d'Amassia, que le sultan fut porté dans une litière grillée comme une cage, entre deux chevaux. Quant à Neschri, voici en quels termes il raconte le fait : « Timour fit faire une litière dans laquelle on le porta comme dans un *kafes*, entre deux chevaux. » C'est évidemment ce passage mal compris qui a donné lieu à la fable de la cage de fer. *Kafes* signifie, comme nous l'avons déjà dit, non-seulement une *cage*, mais aussi tout cabinet de femme dont les fenêtres sont grillées, et l'on désigne même sous ce nom l'appartement des princes ottomans dans le sérail de Constantinople. *Kafes* s'entend aussi des litières grillées dans lesquelles voyagent les femmes du harem, et ce fut précisément dans une pareille litière que Bayézid fut porté. Des chroniqueurs ottomans, sous tous les rapports peu dignes de confiance, transformèrent plus tard, sur la foi du Syrien Arab-Schah, cette litière grillée en une cage de fer. Mais pas un seul historien turc de quelque poids ne confirme de son témoignage l'assertion de cet auteur. Écoutons au surplus les paroles de Seideddin, l'historiographe de l'empire, et l'un des écrivains les plus estimés. Il dit dans sa *Couronne des histoires* : « Ce que certains faiseurs de contes disent, dans plusieurs histoires turques, de l'emprisonnement de Bayézid dans une cage de fer, est de pure invention. Si le sultan avait réellement subi un pareil traitement, Mowlana-Cherefeddin, le panégyriste de Timour, aurait mis tout son talent à le louer de cette mesure. Comme la vue odieuse des Tatars excitait sans cesse sa colère (de Bayézid), il désira être porté dans une litière. Ceux qui voudront se mettre à sa place comprendront qu'il préféra voyager de cette manière, et qu'il lui était impossible, vu son caractère impétueux, de supporter la vue de ses ennemis. Ceux qui ne savent pas distinguer une litière d'une cage sont du nombre des personnes qui prennent le ciel pour la terre. »

Le conte de la cage de fer est aussi dénué de fondement que celui d'après lequel Timour se serait servi du dos de son prisonnier comme d'un marchepied pour monter à cheval. On en peut dire autant des discussions qui, suivant quelques historiens grecs, arabes, persans et turcs, auraient eu lieu pendant la captivité de Bayézid entre ce souverain et son vainqueur. Néanmoins, comme ces colloques, malgré le peu de confiance qu'ils méritent, peuvent faire apprécier jusqu'à un certain point l'esprit de l'époque en Orient, et donner une idée de la philosophie des princes asiatiques, nous croyons qu'il ne sera pas inutile d'en rapporter quelques-uns. La conversation la plus curieuse et en même temps la plus authentique de Timour avec Bayézid est celle qui eut lieu entre les deux souverains à leur première entrevue sous la tente impériale. Et qu'on remarque bien que nous disons la plus authentique, quoique Cherefeddin, l'historiographe persan de Timour, n'en fasse point mention, et uniquement parce que la plupart des historiens turcs la répètent. L'entretien roulait sur les diverses circonstances de la bataille. Tout à coup Timour s'adressant au sultan lui dit : « Toi et moi, nous devons à Dieu, notre Seigneur, une reconnaissance toute particulière pour les empires qu'il nous a confiés. — Pourquoi ? demanda Bayézid. — Pour les avoir donnés à un boiteux tel que moi, et à un paralytique tel que toi ; et par cela seul qu'il m'a confié à moi, boiteux, la domination de l'Asie depuis l'Inde jusqu'à Siwas, et à toi paralytique, celle des pays qui s'étendent depuis cette dernière ville jusqu'en Hongrie, il est évident qu'aux yeux de Dieu la domination du monde n'est rien ; car, s'il en était autrement, au lieu de la donner à deux hommes estropiés comme nous, il l'aurait accordée à un souverain sain de corps et ayant les membres bien faits. » Puis il ajouta : « C'est parce que tu as été un ingrat envers Dieu, parce que tu n'as pas voulu reconnaître ses bontés, qu'il t'a envoyé ce châtiment par moi, son fléau. Maintenant, mon frère, ne t'inquiète point, l'homme qui se porte bien rentre facilement au sein de la prospérité. » On apporta ensuite un plat de lait caillé. A la vue de ce mets le visage de Bayézid s'assombrit tout à coup. Timour lui ayant demandé le motif de sa tristesse subite, il lui dit qu'Ahmed-Djelaïr, le prince des Ilkans, qu'il avait pris sous sa protection après son expulsion de Bagdad, lui avait prédit qu'il mangerait du lait un jour avec l'empereur tatar. « Ahmed-Djelaïr, dit Timour, est un homme d'une haute sagesse et je lui porte une vive reconnaissance, car s'il n'était pas demeuré auprès de toi, tu ne serais pas ici. » Lorsque, quelque temps après cette première entrevue, le harem de Bayézid fut enlevé à Brousa et que sa tentative d'évasion lui eut valu un traitement plus rigoureux, Timour, s'il faut en croire quelques historiens, pour se moquer de la passion du sultan pour la chasse, lui envoya une troupe de chiens et de hérons. Bayézid irrité lui fit dire : « Assurément, les chiens et les oiseaux de chasse ne te conviennent guère, à toi, Timour, l'usurpateur barbare, mais ils me conviennent à moi, prince élevé pour occuper le trône, à moi, fils de Mourad, et petit-fils d'Ourkhan. » Blessé par ces paroles hautaines, Timour accabla son prisonnier de poignantes railleries et d'humiliations dont en vainqueur généreux il aurait dû s'abstenir. Un jour, dans un festin, il alla jusqu'à violer ouvertement les usages sacrés du harem. Il fit présenter le vin par l'épouse de Bayézid, la princesse servienne, dans le but sans doute de se venger de l'insulte que lui avait faite le sultan en le menaçant de le séparer de son harem. Plus tard, lorsque les fils de Bayézid se furent, pendant la captivité de leur père, partagé les provinces ottomanes d'Asie et d'Europe, Timour demanda un jour à l'infortuné sultan si ses fils le reconnaîtraient encore comme souverain, dans le cas où il lui rendrait la liberté. Bayézid répondit : « Brise mes fers, et je saurai bien les faire rentrer dans l'obéissance. » A ces mots qui prouvaient que l'ambition était toujours vivante au cœur du sultan, Timour lui répondit : « Du courage, khan, je veux seulement te conduire à Samarcande, et de là je te renverrai dans tes États. » Bayézid, qui comprit le véritable sens des paroles de l'empereur, tomba, dès ce moment, dans une profonde mélancolie qui ne contribua pas peu à hâter sa mort. Djenabi dit que, trois jours avant d'expirer, Timour lui avait rendu la liberté. Sentant que sa dernière heure était arrivée, il adressa à son vainqueur trois prières : la première était de ne point exterminer sa famille ; la seconde, de ne plus dévaster le pays de Roum et de ne plus en détruire les nombreuses forteresses, asiles et boulevards de l'islamisme ; la troisième, de ramener dans leur patrie les Tatars qui s'étaient fixés dans l'Asie Mineure. Nous reviendrons sur ce point lorsque, en suivant l'ordre chronologique des événements, nous serons arrivé à la mort de Bayézid que nous avons prématurément mentionnée, car elle n'eut lieu qu'un an après la bataille d'Angora. Reprenons maintenant la série des faits historiques qui se succédèrent à partir de la victoire de Timour au pied du mont Stella.

L'armée ottomane était anéantie. Le mirza Mohammed-Sultan, fils de Djihanghir, à la tête de trente mille cavaliers, poursuivit le prince Souleïman, fils aîné de Bayézid, qui fuyait à toute bride vers Brousa avec le grand vizir, l'aga des Janissaires, les beglerbegs, le soubaschi et d'autres officiers supérieurs. Timour avait à cœur de s'emparer de la personne du prince avant qu'il eût pu enlever les trésors de l'État conservés à Brousa pour les faire passer en Europe. Aussi la rapidité de Mohammed-Sultan fut telle qu'il fit ce long trajet en cinq jours. De trente mille cavaliers qui l'accompagnaient, quatre mille seulement arrivèrent avec lui sous les murs de Brousa. Il s'en fallut de bien peu que Souleïman ne tombât entre les mains de ses ennemis, car il eut à peine le temps de se jeter dans une barque pour se réfugier en Europe.

La prise de Brousa fut marquée par toutes les horreurs qui signalaient d'ordinaire les conquêtes des hordes de Timour. Les écoles et les mosquées furent transformées en écuries. Les femmes et les filles de Bayézid, la fille d'Ahmed-Djelaïr, fiancée de son fils Mustafa, les princes de Caramanie, alors prisonniers dans la première capitale des sultans ottomans, tombèrent au pouvoir des Tatars. Tous les trésors de l'empire, une quantité considérable de vaisselle d'or et d'argent, de riches étoffes et d'objets précieux, que, dans sa fuite précipitée, Souleïman n'avait pu emporter, devinrent aussi la proie des vainqueurs. Après que l'inventaire du trésor public eut été fait par deux secrétaires de Timour, Mohammed-Sultan livra la ville au pillage et aux flammes.

Les protégés de Bayézid, Ahmed-Djelaïr et Kara-Yousouf, de la dynastie du Mouton-Noir, étaient parvenus, quelque temps auparavant, à se sauver, le premier à Bagdad, le second à Caïsarieh; d'autres, moins heureux, le légiste Schemseddin, Fenari et le savant Mohammed-Djezeri, furent saisis dans leur fuite. Ces trois célèbres personnages furent conduits en présence de l'émir Noureddin, premier gouverneur du prince tatar et commandant de Brousa, qui les délivra de leurs fers et les envoya, avec les égards qui leur étaient dus, à Timour, qui se trouvait alors à Kutahia.

Nous avons déjà fait mention du mufti Fenari, ainsi que du cheik Bokhari, qui avait su se faire aimer de la sœur de Bayézid et l'avait épousée. Djezeri est aussi renommé comme commentateur du Coran que le philologue persan Firoux-Abadi. Dans le voyage qu'il fit avant la guerre de Timour contre Bayézid, ce savant homme était venu visiter Brousa, où le sultan ottoman l'avait comblé de bienfaits et s'était inutilement efforcé de le retenir à sa cour. Timour accueillit avec distinction les trois illustres prisonniers, et les engagea à le suivre à Samarcande. Djezeri seul accepta. Nous le verrons plus tard ambassadeur auprès du sultan d'Égypte. Au retour de Timour dans ses États, Djezeri, en sa qualité de grand molla des Tatars, fut, suivant l'histoire orientale, désigné pour lire publiquement les contrats de mariage, lors de la célébration des noces des petits-fils et des petites-filles de l'empereur, qui eurent lieu à Samarcande.

Mohammed-Sultan, après avoir réuni à Brousa les cavaliers qui l'avaient abandonné en route, en envoya dix mille à Nicée, sous le commandement de son cousin le prince

Aboubekr. En même temps il dirigea un second corps de troupes, commandé par Sewindjik, sur Khemlik, avec ordre de longer les côtes et de poursuivre aussi loin que possible le prince Souleïman. Nicée et hemlik, villes qui, depuis les croisades, n'avaient pas subi de semblables dévastations, furent saccagées par les hordes tatares, et leur population fut réduite en esclavage. Souleïman, que les Byzantins et les historiens persans nomment Musulman, s'embarqua pour la Thrace, au moment même où les troupes de Mohammed-Sultan atteignaient le bord de la mer. Les cavaliers de Mirza-Aboubekr ravagèrent tout le pays qui s'étend au nord de Nicée jusqu'à Yenidjé-Tarakdji, et Mirza-Mohammed-Sultan parcourut en conquérant le territoire de Karasi jusqu'à Mikhalidji sur le Rhyndacus, semant au loin la terreur et laissant partout sur son passage des traces de son aveugle barbarie. Ce fut à Karasi qu'il reçut d'Aboubekr-Mirza la nouvelle de la fuite de Souleïman en Europe. Il en instruisit aussitôt Timour par un message. Cent courriers furent chargés d'accompagner l'envoyé du prince, et ce n'était pas trop de ce nombre, car ils furent attaqués, dans un défilé entre Kutahia et Brousa, par une troupe de paysans armés, auxquels ils n'échappèrent qu'avec la plus grande difficulté.

Mohammed-Sultan fut rejoint à Mikhalidji par l'avant-garde sous les ordres d'Aboubekr-Mirza et l'émir Sewindjik qui avait saccagé tous les villages situés sur le bord de la mer. Peu de temps après son retour à Brousa, le prince célébra, dans la plaine de Yényschir, son mariage avec la fille aînée de Bayézid.

Pendant les sanglantes conquêtes de Mohammed-Sultan, fils de Miran-Schah, et d'Aboubekr-Mirza, fils de Djihanghir, dans le pays qui s'étend au nord de Kutahia, Hussein-Mirza, et Émir-Schah, gouverneur du Khowaresm, avaient ravagé, l'un les territoires de Hamid et de Tekieh, dans la partie méridionale de l'Asie Mineure, l'autre les provinces d'Aïdin et de Saroukhan. Husseïn-Mirza s'était emparé des villes d'Akschehr et de arahissar, qu'il avait incendiées et inondées de sang. Quant à Émir-Schah, il avait parcouru, le fer et la flamme à la main, les deux provinces ci-dessus désignées jusqu'à la mer.

Les trésors de l'empire ottoman, le harem de Bayézid et les deux princes de Caramanie furent conduits par l'émir Cheik-Noureddin à Kutahia, où se trouvait alors Timour. Les femmes de l'auguste prisonnier s'avançaient au son de la musique et entourées de danseurs. Timour renvoya au sultan la princesse servienne son épouse. Mais il exigea préalablement que cette princesse, qui, même au milieu du harem de Bayézid, était jusqu'alors restée fidèle à sa religion, abjurât sa croyance et embrassât l'islamisme. Quant aux princes de Caramanie, ils n'eurent qu'à se louer de la générosité du souverain tatar. L'aîné, Mohammed, fut, en signe de considération, revêtu d'un cafetan et ceint d'une riche ceinture. Il fut en même temps investi du gouvernement de toute la Caramanie et des villes de Koniah, Larenda, Akseraï, Antalia, Alaiyé, Akschehr, Siwrihissar et Begbazari, dont les territoires formaient les États que Bayézid avait enlevés au père de Mohammed.

Après un séjour d'un mois à Kutahia, où ses petits-fils, de retour de leurs expéditions, étaient venus lui rendre hommage, Timour fit exécuter plusieurs des plus braves chefs de son armée, avec leurs familles, pour avoir commis divers attentats. Il donna ensuite une grande fête, à laquelle assista Bayézid, et pendant laquelle on vit des esclaves de tous les pays servir le vin aux hôtes du souverain tatar.

Ce fut à cette époque que Timour envoya le célèbre

grammairien Yousouf-Djezeri en Égypte pour sommer le sultan de rendre enfin à la liberté son général Otlamisch. L'empereur demandait en outre dans sa lettre que la monnaie qui se frappait au Caire fût désormais battue à son coin, et la prière publique faite en son nom. Deux autres ambassadeurs partirent pour Constantinople afin de réclamer de l'empereur grec le tribut qu'il devait payer à Bayézid. Enfin deux envoyés tatars se rendirent auprès du fils aîné de Bayézid, Souleïman, qui avait établi sa résidence à Guzeldjehissar, fort élevé par son père sur la rive asiatique du Bosphore. Ils invitèrent le prince à venir lui-même à la cour de l'empereur ou à payer le tribut qu'exigeait ce dernier, disant que, s'il se refusait à l'un et à l'autre, l'armée tatare marcherait contre lui et saurait bien le contraindre à obéir. Quelque temps après, les ambassadeurs envoyés à Constantinople revinrent accompagnés de députés grecs chargés par leur maître, l'empereur de Byzance, d'offrir à Timour hommage et tribut. Le messager du prince Souleïman joignit Timour dans la ville de Boulouk. Ce messager était le cheik Ramazan, qui présenta à l'empereur, de la part du prince, des chevaux et des animaux dressés pour la chasse. Il avait en outre pour mission de déclarer que Souleïman était prêt à comparaître à la Sublime Porte du conquérant, si celui-ci voulait pardonner à son père et le traiter selon son rang. Timour accueillit favorablement le cheik et lui dit, en lui remettant un bonnet brodé d'or et une ceinture d'or : « J'ai oublié le passé ; que ton maître vienne donc sans crainte auprès de moi, afin qu'il n'existe plus entre nous aucun sujet de froideur, et que je puisse lui donner à lui-même des preuves de mon amitié. » Puis il congédia Ramazan avec de nouveaux témoignages de considération. Il ne traita pas avec autant de bienveillance le beglerbeg de Bayézid, Timourtasch, dont il avait découvert et confisqué les richesses à Kutahin. Il le fit amener en sa présence, et lui dit d'un ton irrité : « Dans quel but as-tu amassé ces trésors? Ne pouvais-tu pas les employer à rassembler une armée pour défendre ton maître? Les conseillers et les ministres qui thésaurisent sans s'inquiéter des besoins de l'armée sont la ruine des empires. — Mon empereur, répondit Timourtasch, ne l'est pas d'hier; il n'a pas besoin de l'or de ses conseillers et de ses ministres pour former des armées, comme les nouveaux princes qui, avant leur avénement, n'ont jamais possédé de trésors. — Tu expieras cette réponse insolente, répliqua Timour, par la perte éternelle de ta liberté que j'étais disposé à te rendre à toi et à tes enfants. »

Tandis que le conquérant cherchait à tirer parti de sa victoire par des voies pacifiques, l'avant-garde tatare dévastait les provinces de Mentesché, de Tekké, d'Aïdin et de Saroukhan. Mohammed-Sultan et Mirza-Aboubekr établirent leurs quartiers d'hiver à Magnésie, et Schahrokh dans le sandjak de Kermian. Bientôt Timour se mit lui-même en mouvement. Il longea la côte et se rendit à Smyrne, en passant par Éphèse. Près du pont construit par Timourtasch sur le Méandre, il donna audience aux fils du prince de Mentesché, qui, chassés par Bayézid des États de leur père, avaient trouvé un refuge chez Isfendiar, prince de Sinope. Isfendiar lui-même, fils de Kœturum-Bayézid, dépouillé par le sultan ottoman de ses possessions, et notamment des villes de Kastemouni et de Samsous, vint solliciter l'appui de l'empereur tatar. Timour s'empressa de restituer aux princes d'Aïdin et de Kermian leur territoire paternel, dans le but secret d'affaiblir la puissance ottomane par l'accroissement de celle des princes voisins dépossédés par le sultan. Le même motif lui avait fait donner les pays limitrophes de l'Arménie et de la Perse à son vassal Taherten, prince d'Erzendjan, à Ibrahim, seigneur de Schirwan, et à Kara-Yousouf, fondateur de la dynastie du Mouton-Blanc. Dès qu'il eut ainsi rendu à leurs possesseurs légitimes certaines provinces de l'empire ottoman d'Asie, il vit les fils de Bayézid se disputer avec acharnement celles qu'il n'avait pas encore soumises, et le spectacle de cette anarchie lui causa une vive satisfaction. Afin de lui donner un nouvel aliment, il entretint les espérances des fils du sultan par des promesses adroitement faites à leurs ambassadeurs. C'est ainsi que le cheik Ramazan, étant venu une seconde fois offrir à Timour les hommages de son maitre, obtint pour ce dernier un diplôme par lequel l'empereur l'investissait de la souveraineté des provinces ottomanes d'Europe. C'est ainsi qu'il accueillit avec distinction et bienveillance Koutbeddin, l'envoyé d'Isa-Tschelebi, celui des fils du sultan qui s'était réfugié en Caramanie. Même réponse fut faite à Sofi-Bayézid, qui se rendit au camp de Timour pour offrir, de la part de son jeune maitre, Mohammed-Tschelebi, soumission et tribut, et pour excuser le prince de n'être pas venu s'acquitter en personne de ce devoir, ainsi que le vainqueur l'avait exigé.

Timour partit enfin de Kutahia avec son armée et se dirigea sur Smyrne. Ayant appris que cette place était habitée par un grand nombre de chrétiens, il ordonna à ses généraux d'avant-garde d'en commencer aussitôt le siége. Lui-même arriva sous les murs de la ville le 1er décembre 1402 (805) ; fidèle aux lois du Prophète, il envoya d'abord aux chevaliers de Rhodes, qui, depuis cinquante-sept ans, étaient maitres de Smyrne, un héraut, pour les sommer d'embrasser la religion musulmane ou bien de payer tribut, les menaçant, en cas de refus, de les passer au fil de l'épée. Le frère Guillaume de Mine, maitre de l'hôpital, qui avait été chargé par le grand maitre de l'ordre de la défense de la place, rejeta avec mépris les propositions de l'empereur. A peine la réponse du commandant chrétien fut-elle connue, que le bruit des tambours et des timbales et le cri de guerre accoutumé se firent entendre. L'armée tatare attaqua la ville de trois côtés, c'est-à-dire sur tous les points par lesquels elle est accessible du côté de la terre. On dressa des machines pour battre les murs en brèche et lancer sur la citadelle des marmites de feu grégeois et des flèches enflammées. Mais ce fut sans succès. Alors Timour fit entourer la place d'un rempart, le long duquel s'élevaient de distance en distance des tours dont chacune contenait, outre deux cents soldats, les échelles nécessaires pour escalader les murs. Ces tours, supportées par des roues, s'avançaient à volonté jusqu'auprès de la ville, afin de favoriser les assauts. Dix mille mineurs sapaient les fortifications et incendiaient ensuite les poutres dont ils se servaient pour étançonner les parties creusées et éviter les éboulements. Du côté de la mer, Timour fit jeter à l'entrée du port, formé par deux lignes disjointes, d'énormes blocs de pierre, et en ferma ainsi l'accès aux vaisseaux qui auraient voulu secourir la ville. Les galères des chevaliers de Rhodes avaient heureusement pris le large avant le lever du soleil ; quelques instants plus tard, elles eussent été infailliblement incendiées. Quoique les soldats employés au barrage du port ne représentassent pas la dixième partie de l'armée tatare, les deux digues furent réunies vers le soir au moyen des rochers entassés dans la mer. Timour fit alors construire dans l'eau et au milieu de l'enceinte même du port un plancher supporté par d'énormes poutres formant une série d'angles droits, de sorte que, des deux côtés de la rade, les assiégeants purent, dès ce moment, pénétrer jusqu'au château par un chemin solide, sur lequel ils combattaient comme sur la terre ferme. Malgré une pluie abondante et continuelle, l'attaque et la défense ne furent pas un instant interrompues. Les intrépides chevaliers luttaient avec un courage héroïque, et, redoublant d'efforts à chaque danger nouveau, faisaient pleuvoir du haut des murs du feu grégeois, du naphte et des flèches enflammées qui brûlaient en dépit de l'eau qui tombait à torrents. Mais toute la bravoure des guerriers ne put rien contre les masses formidables de l'ennemi. Timour ordonna un assaut général, et la place fut prise après un siége qui n'avait pas duré quinze jours. Les chevaliers, repoussés jusque dans l'intérieur de la citadelle, en sortirent courageusement, le maitre de l'hôpital à leur tête, et se frayèrent un chemin jusqu'à la mer, où ils furent reçus par les galères qui croisaient devant la ville.

Les habitants chrétiens qui les avaient suivis assaillirent les navires et s'attachèrent aux câbles, aux ancres et aux rames, en implorant la pitié des matelots. Mais ceux-ci les repoussèrent impitoyablement à coups de lance et gagnèrent la haute mer, en laissant ces malheureux sur le rivage. Plus de mille d'entre eux furent conduits devant Timour, qui les fit tous massacrer, sans distinction d'âge ni de sexe. Le nombre des victimes étant trop petit pour pouvoir former avec leurs têtes des pyramides, suivant l'horrible habitude du conquérant, il ordonna néanmoins qu'on en élevât plusieurs, en ayant soin, pour économiser les matériaux, de placer une tête entre deux pierres. Il parait que tous ces sanglants débris ne furent pas employés à la construction de ces effroyables monuments; car, lorsque, après le sac de la ville, quelques frégates chrétiennes, arrivées trop tard pour la secourir, s'approchèrent du rivage, Timour leur fit lancer quelques têtes par les hommes chargés de lancer le feu grégeois. A la vue de ces restes hideux, les équipages furent saisis de terreur, et l'escadre chrétienne prit le large. Les gouverneurs génois de la nouvelle et de l'ancienne Phocée, les maitres de Lesbos et de

Chios, vassaux de la république génoise, redoutant le sort des habitants de Smyrne, vinrent se reconnaître tributaires de Timour et offrir de riches présents à son petit-fils Mohammed-Mirza. Ce dernier, pour donner au seigneur de Lesbos une preuve de sa bienveillance, lui fit don d'un sceptre d'or artistement travaillé.

En quittant Smyrne, le dernier but de ses conquêtes dans l'Asie Mineure, Timour alla établir son camp à Éphèse. Pendant les trente jours qu'il passa dans cette ville, ses hordes ravagèrent tout le pays environnant, et exigèrent de tous les habitants, que les barbares avaient rassemblés en masse, le denier du sang. Les historiens byzantins et ottomans s'accordent à dire que le farouche empereur commit dans cette campagne des cruautés inouïes. Ils racontent, entre autres, le massacre d'une troupe de jeunes enfants, massacre plus authentique et plus barbare que celui qu'on attribue à Hérode. Les enfants d'une ville de l'Asie Mineure, sur laquelle se dirigeait Timour, vinrent, en récitant les sourates du Coran, implorer la générosité du conquérant. « Que signifie ce bêlement ? » demanda Timour. Lorsqu'on lui eut dit que ces enfants le suppliaient d'épargner la ville, il donna à sa cavalerie l'ordre inhumain de les fouler aux pieds, ordre qui ne fut exécuté qu'avec trop d'empressement.

Las de victoires et rassasié de sang, Timour songea enfin à retourner à Samarcande. Il se dirigea par Milassa vers le lac d'Ighirdir (l'ancien Trogites, dans la Pisidie). Il avait ouï dire que ce lac contenait deux îles inexpugnables, tant par leur situation naturelle qu'à cause des fortifications dont l'art les avait entourées. Cela seul suffit pour lui inspirer le désir de s'en emparer. Cheik-Baba, dont le tombeau attire encore à Ighirdir de nombreux pèlerins, se défendit vigoureusement dans sa place ; mais, jugeant qu'une plus longue résistance ne pourrait que lui être funeste, il se rendit, à condition que la ville serait épargnée ; ce qui lui fut accordé. Après la prise d'Ighirdir, Timour regagna son camp, qu'il avait établi à Akschehr, et où se trouvaient Bayézid et son fils Mousa. Chemin faisant, il rallia les troupes qui formaient l'aile gauche de son armée. A son arrivée à Koniah, son fils Schahrokh et son petit-fils Husseïn-Schah lui donnèrent de brillantes fêtes, pour célébrer ses dernières victoires. Pendant son séjour dans cette ville, les princes de Kermian et de Caramanie, qu'il avait réintégrés dans leurs principautés, vinrent lui rendre hommage et lui donner de nouvelles assurances de leur fidélité.

Sur ces entrefaites, Bayézid mourut à Akschehr (14 schâban 805, — 8 mars 1403), d'une attaque d'apoplexie, et comme la destinée se plaît quelquefois à compenser la perte d'un ennemi par celle d'un ami, quatre jours après la mort de Bayézid, le petit-fils le plus cher de Timour, Mohammed-Sultan, prince dont le courage prématuré s'était déjà signalé dans plus d'une occasion, succomba à l'âge de dix-neuf ans. Cette perte fut déplorée par toute l'armée. Les princes et les grands de l'empire se couvrirent, en signe de deuil, d'habits de couleur noire et bleue surmontés de collets où le feutre remplaçait l'hermine. Les femmes se roulèrent dans la poussière et remplirent leurs robes de pierres, afin de se meurtrir le sein. A la nouvelle de ce fatal événement, Timour ne fit que répéter les paroles du Coran qu'il avait prononcées en apprenant la mort de Bayézid : « Nous sommes à Dieu et nous retournons à lui. » Plus tard, lorsqu'il fut arrivé à Awenik, il fit célébrer le banquet mortuaire. Pendant le festin, des lecteurs lisaient à haute voix des passages du Coran. Le grand tambour turc battait sans interruption au milieu des cris lamentables des femmes ; puis il fut mis en pièces, suivant l'ancien usage des Mogols. Le cercueil fut placé sur une litière et conduit par sept émirs, avec une escorte de deux cents cavaliers, au-delà de l'Oxus, pour être déposé dans le mausolée de la famille impériale. Par un mouvement de générosité, dû sans doute à la douleur qu'il ressentait de la perte de son fils, Timour permit au prince Mousa de transporter à Brousa le corps de son père, qui avait été provisoirement déposé à Akschehr, dans le tombeau du cheik Mahmoud-Haïran. Lui-même revêtit le prince, avant son départ, d'un habit d'honneur, l'entoura d'une magnifique ceinture, l'arma d'un sabre et d'un carquois enrichi de diamants, et lui remit un diplôme portant l'empreinte de sa main imbibée d'encre rouge.

Ainsi mourut Bayézid la Foudre, dont les nombreuses conquêtes en Asie et en Europe avaient, pendant quatorze ans, tenu en haleine ces deux continents. Dès que la main puissante qui avait agrandi et consolidé l'empire ottoman, jusqu'alors à peine affermi sur sa base, eut disparu, cet empire se démembra par suite des dissensions intestines qui éclatèrent dans son sein. Longtemps avant la mort de Bayézid, les princes d'Aïdin, de Menteschê, de Tekké, de Kermian et de Caramanie, avaient été rétablis dans leurs principautés ; et la politique de Timour avait eu pour but en cela de diminuer l'influence ottomane en Asie. Trois fils de Bayézid, Mohammed, Isa et Mousa, se disputèrent les restes des provinces asiatiques, tandis que le quatrième, Souleïman, régna seul sur les provinces européennes. Cet interrègne dura dix ans, jusqu'à ce que Mohammed, vainqueur de tous ses frères, eût, comme son père, réuni sous son sceptre la Turquie d'Asie et d'Europe, rétabli l'unité de la succession et relevé ainsi ce colossal édifice dont la ruine avait paru certaine. Les historiens européens ont commis une grave erreur en considérant comme sultans régnants les quatre princes que nous venons de désigner, et en faisant régner plusieurs d'entre eux en même temps. Cette erreur a eu de graves conséquences relativement au nombre des souverains ottomans et à la durée de leur domination. Les historiens ottomans, qui ont pour principe de n'accorder le titre de souverain qu'à celui qui siége sur le trône, et cela, abstraction faite de tous droits légitimes et de toute justice, ne reconnaissent comme sultans, ni Souleïman, quoiqu'il fût le fils aîné de Bayézid et qu'il eût été entouré à sa cour des hauts fonctionnaires civils et militaires de l'empire, ni Mousa, bien qu'il fût plus âgé que Mohammed, et qu'après avoir vaincu Souleïman, il eût régné de fait en Europe. Plus logiques que les Européens, ils ne considèrent comme empereur que celui qui réunit en lui tous les pouvoirs de l'État, et dont la souveraineté est généralement acceptée. Ainsi le plus jeune des quatre fils de Bayézid, Mohammed, qui avait prêté serment de fidélité à son frère aîné, et reconnu pendant quelque temps son autorité, est, aux yeux des écrivains nationaux, le seul souverain ottoman légitime, par l'unique raison que la fortune le plaça et le maintint sur le trône. Cependant il ne faut pas induire de là que cette manière d'interpréter le droit de succession, soit consacrée par le droit public de l'islamisme. En Orient, l'héritage de la couronne appartient au fils aîné du souverain, ou au prince que ce dernier a choisi pour son successeur. C'est pour ne pas déroger à cette règle, prescrite par le Prophète, que les guerriers turcs et persans qui ont usurpé le califat ou le trône de certains royaumes ont voulu se donner au moins l'apparence du droit en se reconnaissant publiquement soumis à la volonté d'un calife ou d'un khan titulaire choisi dans la famille expulsée, et au nom duquel ils étaient censés gouverner. C'est ainsi que régnèrent les Emiroul-Oumra au nom des califes de Bagdad, et les mamelucks au nom des califes du Caire. Timour lui-même, qui soumit tous les États de la famille de Djenghiz-Khan, à l'exception de la Chine, reconnut un khan de Djaghataï comme khan légitime, à cause de sa qualité de descendant de Djenghiz.

Timour ne survécut que deux ans à Bayézid. Après avoir terminé sa troisième campagne en Perse, il revint pour la neuvième fois à Samarcande (1er moharrem 807, — 10 juillet 1404). Arrivé dans sa capitale, son premier soin fut de visiter le jardin des Platanes et l'académie nouvellement fondée en mémoire de son petit-fils Mohammed-Sultan. Comme une vie absolument sédentaire ne convenait pas à son caractère impatient, il habitait alternativement le Baghi-Bulen (*jardin élevé*), le Baghi-Bihischt (*jardin du Paradis*), et le Dilkuscha (*jardin qui élève les cœurs*). Pour mettre à profit son séjour à Samarcande, il fit construire par les architectes et les artistes faits prisonniers au siége de Damas un nouveau palais plus beau que ceux que possédait déjà la capitale de l'empire tatar. Les quatre façades de cet édifice, de forme carrée, avaient chacune quinze cents aunes de longueur. Les sculptures, toutes en marbre, étaient dues au ciseau des artistes syriens; les murs étaient incrustés à l'extérieur de porcelaine de Perse: les appartements, pavés en mosaïque, revêtus d'ébène et d'ivoire délicatement ciselés, éblouissaient la vue par leur magnificence; partout des fontaines et des jets d'eau répandaient dans cette demeure enchantée une délicieuse fraîcheur. Les auteurs qui, en écrivant l'histoire de Timour, ont négligé de parler en détail des constructions dont il embellit sa résidence, sont inexcusables, car ces constructions révèlent une singulière bizarrerie dans le caractère du conquérant tatar. Elles prouvent que, s'il prenait un sauvage plaisir à détruire les monuments qui faisaient la gloire des pays étrangers, il était protecteur zélé des arts dans sa patrie.

Quelque temps après son arrivée à Samarcande, Timour célébra, dans l'immense plaine de Kanighul, le mariage de six de ses petits-fils, avec une pompe dont l'histoire n'offre point d'exemple avant comme après lui. Les ambassadeurs de tous les souverains de l'Asie assistaient à cette solennité. Parmi les présents qu'ils déposèrent aux pieds de l'empereur, on remarquait des girafes, des autruches et d'autres animaux rares, tous au nombre de neuf. Les fiancés furent neuf fois revêtus de différents habits, neuf fois ceints de ceintures enrichies de pierreries, et neuf fois couronnés. Toutes les fois qu'ils changeaient de vêtements, ils se prosternaient aux pieds du trône de l'empereur, et frappaient neuf fois la terre du front. Pendant cette cérémonie, on faisait pleuvoir sur leur tête de l'or, des pierres précieuses et des perles avec une profusion telle que la terre en fut en peu d'instants couverte.

Ces fêtes splendides étaient à peine terminées que Timour rassembla de nouveau son armée et se mit en marche pour conquérir la Chine. Arrivé à Otrar, il fut saisi d'une fièvre ardente à laquelle il succomba (17 schâban 807, — 19 février 1405) à l'âge de soixante et onze ans, après un règne de trente-six ans. Il laissa trente-six fils et petits-fils, et dix-sept petites-filles.

LIVRE VI

L'aurore du 1er août nous montra le promontoire du cap Sunium, tribune éternelle de Platon, solennelle, sereine, élevée, éclatante comme un de ses dialogues sur l'*Immortalité*. Nous voguions par une mer douce, par un vent frais et par un ciel pur vers le fond du golfe d'Athènes; nous apercevions déjà, comme une tortue endormie sur les vagues, l'île basse et grise de Salamine, voisine du Pirée. Bientôt, dans une rade de la côte, nous entrevîmes l'escadre française à l'ancre, dont les mâts, dépouillés de leurs voiles, s'élevaient comme les seuls arbres du rivage rocailleux. Elle s'était réfugiée dans cette anse pour éviter la mauvaise mer et les fièvres qui décimaient ses équipages dans le port malsain du Pirée.

Par-dessus les collines basses et nues de l'Attique, nous aperçûmes bientôt le Parthénon, cette couronne d'Athènes, que rien n'a pu briser ni ternir depuis Périclès et Phidias. A ses pieds, un immense édifice tout moderne, semblable à une hôtellerie ou à une fabrique, étincelait au soleil du matin. C'était, nous dit-on, le palais du roi. Le palais d'Athènes, c'est une ruine; on ne peut rien construire de décent en face de l'Acropolis et du temple de Thésée. Aussi ne sont-ce pas des palais qu'on vient chercher à Athènes : ce sont des débris; il n'y a qu'une sorte de demeures qui s'harmonise bien avec les ruines et avec les grands noms des cités antiques, ce sont les tentes des pasteurs nomades, des soldats ou des voyageurs. Ces demeures indigentes et temporaires sont les véritables édifices de l'Orient; il n'y a rien d'assez permanent ni d'assez stable pour y bâtir en pierre autre chose que des tombeaux.

Le port du Pirée, où nous entrâmes au lever du soleil, nous parut la véritable Athènes moderne; une station maritime industrielle et commerciale du chemin de mer qui mène à Constantinople, station toute fumante de la vapeur des cheminées des navires, et toute sillonnée des barques pesantes et noires qui débarquent et qui embarquent le charbon dans leur quille. Peu d'années avaient transformé ainsi pour nous le port d'Athènes. A l'époque de notre premier voyage en Grèce, le Pirée n'était qu'une rade morne et déserte au bord de laquelle deux hangars en planches servaient d'abris aux mulets et aux ânes qui portaient les curieux à Athènes, à travers la longue forêt d'oliviers infestée de brigands. Notre chaloupe solitaire troublait seule, du bruit de ses quatre rames, le silence du tombeau de Thémistocle. En dix ans, le Pirée était devenu une ville naissante qui attirera tôt ou tard Athènes vers la mer, et dont les quais, retentissants de trafic et de foule, sont bordés de maisons en pierre et de magasins où l'Attique et l'Europe occidentale échangent leurs produits.

Le *Mentor*, sur lequel nous naviguions cette fois, devait passer vingt-quatre heures au Pirée.

Nous aurions bien voulu descendre à terre et monter une seconde fois à Athènes; mais le choléra qui sévissait alors sur beaucoup d'îles et beaucoup de côtes de la Méditerranée, nous interdisait toute communication avec la Grèce, sous peine d'une *quarantaine* qui nous aurait emprisonnés longtemps au Pirée. D'ailleurs, une fièvre presque aussi contagieuse que le choléra régnait en ce moment sur le rivage de l'Attique, sur la mer même qui la baigne et sur l'escadre; trois personnes du bord qui nous étaient chères en étaient déjà plus ou moins gravement atteintes; il fallut nous contenter de contempler de loin tout le jour les crêtes nues du mont Pentélique, au pied duquel s'élève la nouvelle Athènes, et de voir le long soleil d'une journée d'été allumer et éteindre tour à tour de ses reflets les marbres blancs le jour et roses le soir du Parthénon.

Nous causâmes à distance avec quelques rares habitants d'Athènes, que les affaires ou la curiosité amenaient dans des chaloupes au pied de l'échelle du bâtiment. Ils nous parlèrent avec orgueil des développements de la ville et des progrès de la Grèce. Les innombrables voiles grecques qui couvrent la Méditerranée nous en parlaient mieux encore.

La mer civilise; la Grèce navale est florissante, la Grèce continentale éclôt lentement et péniblement : elle se ressent de son origine; les puissances européennes, en la prenant sous leur patronage à une époque où les constitutions parlementaires étaient une sorte d'uniforme que le libéralisme mal appliqué donnait à tous les peuples, lui ont fait une forme d'institution qui va mal aux nations dans l'enfance. Les nations affranchies sont filles de la guerre; un pouvoir fort, unitaire et presque dictatorial est nécessaire après la guerre pour concentrer et contenir les forces divergentes que la guerre a créées. L'unité d'abord, la liberté vient après; il est difficile que des peuplades aussi dissemblables de nature, d'intérêt, de lumières, de profession, de civilisation, de préjugés et de langues que celles qui composent la Grèce régénérée, concordent dans des parlements et dans des sénats dans un même esprit de patriotisme et ne suscitent pas sans cesse au gouvernement central des contradictions, des résistances, des obstacles qui perdent ou qui retardent tous les progrès. La nature des peuples n'est pas autre que celle des individus; les enfants sont en tutelle, et les hommes mûrs sont libres. Une présidence républicaine décennale et dictatoriale, ou une monarchie, arbitre suprême des volontés divergentes des provinces, paraissaient être des institutions plus nécessaires à la Grèce que des parlements, foyer de liberté et de lumières pour les pays avancés en âge et bien assis sur le sol, foyer d'embarras et d'anarchie pour les pays jeunes et qui ont à grandir avant de régner; d'ailleurs les gouvernements parlementaires sont faibles à l'intérieur et pacifiques à l'extérieur par nature. L'ennemi-né de la Grèce est un empire despotique et militaire, le plus fort des gouvernements. Si la Grèce était abandonnée à elle-même, face à face avec un tel ennemi, comment résisterait-elle à l'empire ottoman régénéré et aguerri par les institutions militaires de l'Europe? Elle a donc besoin de la longue et continuelle protection des puissances chrétiennes. Une nation qui a reconquis son indépendance dans un sublime accès d'enthousiasme, mais qui ne peut vivre que par la grâce de l'Europe, vit mal. La Grèce, en grandissant, cherchera sa garantie et son complément dans des institutions plus fortes que son parlement; elle deviendra monarchie ou république fédérale, mais avec une présidence aussi absolue qu'une royauté.

Je repars à la nuit tombante du Pirée. Mes pensées sont tristes et noires comme cette côte et comme ces flots quand le soleil ne les éclaire plus. La maladie qui couve sur ces rivages et sur les îles semble avoir éclaté à bord du *Mentor*, comme à bord de l'escadre chassée du Pirée par la fièvre. Ma femme, très-souffrante, est retirée dans sa chambre sous le pont. Mon fidèle compagnon de voyage et de fortune, atteint depuis longtemps d'une maladie au cœur, a ressenti les premiers frissons du malaise général. Le lieutenant du bâtiment, M. de Salvi, compatissant à cette langueur et alarmé des symptômes d'une congestion sanguine, a obligeamment cédé à M. de Champeaux sa cabine, plus large et plus aérée, sur la poupe. Enveloppé dans mon manteau, je me promène jusqu'à minuit sur le pont, regardant fuir comme des fantômes les caps, les côtes, les îles de cet archipel. Un sommeil pénible et agité de sinistres pressentiments m'assoupit aux pieds des haubans; je me réveille en pleine mer. Un médecin anglais, le docteur Crawford, passager sur le *Mentor* comme moi, mais que je connaissais de nom, attire mon attention sans le savoir. Je le considère par l'ouverture d'un sabord; il se croit seul et inaperçu sur le pont. Avant que le ciel s'éclaire assez pour permettre de lire dans l'entre-pont, je le vois allumer une petite lampe portative, la poser sur la table, ouvrir un petit livre en maroquin noir ; les pages assouplies et comme amincies par un maniement assidu indiquent un livre de méditations pieuses. Il s'approche de la lampe, il en lit quelques lignes avec une apparence de religieuse concentration d'esprit. Il touche au milieu de la vie ; ses cheveux rares et légèrement blanchis sur les tempes frissonnent aux bouffées du vent du matin qui s'engouffre par intervalles sous l'entrepont. Son front est élevé, poli, lustré comme un ivoire où la tempe s'incruste ; son profil maigre, pâle, exténué, mais ferme et pur, se découpe éclairé par la lampe sur l'ombre de la nuit. Ses lèvres fines, graves et cependant souriantes à ses pensées intérieures, se meuvent par moments à demi pour balbutier tout bas les mots que ses yeux lisent dans le petit livre. Il referme le livre; il s'accoude les deux bras sur la table, et, cachant son visage dans ses deux mains effilées et blanches comme celles de l'homme d'études, il se recueille environ un quart d'heure dans ses réflexions ; il médite évidemment sur ce qu'il vient de lire. Sa poitrine se gonfle d'enthousiasme contenu ; un soupir que personne n'entend, excepté moi, et qu'il n'entend sans doute pas lui-même, soulage à son insu son cœur et je ne sais quel poids d'idées ou de sentiments ; puis il se rapproche de la lampe, il lit , il prie, il médite encore. Il écrit ensuite une note ou deux sur des tablettes, il souffle la lampe, il remet le livre dans son étui. Il monte sur le pont, il regarde la mer, dont les vagues encore sombres battent les flancs du navire, et la fumée de la cheminée que le vent frais du matin contrarie et refoule comme un souffle contre un autre souffle au sommet de la colonne de tôle. Il prie mentalement en se promenant seul sur le pont. Noble créature, dont la vie flotte avec les nôtres dans cette coquille de bois sur ces abîmes, mais dont l'intelligence, l'âme et la foi habitent visiblement au-dessus de ces dernières étoiles avec le Créateur des étoiles, des abimes et des âmes, et conversent à travers l'infini avec l'Infini ! Jean-Jacques Rousseau a dit un mot qui serait un blasphème si ce n'était pas un paradoxe : « L'homme qui pense est un animal dépravé. » Quant à moi, si j'écrivais comme lui des axiomes, je dirais : L'homme qui réfléchit est un homme qui commence, mais l'homme qui prie est un être achevé. L'homme qui prie est arrivé aussi haut qu'il soit donné à notre nature et à toute nature de monter ; il a touché au dernier sommet et au dernier mot de toutes choses créées ou incréées, à Dieu, et il semble rapporter de ce divin contact et de ce céleste entretien avec l'Infini quelque chose de la majesté, de l'éternité et de la sainteté de Dieu même!

Aussi je n'ai jamais pu voir un homme prier sans me sentir pénétré d'une secrète amitié, je dirai presque d'une parenté d'âme avec son âme. Je parle ici surtout de l'homme qui prie sous les regards de Dieu seul, par la seule impulsion de son besoin de commerce avec l'infini, sans être conduit dans tel ou tel temple par habitude, par le respect humain, par la foule, quelquefois par l'ostentation de piété ; de l'homme qui prie sans savoir qu'on le voit prier, dans la solitude, dans le voyage, dans la nuit, dans les camps, sur les montagnes, sur la mer. Partout, oui, partout où je vois un tel homme se recueillir en lui-même pour prier, je me sens son ami, bien que je ne le connaisse pas et que je ne doive peut-être jamais lui parler. C'est une des raisons pour lesquelles j'aime mieux l'Orient que l'Occident, parce que l'Orient est la terre de la prière par excellence! la terre des parfums au physique comme au moral, la terre où l'homme ne rougit pas de Dieu devant l'homme! la terre où le chrétien s'agenouille sous le cèdre et le musulman sous le platane pour y baiser la poussière comme une relique de la création ; la terre où la caravane s'arrête cinq fois par jour au milieu du désert pour faire un signe de perpétuelle adoration à l'infini !

Je me sentis donc porté d'intérêt et de respect pour ce passager inconnu sur le même navire. Quand le jour fut levé, je demandai à d'autres passagers qui était cet homme.

On me répondit que c'était un riche voyageur anglais en Orient, médecin de science, mais non plus de profession, parce qu'il n'exerçait la médecine que gratuitement pour les pauvres, ou, par occasion, pour les malades rencontrés en route ; que sa santé délicate lui faisait fréquemment quitter l'Angleterre, tantôt pour Smyrne, tantôt pour la Syrie, tantôt pour Malte ; qu'il avait parcouru depuis plusieurs années toutes les contrées de l'Orient, qu'il en parlait les langues, qu'il en aimait les mœurs et le soleil ; mais qu'il y était rappelé et retenu surtout par son zèle pour la propagation d'une foi vraie et presque mystique, et qu'il avait fondé à Malte une institution gratuite pour l'instruction des jeunes Orientaux chrétiens, dans les langues, dans les métiers et dans les arts de l'Europe.

Satisfait de ces explications qui accrurent mon estime muette pour ce compagnon de voyage que le hasard nous avait offert, je ne cherchai point à lier conversation avec un homme plus contemplatif comme moi que causeur. Mais sa charité l'engagea bientôt lui-même à m'aborder et à m'offrir son assistance.

Le médecin du bord, simple et modeste officier, ayant entretenu M. Crawford des symptômes alarmants qu'il avait remarqués dans la maladie de mon ami, M. Crawford crut devoir m'en faire part et se dévouer, avec son jeune collègue, au soulagement d'un mal qui me paraissait encore léger, mais qui donnait déjà aux hommes de l'art de sinistres préoccupations. Nous fîmes ainsi connaissance.

Je le remerciai de ses bontés, je m'empressai de les accueillir avec reconnaissance, non-seulement pour M. de Champeaux, mais encore pour un de mes domestiques et pour madame de Lamartine elle-même, dont la santé paraissait gravement altérée depuis le jour que nous avions passé dans la contagion du Pirée.

Une chaleur morte, telle que la chaleur de l'Océan sous la ligne, régnait sur la Méditerranée. Cette température ne pouvait qu'aggraver l'influence de l'épidémie qui ravageait ses rives. Le jour, le pont était une fournaise comparable à la touffeur que j'avais respirée quelquefois sous ma tente, dans les déserts de sable de la Palestine et de la mer Morte. La nuit même, la rosée tombait tiède des étoiles et baignait, sans rafraîchir, les membres ruisselants de moiteur.

Nous passâmes ainsi deux jours et deux nuits, sans aggravation sensible, mais sans atténuation dans la maladie. Les rochers blancs de l'île de Malte s'élevèrent enfin du sein des flots au lever du soleil, le troisième jour. Nous espérions que la quarantaine levée nous permettrait d'y débarquer notre ami malade, et d'y descendre nous-mêmes pour y donner quelques jours et quelques soins à son rétablissement. La flotte anglaise, composée de douze vaisseaux de ligne et de quelques bâtiments légers, manœuvrait, aux premières lueurs du matin dans ses voiles, entre l'île et nous. La première voile qui nous héla, sans nous toucher, nous apprit que Malte était assujettie à une quarantaine plus longue et plus sévère qu'à l'époque où nous l'avions abordée, que l'épidémie y sévissait avec la promptitude et la mortalité d'une peste asiatique, que les bâtiments de l'escadre, relégués loin de l'île pour préserver la vie des équipages, passaient les jours et les nuits à la voile dans les eaux de l'île, que les navires étrangers n'étaient plus admis même à jeter l'ancre dans le port, et qu'on les reléguait, sous les murs du lazaret, dans la petite rade de la Quarantaine.

Nous entrâmes, consternés de ces nouvelles, dans cette rade brûlante, où les remparts élevés de l'île, d'un côté, et, de l'autre côté, les bastions du lazaret interceptaient jusqu'au souffle de la pleine mer. Vingt-quatre heures passées à l'ancre sous la réverbération de ces rochers et sous l'influence morbide de la contagion qui planait sur l'île aggravèrent les langueurs, les indispositions et les maladies du bord. Le peu de barques qui s'approchèrent du navire ne nous entretinrent que des terreurs qui régnaient dans la ville et du nombre des cortéges funèbres dont nous apercevions nous-mêmes les lugubres files noires sur les sentiers qui bordent la rade. Descendre dans une ville sur laquelle flottait le drapeau noir d'une telle contagion, c'était évidemment tenter la mort. M. de Champeaux, qui se sentait moins mal et qui était entouré par le médecin du bord, par le médecin anglais, par le capitaine, par le lieutenant, par deux vénérables missionnaires qui s'étaient embarqués sur le *Mentor* à Malte, par nous enfin, de tous les soins de l'art et de toutes les sollicitudes de l'amitié, répugna avec raison à quitter le bord pour la solitude d'un lazaret pestiféré. Il se trouva tellement soulagé dans la soirée par une brise fraîche qui souffla du large jusque dans la rade, qu'il se leva de son lit et se coucha sur le pont, à la fraîcheur du soir, pour respirer la dernière haleine d'une belle nuit d'été.

Nous avions tous repris confiance et force sous l'influence de ce souffle vivifiant qui semblait venir des montagnes de Sicile et nous apporter une émanation des neiges de l'Etna. Au milieu de la nuit nous reprîmes la mer. Cette nuit et le jour suivant nous confirmèrent dans notre sécurité.

Je dormais paisiblement dans mon hamac suspendu

aux planches de mon étroite cabine, quand à trois heures du matin, en pleine mer, j'entendis frapper doucement à ma porte. C'étaient le médecin du bord et le docteur Crawford, que j'avais quittés la veille au soir pleins de confiance. « Levez-vous vite, me dirent-ils, votre ami touche à ses derniers moments, et peut-être n'entendra-t-il déjà plus votre adieu ! »

Je ne pouvais croire ce que j'entendais. J'avais laissé la veille, à dix heures du soir, M. de Champeaux oppressé, mais assez calme ; il m'avait entretenu avec une parfaite liberté d'esprit de ce que j'aurais à faire pour lui s'il venait à succomber avant d'avoir revu ses parents et ses amis en France. J'avais écouté avec un enjouement moitié affecté, moitié sincère, ces éventualités improbables ; il n'avait pas insisté, de peur sans doute d'assombrir d'avance l'imagination et le cœur de ses amis du bord ; il avait été ferme et souriant même à la fin de l'entretien. « Au reste, m'avait-il dit, quelque chose qui arrive, j'ai le cœur et l'esprit tranquilles, toutes mes dispositions pour ce monde et pour l'autre sont prises depuis longtemps. Je n'ai pas été surpris par l'adversité, je ne le serai pas par la mort, si Dieu me rappelle à lui : que sa volonté soit faite ! »

Je l'avais laissé endormi après ce dernier entretien. Je ne doutais pas que ce calme de ses pensées ne fût un symptôme du calme de ses sens, et que la journée du lendemain ne fût le commencement d'une convalescence. Il ne devait pas la voir commencer. En montant sur le pont pour serrer une dernière fois la main fidèle qui ne m'avait ni mendié dans la prospérité, ni trahi dans le malheur, un signe du jeune matelot qui le veillait, assis sur le seuil de sa porte, m'apprit qu'il venait d'expirer. J'ouvris le rideau, je touchai son front et son cœur, ils étaient encore tièdes ; je lui fermai les yeux, je m'agenouillai au bord de sa couche ; je lui donnai les premières larmes qui devaient couler pour lui sur la terre. Depuis douze ans j'étais devenu de sa famille comme il était de la mienne; il avait vécu et il mourait véritablement pour moi. Ce voyage, dans lequel il n'avait d'autre objet que de me suivre, l'avait tué. Il y avait bien de la reconnaissance dans ma douleur.

Nous convînmes, le capitaine Lévêque, le lieutenant Salvi, les deux médecins et moi, de cacher le plus longtemps possible la mort de ce passager à l'équipage et surtout à madame de Lamartine, dont la maladie pouvait être aggravée par un pareil coup, reçu sans préparation. Beaucoup de passagers et de matelots, atteints plus ou moins gravement des mêmes symptômes, auraient vu dans cette mort si prompte un augure funeste à la santé et au moral du bâtiment. Je préparai, par des nouvelles graduées d'heure en heure, l'esprit et le cœur de ma femme à la perte du compagnon de notre voyage et de notre vie. Reléguée par de vives souffrances dans un quartier éloigné du bâtiment, il me fut facile de lui dérober la vérité et les lugubres préparatifs de l'éternelle séparation. L'équipage et les passagers ignorèrent tout jusqu'à la seconde nuit après la mort.

Une pensée sinistre m'obsédait; cette pensée donnait à mes regrets je ne sais quelle impression plus tragique même que la mort : c'était la sépulture. Si la terre, dont nous étions encore éloignés, nous était refusée partout pour recevoir les restes de l'homme, à quelle sinistre extrémité les lois sanitaires, l'impossibilité d'aborder, la décomposition rapide de la poussière humaine sous un soleil d'été, sur un pont de navire, au milieu d'un équipage dont chaque vie était confiée à la responsabilité d'un officier humain, mais intrépide au devoir, n'allaient-elles pas nous condamner? J'avais navigué souvent, j'avais lu ces descriptions pathétiques de la sépulture du marin en mer; je n'avais jamais imaginé sans horreur cette chère et sacrée dépouille de 'homme dont la terre pieuse et consacrée semble garder et indiquer le dépôt à la piété des survivants, lancée comme un débris balayé du pont d'un vaisseau, avec un boulet dans la bière, dans la profondeur de l'abîme, de l'abîme liquide, inconnu, mobile, flottant, sur lequel l'homme ne peut marquer de l'œil ou de la main aucune vague, pour la reconnaître, pour la distinguer d'une autre vague, et où aucun signe, aucune croix, aucun monument de souvenir, de religion ou d'amitié ne peuvent dire : Ici repose un homme ! L'infini de l'oubli, pour ainsi dire, représenté par l'infini de la surface, par l'infini du mouvement et par l'infini de l'abîme ! Ce n'était pas pour moi-même qu'une semblable sépulture me répugnait dans ces éventualités de nos morts et de nos poussières. Non ; pour moi, au contraire, la flamme et l'Océan m'avaient toujours paru, comme cela avait paru à l'antiquité, les deux meilleures sanctifications de la dépouille de nos âmes quand nos âmes ont usé ou perdu ce vêtement d'argile qu'on appelle un corps pendant que nous respirons, un cadavre quand nous avons cessé de respirer ce petit souffle d'air qui fait la vie ! Exhaler cette cendre dans un lit de flamme qui va se confondre avec les rayons de l'aurore, comme ce bûcher de Pompée dont Lentulus aperçut la lueur au lever de l'aurore, en côtoyant le sable d'Égypte, ou s'envelopper du linceul d'une vague azurée et transparente, pour aller reposer avec le sable, le corail ou la perle au fond du lit voilé des eaux, éternellement lavé par l'onde lumineuse jusqu'à ce que nos ossements dissous redeviennent une particule de ce lit de l'Océan, d'où tout est sorti ; ce n'est pas là une profanation de ce qui fut l'homme : le feu et l'eau ne sont-ils pas les deux génies de la terre, et leur rendre nos corps après le trépas, n'est-ce pas leur rendre ce qui leur appartient ? Mais ce que j'aurais volontiers accepté pour moi-même me semblait, par préjugé peut-être, une sorte de profanation cruelle pour la dépouille d'un ami. Comment répondre à une famille pieuse qui vous demande compte du lieu où sont déposées les cendres d'un des siens, afin d'y coucher une pierre, d'y planter un signe religieux, d'y écrire un nom : « Écrivez le nom sur l'ondulation des vagues qui effacent tout ! plantez le signe sur une fosse commune aussi vaste et aussi anonyme que le lit de l'Océan ! couchez la pierre sépulcrale à deux mille coudées de profondeur, recouverte pour tout œil, excepté pour l'œil de Dieu, par les ténèbres et par les mystères d'un élément ! »

Nous résolûmes donc, le commandant et moi, de prolonger autant que possible le séjour de ce dépôt sacré à bord du navire, de détourner un peu le bâtiment de sa route, d'aborder en Corse, terre française, et de demander à une ville ou à un village de l'île la permission d'ensevelir un mort étranger parmi ses morts. Mais, pour que cette relâche et cette descente à terre nous fussent accordées, il fallait que la Corse elle-même ne fût pas assujettie aux lois sévères de la quarantaine, qui nous défendaient de toucher à aucune autre terre ; nous l'ignorions tous. Nous cinglâmes à tout risque, en nous rapprochant de la Corse ; mais, en passant le détroit qui sépare cette île de la Sardaigne, nous apprîmes en mer que l'île nous était interdite, et qu'il fallait nous résoudre à cette lamentable séparation au milieu des flots. Il fut convenu que, pour éviter de funestes impressions aux passagers malades et aux femmes, nous accomplirions la funèbre cérémonie à l'heure de la nuit qui précède le lever de l'aurore, heure pendant laquelle le sommeil pèse le plus sur toutes les paupières. La pieuse sollicitude du commandant et de ses officiers voulut compenser ce que cette nécessité avait de rigoureux par toutes les solennités religieuses et militaires que le mystère, la nuit et la prudence comportaient. Un des missionnaires passagers comme moi sur le navire, offrit de lui-même son saint ministère à la sépulture. J'acceptai avec reconnaissance ses bénédictions sur cette tombe flottante, que la voix de la prière traverse aussi bien que la fosse d'argile ou de granit, pour arriver à Dieu. Nous convînmes de nous trouver, le prêtre, son assistant, le commandant, les officiers, les matelots de quart, quelques charitables passagers, M. Crawford et moi, à trois heures du matin, sur la dunette du pont. Nous nous y convoquâmes au plus sombre de la nuit, de cabine en cabine, à voix basse, de peur d'éveiller les passagers. Entre deux et trois heures nous étions tous autour du cercueil ; une lanterne et quelques cierges agités par le vent de mer éclairaient la scène. Les missionnaires psalmodièrent d'une voix sourde les plaintes, les bénédictions et les prières de la mort. Le commandant et les officiers, en uniforme, pour faire honneur à un homme qui avait glorieusement porté comme eux l'habit du soldat, avaient placé l'épée et les décorations militaires sur le manteau de drap noir qui recouvrait la bière. Le capitaine Lévêque prononça, en quelques paroles martiales, brèves et fermes, l'adieu du frère d'armes au dernier départ ; chacun des assistants bénit de la main, du cœur, et moi des larmes, la dépouille que le navire allait laisser dans son sillage. Un grand silence se fit parmi ce groupe agenouillé d'hommes inconnus les uns aux autres, mais qui se reconnaissaient dans la parenté de leur poussière commune et dans leur foi à l'immortalité ; puis un commandement sec et bref, entrecoupé d'un sanglot mal comprimé, retentit sur le pont. Une planche suspendue sur l'abîme débordait le navire, le cercueil y était retenu par deux matelots ; au signal de lâcher l'amarre, la planche chavira, et le cercueil, dans lequel on avait placé des boulets, glissa de tout son poids dans l'écume que le sillage faisait étinceler sous les étoiles aux flancs du vaisseau ! Nos yeux restèrent attachés à la vague qui l'avait recouvert tant que la lueur du fanal s'y refléta derrière la proue. Paix à la poussière ! paix éternelle à l'âme ! deuil passager aux survivants !.. L'Océan périra, les étoiles s'éteindront, la pensée qui animait cette poignée d'argile survivra aux étoiles et à l'Océan. Quand Dieu créa la mort, ce désespoir de la pensée humaine, il créa pour contre-poids la certitude de l'immortalité.

Nous restâmes longtemps agenouillés au bordage du navire à regarder cette tombe, sur laquelle nous flottions tous après lui avoir jeté un des nôtres. Nous nous retirâmes un à un et nous rentrâmes dans nos cabines sans que les passagers se fussent aperçus qu'un cercueil était tombé à la mer pendant leur sommeil. Je restai sur le pont et je vis lever le jour derrière les montagnes de la Corse, en pensant à toutes les vies que j'avais laissées déjà derrière moi depuis que je naviguais sur cet autre océan au fond duquel nous retrouverons, après le dernier naufrage, tous les chers débris de notre cœur.

J'honorais cet homme au moins autant que je l'estimais. C'était un vrai cœur de soldat breton : rude, tendre et surtout fidèle. Son épée était toute sa fortune ; mais le jour où la révolution de 1830 avait exilé les princes de ses pères, il avait jeté son épée et son pain derrière lui pour ne pas servir une autre cause et pour ne pas prêter d'autres serments. L'honneur était sa religion ; il voyait d'assez haut les choses humaines pour comprendre toutes les opinions ; mais ce qu'il ne pouvait comprendre, c'était cette banalité d'opinions et cette prostration du cœur qui fait passer les hommes d'épée aux gages de tous les partis vainqueurs. Il regardait le sang d'un soldat comme trop précieux pour être vendu ainsi à des soldes ou à des grades ; sa médiocrité de fortune lui était chère, parce qu'elle était un sacrifice à la noblesse de ses sentiments. Il estimait peu, mais, quand il estimait quelqu'un, son estime était ferme et indépendante de la fortune. L'amour des princes de la maison de Bourbon était pour lui une tradition de la Bretagne, sa patrie, plutôt qu'une propension monarchique.

Quand la république éclata en France et que le hasard m'y donna un rôle momentané et pour ainsi dire arbitraire, mon estime pour lui et sa familiarité intime avec moi lui offraient toutes les chances de fortune civile ou militaire qu'il aurait pu rêver. Je lui dis : « Voulez-vous servir la république, gouvernement libre et neutre, qui ne demande le sacrifice d'aucune des préférences de cœur qu'on a gardées pour telle ou telle dynastie, et qui n'exige que ce que vous avez par-dessus tout dans l'âme : le culte de la patrie et du devoir ? »

Il me répondit : « Je ne veux rien que vous servir librement de mon amitié, non comme un des chefs de la république, mais comme ami. Je n'ai aucun préjugé contre la république et je la servirais sans répugnance, tout Vendéen que je suis, parce qu'elle n'est point née de la catastrophe de mes souverains de prédilection, qu'elle est née d'elle-même, qu'elle succède à une monarchie ennemie de la mienne, et qu'elle restitue au pays sa souveraineté inaliénable et préexistante à toute souveraineté dynastique ; mais je rougirais de profiter de la fortune et du pouvoir accidentel d'un ami, et de paraître aimer en lui autre chose que lui-même. Ne pensez pas à moi ; laissez-moi en dehors de votre gouvernement, de vos emplois ou de vos faveurs. Je resterai attaché à vous, et non à vos fonctions ou à votre cause. »

Excepté les jours de danger, je l'aperçus à peine pendant que je pouvais tout pour sa fortune. Je le retrouvai plus attaché et plus dévoué dans les disgrâces que dans les prospérités ; son seul défaut, et il en avait un, c'était le défaut des âmes trop délicates, le scrupule ; il poussait l'honneur, la probité, le désintéressement jusqu'à la susceptibilité, l'excès d'une vertu. Il n'était pas de ces hommes qu'on aime avec passion et qui laissent un vide éternellement douloureux dans l'âme, mais il était de ceux qu'on estime par tous les côtés du caractère et dont on se souvient quand on veut honorer l'espèce humaine ; un solide compagnon de route qu'on laisse à regret derrière soi en avançant dans la vie, et dont on dit dans les pas difficiles : « Oh ! s'il était là ! »

Hélas ! hélas ! combien en ai-je laissé déjà derrière moi ! Quand on a passé la moitié de la vie, nos souvenirs ressemblent à des champs de mort et nos amitiés ne sont que des épitaphes.

Une mer limpide comme l'œil et calme comme un tombeau nous porta rapidement en vue des côtes de France, et nous descendîmes au lazaret à Marseille. Il y a des voyageurs qui se répandent en injures contre les lazarets, espèces de monastères de la santé publique interposés pendant un certain nombre de jours entre l'impatience du passager descendu de son navire et les embrassements de sa patrie ou le tracas des affaires. Quant à moi, les lazarets de terre ou de mer, d'Europe ou d'Asie, où j'ai passé bien des jours solitaires, ne m'ont jamais fait cette impression. Ils m'ont toujours paru une douce intermittence du mouvement de l'âme et du corps, de la pensée et de la vie, qui repose forcément, mais délicieusement le voyageur, entre une époque et une autre époque ; un temps donné à la réflexion, une détente de l'esprit et des sens, une retraite en soi-même, un moment et un territoire neutre sur la frontière des deux patries. L'homme n'a-t-il pas besoin quelquefois que sa vie physique et sa vie morale se suspendent pour le laisser respirer un peu ? Cette suspension, c'est un lazaret sur un écueil, ou dans une île, ou dans une forteresse, ou sur la plage d'une mer, ou sur la marge d'un grand fleuve comme le Danube.

On vous jette encore tout brisé de la mer ou du cheval dans les vastes cours et dans les longues galeries voûtées d'un caravansérail ; vos bagages, séparés de vous et répandus dans d'autres salles pour être aérés et parfumés pendant le nombre de jours fixé par les médecins, ne vous laissent que vos vêtements les plus indispensables, une plume, un livre, une feuille de papier ; chacun se choisit sa cellule, dans la longue file de chambres nues qui s'ouvrent sous les arcades communes. On la meuble à son gré d'une couche, d'une table, d'une chaise, d'un brasier si la saison demande du feu. Un repas frugal vous est apporté à heure fixe d'une hôtellerie renfermée dans l'enceinte. Quelques serviteurs complaisants se promènent dans les corridors, et se chargent pour un modique salaire d'aller vous chercher dans la ville les choses habituelles, les papiers publics, les livres, les lettres que vous avez à recevoir ou à envoyer pendant votre isolement. Une fenêtre grillée qui s'ouvre sur la mer vous laisse contempler entre ses barreaux de fer quelques branches d'arbustes maritimes ou quelques pots de fleurs banales auxquelles vous faites à votre tour l'aumône d'un verre d'eau sur leurs racines desséchées ; plus loin, cette mer sans bornes que vous venez de quitter déroule ses lames pesantes et sonores. Ce spectacle vous fait jouir plus voluptueusement de l'immobilité de votre couche et du bonheur d'avoir échappé à ces tempêtes de l'Océan.

S'il y a un rayon de soleil au milieu de la journée, vous allez vous en réchauffer dans les vastes cours, et vous entretenir en attendant la nuit avec vos pauvres compagnons de voyage et de captivité. Vous apprenez les histoires diverses de ces vieillards, de ces jeunes femmes et de ces enfants qui viennent de tant de contrées et de tant de langues, les uns riches et heureux, les autres pauvres et misérables, retrouver ou chercher des foyers sur la terre ; vous

vous intéressez à ces destinées, vous leur donnez des pensées, des vœux, quelquefois des larmes, vous vous faites des familles de prédilection dans ces familles, vous passez en revue dans un petit espace toutes les conditions de la vie humaine ; vous contractez des compassions, des amitiés, des parentés de cœur avec vos voisins. Ils connaissent bientôt votre vie et vous connaissez la leur. Vous regrettez d'avance le jour qui vous séparera.

De temps en temps une cloche tinte dans la tour sous laquelle s'ouvre la porte voûtée du lazaret. Cette cloche annonce aux reclus qu'un ami ou un parent de la ville est venu charitablement les visiter et qu'il les attend au parloir. On va s'entretenir un moment à distance et à travers de doubles barreaux avec ces hôtes complaisants de la prison ; on prolonge avec eux l'entretien pour abréger les heures. On rapporte dans sa cellule les bruits et les commérages de la ville ; on allume sa lampe, on lit, on médite, on rêve au murmure du vent et des flots. Quelques hirondelles, accoutumées à trouver les fenêtres du lazaret ouvertes et à construire leurs nids contre les solives, vous réveillent au premier rayon du soleil en battant vos vitres de leurs becs et de leurs ailes. Vous ouvrez à ces pauvres voyageuses comme vous, vous les regardez bâtir comme vous pour un printemps ces demeures que balayera le prochain hiver ; vous faites amitié avec elles, vous croyez reconnaître les mêmes hirondelles que vous avez aimées dans les kans de la Palestine ou dans les ruines de Palmyre, et qui vous ont suivi dans votre Europe comme des oiseaux domestiques. Le même soleil ramène les mêmes loisirs, les mêmes nonchalances, les mêmes monotonies de journées. Il vous semble qu'on vous a tout à coup déchargé de l'énorme fardeau des soucis de votre existence, que vous n'avez plus la responsabilité de vous-même, et que la Providence s'est chargée de vouloir, de pourvoir et d'agir pour vous.

Voilà pour moi le séjour dans un lazaret. Je ne me suis jamais plaint que d'une chose dans ces couvents de l'oubli et de l'insouciance : c'est que la porte s'en rouvrit trop vite aux espérances, aux soucis et aux agitations du monde. On sent combien la vie pèse quand on la dépose, on le sent bien plus quand on la reprend !

FIN

TABLE

Tours. — E. Mazereau, imp. breveté, rue Richelieu, 13.

Reliure serrée

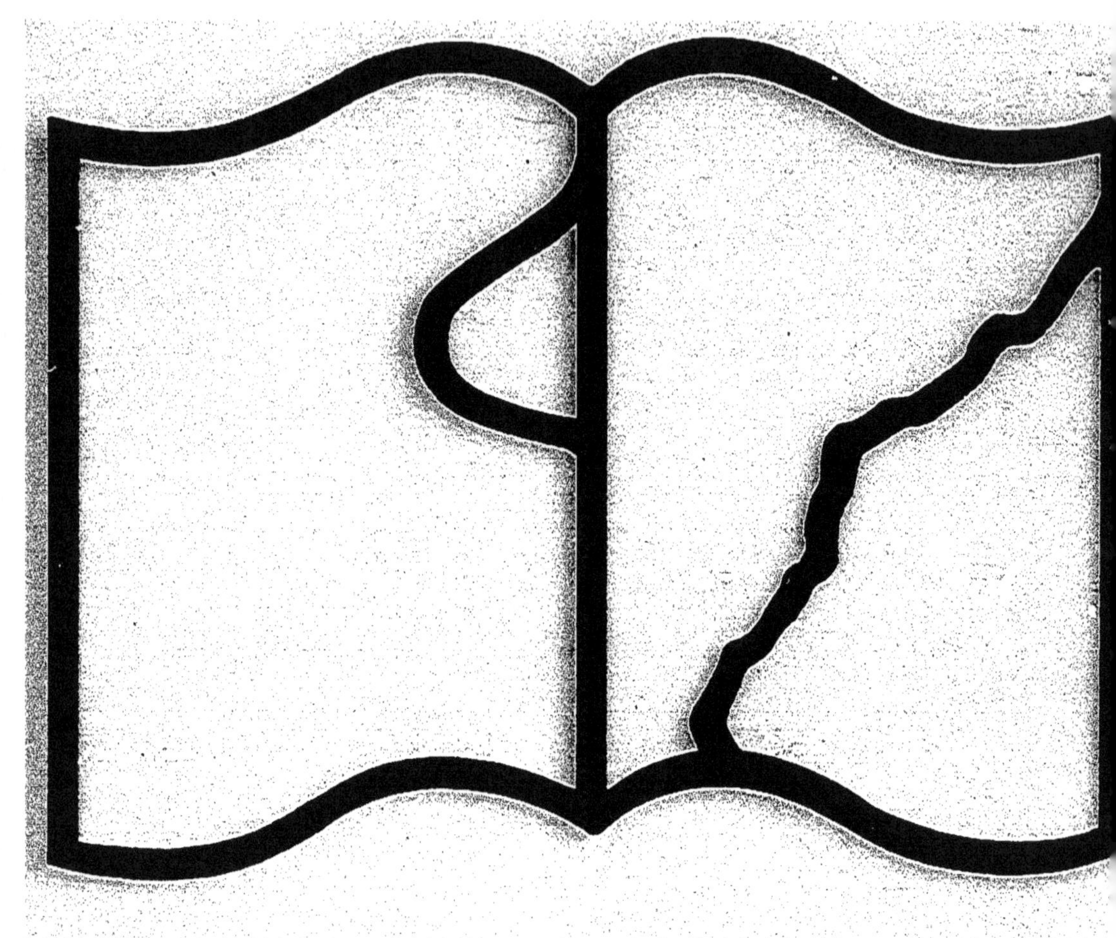

Contraste insuffisant

www.ingramcontent.com/pod-product-compliance
Lightning Source LLC
LaVergne TN
LVHW010530100826
845148LV00001B/143

* 9 7 8 2 0 1 2 5 9 3 2 3 7 *